JN437038

관세학개론

강흥중 저

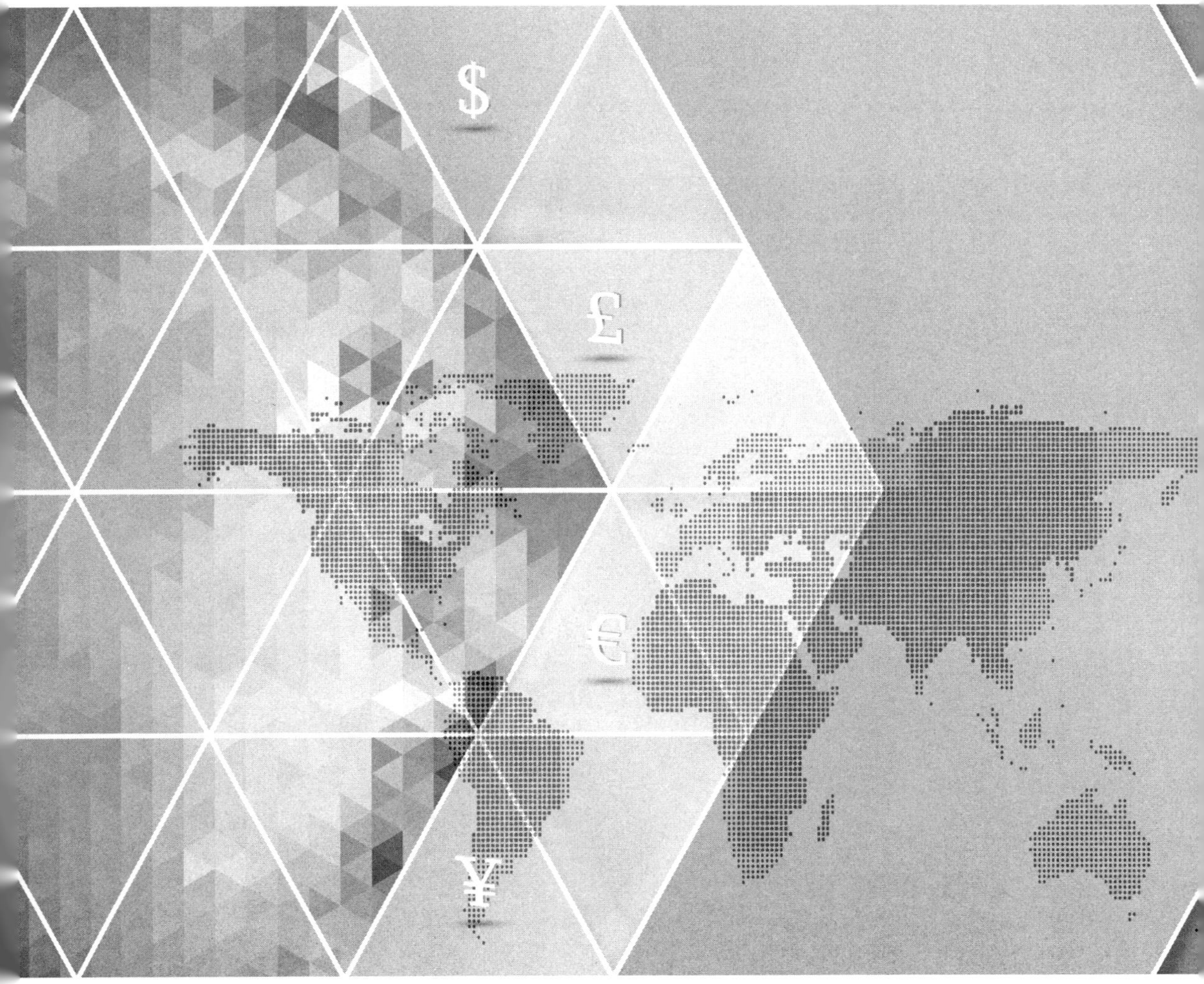

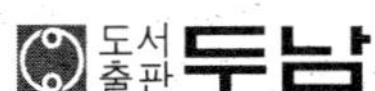

불법복사는 지적재산을 훔치는 범죄행위입니다

저작권법 제97조의 5(권리의 침해죄)에 따라 위반자는 5년 이하의 징역 또는 5천만 원 이하의 벌금에 처하거나 이를 병과할 수 있습니다.

머 리 말

21세기에 진입한지도 벌써 16년이 지났습니다. 오늘날 세계 각 국은 국제화와 세계화에서 한걸음 더 나아가 세계전체가 하나의 거대한 시장으로 변화하는 글로벌화가 활발하게 전개되고 있습니다.

이러한 글로벌화의 진전에 따라 이제 한 나라의 경제는 그 나라에만 국한된 문제가 아니라 전 세계가 연관된 문제가 되고 있으며, 경제·사회·문화 등 각 부문에서 국경이라는 장벽이 사라지고, 사람과 물자·정보와 기술·문화 등이 자유롭게 교류되면서, 때로는 국제경쟁과 함께 국제협력이 강화되는 시대에 살고 있습니다.

바야흐로 오늘날의 글로벌 시장은 WTO와 FTA로 대변되고 있는 상황입니다. 이러한 상황 아래 세계경제를 제대로 알기 위해서는 국제무역의 올바른 지식습득을 통해 우리를 둘러싸고 있는 세계경제를 이해하고 우리나라의 국민경제가 어떻게 유지되고 있으며, 각 국가 간에는 어떠한 경제적 갈등이 존재하며, 이를 어떻게 해소하는지에 대해 살펴보아야 합니다.

본 책은 2015년 이후 현재까지 산업통상자원부의 지원 아래 시행하고 있는 "FTA활용강좌지원사업"을 통해 학생들이 세계무역의 문제 특히 FTA를 올바로 이해하고, 이에 대처하기 위해 관세의 이론과 역사 그리고 관세정책을 중심으로 제작되었습니다.

본 책은 제5부 총 23장으로 구성되었습니다. 이 책을 통해 학생들이 WTO와 FTA로 대변되고 있는 세계경제와 세계 무역, 그리고 세계관세의 현장을 통찰하는 계기가 되길 바랍니다.

본 책의 제작을 위해 수고해 주신 오가영 교수님과 윤성중 교수님, 그리고 김현성 조교에게 감사드립니다. 아울러 어려운 출판여건에도 불구하고 항상 도움을 주시는 도서출판 두남의 전두표 사장님을 비롯한 임직원 여러분께 감사드립니다.

2016년 10월

윤곡 강 홍 중

차 례

제1부 관세학 일반

제3부 FTA

제4부 관세법 일반

제5부 현행 관세법

제 1 부

관세학 일반

제 1 장

관세학의 성립배경

제1절 관세학과 경제학

1. 경제학

1) 경제의 정의

경제는 경세제민(經世濟民)의 준말이다.

사람이 살아가기 위해서는 생존재료가 필요하다. 이 생존재료를 재화와 용역이라 하는데 재화 중에는 공기처럼 인간의 욕망에 비해 무한정으로 존재하여 매매나 점유의 대상이 되지 않는 자유재도 있으나, 대부분은 인간의 욕망에 비해 그 양이 한정되어 있어 매매나 점유의 대상이 되는 경제재이다. 재화나 용역을 통틀어 상품이라 하는데 여기서 재화(goods)는 음식이나 옷, 집, 자동차처럼 사람들의 필요와 욕구를 충족시켜주는 눈에 보이는 물건을 말하며, 용역 즉 서비스(service)는 의사의 진료, 가수의 콘서트, 백화점에서 상품을 판매하는 일처럼 인간의 필요와 욕구를 충족시켜주는 인간의 활동을 말한다.

경제를 영어로 '이코노미(economy)'라고 한다. 이 말은 '집'을 뜻하는 '오이코스(oikos)'와 '관리한다'는 뜻의 '노미아(nomia)'를 합친 그리스어 오이코노미아(oikonomia)에서 유래했다. 어원만 놓고 보면 경제란 '집안 살림 관리'란 뜻이다. 좀 더 범위를 넓힌다면 '세상을 다스리고 백성을 구제한다'는 말이다.

일반적으로 말하는 경제의 의미는 인간의 필요와 욕구를 충족시키기 위한 재화 및 서비스와 관련된 활동과 이에 필요한 사회의 모든 질서를 말한다. 이러한 경제활동의 유형에는 생산, 소비, 분배가 있다.

생산이란 생활에 필요한 가치 있는 것을 만들거나 가치를 증대시키는 행위를 말한다. 소비란 인간의 욕구 충족을 위해 재화나 서비스를 정당한 대가를 주고 구입하여 사용하는 행위이고 분배는 생산된 가치를 생산 활동에 참여한 정도에 따라 나누어 가지는 행위이다. 우리의 일상은 경제활동의 연속이다.

2) 경제문제

인간의 욕망은 무한한데 이를 충족시켜줄 수 있는 자원은 한정되어 있는 상태를 자원의 희소성이라고 한다. 자원은 재화와 서비스를 생산하기 위해 쓰이는 노동, 자본, 토지와 천연자원 등을 말하는데 희소성의 정도는 자원의 양보다는 인간의 필요나 욕구에 의해 결정된다. 이러한 자원의 희소성으로 인해 다음과 같은 경제문제가 발생한다.

① 무엇을 얼마나 생산할 것인가?(생산물의 종류와 수량에 관한 문제)
② 어떻게 생산할 것인가?(생산 조직과 생산 기술에 관한 문제)
③ 누구를 위하여 생산할 것인가?(생산물의 분배에 관한 문제)

최근에는 재생할 수 없는 자원의 시간적인 배분에 관심이 높아지면서 언제 생산할 것인가?(시간의 배분의 문제)도 중요한 문제로 부각되고 있다.

3) 경제문제의 해결방법

경제문제를 해결하는 방식은 다음과 같이 전통적인 방법, 명령에 의한 방법, 시장에 의해 운영하는 방법이 있다.

(1) 전통에 의해 운영되는 경제(관습경제)

세계에서 가장 오래된 경제운용 방식이다. 전통방식이란 오랜 역사 속에서 관습과 신앙이라는 강력한 힘으로 유지되어온 절차들에 기초하여 경제문제를 해결하는 방식을 말한다. 보통 생산문제는 가업을 대물림하면서 기술의 전수가 이루어질 뿐만 아니라 분배 또한 전통적인 방식에 따라 이루어진다. 그러나 오늘날의 경제문제는 전통 방식으로 해결하기 어렵다.

(2) 명령에 의해 운영되는 경제(계획경제, 통제경제)

경제문제를 해결하는 또 하나의 방식은 권위적인 명령에 의해 운영되는 것으로 이 또한 오래된 전통과 역사를 지니고 있다. 이집트의 파라오는 강력한 권력을 가지고 명령을 통해 어마어마한 노동력을 동원하여 피라미드와 신전 등을 지을 수 있었고 중국의 진시황제는 만리장성을 쌓아올릴 수 있었다.

현대에도 왕이 아니라 공산주의를 추종하는 구 소련이나 중국, 북한 같은 나라들에서 볼 수 있듯이 정부의 계획과 명령에 의해 생산과 분배의 문제를 해결하기도 한다. 그러나 꼭 이들 나라에서만 명령에 의한 경제운용이 나타나는 것은 아니다. 오늘날에도 우리나라를 비롯한 대부분의 나라에서 공적 권위를 가진 정부가 공공의 목적을 위해 조세를 걷는 것도 명령에 의한 경제운용 방식이다. 이들 정부는 저소득층의 소득 재분배나 경제 안정화를 위해 일정부분 정부가 개입을 하기도 한다.

(3) 시장에 의해 운영되는 경제(시장경제)

수요자와 공급자가 자유롭게 시장에서 만나 가격을 형성하여 거래를 이루는 과정에서 경제문제가 해결되기도 하는데 이러한 운영 체제는 서구를 중심으로 시민혁명과 산업혁명을 거치면서 완성되었고 영국의 경제학자 애덤 스미스(1729~1790)에 의해 사상적으로 뒷받침 되었다.

애덤 스미스는 개별 인간의 자유로운 활동에 경제를 맡겨두면 '보이지 않는 손'에 의해 개인의 이익이 사회의 일반적 이익을 최대한 증진시키는 결과를 가져온다고 주장했다. 또한 경제는 국가의 간섭이 없는 자유로운 상태에서 가장 효율적이고 생산적이라고 하면서, 다만 국방, 사법, 공공사업 및 청소년 교육에 대해서는 정부 고유의 역할로 일반 시민에게 맡겨서는 안 된다고 했다.

이와 같이 기본적인 경제문제를 해결하는 방식이 제도적으로 정착된 것을 '경제 체제'라고 한다. 현대 사회는 '경제문제를 누가 해결하느냐?'에 따라 시장경제 체제와 계획경제 체제로 나눌 수 있다. 그리고 '생산수단을 누가 소유하느냐'에 따라 개인이 생산수단을 소유하는 자본주의 체제와 국가가 생산수단을 소유하는 공산주의 체제로 나눌 수 있다.

공산주의 국가들은 주로 계획경제 체제에 의존하고 있고 자본주의 국가들은 시장경제 체제에 의존하고 있다. 그러나 오늘날 대부분의 나라는 두 경제 체제의 장단점을 섞어 어느 한 체제만을 고집하지 않고 한 체제를 주축으로 하되 다른 체제의 요소를 보완적으로 도입하는 혼합경제 체제를 채택하고 있다.

4) 경제학

경제학이란 인간의 경제활동에 기초를 둔 사회질서를 연구대상으로 하는 사회과학의 한 분야를 말한다. 즉 **생산수단이 자연에 작용하여 경제재를 획득**(생산)**하고, 그 생산물을 분배·소비하는 과정을 중심으로 인간의 활동을 분석하는 것**이 경제학이다.

(1) 경제학의 정의

경제학이란 계보에 따라 달리 정의할 수 있겠지만, 인간의 욕망을 충족시키기 위한 수단이 항상 제한되어 있다는 사실(자원의 희소성)에 직면하여, 그 제한된 수단을 가장 유효하게 활용하고자 선택을 하는 과정에서 인적 및 물적 자원이 어떻게 배분되고 소득이 어떻게 처리되는가를 관찰함으로써 이들에 관한 일반적인 법칙을 규명하며, 그 자원의 배분과정에서 야기되는 경제적·사회적 문제를 적절히 해결할 수 있는 방법을 찾아내고자 하는 학문이라고 할 수 있다.

(2) 경제학의 분류

경제학은 경제현상의 연구목적과 방법에 따라 실증경제학과 규범경제학으로 구분한다.

실증경제학(positive economics)은 현실의 경제사회에 존재하는 경제법칙의 규명을 목적으로 경제현상을 사실 그대로 기술하고 분석한 결과로 얻은 일련의 체계적 지식이다. 즉, 현실 경제사회의 여러 경제변수(예: 재화의 가격·수요량·공급량과 같은 미시변수와 물가수준·고용·국민소득과 같은 거시변수) 사이에 존재하는 함수관계를 발견하고 그 성질을 규명하는 것을 내용으로 한다. 흔히 경제학 또는 경제이론이라고 할 때는 이 실증경제학을 가리킨다.

규범경제학(normative economics)은 마땅히 있어야 할 경제상태가 무엇인가에 대한 판단을 내리는 기준에 관한 이론으로, 가치판단을 전제로 한다.

경제학을 연구하는 목적이, 첫째, 어떤 경제현상에 대한 진상을 규명하여 그것에 대한 정확한 지식을 가지고자 하는 것이고, 둘째, 적극적으로 경제사회의 모순을 제거하고 사회를 옳은 방향으로 유도하자는 실천적 동기에 있다고 한다면, 당연히 그 사회의 통념과 양식에 비추어 가치판단을 해야 할 것이다. 다만, 이 가치판단은 확고한 실증적 연구와 결론에 입각해야 한다.

경제학은 경제현상의 인식방법의 차이에 따라, 전통적으로 경제이론·경제사·경제정책으로 나누어진다.

① **경제이론**(economic theory)

경제현상에 적용되는 원리를 그 인과관계에 의하여 관찰하고 거기에 작용되는 공통적인 법칙성을 밝힌다.

② **경제사**(economic history)

경제현상에 대한 인과관계를 역사적인 특수성에 의하여 파악한다.

③ **경제정책**(economic policy)

미래에 있어서 형성되어야 할 경제현상을 대상으로 하는 것으로서, 당위의 문제, 즉 가치판단이 개입되게 된다.

보통 경제학이라고 하는 경우는 흔히 경제이론을 말하며, 다시 그 대상을 기준으로 경제현상의 일반적인 문제를 다루는 **경제학원리**와 경제생활의 주체에 따른 정부의 경제행동에 관한 **재정학**, 기업의 활동에 관한 **경영학**, 가계의 행동에 관한 **가정학**, 국제경제를 대상으로 하는 **국제경제학** 등으로 분류된다.

한편 현대경제학은 연구대상의 범위와 방법에 따라 크게 미시경제학(micro-economics)과 거시경제학(macro-economics)으로 구별된다.

2. 국민경제와 국제경제

경제는 활동 범위에 따라 다음과 같이 국민경제와 국제경제로 구분한다.

1) 국민경제(폐쇄경제)

국민경제는 경제활동 전체를 국가단위로 하여 종합적으로 파악한다.

오늘날 세계의 모든 국가는 정치가 기본단위로 되어 있기 때문에, 경제생활에 관련된 법률이나 제도 또한 국가적 영역에서 통일적으로 행해진다. 따라서 경제주체로서의 국가·지방자치단체·기업·가계 등의 경제활동은 당연히 그와 같은 법률 및 제도에 따라 영위되고 있으며, 이들 경제주체는 국가적 영역 내에서 서로 밀접하게 결합되어 있다. 이처럼 국가를 단위로 하여 서로 밀접하게 관련된 경제활동의 총체가 곧 국민경제이다.

국민경제는 국제경제를 구성하는 기본단위이다. 국민경제의 개념을 좁은 뜻으로 해석하면, 독일의 신역사학파에 속하는 K. 뷔허가 주장한 경제발전 단계의 구분상 개념을 의미한다.

K. 뷔허는 재화가 생산자로부터 소비자에 이르기까지의 거리를 기준으로 하여, 경제생활의 발전을 봉쇄적 가족경제·도시경제·국민경제의 3단계로 구분하였다.

국민경제의 단계에서는, 생산은 보통 기업적으로, 그것도 일반 시장의 불특정 수요에 대해서 이루어지며, 재화는 소비될 때까지 많은 경제활동을 거쳐야 하므로, 국민경제는 상품생산과 재화유통의 단계라고 규정하였다.

이러한 국민경제는 근대 국민국가의 성립과 함께 생겨났다. 즉, 근대 국민국가는 중세의 특수권력인 봉건 영주·도시 및 종교단체들의 경제적 특권과 정치적 자주성을 박탈하여, 통일적인 국내시장을 만들어내고 상품의 자유로운 유통과 산업의 발달을 도모하였으며, **대외적으로는 중상주의 정책을 취하고 수출산업을 보호하는 동시에 보호관세 제도를 실시하였다.**

그리하여 강력한 군주권 아래에서 통일적인 국내시장과 통일적인 법률·화폐·도량형·조세 및 관세 제도를 가진 국민경제가 성립된 것이다.

이러한 **국민경제의 성립은 동시에 자본주의의 발달도 의미**하고 있다. 왜냐하면 국민경제의 성립을 촉구하는 조건들은 곧 자본주의의 발달을 위한 역사적 전제조건이기 때문이다.

2) 국제경제(개방경제)

국제경제는 국경을 넘어 이루어지는 국가 간의 경제관계와 그 상호작용의 총체로써 국가 간의 경제거래 전체를 의미한다. 즉 상품·서비스·자본·노동 등이 각 국가 사이에 이동 또는 교환되는 전체를 말한다.

국제경제는 보통 세계경제와 같은 뜻으로 쓰이기도 하는데, 엄밀히 말하면 국제경제란 용어는 한 나라의 국민경제와 다른 나라의 국민경제와의 관계를 의미한다. 즉 국민경제 상호간의 관계가 국제경제이다.

이에 대해 **세계경제는 국제간의 경제관계 그 자체를 하나의 경제로 보는 것**이다. 요컨대, 국제경제는 **일국의 국민경제의 성립과 국제적인 분업관계**의 광범위한 성립을 기초로 하여 발생하는 경제관계이다.

이러한 의미에서 볼 때, **국제경제가 세계적으로 성립하게 된 것**은 근대 자본주의 국가가 확립된 **19세기 이후**이다.

3) 글로벌 경제(단일시장경제)

글로벌 경제란 국가 간의 경제활동이 국내처럼 자유로워지고 경제적 상호의존도가 높아지는 경제를 말한다. 글로벌 경제는 국내 시장을 개방하여 **세계를 하나로 묶어가는 세계적 규모의 경제**이다. 빠르고 편리하게 발달한 교통기관과 제도, 인터넷 등 네트워크의 발달로 정보통신의 혁명적 변화 때문에 가능해졌다.

세계 여러 나라들이 글로벌 경제에 관심을 갖는 이유는 **국민들의 경제적 생활향상을 위해서는 국내 자원만으로 불가능**하기 때문이다.

한편 국가 간의 무역은 국제조약에 의해서 이루어지는데, 국가마다 적극적으로 참여하고 협력함으로써 글로벌 경제화가 더욱 빨라지고 있다.

우리 경제는 글로벌 경제와 밀접한 관계가 있다. 우리나라의 대표적인 기업뿐만 아니라 거의 모든 기업이 외국과의 수출과 수입에 연계되지 않은 기업이 없을 정도로 무역은 국민들의 경제생활에 직접적인 영향을 끼치고 있다.

3. 경제의 역사

1) 경제학설사의 변천과정

학문이 학문으로서의 성격을 가지기 위해서는 이론·역사·정책이 있어야만 한다. 경제학도 마찬가지이다.

사회과학으로서의 경제학은 이론과 역사 사이, 그리고 이론과 정책 사이에 불가분의 연관성이 있으므로, 경제학설사의 연구는 경제사 및 경제정책과의 관련 속에서 고찰해야만 한다.

경제학설사의 내용을 이루는 주요 서양경제 학파의 계보를 살펴보면 다음과 같다.

(1) 17세기~18세기

초기 자본주의시기에 전개되었던 **중상주의 학설**은 17~18세기에 걸쳐 전개된 학설이며, 18세기 중기에 프랑스의 F. 케네가 주장한 **중농주의 학설**은 그의 저서 「경제표」가 중심이다.

18세기 후반부터 약 100년 동안 주로 영국을 무대로 전개된 **고전파 경제학**은 시민사회의 성립과 산업혁명을 시대적 배경으로 하여 전개되었다.

이를 고전파 또는 정통파라고 하는 까닭은 경제학이 이들에 의해서 비로소 자율적이고 통일적인 이론체계로 확립되었으며, 이 기간 동안 고전학파는 비단 영국뿐만 아니라 **세계의 경제학계에 지배적 영향**을 끼쳐 왔다.

이 학파의 대표적 학자로는 A. 스미스, D. 리카도, T. R. 맬서스, J. S. 밀 등을 들 수 있고, 이들의 학설은 생산비가치론·노동가치론·가격론·분배론·임금기금설·자본축적론 등의 거시적·동태적 이론체계로써 당시의 경제정책에 지대한 영향을 끼쳤다.

그 중에서도 특히 A. **스미스의 '보이지 않는 손'**은 공익과 사익의 예정조화설과 작은 정부를 내용으로 하는 자유방임주의의 단초가 되었다. 엄밀한 의미에서 볼 때 우리가 알고 있는 공산주의의 창시자 K. 마르크스도 D. 리카아도의 노동가치설을 계승했다는 점에서는 넓은 의미의 고전학파에 속한다.

(2) 19세기 이후

19세기 중엽부터 현실경제의 움직임에 대한 고전학파 이론의 설명력이 약화되자, 정통이론에 대한 **비판경제학**의 조류가 나타났다. 이후 몇 부류의 학파가 탄생되었는데, 이들의 공통점은 고전학파 이론이 경제현상을 가격기구에 바탕을 두고 설명하는 데 비해, 이들은 이를 비판하고 있다는 점이다.

독일에서는 F. 리스트 이래 W. 로셔, B. 힐데브란트, K. G. 크니스 등으로 이어져온 **역사학파**가 가격기구 대신 민족의 역사적 단계 또는 국가에 바탕을 두어 경제학을 확립해야 한다는 입장을 내세우게 되었으며, **마르크스학파**에서는 계급관계를 모든 경제현상의 설명원리로 이해하고자 하였고, 19세기 말 미국에서 탄생된 **제도학파**는 날로 진화하는 경제제도와 그 배경으로서의 사회심리학적 요인들에 입각해서 경제학을 재구성할 것을 주장하였다.

이와 같이 **가격기구에 신뢰를 두지 않는 비판경제학이나 비주류 경제학파들은 19세기를 거쳐 오늘날까지 이어오는 것도 있다**.

역사학파는 19세기 말 A. 바그너, G. 슈몰러, L. 브렌타노 등 신역사학파로서 그 역할이 끝났지만, **마르크스학파**는 K. 카우츠키, R. 힐퍼딩, R. 룩셈부르크, E. 베른슈타인 등의 독일어권 내의 각 학파가 마르크스의 계승자임을 자처하며 논쟁을 벌이던 중 러시아의 레닌이 공산주의혁명으로 정권을 장악하고 정통 마르크스주의를 내세우면서, 여타의 모든 마르크스주의를 수정주의나 이단으로 몰았다.

따라서, 레닌은 마르크스 경제학을 하나의 학설로서 과학적·객관적으로 비판하는 학문적 연구대상이 아니라, 정권을 장악하는 이데올로기 또는 특정 정당의 선전활동의 도구로 전락시키고 말았다. 오늘날 공산주의권 내에서 독자적인 경제이론이 발달하지 못하게 된 것도 이와 관계가 있다.

한편 T. B. 베블런이 창시한 미국의 **제도학파**는 J. R. 커먼스, W. C. 미첼, J. M. 클라크 등의 초기단계에서 아이레스, J. K. 갤브레이스, K. G. 뮈르달 등의 **신제도학파**에 이르기까지 **현재에도 활기 있는 비판경제학의 한 계파를 이루고 있다**.

이상과 같이 비주류의 각 학파가 고전파 몰락 이후 전개되어 왔지만, **이들이 경제학의 주류를 이루지는 못하였다**.

한편 가격기구의 역할을 새로운 가치인 효용가치론에 입각하여 경제학의 정통성을 재확립한 것이 신고전학파 경제학이다.

이후 19세기 말인 1870년대, W. S. 제번스가 창시하고 A. 마셜이 완성하였다고 볼 수 있는 영국의 **케임브리지학파**(신고전학파), 같은 시기에 M. E. L. 발라가 창시하여 V. F. D. 파레토, E. 바로네 등으로 이어져 온 로잔학파, 그리고 C. 멩거를 시조로 E. 뵘바베르크, F. 비저 등으로 계승된 **오스트리아학파**가 오늘날 신고전파 경제학의 골격을 형성한 한계주의 경제학을 생성·발전시켰다.

(3) 20세기 이후

한편 1930년대 초 대공황이 발생하였으나 이에 대한 설명력 상실로 인해 경제학의 연구방법이 일대 전환을 맞이했다. 이후 수리적인 분석방법에 의한 **미시이론**이 대두하였는데 이것이 케인즈 혁명이며, 이로써 **거시경제학의 시대**가 열리게 되었다. 그러나 J. R. 힉스와 P. A. 새뮤얼슨에 의해 케인즈 경제학은 이론적으로는 발라의 일반균형 이론체계 속에 통합된 형태로 이해됨으로써 **현대경제이론을 여전히 신고전파 경제학이라고 통칭**하게 되었다.

현대경제학의 이와 같은 변화에 대해서 케인즈 혁명을 정치경제적으로 재해석해야 한다는 **케임브리지학파**의 J. V. 로빈슨과 케인즈적 재정정책을 불신하는 **시카고학파**의 M.프리드먼, 그리고 주관가치이론을 재인식하고 균형이론적 결정론을 불신하는 **신 오스트리아학파**의 F. A. 하이에크 등의 도전에 현대의 신고전파 경제학은 무거운 짐을 짊어지고 있다.

4. 경제 체제

1) 자본주의 이전

(1) 중상주의(Mercantilism)

중상주의란 16세기부터 18세기 후반 자유주의에 이르기까지 서유럽 제국에서 채택한 경제이론과 경제정책을 말한다.

중상주의는 근대 자본주의가 산업혁명에 의해 지배를 확립하기까지의 초기 단계에서 원시적 자본축적을 수행하는 데 사용된 여러 정책과 이를 뒷받침한 이론체계이다.

경제정책으로서의 **중상주의의 핵심**은 초기 산업자본을 위해 국내시장을 확보하고, 해외시장을 개척할 목적으로 수행되는 **보호주의제도**로서 외국제 완제품의 수입금지와 제한, 외국산 원료의 수입 장려, 국내 상품의 수출장려, 국내원료의 수출금지 등의 조치를 입법 및 **관세정책으로 실행**하였다. 이것은 봉건제가 붕괴하고 절대왕정이 성립한 뒤 산업자본이 국가를 지배하게 된 명예혁명(1688) 때부터 약 100년 사이에 걸쳐 원시적 자본축적의 체제로서 추진되어온 정책이다.

경제이론으로서의 중상주의를 보면, 근대 자본주의는 아직 생산부문까지 완전히 지배하지는 못하였으므로 **중상주의자들은 이윤이 기본적으로 생산과정이 아닌 유통과정에서 발생된다고 생각**하였다.

따라서 일반적 자산가치로써 **귀금속이야말로 부의 본원적 형태**라고 보았다. 그리하여 귀금속의 원산지 이외의 지방에서는 외국무역만이 그 획득수단이었으므로 **무역차액이 흑자가 되게 하는 것이 경제정책의 중심목표**로 추구되었다.

중상주의의 정책수단으로서는 직접 무역통제에 의한 개별적 차액의 확보인 중금주의가 주장되다가, 후에 이에 대한 비판으로서 궁극목표인 총 차액은 개별적 통제의 완화에 의해 오히려 증대된다는 주장도 나왔으나, 보호주의의 이론을 극복하지는 못하였다.

이와 같이 중상주의는 단순히 무역차액이나 산업보호라는 관점에만 그친 것이 아니라, 국내시장 확대와 자본축적이라는 관점에서 유효수요의 분석에도 진전을 보여 마침내는 **화폐경제이론의 초기적 체계를 완성**시켰으며, 한편으로는 고전학파의 전사(前史)로서 W. 페티의 노동가치설이나 D. 데포의 자유무역론까지를 포함하고 있다.

또한 부르봉 절대왕정 하에서 프랑스의 중상주의 정책은 산업·무역통제로 유명한 콜베르의 이름을 따 콜베르티즘이라고도 하며, 신성 로마제국에 속하였던 18세기 독일의 여러 연방의 재정정책은 **관방주의**(官房主義)라는 형태의 절대주의적 중상주의 체제 하에 있었다.

중상주의는 정치적으로는 시민혁명과 더불어 해체되고, 이론적으로는 A. 스**미스의 「국부론」(1776)의 출판과 함께 그 의미를 상실**하게 되었다.

(2) 중농주의(Physiocracy)

중농주의는 국가사회의 부의 기초가 농업에 있다는 경제사상이다.

이는 중국 유교의 농업 사상의 영향을 받아 근대 자연법의 입장에서 경제를 논한 것으로, **부의 원천을 농업생산**에 두었다. 부의 원천인 순생산물(잉여 생산물)은 농업생산에서만 생긴다고 주장하여, 사회적 부의 재생산 법칙을 인간의 의지나 정치 등에서 독립한 자연적 질서로 파악하였다.

이 주장의 배경은 수출 공업 보호를 위한 중상주의적 농산물 저가격 정책과, 절대왕정 아래에서의 중과세 때문에 농업생산이 쇠퇴한 데 있었다.

중농주의는 위기에 빠진 절대주의적 봉건제의 시민 재편성을 겨냥한 **과도적 성격의 체계**이지만, 그 이론은 A. 스미스에서 비롯되는 고전학파가 탄생하는 계기가 되었다.

중농주의는 18세기 후반 프랑스의 F. **케네**를 중심으로 전개된 경제이론과 경제정책을 가리키는 말이다. 국민의 대다수를 차지하는 농민의 희생으로 강행되고 있는 중상주의 정책에 반대하여 농업을 유일한 생산적 산업이라고 생각하여 농업의 자본주의화(영국형 대농 경영제도)에 의해 농업을 파멸상태에서 살려 냄으로써 절대왕정의 재정적 위기를 극복하자는 것이었다.

중농주의는 자연법사상에 바탕을 둔 인간사회의 자연적 질서의 존재를 확신하고 그 질서가 전면적으로 실현되었을 경우의 '위대한 왕국'을 상정한 것이다.

중농주의의 대표적 학자인 프랑스의 F. 케네는 최초의 이론적 분석인 「**경제표**」를 작성하였다. F. 케네는 경제의 자유와 사유재산을 기초로 하는 사회에서 경비 이상의 잉여(순생산)를 낳는 유일한 생산계급인 농민과, 사회적으로 유용하기는 하나 비생산적인 상공업자, 농민의 잉여를 지대로서 받아가는 지주의 3대 계급 사이에서 해마다 총 생산물, 즉 부가 어떻게 순환되고 있는가를 재생산과정으로써 체계적으로 파악하였다.

중농주의는 **경제학의 성립에 중대한 공헌**을 하였으며 자유방임정책의 입장에서 **곡물수출의 자유 및 가격통제의 철폐를 주장**하였다. 또 지주계급이 얻게 되는 순 생산은 일국의 재생산과정을 손상하지 않고 자유롭게 처분할 수 있는 수입이므로 그 수입에 대해서만 과세를 해야 한다는 **단세론을 주장**하여 구제도하의 **영주계급의 면세특권을 배제**하였다.

그러나 A. **스미스 경제학이 프랑스에 도입되면서 중농주의는 영향력을 잃고**, A. **튀르고의 실각과 더불어 중농주의 사상도 종말을 고했**다.

2) 자본주의 이후

(1) 자본주의(Capitalism)

자본주의란 이윤추구를 목적으로 하는 자본이 지배하는 경제 체제를 말한다. 현재 서유럽과 미국, 우리나라를 비롯한 많은 나라의 국민들은 '자본주의 체제'라는 경제 체제 아래서 경제생활을 영위하고 있다. 이와 같은 체제가 발생한 것은 인류의 유구한 역사를 통해 볼 때 **비교적 오래지 않은 일**이다.

자본주의경제 체제는 **봉건제도 속에서** 16**세기** 무렵부터 **싹트기 시작**하였는데, 18**세기** 중엽부터 **영국과 프랑스** 등을 중심으로 점차 발달하여 산업혁명에 의해서 확립되었으며, 19**세기**에 들어와 **독일과 미국** 등으로 파급되었다.

자본주의라는 말은 처음에 사회주의자가 쓰기 시작하여 점차 보급된 용어인데, 당시 자본주의란 무엇인가에 대해 명확한 정의가 있었던 것은 아니다. **자본주의란 말은 사람에 따라 여러 가지 뜻으로 쓰이고 있다**. 예를 들면 이윤 획득을 위한 상품생산이라는 정도의 뜻으로, 단순히 화폐경제와 동의어로도 쓰이며, 사회주의적 계획경제에 대하여 사유재산제에 바탕을 둔 자유주의 경제라는 뜻으로 쓰이는 경우도 있다.

K. **마르크스**는 자본주의의 특징을 '이윤획득을 목적으로 상품생산이 이루어진다, 노동력이 상품화된다, 생산이 무계획적으로 이루어진다' 등으로 보았다.

W. **좀바르트**는 자본주의를 '서로 다른 두 인구군, 즉 지배권을 가지며 동시에 경제주체인 생산수단의 소유자와, 생산수단을 소유하지 않은 노동자가 시장에서 결합되어 함께 활동하는, 그리고 영리주의와 경제적 합리주의에 의해 지배되는 하나의 유통경제적 조직이다'라고 정의하였다.

M. **베버**는 자본주의는 '**직업으로서 합법적 이윤을 조직적·합리적으로 추구하는 정신적 태도**'라고 정의하였다.

이들의 사상을 요약하면 자본주의란 상품생산에 의해서 이윤을 획득하려고 하는 정신적 태도를 말하며, 자본주의 체제 또는 자본주의 경제란, 이와 같은 태도 하에서 상품생산이 이루어지는 유통경제조직을 말한다.

이렇게 볼 때 자본주의는 다음과 같은 특징을 가지고 있다.

① 사유재산제에 바탕을 두고 있다.

② 모든 재화에 가격이 성립되어 있다.
③ 이윤획득을 목적으로 하여 상품생산이 이루어진다.
④ 노동력이 상품화된다.
⑤ 생산은 전체로 볼 때 무계획적으로 이루어지고 있다.

(2) 공산주의(Communism)

공산주의란 자본주의에 의한 사유재산제도의 부정과 공유재산제도의 실현으로 빈부의 차이를 없애려는 사상을 말한다. 이러한 공산주의는 크게 3단계로 구분할 수 있다.

① 초기 공산주의

공산주의의 이상은 인간의 정치적·사회적 사색이 시작된 때부터 싹텄다. 사유재산제로부터 발생하는 사회적 타락과 도덕적 부정을 간파하고, 재산의 공동소유를 기초로 하여 더 합리적이고 정의로운 공동사회를 실현하고자 하였다.

코뮤니즘(communism)은 본래 공유재산을 뜻하는 '코뮤네(commune)'라는 라틴어의 조어로서, 사유재산제를 철폐하고 사회의 모든 구성원이 재산을 공동 소유하는 사회제도를 의미하였다.

공산주의의 기원은 고대 유대인들의 에세네파교도, 플라톤의 「국가론」, 원시 그리스도교의 교리, 중세 말 T. 모어의 「유토피아」, 근세 초 T. 캄파넬라의 「태양의 나라」 등에 까지 소급된다.

② 마르크스주의

마르크스주의는 프랑스혁명과 산업혁명의 여파가 유럽의 정치와 사회에 격심한 파동을 일으킨 격동의 시대 산물이었다. 프랑스혁명은 자유·평등·박애의 3대 이념을 목표로 내세운 민주주의 혁명으로, 불멸의 역사적 의의를 지닌다. 프랑스혁명은 반봉건적 전제군주제를 전복하고 시민적 자유와 인권을 천명하는 데는 일단 성공했다.

그러나 천명한 자유와 인권은 혁명의 소용돌이 속에서 제도화되지 못하고, 우여곡절을 거친 후 나폴레옹 보나파르트의 제정을 초래하고 말았다. 더욱이 평등의 이념은 법률 앞의 평등에 그쳤을 뿐, 사회의 실질적 평등을 실현하지 못하였으며, 실현할 수 있는 조건도 갖추지 못하고 있었다.

그리하여 프랑스혁명은 재산권의 신성을 선언한 '부르주아 민주주의혁명'에 지나지 않았다. 다만 **프랑스혁명은** 서유럽의 의식과 양심 속에 인간평등의 관념을 심어 놓았으며, 이후에 일어난 각종 **공산주의 또는 사회주의 운동에 정신적 기반을 제공**하였다.

F. 바뵈프, A. 블랑퀴, W. 바이틀링 등 혁명적 공산주의자와 C. H. 생시몽, C. 푸리에, R. 오언 등 비폭력적인 공상적 사회주의자들은 모두 프랑스혁명의 평등사상에 영향을 크게 받은 사람들이었다.

마르크스와 엥겔스도 프랑스혁명의 자유와 평등이념에 절대적인 영향을 받았는데, 자신들의 조국 독일에 비하면 프랑스는 사상적으로 앞선 선진국이었다. 그리하여 청년 **마르크스는 반봉건적 절대주의 국가인 독일에서 프랑스식 민주혁명을 수행하는 것을 실천적 과제**로 삼고 있었다.

그러나 부르주아(자본가계급)가 취약하고 무력하였던 독일의 상황에서, 부르주아가 혁명의 주체가 될 수 없다고 판단하고, 그 대신 **프롤레타리아(근대 노동계급)를 혁명의 주체**로 간주하였다.

마르크스는 독일의 해방은 단순한 정치적 해방(부르주아 민주주의 혁명)만으로는 불충분하며, 인간적 해방만이 독일의 완전한 해방을 실현할 수 있다고 주장하고, 이 인간적 해방을 수행할 수 있는 사회적 계급은 바로 '인간성의 완전한 회복에 의해서만 자기를 회복할 수 있게 되는 한 계급', 즉 프롤레타리아라고 단정하기에 이르렀다.

이러한 **마르크스의 프롤레타리아 혁명론**은 1840년대 전반기에 형성된 것인데, 그에게 **결정적 영향을 준 것은 F. 헤겔의 변증법 철학과 L. 포이어바흐의 유물론적 인간주의 사상**이었다. **그가 말하는 인간적 해방이란 공산주의 혁명을 통한 모든 인간의 자기소외의 극복과 계급으로부터의 해방을 의미**하였다. 그에 의하면 사유재산이란 인간의 노동이 대상화 된 것, 즉 객관적 형태로 나타난 것에 불과하다고 보았다.

그는 인간 노동의 결과물이 사유재산이 되면서, 거꾸로 그것을 만들어낸 인간(노동자)을 지배하는 현상을 그는 인간의 자기소외라는 개념으로 파악하고 있었다. 요컨대 그에게 있어서 **공산주의란, 단순한 재산의 공동소유가 아니라 그것을 매개로 한 인간소외의 극복, 인간성(인간의 본질)의 적극적인 회복**을 의미하였다.

이렇게 볼 때 마르크스의 공산주의는 프랑스혁명의 자극에 의하여 촉발되었지만, 동시에 헤겔과 포이어바흐 철학의 주제였던 소외의 개념을 핵심으로 하여 형성되었음을 알 수 있다.

마르크스는 헤겔과 포이어바흐의 철학을 그대로 답습한 것이 아니라 이것을 비판적으로 흡수하였다. 그는 1845~46년 엥겔스와 더불어 「독일 이데올로기」를 집필하고, 사회의 물질적 생산관계와 생산력이 역사발전의 원동력임을 규명하고, 이데올로기나 정치는 물질적 생산관계의 변화에 따라 결정된다는 **변증법적 유물론을 제시**하였다.

그들은 헤겔에서 파생된 독일의 각종 관념론과 포이어바흐의 사회의식 없는 유물론적 휴머니즘을 청산하고 새로운 세계관으로 옮아갔다. 물론 이들은 인간과 인간의 의식을 무시한 것은 아니지만, 인간을 추상적인 인간이 아니라 어디까지나 '사회적 존재'로 규정하였던 것이다.

이들의 새로운 유물론은 앞서 선행한 형이상학적이나 기계적 유물론을 극복한 **사회적 유물론**이었다. 역사적 유물론의 성립으로 마르크스-엥겔스의 공산주의 이론은 그 토대를 마련하게 되었다.

역사적 유물론에 의하면 **인간은 생산을 중심으로 서로 일정한 사회적 관계를 맺는데, 한 시대의 생산관계는 그 시대의 생산력에 의하여 결정된다**고 하였다. 따라서 생산력과 그에 따른 생산관계라는 경제적 요인은 사회의 토대이며, 정치제도·법률·사상·종교·문화 등은 이 경제적 토대 위에 구축된 상부구조라고 보았다. 그러므로 토대가 바뀔 때에는 이에 맞도록 상부구조도 바뀐다는 것이다.

그런데 생산력은 정지해 있는 것이 아니라 인간의 지능, 과학기술의 발달에 의하여 발전한다. 그 때에는 새로운 생산력과 낡은 생산관계 사이에 양립할 수 없는 모순이 생겨나고 이 모순은 계급관계로 이전된다. 다시 말하면 낡은 생산관계의 유지에서 이득을 보는 유산계급(지배계급)과, 새로운 생산관계의 창설에서 이득을 볼 수 있는 무산계급(피지배계급) 간에 투쟁이 일어나게 된다. 즉, **종래의 생산관계를 파괴하고 새로운 생산관계를 만들어 내려는 사회혁명이 피지배계급 측에 의하여 일어나, 마침내 새로운 생산관계(경제제도)가 창설되고, 이에 따라 정치제도를 비롯한 상부구조도 바뀐다**는 것이다.

마르크스-엥겔스는 지금까지의 인류역사에 나타난 원시 공산주의사회·고대 노예사회·중세 봉건사회·근대 자본주의사회 등 여러 사회제도의 출현과 붕괴를,

생산력과 생산관계의 모순이라는 사회발전의 법칙에 의거해 설명하였다. 그리고 **자본주의사회도 이 법칙에 따라 붕괴한다**는 결론을 내렸다.

그들의 역사적 유물론은 역사의 발전에 있어서 경제적 요인을 중요시하는 데 그치는 일반적인 경제사관과는 구별된다. 역사적 유물론의 핵심은, 자본주의사회에서 생산력과 생산관계의 모순은 반드시 프롤레타리아 혁명을 유발하고 프롤레타리아 혁명의 승리에 의하여 자본주의적 생산관계는 파괴되며, 마침내 생산수단의 공유를 기초로 하는 공산주의사회에 도달한다는 점에 있다.

역사적 유물론은 이와 같이 일종의 **계급투쟁 역사관**이다. 마르크스-엥겔스가 계급투쟁사관을 더 간명하게 구체적으로 제시한 것은 1848년 2월 혁명 직후에 발표한 **'공산당선언'**이었다. 여기서 그들은 생산력의 발전에 따라 자본주의사회가 출현하기까지의 유럽역사를 계급투쟁의 관점에서 서술하고, 부르주아 계급이 인류의 역사에서 수행한 진보적 역할을 높이 찬양하였다. 동시에 부르주아가 이룩한 **자본주의사회는** 그 내재적 모순으로 발생하는 프롤레타리아의 **계급혁명에 의하여 붕괴한다고 예언**하였다.

그러나 그들은 **자본주의 사회가 왜? 붕괴할 수밖에 없는지에 관한 경제학적 이론을 제시하지는 못하였다**. 이것을 제시하기 위하여 마르크스가 심혈을 기울여 쓴 것이 「자본론」이다.

③ 마르크스-레닌주의

오늘날 공산주의라고 할 때는 문헌에만 남아 있는 죽은 공산주의가 아니라, 하나의 정치세력으로서 활동하고 있는 공산주의, 즉 **마르크스-레닌주의**를 가리킨다.

마르크스-레닌주의는 1840년대 이후 서유럽에서 K. 마르크스와 F. 엥겔스에 의하여 창시된 마르크스주의를, 20세기 초 러시아의 특수한 조건 하에서 구 소련의 레닌이 발전시킨 사상 및 이론의 체계와 실천운동으로써 마르크스-레닌주의 정당, 즉 **공산당이 수립한 구 소련·동유럽·중국·북한·인도차이나반도 등의 정치 체제**를 가리키는 말이다.

19세기 중엽에는 '사회주의'와 '공산주의'라는 말은 엄격한 구별 없이 거의 같은 개념으로 사용되었는데, **마르크스는 혁명적 사회주의를 개량주의적 사회주의와 구별하기 위하여 '공산주의'라고 하였다**.

그는 1875년 **'고타 강령비판'**에서 계급 없는 공산주의의 비전을 제시하고 있는데, 여기서 공산주의를 '보다 낮은 단계'와 '보다 높은 단계'의 2단계로 구별하였다.

제1단계는 초보적 단계로서 여기에서는 완전한 분배상의 평등은 실현될 수 없으며, '개인은 능력에 따라 일하고 노동에 따라 분배를 받는다'는 원칙을 내세웠다. 그리고 **제1단계는** 완전한 공산주의로 이행하는 과도기로서 계급적 독재, 즉 '프롤레타리아의 혁명적 **독재'가 필요하다고 하였다**.

레닌은 이 제1단계를 '사회주의'라고 규정하였고, 따라서 프롤레타리아 혁명에 의하여 수립되는 '사회주의' 정권은 반드시 프롤레타리아의 독재정권이 되어야 한다고 주장하였다. 그리하여 레닌 이래로 공산주의자들은 마르크스주의를 강령으로 하지 않는 사회주의, **프롤레타리아의 독재를 거부하는 사회주의는 결코 사회주의로 인정하지 않는 전통을 세웠다**.

그리하여 민주주의라는 용어와 마찬가지로 사회주의라는 용어도 공산주의자와 비공산주의자 사이에서는 전혀 별개의 의미로 사용되고 있다.

마르크스에 의하면 공산주의의 **제2단계**, 즉 '보다 높은 단계'는 생산력의 높은 발전을 전제로 한다. 따라서 여기서는 **개인이 분업에 노예처럼 예속되는 상태가 소멸되며, 따라서 육체노동과 정신노동의 차이가 없어지고, 노동이 단지 생활의 수단이 아니라 생활의 '제일의 욕구'로 되고, '개인은 능력에 따라 일하고 필요에 따라 분배를 받는다'**는 것이다.

이 낭만적인 공산주의의 미래상은 20세기를 관통한 공산주의, 즉 마르크스-레닌주의에 그대로 계승되었다.

그러나 공산주의 종주국인 구 소련이 1917년 볼셰비키 혁명을 통하여 이룩한 공산주의는 74년 만인 1991년 12월 25일에 공식적으로 붕괴되었다. 이제 소련도 시장경제를 도입하지 않을 수 없게 되었고, 급기야 연방을 해체하였으며, 이어 동유럽 공산국가들이 몰락한 1990년대 초까지 그대로 잔존한 공산국가들의 절박한 현실을 볼 때, 이른바 과학적 공산주의가 꿈꾸었던 **미래는 도저히 도래할 수 없을 것 같다**.

(3) 사회주의(Socialism)

사회주의는 자본주의의 경제적 원리인 개인주의를 사회주의로 대치함으로

써 사회를 개조하려는 사상 또는 운동을 말한다.

이 말의 기원에 대해서는 이설이 많다. 1826년 영국에서 R. 오언의 제자들을 가리켜 사회주의자라고 불렀고, 1927년 런던의 노동조합 기관지에 처음으로 사용되었다고 한다.

그러나 프랑스의 사회사상가 P. 르루는 "나는 사회주의란 말을 사용한 최초의 사람이다. 그것은 당시로서는 새로운 말이었으나 대단히 필요한 말이었다. 나는 이 말을 개인주의에 대립하는 것으로서 처음으로 사용하였다."고 말하고 있다. 다만, 이 말을 만들어낸 연대는 밝히지 않고 있어서 단정하기 어려우나, 사회주의란 말이 처음으로 사용된 1826년보다 뒤라고는 볼 수 없을 것이다.

그러면 **개인주의의 반대말**을 새로 만들어낼 필요가 어디에 있었는가?

자본주의의 경제 체제는 사적 이윤 추구를 목적으로 하고 생산수단의 사적 소유와 자유경쟁을 수단으로 삼고 있는 제도로서, 개인의 소유, 개인의 경쟁으로 되어 있는 경제적 개인주의의 제도이다.

그런데 19**세기 사회사상가들은 자본주의 사회의 여러 모순과 병폐들**, 즉 생산의 무정부성·자본의 집중·자원의 낭비·실업과 빈곤의 증대·주기적 공황·제국주의와 전쟁 등이 나타나는 것은 **자본주의의 기본원리인 개인주의에 근본원인**이 있다고 생각하였다.

따라서 자본주의 사회를 개조하기 위하여서는 개인주의를 폐지하고 반대 원리로 대치해야만 된다고 생각하고, 사회주의란 말을 개인주의의 반대개념으로 보았다.

사회주의는 처음에는, 생산수단의 사회적 소유와 사회적 관리의 수단에 의하여 자유·평등·사회정의를 실현할 것을 목적으로 하는 사상 또는 운동으로서 출발하였다. 그러나 **생산수단의 사회적 소유와 사회적 관리를 주장하는 사상의 종류는 19세기 이후만 200여 종**에 달할 정도로 많으며, 이들의 주장은 미세한 차이점은 있으나, 1950년 이전에 나타난 모든 사회주의는 사회개조의 근본방법을 생산수단의 사회적 소유와 계획경제에서 구하고 있다는 점에서 공통된다.

1951년 7월 '프랑크푸르트선언'이 나옴으로써 사회개조의 방법이 근본적으로 달라지기 이전의 고전적 사회주의에서, **사회주의는 일반적으로 생산수단의 사회적 소유를 기초로 하는 사회개조의 사상**을 뜻하는 것으로 상식화되었다.

생산수단의 공유는 사회개조의 유일·절대적 방법으로 여겨짐으로써, 이 제도를 사회주의라고 생각하는 경향이 굳어지는 한편, 이 제도에 따라서 실현될 것으로 기대되는 사회, 즉 **자본주의보다 한층 훌륭한 사회를 의미하는 말**로 쓰이게 되었다.

5. 경제학으로써의 관세학

1) 재정학

재정학은 국가 및 지방공공단체의 재정현상을 연구대상으로 하는 경제학의 한 분야이다.

근대국가의 발전은 국민경제를 그 기반으로 삼고 있다. 이런 의미에서 근대국가의 재정을 대상으로 하는 재정학은 국민경제 그 자체를 연구대상으로 하는 경제학에 크게 의존하지 않을 수 없다.

중상주의 경제사상에서는 본원적 자본축적에 있어서 재정의 역할을 크게 평가하여 **재정문제를 실마리로 하여 경제이론을 전개**하였다. **중농주의**의 F. 케네와 A. J. 튀르고 등도 **조세가 국민경제에 미치는 악영향을 분석**하는 것으로 경제이론을 수립하였다. 또한 자본주의의 A. 스미스는 경제적 자유주의 사상을 기반으로 하는 경제학의 한 분과로서, 독립된 체계를 갖는 재정학을 수립하였다.

A. 스미스에 의하면 경제는 그 자체가 자기완결적·자기조절적인 질서이다. 그런데 재정은 본질적으로 경제 외적존재이며, 경제에 대한 개입적·교란적인 요소이지만, 그 존재는 근대국가에서 불가결한 것이다. 경제에 교란적 영향을 끼치지 않는 재정의 존재양식은 무엇인가? 하는 것이 A. 스미스의 재정학 체계가 규명하려는 것이었다.

따라서 **재정학은 정치학적·행정학적 성질을 가질 수밖에 없다**. 독일에서는 이러한 성격을 강하게 반영한 **관방학**(官房學: Kameralismus)이라는 재정학이 발달하였다. 이는 영국과 프랑스에 비해 통일국가의 건설이 뒤진 독일이 많은 봉건제후국으로 분열되어 있던 상황을 반영한 것이었다.

이러한 **관방학**의 흐름을 흡수한 19세기 독일의 재정학은, 국민경제의 발전에 대한 국가재정의 주도적 역할을 강력히 인식하면서 다른 한편으로는 당시에 팽배하던 사회주의운동에 대응하는 **사회정책적·사회개량적 정책을 주축으로 하는 국가적 재정학**을 수립하였다. 이것을 A. H. 바그너의 정통파 재정학이라고 한다.

재정학은 이와 같은 2가지 조류(경제학적인 것과 관방학적인 것)에서 발전하여 **20세기에 들어와서는 다시 2가지 조류가 추가**되었다.

하나는 R. 골트샤이트나 H. 줄탄 등의 **재정사회학**이다. 이것은 특히 독일재정학의 사변적·이데올로기적·국가학적 경향을 비판하고, 여러 사회과학의 통합에 의한 사회학적 재정학 체계를 수립할 것을 목표로 하였지만, 주류가 되지는 못하였다.

다른 하나는 케인즈 경제학을 기반으로 하는 **새로운 재정사상**의 등장이다. 이것은 일반적으로 보정적 재정정책 또는 피스컬 폴리시라고 하는 것으로서 **거대화된 국가재정의 경제적 기능을 중시하고, 민간경제와 융합된 재정을 연구대상으로 하는 경제이론적 접근을 말한**다.

이는 케인즈가 주장하는 정책적 목표달성을 위하여 조작가능한 분석수단의 체계와 더불어 **수정자본주의**라는 사상으로 인해 **모든 선진국의 재정정책**에 반영되었다.

특히 **최근** 사회·경제의 변동에 따라 국민후생 또는 국민복지의 증진, 공공재이론의 대두, 자원의 최적배분 등 새로운 과제를 안게 된 재정학은 한편으로는 **재정학을 아버지로** 하면서 또 한편으로는 **후생경제학을 어머니로** 하여 탄생된 **공공경제학의 영역으로 발전**해가고 있으며, 다른 한편으로는 확대일로에 있는 공공복지의 영역을 중시하는 **복지재정**으로 발전해가는 경향이 있다.

이렇게 볼 때 **재정학이란 국가나 지방 자치단체와 같은 정치단체가 그 본연의 목적을 달성하기 위하여 제반 활동을 수행하는 데 필요한 재화와 용역을 공권력에 의하여 강제로 확보하고, 사용·관리하는 일련의 경제질서 내지는 경제과정을 체계적으로 연구하는 학문**이라 할 수 있다.

재정학도 사회과학의 일부분이다. 이와 같은 재정학은 민간경제에서는 찾아볼 수 없는 다음과 같은 특성을 지니고 있다.

① 강제성 : 조세로써 민간경제로부터 재원 확보
② 공공성 : 국민전체의 욕구충족을 위한 일반적 이익 추구
③ 영속성 : 국가나 지방자치단체가 지속하는 한 존속
④ 양출세입 : 소요경비에 따라 수입규모를 결정

이와 같은 재정학은 재정이론과 재정정책으로 구분되고, 재정이론은 다시 재정 현상을 역사성과 사회경제성에 따라 파악하고 인과법칙을 탐구하는 정태적 재정이론과 재정 현상의 생성·발전을 지배하는 법칙을 연구하는 동태적 재정이론으로 나누어 볼 수 있다.

재정정책은 국가의 목적을 달성하기 위하여 어떠한 재정정책이 수립·실시되어야 하는가의 실질적인 측면을 연구의 대상으로 하고 있다.

2) 조세론

조세란 국가나 지방자치단체가 그 경비에 충당할 재원을 얻기 위하여 반대급부 없이 일반국민으로부터 강제적으로 징수하는 금전 또는 재물을 말한다.

우리나라 헌법은 '조세(세금)의 종류와 세율은 법률로 정한다'라고 규정하고 있다. 이를 **조세법정주의**라고 한다. 따라서 새로운 세금을 신설하려면 국회의 입법을 통해서만 가능하다.

조세의 종류는 법으로 제정되었고, 세율은 종류마다 다르고 같은 세금이라도 단계마다 다르다. 조세는 다음과 같이 분류할 수 있다.

① 조세는 **조세주체에 따라 국세와 지방세**로 분류된다. 국가재정의 근원이 되는 것을 국세라 하고 지방자치단체의 재원이 되는 것을 지방세라 한다.

② 국민경제에서의 조세를 **내국세**라 하고, 국제경제에서의 조세는 **관세 또는 국제조세**라 한다.

③ 내국세에는 기업의 이익에 대하여 부과하는 **법인세**, 개인의 소득에 부과하는 **소득세**, 재화의 유통에서 발생하는 금액에 대하여 부과하는 **부가가치세** 등이 대표적이다.

④ 지방세는 부동산을 취득할 때 납부하는 **취득세**, 부동산의 소유 시 부과되는 **재산세**가 대표적이다. 지방세는 지방세법이란 법명으로 일괄 제정되어 있고 모든 지방세가 포함되어 있다.

⑤ 조세는 특정 납세의무자에게 직접 부과하는 **직접세**와 불특정한 일반 국민에게 무조건 부과하는 **간접세**로 분류할 수 있다.

소득이 있는 자에게 부과하는 소득세는 직접세이고 휘발유를 소비하는 자에게 부과하는 휘발유세는 대형차건 소형차건 또는 부자든 가난하든 불문하고 동일하게 10%를 부과하는 간접세이다. 주류세도 간접세이다. 소주를 마시면 누구를 불문하고 무조건 동일한 금액의 주류세가 포함되어 있다. 선진사회일수록 직접세 비중이 높고 간접세 비중이 낮다. 조세는 공정성·공평성이 전제되어야 하나 간접세는 조세정의면에서 바람직하지 않기 때문에 간접세 비중이 높은 우리나라는 부자와 가난한 자의 조세부담면에서 불공평한 사회이다.

⑥ 조세는 세율결정 방법에 따라서 **비례세**와 **누진세**로 구분되기도 한다. 비례세는 무조건 일정 %를 세금으로 징수하는 제도이고, 누진세는 소득이 높을수록 높은 세율을 적용하는 방식이다.

자본주의가 고도화될수록 빈부의 격차가 심해짐에 따라 이를 조세를 통하여 해결하고자 부자에게서 더 많은 세금을 걷고 가난한 자에게서는 적은 세금을 걷거나 또는 감면을 해주고 더 나아가 지원까지도 하는데 이를 **조세의 소득재분배효과**라 한다.

지방자치단체의 경우 지방세 수입만으로 자체 살림이 가능하면 바람직하나 현실은 그렇지 않다. 총 경비 중 자체수입의 비율을 재정자립도라 하는데 재정자립도가 100% 이상으로 돈이 남아돌고 있는 지방자치단체도 있지만 반면에 재정자립도가 15%선으로 공무원 봉급도 못주는 시·군·구도 있다. 이를 위하여 중앙정부는 지방교부세를 운영하여 자립도가 낮은 시·군·구를 지원하고 있다.

국가의 경우도 수입보다 지출이 많으면 국채를 발행하거나 외국에서 차입한다. 개인으로 보면 대출을 받는 것과 같은 원리이다. 국채는 개인 또는 금융기관 등에 팔거나 한국은행에서 새 돈을 찍어 인수한다. **국채의 원금과 이자를 상환치 못하면 이게 바로 국가부도**가 된다. **외국으로부터의 차입금을 상환하지 못한다고 선언하는 것이** Default이다. 국가신용이 엉망이 되는 최악의 상태를 말한다.

이와 같이 국가나 지방자치단체의 세출(개인의 입장에서는 지출이나 재정학에서는 세출이란 용어 사용)과 세입 그리고 그 효과, 정책 등을 다루는 학문을 재정학이라 하고 **재정학 중에서도 세금부분을 다루는 것을 조세론**이라 한다.

제2절 관세학과 무역학

1. 무역학

1) 무역의 정의

(1) 무역의 개념과 특성

무역이란 국제간에 이루어지는 상품의 매매라고 정의할 수 있으며 다음과 같은 의미를 가진다.

무역은 개별기업 차원에서 정치·경제·사회·문화적 환경이 상이한 국가 간에 이루어지는 국제 상거래이다. 이러한 개별기업의 무역활동은 자국경제는 물론이고 상대국 경제, 나아가 세계경제에까지 영향을 미친다.

따라서 무역은 개별기업·국민경제·세계경제 측면에서 상호 연결되는 성격을 갖고 있다. 이러한 성격 때문에 무역은 **국내거래와는 차별화된 다음과 같은 특성**을 가진다.

① 국제간 물품의 이동은 주로 해상운송을 통해 이루어진다.
② 국제거래를 행하기 위한 다수의 관계당사자가 나타나며 이들은 상호 간 다수의 복합계약을 체결하여 거래를 진행한다.
③ 오랫동안 사용해왔던 상관습을 중요시하며, 이것을 정형화하여 활용한다.
④ 국제 무역거래는 다양한 관련 산업의 발전을 꾀할 수 있다.

(2) 무역의 유형

무역은 ① 이동경로, ② 주체, ③ 대상, ④ 결제방식, ⑤ 거래 형태 등의 관점에 따라 유형을 달리한다.

① 이동경로는 거래 주체 간 상품의 이동 방향을 의미하며 **수출무역과 수입무역**, **통과무역**으로 구분한다.
② 주체에 따른 분류는 무역이 수출업자와 수입업자 사이에서 직접적으로 이루어지느냐 또는 제3자에 의해 간접적으로 이루어지느냐에 따라 **직접무역과 간접무역**으로 구분한다.

③ 대상에 따른 분류는 거래상품의 형태에 따라, 또는 상품 생산의 유사성에 따라 구분하는 방법으로 **유형무역**, **무형무역**, **수평무역**, **수직무역**으로 구분한다.

④ 결제방식에 따라서는 계약서에 의한 방법, 신용장에 의한 방법, **구상무역**, **삼각무역**, **연계무역 등**으로 구분한다.

⑤ 기타의 무역유형으로 **동서무역**, **남북무역**, **플랜트 수출**, **기술무역**, **녹다운 방식 수출과** OEM(Original Equipment Manufacturing)방식 등이 있다.

(3) 무역학

관세를 이해하기 위한 두 번째 걸음은 무역학을 이해하는 것이다.

무역학이란 국가 간에 이루어지는 상품과 서비스의 수출입 및 그에 따른 활동에 관한 연구 및 학문적 체계를 말한다.

역사적으로 볼 때 무역학에 대한 연구는 **상학의 일부**로 다루어져 왔지만, **학문의 전문화 경향에 따라 새롭게 하나의 독자적인 학문구성 체계를 갖추어 파생**되었다.

국가 간의 **무역거래**는 각 측면에서의 연구를 필요로 하는 **이중적 성격**을 지니기 때문에 무역학에 대한 연구도 어느 한 측면만으로는 체계화될 수 없다. 즉, 무역거래는 **사적·개인적·기업적 거래**이면서도, 다른 한편으로는 **공적·전체적·국가적 거래**로서의 성격을 지니기 때문에, 경제학·경영학 및 상학 연구와 더불어 연구되어야 한다.

따라서 무역학의 체계는 무역거래의 다중적 성격을 바탕으로, **경제학적 연구방법이 무역의 이론과 정책**을, 그리고 **경영학 및 상학적 연구방법이 무역의 경영과 실무**를 포용하여 하나의 독자적인 무역학 체계를 구성하고 있다.

여기에서 무역의 이론이나 정책에 관한 연구는 공적·국가적 견지에서 무역거래의 발생 원인과 결과, 그리고 그 성립양태를 살피는 것이고, 무역의 실무와 경영에 관한 연구는 사적·기업적 입장에서 무역업의 경영과 무역행위를 성공적으로 실천하기 위한 이치를 습득하는 것이라고 볼 수 있다.

2. 무역의 역사

국가 간에 이루어지는 상거래 행위를 무역이라고 정의한다면, 한국의 무역도 고대시대로 거슬러 올라갈 수 있다. 그 중 대표적인 시대는 삼국시대이다. 신라시대의 장보고는 청해진을 거점으로 현재와 같은 글로벌 무역시대를 열었다.

한편 유라시아의 무역로였던 실크로드는 기원전인 B.C. 139~126년경 사이에 시작되어 약 7세기경 전성기를 맞이하였다.

근대무역은 18세기 산업혁명을 시작으로 유럽지역에서 활성화되었으며, 최근에는 WTO(World Trade Organization)의 설립으로 전 세계가 함께 새로운 국제무역의 활성화를 꾀하고 있다. 다음에서 이를 자세히 살펴본다.

1) 세계무역

인류의 역사는 수렵과 농업시대를 거쳐 현재의 공업과 상업시대를 이룩하게 되었다. 공업과 상업 위주의 경제 체제가 수렵과 농업 위주의 경제 체제와 근본적으로 다른 점은 후자가 개인이나 가족단위의 자급자족 제도인데 비해서 전자는 분업과 교환의 상호의존 제도라고 할 수 있다.

분업이 더 심화되고 교환의 영역이 더 넓어지면서 보다 더 넓은 시장을 확보하기 위하여 인간은 모든 지혜를 동원하게 되었다. 이 같은 새로운 영역에 대한 꿈이 콜럼버스와 마젤란을 낳게 하였고 결국은 신대륙의 발견과 이로 인해 온갖 인류의 영욕을 수반하게 되었다.

나일강 유역을 중심으로 한 고대 이집트 문화, 티그리스강·유프라테스강을 중심으로 한 메소포타미아 문화, 인더스강·갠지스강을 중심으로 한 인도 문화, 그리고 황허강 유역의 중국 문화는 모두 강을 중심으로 형성되었다.

당시 서양문화권은 지중해를 이용한 활발한 국가 간 교역이 계속 이루어지고 있었다. 그 후 서양문화권은 바다를 이용하여 더 멀고 더 넓은 시장을 개척하였다.

기록에 의하면 이미 B.C. 1000년경 이집트와 레바논 간에는 곡물, 파피루스 및 목재 등의 교역이 성행하였으며, 또 B.C. 800년경에는 지중해의 로도스 섬을 중심으로 한 페니키아인에 의한 무역이 활발히 이루어져 일부 상인들의 자본축적이 형성되기 시작하였다. 이러한 자본축적이 신대륙의 발견과 과학의 발달을 촉진시켜 결국은 무역을 일찍이 서두른 서양문화권이 세계를 제패하게 되었다.

그러나 동양은 교역상대국이 서양에 비해 상대적으로 제한되어 있었고, 또 유교사상의 영향으로 교역의 관건이 되는 해상운송에 종사하는 사람이나 어부들은 천민으로 취급받아 상류층이나 다른 생계 수단을 가진 사람들은 이 분야에 진출하지 않았다.

이 같이 인류의 발전사는 제한된 자기 영토 내에서의 산물로서 만족하지 않고 자국의 한계를 벗어나서 다른 나라와 서로 교류하며 살아온 나라가 더 부강해진 것을 증명해 주고 있다. 특히 **자국 영토 내에 부존자원이 빈곤한 나라는 외국과의 교역이란 곧 생존을 의미**하게 되었다.

(1) 자본주의 성립기 이전의 무역

무역의 역사는 인류의 역사만큼이나 오래되며, 이미 **기원전**에 페니키아인은 이집트나 동지중해에서 무역을 하였고, **그리스시대와 로마시대**에는 지중해 연안과 동방으로 교역으로 범위를 넓혀, 실크로드를 통해 중국과 무역거래를 하였다. 이 시대의 교역품은 노예·귀금속·보석·고급 직물 등 당시 상류층의 사치품이 대부분이었다.

로마제국 붕괴 후 중세 봉건사회에서는 한때 무역이 쇠퇴하였다가 십자군 원정을 계기로 베네치아 등 이탈리아 북부 도시가 무역으로 번영하여 지중해의 지배권을 확립하였고, 유럽 북부에서도 한자동맹의 여러 도시를 중심으로 무역이 활발하였다.

중세에는 교역지역이 더욱 확대되었고 대중화한 상품도 있었으나 기본적으로는 상류계급의 사치품 위주였다.

15세기 말 지리상의 발견과 상업혁명은 무역을 크게 변화시켰다. 무역의 무대도 지중해와 발트해에서 아메리카대륙과 아시아까지 확대되었으며, 지리상의 발견에서 주역이 된 포르투갈과 에스파니아가 새로운 세계시장의 강자로 부상하였다.

포르투갈은 동방에서 향신료, 에스파니아는 신대륙에서 금·은·담배 등을 수입하고 모직물을 수출하였다. 모직물 수출로 인해 유럽은 모직물 공업이 발달하였는데, 그 중심은 네덜란드와 영국으로 옮겨졌다. 이러한 **무역의 확대는 자본주의적 공업생산의 발전에 커다란 영향을 끼쳤다**.

(2) 자본주의 성립기 이후의 무역

18～19**세기** 영국에서 시작된 **산업혁명은 무역에 일대 변혁을 일으켰다**. 산업혁명으로 면 공업이 기계화되었고, 면직물이 저렴하게 대량 생산됨으로써 일반 대중의 생활 재료로서 널리 보급되었고, 수공업 모직물을 대신하여 면직물이 영국의 수출무역에서 큰 자리를 차지하게 되었다.

19**세기 중엽**에는 면직물이 전 세계 수출의 1/4～1/3의 시장점유율을 차지할 만큼 성장하였다. 영국 수출품은 완제품이 많았고 수입품은 면화 등 원료와 식량이었다. 그리하여 가공무역이라는 근대적 무역으로 이행하여 온 영국은 세계의 공장이 되었고, 그 밖의 나라들은 원료·식량의 공급지가 되는 국제분업 체제가 확립되었다.

19세기 중엽에는 영국이 곡물조례를 폐지함으로써 영국을 중심으로 자유무역의 기운이 높아져서 세계무역의 확장에 공헌하였다.

세계무역 발전에 기여한 또 다른 요인은 금본위제의 확립이었다. 금본위제를 일찍 수립한 영국에 이어 19세기 후반에는 대다수의 국가가 금본위제로 이행하여, 각 국 통화간의 교환성과 교환비율을 안정적으로 유지함으로써 무역결제를 쉽게 하고, 무역을 발전시키는 기반이 되었다. 영국은 무역뿐만 아니라 해운업에서도 우위를 차지하였으며, **국제금융면에서도 런던이 세계금융의 중심지**가 되었다.

1870**년대** 초까지 영국은 세계무역에서 지도적 역할을 맡고 있었으나, 1870**년대의 불황기를 전후**하여 무역에 새로운 변화가 일어났다.

독일과 미국의 공업발전, 특히 철강업의 발전과 더불어 그 제조 공업품 수출이 증대하여 영국의 지위가 흔들리게 되자, 자유무역의 기운이 역전하여 다시 **고율의 관세부과로 국내 산업을 보호**하려는 움직임이 나타났다.

(3) 제1차 세계대전 이후의 무역

이 시기 세계무역의 특징은 영국 등 유럽 여러 나라의 쇠퇴와 **미국의 약진**이다.

미국은 유럽 국가들이 전쟁으로 경제력을 소모하던 시기에 생산력을 증대시켜, **수출에서 영국을 앞질러 제1위**가 되었다. 또한 **캐나다와 일본이 새로운 공업국으로 국제 무역시장에 진출**하였다. 그리고 러시아는 1917년의 혁명으로 공산주의 국가로 탈바꿈하여 자본주의 시장에서 모습을 감추었다.

세계무역 발전에 큰 역할을 한 금본위제도는 제1차 세계대전으로 일시 중단되었으나 1920년대 중엽부터 잇따라 금본위제로 복귀하였다. 특히 **뉴욕은** 무역과 국제금융의 중심지였던 **런던과 더불어 새로이 국제금융시장에 등장**하였다.

제1차 대전으로 인해 한때 쇠퇴한 국제무역은 1920년대 후반에 크게 발전하였으나 **1929년 미국에서 시작된 세계적 불황**으로 인하여 미국·독일 등에서 공업생산이 반감하고, 실업이 급증하여 무역은 대폭 축소되었다. **국제무역은** 일찍이 경험하지 못하였을 정도로 자유무역에서 **크게 후퇴**하였다.

1920년대에 부활된 금본위제도는 1931년 영국의 금본위제 폐지를 계기로 다시 붕괴되어 국제결제기구는 동요하였다. 각 국은 국제환경의 변동에 의하여 초래되는 경제나 통화의 혼란을 차단하고 자국 경제의 안정을 도모하려는 국가정책으로 무역과 국제자본이동에 제한을 가하게 되었다.

무역에 대한 규제에 있어서도 고전적 수단인 관세부과 뿐만 아니라 수입할당제·외환관리·구상무역 등 보다 더 직접적인 비관세 정책수단을 취하게 되어 세계무역은 다시 축소되었다.

(4) 제2차 세계대전 후의 무역

1945년 제2차 세계대전이 끝나자 세계는 UN과 더불어 IMF와 GATT를 구축하였다. IMF·GATT **체제의 기본이념은 원칙적으로 자유무역을 추진**하는데 있었지만, **제2차 세계대전 이**후에도 많은 나라들은 수입제한을 하였다.

미국을 제외한 대부분 국가가 전쟁 후의 경제부흥을 위해서는 긴급한 수입이 필요하였으나, 그것을 충당할 수출이 되지 않아서 만성적인 달러 부족 현상이 계속되었기 때문이다.

그러나 그 후에 유럽이나 일본에서 경제부흥이 진척되고 1950**년대 중반**에는 달러 부족도 해소되어 무역이 자유화되었다. 1950**년대 후반에서** 1960**년대**에 걸쳐 세계 무역은 급속히 증대하였는데, 1950년대부터 1970년대까지 **20년간의 세계 무역은 5배로 확대**되었다. 세계무역의 증가율은 세계의 소득증가율보다 높아서 **각국 경제의 상호의존관계**는 한층 깊어졌다.

이러한 무역발전에서 나타난 하나의 특징은 선진공업국과 개발도상국 간의 무역, 즉 **수직 무역이 상대적으로 쇠퇴**하고 선진공업국 상호 간의 **수평 무역이 상대적으로 확대된** 점이다.

1960년대 중엽에 세계 수출의 약 3/4은 선진공업국에 의하여 점유되었는데, 그것은 선진공업국의 수출성장률에 비하여 개발도상국의 수출성장률이 낮았음을 의미하며, 이러한 무역구조 변화와 관련해서 **남북문제가 나타났**다.

세계무역 동향에 영향을 준 또 하나의 문제는 **지역경제 통합의 출현**이며, 그 전형적 예가 EEC(유럽경제공동체)이다. EEC의 성공은 1960년대 각 지역의 지역경제 통합화 움직임의 계기가 되었다.

1960년대 세계무역에서 특기할 것은 미국의 상대적 지위 하락과 그에 따른 **달러에 대한 신인도 저하**이다. 기축통화로서 달러의 신인도 저하는 달러 위기를 초래하였고, 국제 유동성 문제를 발생시켰다. 미국은 달러를 지탱하고 IMF 체제를 유지하려는 각국의 노력에도 불구하고 결국 **1971년** 여름 **달러와 금의 교환 정지**를 선택했다. 이로 인해 제2차 세계대전 이후 20여 년 간 세계 무역의 발전을 떠받쳐 온 IMF **체제는 그 힘을 잃게** 되었다.

1970년대에 접어들자 세계무역의 양상이 바뀌었다. 1971년의 스미스소니언 합의는 1년 만에 무너지고, 1973년 주요 국가들은 변동환율제로 이행하였다. 더욱이 1070년대 2차례에 걸친 석유위기는 세계 경제와 무역을 뒤흔들어 놓아 방향전환을 하지 않을 수 없게 되었다.

석유수출국기구(OPEC) 국가들에 의한 석유 가격의 대폭인상은 석유 소비국의 국제수지 적자와 경제성장의 둔화를 가져와 스태그플레이션을 일으켰다. 이미 1970년대 초에 일본이나 유럽 국가들의 추격에 의한 세계경제의 동질화와 이에 따른 산업구조의 조정은 보호주의적 기운과 무역마찰을 빚기도 했지만, 석유위기로 인한 성장률 둔화와 국제수지 적자는 그러한 경향을 더욱 부채질 하였고, 석유위기의 대응 과정에서 보였던 각국의 대응력의 차이는 **무역마찰과 보호주의를 더욱더 촉진시켰다**.

1980년대에 접어들면서 세계무역을 둘러싼 환경에 새로운 분위기가 대두하였다. 세계 경제의 침체와 지역화, 블록화 추세가 나타났으며, 국제교역의 대상이 금융·서비스·보험·의료·여행·운송·지적재산권 및 특허권 등으로 다양해졌으며, 이와 관련한 분쟁도 급증하였다. 또한 국경을 초월하여 활동 범위를 넓혀 나가는 다국적 기업도 크게 늘어났으며, 농산물과 식량의 무역 거래도 증가하였다.

게다가 제2차 세계대전 이후 세계무역질서를 주도해 온 GATT 체제는 공산품 거래에 중점을 두었기 때문에 관세 장벽·반덤핑 및 반보조금 관세 등의 비관세

장벽, 농산물 교역, 지적재산권, 서비스 무역 등의 처리에 한계를 드러냈다.

이에 1990년대에 들어서면서 새로운 무역질서가 시작되었다. 1995년 세계무역기구(WTO)가 출범하면서 국가 간 경쟁은 더욱더 치열해지고 있다. 구소련의 해체와 동구 공산 체제의 붕괴로 인해 공산주의 체제가 종식되고 이에 따른 세계 각국의 경제우선주의 강화, 정보통신 및 교통수단의 급속한 발달에 따른 기업들의 세계화로 인해 경제적 국경의 의미는 상실되고 세계경제가 단일시장으로 통합되는 추세가 더욱 가속화되고 있다.

WTO는 다자간 무역 체제의 확립을 통해 전 세계적으로 자유무역을 확대하고 국가 간 공정무역 질서를 조성하는 역할을 담당하고 있다. 현재 WTO는 160여 개국의 회원국으로 구성되어 있다.

WTO는 기본적으로 GATT의 기능을 강화하는 한편 국제통상환경의 변화에 따라 새롭게 부상하는 통상과제를 포괄하고 회원국들의 무역관련 법·제도·관행 등의 투명성을 제고시킴으로써 궁극적으로 세계교역을 증진시키는 것을 목적으로 하고 있다.

GATT는 명칭 그대로 '관세 및 무역에 관한 일반협정'으로 협정의 효율적 운용을 위해 사무국을 설치하기는 하였으나 기본적으로 국제기구라 할 수는 없었다. 특히 GATT는 1980년대에 들어서 보호무역주의나 차별적 지역주의를 효과적으로 규율하지 못하고 새로운 국제무역의 구도 변화에 적절히 대응하지 못하는 등 많은 문제점과 한계를 노출하게 됨에 따라 이러한 GATT의 한계를 극복하고 새로운 국제 통상질서를 구축하기 위해 WTO가 출범한 것이다.

한편 이러한 세계화의 진전과 반대로 지역주의의 확산도 활발히 전개되었다. EU, NAFTA, APEC, ASEAN, MERCOSUR 등 거대 지역공동체가 형성되었다. 이러한 지역경제통합은 궁극적으로는 세계무역의 자유화에 기여한다는 긍정적인 측면도 있지만 역외 국가들에 대한 차별조치가 강화될 경우에는 오히려 배타적인 경제블록화를 급진전시켜 세계무역의 자유화를 저해할 수 있다는 점에서 우려도 낳고 있다.

(5) 21세기의 변화와 국제무역

미래학자들의 주장과 연구기관들의 견해를 종합해 볼 때 **21세기 사회의 특징**은 다음과 같이 예상할 수 있다.

첫째, 무한경쟁을 강요하는 개방화, 국제화의 시대

둘째, 밀레니엄 라운드(MR)를 통한 무역 주도권 싸움이 더욱 강화

셋째, 지식정보화에 토대를 둔 지식기반 경쟁시대의 도래와 그에 따른 패러다임의 변화가 절실히 요구되는 시대

넷째, 과학기술의 발달에 따른 신산업혁명은 산업구조의 재편과 인간의 생존전략이 바뀌는 시대

다섯째, 삶의 질과 감성을 중시하는 개성과 다양성의 시대

여섯째, 의학기술의 발달로 미래사회의 모습과 생활 양태의 변화

일곱째, 중국의 경제성장과 WTO 가입 등으로 인해 국제경쟁 심화

여덟째, 정치적 국경은 존재하나 경제적, 문화적 국경은 존재하지 않는 시대

이러한 환경 하에 이제 21세기 무역도 다음과 같이 크게 변화할 것으로 예상된다.

① 국내, 국외의 차이가 없는 거대한 단일시장 형성

무역중개상이 국내에 있든 지구 반대편에 있는 인터넷을 통한 접속에서는 차이가 없으며, 상대방이 같은 국가 안에 있는가, 아닌가?도 중요 문제가 아니다.

② 소프트 제품에서 하드 제품으로 확산

전자상거래에서 활발했던 물품은 주로 네트워크를 통해 전달할 수 있는 소프트웨어, 디지털로 저장한 서적, 신문, 음악, 사진 등이다. 그러나 교환되는 정보가 더욱 복잡하고 많아지고 있어 오히려 하드 제품의 활용효과가 커지고 있으며 확산될 것이다.

③ 정보의 흐름과 물류가 분리

하드제품군은 상품의 물리적 수송이 필요하며 여러 기관이 참여하는 통관, 무역 절차가 필요하다. 무역의 전체 과정에서 물품의 이동보다는 무역거래에 관여하는 여러 기관 사이에 오가는 정보의 흐름과 교환의 중요성이 훨씬 크고 많은 비용을 발생시키게 될 것이다. 인터넷의 활용으로 무역거래 과정을 효율적으로 그리고 신속하게 처리할 수 있게 된다.

④ 중간 에이전트 역할의 변화

인터넷 무역에서는 중간 에이전트가 얼마나 많은 정보를 갖고 있는가와 얼마나 효율적으로 무역 정보를 수집, 접속, 처리, 분배할 수 있는가의 능력이 더욱 중요하다.

⑤ 중소기업과 대기업의 구분 모호

인터넷을 활용하여 그동안 확보하기 어려웠던 국제 상품정보 및 거래처 정보, 국제무역에서 나라마다 요구하는 제도와 절차의 차이에 대한 정보, 국제 무역 절차와 환경변화에 대한 정보를 대기업과 같은 수준으로 이용할 수 있다.

⑥ 교역상품과 서비스 가격의 단일화 및 하락

전문 정보검색 엔진을 이용하여 특정 상품을 어떤 나라의 어느 기업이 공급하고 있는지 쉽고 빠르게 찾을 수 있게 됨으로써 기업과 소비자 간 철저한 시장원리가 적용되어 가장 경제적 합리적 거래가 이루어질 수 있다.

⑦ 전 세계를 대상으로 해외 활동 수행

최소의 비용으로 전 세계를 대상으로 마케팅 활동을 수행하게 된다. 음성, 동화상으로 다양하고 효과적으로 제품소개가 가능해짐에 따라 시간과 공간의 제약을 극복할 수 있게 된다.

⑧ 거래 비용의 획기적 절감

수출자와 수입자 간의 상담, 상품 정보, 거래 성사를 위한 각종 서류의 교환형태가 비정형화 의사표시는 전자우편으로, 공식적 문서는 전자문서교환에 의해 컴퓨터 통신망으로 통합 처리한다.

⑨ 전화 화폐에 의한 대금 결제

인터넷을 통한 전자지불시스템으로 대금 결제가 이루어진다.

⑩ 새로운 국제운송물류시스템 도입

생산자와 소비자와의 직거래가 가능해짐에 따라 주문과 동시에 소비자 욕구에 맞춰 현지 생산, 현지 보관, 현지 배달이라는 새로운 상품배송시스템과 함께 ITS가 구축될 것이다.

2) 한국 무역

(1) 고대시대

동양 전통사회에 있어서 국가 사이의 교역은 대체로 사신을 통하여 공물을 주고받는 형식으로 이루어졌다. 더구나 한반도 지역에서 발달한 국가는 중국과의 교역을 통해서 경제적·문화적 욕구를 충족하였으므로 중국에의 사신 파견은 경제적·문화적 의미가 큰 것이었다.

한반도에서 발달한 가장 오랜 부족 국가 가운데 하나인 부여의 경우에는 이미 1세기 중엽부터 중국과 교역을 하고 있었다. 서기 49년에 부여 왕은 사신을 후한의 광무제에게 보내어 공물을 바쳤는데 이에 광무제도 답례품을 많이 주었고 이후부터는 두 나라 사이에 교역이 계속되었다는 기록이 있다. 이 때문에 부여의 경우에도 중국과의 교역을 한 후에는 더욱 적극성을 띠고 교역 관계를 지속하였다.

한편 같은 시기에 발달한 또 하나의 부족 국가인 **고구려도 역시 후한의 광무제 시대에 중국과의 교역**을 개시한 이후 80여 년 동안 계속했다는 기록이 있다. 한반도의 북반부에서 발달한 부족국가들의 대외 무역이 주로 중국과 이루어졌다면 남반부에서 발달한 부족국가, 즉 **삼한의 여러 나라들은 중국과도 관계를 가지는 한편 바다 건너 일본과도 일찍부터 교역**을 하였다.

(2) 삼국 및 통일신라 시대

우리나라 역사에 있어서 대외교역의 기록은 삼국시대 이후에 나타나고 있으며, 고대 3국의 대외무역은 주로 중국(진, 송, 당)과 일본 간의 교역으로 조공형식의 무역이 주류를 이루었고, 국가와 국가 간 이루어지는 **공무역의 형태**이었다.

① 삼국시대의 무역

삼국시대의 외국무역, 특히 중국과의 무역은 대체로 조공무역을 중심으로 발달하였다. 먼저 고구려의 경우를 보면 고대 국가로 발돋움 하던 1세기 초부터 이미 중국의 후한과 조공을 통한 교역을 하였다.

고구려는 중국과의 교섭에서 정치적인 효과뿐만이 아니라 문화적, 경제적 이익을 얻기 위하여 자주 사신 무역을 행하였다. 사신 무역을 통하여 고구려가 중국측에 수출한 물품은 금, 은, 말, 피물류, 무기, 활 등이며, 반대로 중국에서 수입한 물품은 비단을 비롯한 직물류가 중심이었다.

고구려는 삼국 중에서도 가장 정복성이 강한 국가로서 이웃 부족국가 등에 대한 정복 전쟁에 성공할수록 그 경제력이 높아져 갔다. 따라서 정복 전쟁이 최고조에 이르렀던 4세기 말에서 5세기에 걸치는 시기, 즉 광개토대왕과 장수왕 시대에 경제적으로도 크게 발전하였고 외국과의 교역량도 늘어났다.

한편 **백제**의 경우에도 이미 마한 때부터 제주도 등지에서 해상교역을 하고 있었다는 기록이 있지만, 고대 국가로서 형태를 갖추고 발전한 후 부터는 중국의 남조 및 일본 등과 빈번한 교역을 하였다.

백제와 중국과의 교역은 모두 바다를 통해 이루어졌는데 대체로 양자강 이남의 지역과 교역을 하였다. 백제가 중국에 수출한 물품은 주로 금포, 해물, 과하마, 금갑, 명광개 등이었고 중국으로부터 수입한 물품은 비단과 불교 경전이었다. 일본과의 교역은 초기부터 빈번하였고, 이미 널리 알려진 바와 같이 일본의 고대 문명 형성에 크게 도움을 주었다.

신라도 일찍부터 중국과 교역하였는데 처음에는 고구려를 경유하여 육로를 통하여 내왕하였으나, 점차 백제와 같이 바닷길로 중국과 교역하게 되었다. 3국 통일 이전에도 신라와 당나라 사이에는 빈번한 사신의 교환이 있었다. 이를 통하여 신라가 당나라에 보낸 물품은 금, 은, 동, 유황, 인삼, 수달피 등이었고, 당나라가 답례로 보낸 물품은 비단과 금은 세공품, 서적 등이었다.

한편, 신라와 일본과의 관계는 대체로 평화로운 것만은 아니었지만 일본 측의 문화적, 경제적 욕구 때문에 어느 정도의 교역이 이루어지고 있었다.

② 통일신라시대의 무역

신라는 당나라와의 공무역(중국의 산동반도에 신라관 등)을 실시하였다. 이 시대에 두드러진 활동으로는 **장보고의 해상무역**이 있다. 장보고는 기존 무역의 틀에서 벗어나 자유로운 교역의 틀을 이룩하였다. 그는 국가 중심으로 이루어지던 공무역을 개인 활동의 자유를 보장하는 **사무역** 체제로 유도하여 무역의 본질을 변화시켰다. 그리고 **장보고는 당·일본과의 거래는 물론 아라비아·페르시아·동남아시아 등 무역거래** 관계를 넓힘으로써, 국제교역을 더욱 활성화시켰다.

이를 좀 더 구체적으로 살펴보면 지금의 완도에 청해진이라는 군사 체제·무역 체제·외국자치 체제로 구성된 기관을 설치하여 오늘날의 종합무역관 형식을 갖추고 광범위한 무역활동을 하였다.

장보고의 해상무역은 오늘날 한국의 종합무역상사의 개념으로 볼 수 있다. 장보고 종합무역상사는 세계 곳곳에 거미줄 망을 쳐놓고 시너지 효과와 복합 경쟁력을 지닌 글로벌 다각화를 추진하였다.

장보고는 청해진에 본거지를 둔 장보고 상단과 서해안에서 활약했던 군소 해상세력(물류 운송업자), 당과 신라, 일본의 상류층(소비자)을 연계하는 국제무역망을 갖고 있었다. 이는 청해진의 민부가 거대한 무역조직으로 오늘날의 종합상사와 초국적기업과 같은 무역거래를 했음을 의미한다.

신라의 통일전쟁 과정에서 당나라와 대립하고 군사적인 충돌도 적지 않았으나 당나라는 한반도의 지배가 불가능함을 알고 이를 포기하자 두 나라 사이에는 친선 관계가 수립되어 당나라가 멸망할 때까지 계속되었다.

삼국 통일이 가져다준 경제적 여유와 당나라와의 오랜 평화적 관계가 바탕이 되어 중국과의 교역은 대단히 활발해졌고, 이 시기를 통하여 신라인의 해상활동과 중국 지역에의 진출도 전에 없이 활발해졌다. 통일 이후 당나라와의 교역은 대체로 조공무역과 민간무역의 두 측면에서 이루어졌다. 통일 이후 신라의 생산규모가 급격히 성장한 증거는 당나라와의 조공무역에서도 나타났다.

한편, 통일신라는 일본과의 교역도 상당히 활발하였다. 신라인들의 해상활동은 역시 장보고의 출현이 하나의 큰 계기를 이루었다. 일찍이 당나라에 건너가서 무령군 소장을 지낸 바 있는 그가 해적 등에 의하여 신라인들이 노예로 팔려오는 것을 보고 이를 막기 위하여 귀국한 후 청해진을 설치한 것은 838년(홍덕왕3년)이었다.

장보고의 활동은 서해와 남해에 출몰하는 해적을 퇴치하는 일에서 시작하여 일본과 중국을 대상으로 국제무역을 하였다. 결국에는 신라의 왕위 쟁탈전에 개입하여 불행한 최후를 마쳤지만, 위와 같은 활동을 하는데 있어서 청해진이 가지는 지리적 위치와 청해대사가 된 그의 관직상 위치가 주는 의미도 크다 할 것이다.

(3) 고려시대

고려는 중국의 송나라와 주로 교역하였으며, 고려사절단과 상인이 통과하는 곳에 고려관을 설치하는 등 친선정책을 펼쳤으나 몽고의 침입 시에는 세공으로 금, 은, 모피 등을 바치기도 하였다.

① 송나라와의 무역

고려와 송나라와의 국교가 처음 열린 것은 10세기 중엽, 즉 고려 광종 시대였다. 이때 동북지방에서 거란이 크게 일어나자 송나라는 고려와 연합하여 거란을 견제하기 위하여 고려의 환심을 사기 위해 노력하던 때였다.

그러므로 자연히 두 나라 사이에의 사절단의 내왕이 활발하였고, 따라서 민간 상인들의 왕래도 활발하였다. 고려와 송나라 사이에 실시되는 무역은 크게 세 가지 종류로 나누어 볼 수 있는데 첫째, 두 나라 정부와 정부 사이에 실시되는 일종의 공무역 같은 것이고 둘째, 민간 상인과 정부 사이에 실시되는 무역이며 셋째로, 두 나라의 민간 상인들 사이에 이루어지는 사무역이다.

② 기타 지역과의 무역

고려와 **거란**과의 관계는 922년(태조5년)에 거란이 사신을 보내옴으로써 시작되었다. 그러나 알려진 바와 같이 고려 측에서는 거란이 발해를 멸망시킨 나라라 하여 교섭을 거절하였다. 그것이 원인이 되어 거란과 여러 번에 걸친 전쟁을 치르게 되었다. 그 후 두 나라 사이에는 일정한 외교적 교섭이 계속되었고, 이에 따라서 의례적인 교역이 이루어졌다. 여진과의 교역도 일찍부터 행해졌다.

고구려와 발해의 지배를 받던 **여진**은 발해가 멸망한 후 그 일부는 두만강과 송화강 유역에 흩어져 살았고 다른 일부는 거란의 지배를 받았다. 그러나 어느 경우이건 이들 유목민 사회는 가까운 이웃에 있는 고려의 농경사회와 관계를 맺어 이로부터 문화적, 경제적 욕구를 충족하려 하였다.

몽고와 고려와의 접촉은 처음부터 침략하고 또 그것을 받는 관계로 시작했지만, 경제적 문제에 있어서는 처음부터 교환관계라기보다는 징발의 형식으로 시작되었다.

금나라가 망할 무렵 한때 독립하였던 거란인들을 쫓아 고려까지 오게 된 몽고군은 고려 땅에 쫓겨 온 거란인들을 함께 공격한 후 그것을 핑계로 해마다 막대한 공물을 고려에 요구하였고, 공물을 받아 가던 사신이 도중에 피살되자 그 책임을 물어 침략을 감행하였다.

고려 정부가 강화도로 옮겨 가서 저항하던 40년간은 두 나라 사이에 교역 관계가 이루어질 수 없었다. 이 기간 동안 몽고군은 전국에 걸쳐 약탈을 했는데, 유목민으로서의 몽고인들이 농경사회인 고려에서 필요한 물품을 취득할 수 있는 좋은 기회가 되었다.

무신 정권이 무너지고 고려 정부가 다시 개성으로 오면서 몽고와의 종속 관계가 이루어졌고, 그 이후에는 조공무역의 형식으로 교역이 이루어졌다. 또한 고려 말기에는 몽고와의 공식적인 외교관계에 따른 교역뿐만 아니라 몽고와의 내왕이 빈번해짐에 따라 두 나라 사이에 밀무역도 상당히 이루어졌다. 고려시대에는 외국과의 교역범위가 비교적 넓어서 멀리 대식국, 즉 **아라비아**의 상인들과도 교역이 있었다.

(4) 조선시대

조선시대는 쇄국주의 정책으로 대외무역은 소극적이고 퇴보적이었다. **명**나라와는 성절사(명제의 탄일), 정조사(원단), 천추사(명후탄일), 동지사(동지에 보내는 사신), 진하사(명황실에 경사) 등 조공무역을 하였고, **청**나라와 무역은 병자호란 등을 거치면서 사대의 예를 갖춰 각종사절을 보내 공물을 바치는 형식으로 무역을 하였다.

임진왜란 중에는 청의 원군의 뒤에 수많은 상인이 뒤따라 와서 식량과 금, 은을 교환하는 등 압록강변 의주 일대 해안에서 이루어졌던 사무역이 왕성하여 매년 50~60만량의 은이 청국으로 유출되자 정부에서 상인들의 물품에 대하여 일종의 세금을 부과하여 국고수입을 늘리다가 마침내 영조 30년(1754년)에는 책문후시를 공인함으로써 사무역을 인정하게 되었다.

세종 때에는 부산포, 내이포(창원), 울산의 감포(방어진과 장생포 사이) 등 3포를 개방하여 일본인의 왕래를 허용하여 대일무역이 성행하였다.

조선시대에는 국내 상업의 발달과 때를 같이하여 대외무역도 점차 활기를 띠게 되었다. 17세기 중엽부터 청과의 무역이 활발해지면서, 국경지대를 중심으로 공적으로 허용된 무역인 개시와 사적인 무역인 후시가 이루어졌다.

청나라로부터 수입하는 물품은 비단·약재·문방구 등이었고, 수출하는 물품은 은·종이·무명·인삼 등이었다.

한편, 17세기 이후로 일본과의 관계가 점차 정상화되면서 **왜관** 개시를 통한 대일 무역이 활발하게 이루어졌다. 조선은 인삼, 쌀, 무명 등을 수출하고, 청에서 수입한 물품들을 넘겨주는 중계무역을 하기도 하였다. 반면에 일본으로부터는 은, 구리, 황, 후추 등을 수입하였다.

이렇게 **국제무역에서 사적 무역이 허용되면서 상인들이 무역활동에 적극적으로 참여**하게 되었다. 이들 중에 두드러진 활동을 보인 상인들은 의주의 만상과 동래의 내상이었으며, 개성의 송상은 양자를 중계하며 큰 이득을 남기기도 하였다.

이와 같은 **조선시대 무역의 특징**은 다음과 같다.

① 사신무역과 역관무역

조선시대에는 엄격한 쇄국주의 때문에 고려시대와는 달리 민간 상인의 외국 진출이 일절 금지되었다. 그러므로 민간 상인에 의한 외국무역은 원칙적으로 이루어질 수 없었고, 결국 외국과의 물품교역은 사신의 내왕에 의존하는 사신무역이 이루어졌을 뿐이다.

중국과의 사신 교환은 조선 왕조 측으로서는 경제적, 문화적 욕구를 충족하는 창문의 역할을 했다. 그러므로 명나라와의 사신 교환이 처음 이루어진 건국 초기에는 조선 측에서는 될 수 있으면 사신을 자주 중국에 보내려 노력하였고, 반대로 명나라 측에서는 사신의 왕래 수를 가능한 줄이려고 하여 일종의 외교 분쟁이 일어나기도 하였다.

조선 왕조 전기에는 중국과의 무역이 대체로 조공무역을 중심으로 발달하였고, 여기에 사신 일행에 의한 물품의 교환이 자연스럽게 발달했다.

그러나 왕조 후기에 와서는 조공무역보다 오히려 사신 일행이 가져오거나 가져가는 물품이 훨씬 많아졌고, 특히 조선 측의 사신 일행이 중국의 물품을 수입해 오는 양이 급격히 많아졌다. 그리고 사신 일행 중 특히 물품의 교역에 주동적인 역할을 한 것은 중국 상인들과 직접 언어가 통하는 역관들이였고, 이 때문에 역관무역이라는 말이 생겨났다.

② 개시무역과 후시무역

조선시대에 들어와서 민간 상인들의 외국무역이 일절 금지되고 사신무역만이 계속되었으나 그것만으로는 부족하여서 점차 민간 상인들이 외국무역에 참여하게 되었다. 그 단초를 연 것이 개시무역이었다.

개시무역은 조선 정부와 중국 측의 명나라 청나라 정부와의 합의 아래 일정한 교역이 이루어지는 것이었다. 양쪽 정부의 감시 아래 이루어지는 것이기는 하였지만 이로써 민간 상인 간의 외국무역이 열리게 되었다.

③ 왜관무역

중국과의 무역은 중국의 소극적인 태도에 비하여 조선 왕조는 오히려 적극성을 띠고 경제적, 문화적 이익을 가져왔지만, 일본과의 무역은 반대로 조선 왕조의 소극성과 일본의 적극성에 의하여 유지되었다.

(5) 개항 이후

① 일본과의 무역

일본과의 무역은 계해조약(1443) 이후 왜관을 통하여 무역 관계가 계속되어 왔지만, 그것은 대단히 소극적인 것이고 제한된 것이었다. 1876년 강화도조약이 체결되기 이전까지의 한일 간의 무역액은 일본 돈으로 대체로 5만 엔 정도였으며 수입과 수출이 균형을 이루고 있었다.

균형을 이루는 가운데 소극적으로 유지되던 조선과 일본 사이의 무역은 강화도 조약 이후 크게 변했다. 일본은 미국과 영국 등 자본주의 제국의 침략을 받으면서 여건이 성숙되지 않는 가운데 스스로 자본주의를 지향하게 되었고, 이 때문에 조선 침략에 발 벗고 나서서 강제로 강화도조약을 체결하게 된 것이다.

② 청국 및 러시아와의 무역

청국은 병자호란 이후로 조선과 조공무역, 개시무역, 후시무역들을 유지해 왔으나 근대적인 무역관계는 강화도 조약을 강행한 후로써 일본보다 한걸음 뒤졌다.

이후 임오군란을 계기로 하여 청국은 조선에 대한 적극적인 정책을 취하고 두 나라 사이에 "상민수륙무역장정"을 체결하여 근대적인 무역을 전개하였다.

러시아와의 무역은 우수리 지방이 러시아 영토가 된 후부터였다. 접경이 이루어진 당초에는 일정한 규정 없이 두 나라 국민들 사이에 교역이 이루어지다가 1888년에 조러 통상조약이 체결됨으로써 공식적인 교역이 시작되었다. 이후 두 나라 사이에 교역이 발달함에 따라 러시아는 1894년에 무역사 무관을 조선에 주재시키기도 하였고, 조선 정부는 두 나라의 접경 지역인 경흥 세관을 설치하였다.

(6) 일제강점기

일제강점기 우리나라의 무역은 완전히 일본의 이해관계에 따라 전개되었다. 특히 우리나라는 일본의 공업화를 위하여 일본의 상품시장으로서의 역할을 톡톡히 치러야 했다. 1910년부터 1925년까지 15년간의 우리나라 수입은 8배 이상 증가하였다.

특히 제1차 세계대전 후에는 유럽제품은 거의 수입되지 않았고 미국제품이 수입되었지만, 일본 공업력의 신장으로 구미제품이 일본제품으로 대체되는 경향이 나타났다.

1925년에는 일본으로부터의 수입비중이 69%까지 이르렀다. 1925년부터 1939년까지 14년간의 수입은 4배 정도 증가하였는데, 특히 이 기간에는 일본의 대륙침공계획에 따라 우리나라가 병참기지화함에 따라 군수용 기자재의 수입이 크게 확대되어 1939년에는 일본으로 부터의 수입비중이 88% 이상으로 증대하였다.

상품별 수입구성추이를 보면, 원료품과 반제품이 각각 10% 정도의 비중을 유지하고 있는데, 여기에는 대륙산 원료 및 반제품의 대일수출 중계분이 상당히 포함되어 있을 것이다. 식료품 수입은 조제(粗製)·정제(精製)를 합하여 12~15% 정도를 계속 차지하고 있는데, 이는 식량의 대체수입, 즉 쌀과 같은 고급식품을 일본에 수출하고 잡곡 등의 저급식품은 대만·만주에서 수입한 결과라고 할 수 있다.

한편 완제품의 수입은 50% 정도를 차지했는데, 이에 잡제품을 합하면 60%의 비중을 차지하였다. 여기에도 물론 일본제품의 대륙수출 중계분이 상당히 포함되어 있을 것이므로 당시 우리나라에서 소화되는 수입비중은 절반 정도에 불과하였던 것으로 보인다.

(7) 독립 이후

① 1960년 이전

이 시기 동안에는 광복과 국토분단, 그리고 6·25 전쟁 등으로 사회적 혼란 및 경제질서 파괴가 극에 달하여 의류·식량·주택, 기타 소비재의 공급 부족 현상을 가중시켰다.

따라서 당시의 수출은 거의 전무하였던데 반하여 수입은 미국의 원조에 힘입어 처음부터 매우 활발하였다. 1945년 500만 달러의 원조수입에서 시작하여 1946년에는 6,000만 달러, 그리고 1947년과 1948년에는 각각 2억 달러 정도의 원조와 일반수입이 있었다.

더욱이 6·25전쟁으로 인한 막대한 피해로 해외의존도는 한층 증대되었다. 그리하여 1947년부터 1960년까지 우리나라의 총수입은 2억3,000만 달러에서 3억 3,000만 달러로 42%의 증가가 있었는데, 이는 70% 이상이 원조자금으로 구매된 것이었다.

② 1960년 이후

1960년대 들어 수출주도형 경제개발계획이 추진됨에 따라 우리나라 수출은 한때 연평균 40% 정도의 높은 성장률을 기록했는데, 이러한 수출증대는 곧 수입규모의 확대를 초래하는 주원인이 되었다.

우리나라는 국내시장이 협소하고 부존자원이 빈약하기 때문에 수출로서 경제성장을 이룩하기 위해서는 자본재뿐 아니라 원자재의 수입확대가 불가피하였다. 그리하여 광복 후 1960년까지 수입은 1.3배 정도의 증가에 그쳤으나, 공업화가 추진된 1960년대의 10년간은 6.5배로 증가하였고, 중화학공업화가 추진된 1970년대에는 11배 증가하였으며, 1980년 2.2배 그리고 1990년대의 처음 6년간에는 2.2배의 수입 증가를 나타내었다. 1996년 **수입**을 1947년 기준으로 누적 계산한 배율은 648**배**나 된다.

그러나 이러한 증가율은 같은 기간에 4,989**배**나 증가한 **수출**의 급속한 신장에 비하면 오히려 매우 느린 속도라고 할 수 있으며, 그에 따라 수출 대 수입의 비율은 축소를 거듭하였다.

우리나라의 수출은 세계 수입의 변동에 민감한 반응을 나타내고 있지만 세계 수출에 대한 우리나라의 수입탄력도는 매년 심한 기복 현상을 보이고 있는데, 이는 그 간 우리의 수입이 세계 수출의 변동보다는 독자적인 국내 사정, 즉 국내의 외환 및 국제수지나 산업 보호, 또는 개발수입수요 등에 좌우된 바가 컸음을 반영한 결과라 할 수 있다.

그러나 전반적으로 볼 때, 우리나라 수입 수준은 세계 평균보다는 높다. 세계의 총수입에서 차지하는 비중이 1966년에 0.37%이었던 것이 1975년에 0.89%가 되어 국민 1인당 수입이 세계 평균 수준을 넘게 되었으며, 1995년에는 2.66%를 차지하였다.

특히 경제개발계획이 시작된 1962년 이후 거의 전 품목에서 고른 수입 증가가 있었으나, 부존자원이 빈약한 우리 상황을 반영하여 석유가 대종을 이루는 광물성 연료와 식료품, 그리고 공업원료의 수입 증가가 두드러졌다.

③ 1970년대

제3차 경제개발계획 실시에 따라 중화학공업으로 산업구조가 고도화되자, 1973년 이후부터는 기계류와 화학품, 그리고 원료별 제품의 수입이 급속히 증가하였다.

당시 우리나라 수입의 용도별 추이를 살펴보면 다음과 같다.

먼저 식료 및 직접소비재는 소맥 등 양곡 및 원당의 수입 증가에 따라 제3차 경제개발 때까지 계속 수입규모가 확장되었으나, 1976년에 들어와서 국내작황의 호조 및 설탕제품의 수출 부진 등을 반영, 그 비중이 급격히 감소하여 1986에는 5.3%로 크게 낮아졌으나 다시 증대하여 1995년에는 10%대에 이르렀다.

한편, 우리나라 총수입 중 최대 비중을 차지하고 있는 공업용 원료는 원자재 수입에 크게 의존하고 있는 수출산업의 증가세에 따라, 그 규모도 매년 증가되었다. 이처럼 공업용 원료의 수입비중이 높이 유지되는 것은 우리나라 수입대체 산업이 아직도 기초원자재 산업부문에 있어서는 상당히 빈약하다는 사실을 내포하는 것이다. 또한 자본재도 산업구조의 고도화 추세에 따라서 지속적인 규모 확장이 나타났다.

④ 1980년대

당시 자본재의 수입은 1982년에 25%로부터 1995년에는 43%로 확대되었다. 그중 일반기계와 전자전기제품 등 시설재의 수입 증가가 현저하였다. 자본재 수입은 공업용 원료와 함께 우리나라 수입 중 가장 큰 비중을 차지하고 있다.

비내구소비재 및 내구소비재의 수입 추이에 있어서는 높은 연평균 증가율을 나타내고는 있으나, 전체 금액면에서는 미미하여 구성비에서 커다란 변화를 보이지 않았다.

⑤ 1990년대

한편, 1995년 우리나라의 수입은 세계에서 10번째인데 가장 큰 시장은 미국,

그다음이 독일 그리고 세 번째 이하는 일본·프랑스·영국·이탈리아·홍콩·네덜란드·캐나다의 순이며, 우리나라를 추격하고 있는 나라는 중국·스페인·대만·스위스·태국·스웨덴·오스트레일리아·브라질 등이 있다. 그중에서도 중국은 특히 우리나라와의 경쟁이 치열하다.

중국의 수입은 1993·1994년간은 우리의 수입을 300억 달러 이상 상회하였으나, 1995년에는 우리보다 60억 달러 적어졌다. 그러나 중국의 무역수지는 1990년 이후 1993년 한 해를 제외하고는 해마다 흑자를 기록하였다. 따라서 1991년부터 우리의 수출을 추월하기 시작한 중국의 급속한 신장에 따라 앞으로 중국의 시장은 계속 신장할 것이다.

⑥ 2000년대

2000년대에 주목할 점은 우리나라 수출액이 수입액보다 많아졌다는 점이다. 2000년도에 수입액이 1,605억 달러였던 반면, 수출액은 1,723억 달러였다. 이때부터 우리나라의 주력 산업이 고부가가치 정보기술 산업으로 변모했다. 수출품목에서 압도적인 1위를 차지하는 반도체 이외에도 디스플레이, LCD와 휴대폰이 새로운 수출품목으로 떠올랐다. 2015년 기준, 우리나라에서는 반도체, 자동차와 휴대폰이 인기 있는 수출 상품으로 판매되고 있다.

1990년대와 크게 다르지 않은 2000년대부터 현재까지의 주요 수입 품목은 원자재 위주의 원유, 석탄, 그리고 천연가스이다. 다만 2000년대에 들어서부터 환경 보호를 위해 천연가스가 전체 수입에서 3위를 차지하고 있다.

2000년대의 특기사항으로는 국가 간 자유무역을 목적으로, 우리나라도 FTA를 적극적으로 체결하기 시작하였다. 2004년에 칠레와 첫 FTA를 발효시키면서 이후 싱가포르, EFTA, ASEAN, 인도, EU, 페루, 미국, 터키, 호주, 캐나다, 중국, 뉴질랜드, 베트남과 콜롬비아와도 FTA를 성사시켰다.

(8) 우리나라 무역의 문제점

우리나라의 수입자유화 정책은 기존 무역정책이 내포하고 있는 몇 가지 문제점의 인식에서부터 비롯된다. 우선 과거의 국내 산업보호 정책은 자원배분을 왜곡하였으며, 산업 간의 불균형을 심화시켰을 뿐 아니라 국제경쟁력을 저하시켰고, 경제의 이중구조를 낳게 하였다.

따라서 수입자유화의 점진적인 확대는 첫째, 경제운용방식이 관주도에서 민간주도로 전환됨으로써 시장기능이 활성화된다는 점, 둘째, 그에 따라 자원의 합리적 배분 및 물가안정을 기하여 안정적 성장을 기할 수 있다는 점, 셋째, 해외 경쟁의 도입을 통해 기업의 체질개선·기술혁신·경영합리화를 기함으로써 산업의 국제경쟁력을 확보할 수 있는 계기가 된다는 점, 넷째, 수출을 통한 대외지향적 성장전략의 추진이 불가피한 우리나라로서는 선진 각국으로부터 시장개방 압력과 보복적인 수입규제를 회피할 수 있게 되어 오히려 수출여건을 개선하게 된다는 점에서 그 이론적인 논점이 강조되고 있다.

한편 부정적인 측면으로는, 첫째, 대부분의 기업이 자기자본보다 타인자본 비율이 월등히 높아 재무구조가 취약한 현실적인 경제여건에서는 수입자유화의 경쟁을 감내하기 어렵다는 점, 둘째, 산업기반 면에서도 내수기반 자체가 약한 상태이며 가격기능의 발휘가 어려운 여건이라는 점, 셋째, 외국상품 선호로 건전소비풍토가 저해될 수 있다는 점, 넷째, 과도한 수입개방은 국제수지의 악화 요인으로 작용하여 외채부담을 강화할 수 있다는 점 등이 지적되고 있다.

그럼에도 불구하고 오늘날 수입자유화는 우리 경제의 체질 강화를 위해서 뿐만 아니라 외국의 우리나라에 대한 수입개방 압력에 대응하기 위해서도 불가피한 것으로 인식되고 있다. 우리나라의 수입자유화 정책의 시초는 1967년 관세와 무역에 관한 일반협정(GATT)에 가입함으로써, 무역관리 방식을 '포지티브 시스템(positive system)'에서 '네거티브 시스템(negative system)'으로 전환한 것에서 찾을 수 있다.

그 후에도 매년 수입 금지 및 제한 품목의 수를 점차 축소하는 방향으로 정책이 추진되어왔다. 그러나 그 본격적인 시행은 1978년 제1차 수입자유화 확대 조치를 단행하면서 시작되었다. 그 뒤 지속적인 확대 조치로 인하여, 무역자유화의 기준 지표가 되는 수입자유화율(총수입 품목수에 대한 수입 자동승인 품목수의 비율)은 1975년에 49.1%이었던 것이 1988년에는 95.4%로 크게 확대되었다.

1987년 이후 국제무역 환경은 급격히 변화하였다. GATT 체제 하에서는 농산물과 유치산업 보호와 국제수지 방어를 위한 수입제한과 의무면제(Waiver) 등이 예외적으로 용인될 수 있었으나 1987년 푼타델에스테(Punta del Este) 각료회의 선언(이른바 우루과이라운드)과 그 뒤를 이은 WTO 체제 하에서는 아편 등을 제외하고는 전면적 수입자유화를 지향하고 있다.

이와 같은 국제무역환경의 변화에 적절한 대응을 하였더라면, 1980년대 마지막 3년간에 이룩한 우리나라의 무역수지 흑자를 지속시키는데 새로운 체제가 유리하게 작용시킬 수 있었을 터인데 1990년 이후 다시 무역역조로 전환되었다.

또한 주요 선진국의 우리나라 시장 점유율을 높이기 위한 여러 가지의 장치, 예컨대 슈퍼301조 발동 위협과 같은 우리나라의 특정상품 수출을 가로 막는 일이 빈발하고 있다.

국제경쟁력은 국내에서 가격기능이 발휘될 때에만 그 효과가 생긴다. 따라서 장기적으로 볼 때 수입자유화의 진전이 우리 소비자의 외제, 특히 유명메이커 선호풍조와 이를 이용하여 초과이윤을 꾀하는 수입기업의 수입확대 등이 지양되면 현재와 같은 과소비와 수입초과는 완화, 개선될 것으로 기대된다. 물론 이와 더불어 정부 측의 공정거래의 확보와 반덤핑, WTO 제소, 수입선 다변화 등 다양한 정책으로 보완될 때 그와 같은 기대는 충족될 것이다.

1995년 WTO와 OECD 가입에 따라 우리나라의 무역개방화는 급진적으로 진전되어 일부 농산물을 제외한 대부분의 제조업은 100% 수입이 개방되어 전 산업이 99%의 수입자유화를 나타내고 있다. 그러나 그 동안 수출증진과 수입관리에 익숙해 온 우리 정부와 민간업체는 WTO와 그에 따른 선진국의 발 빠른 제반조치에 적절한 대응을 하지 못하는 상황이다.

3. 무역이론

1) 국제무역이론

(1) 국제무역이론의 출발

국제무역이론은 18세기 중엽부터 20세기 초까지 활동했던 A. 스미스, D. 리카도, J. S. 밀 등 고전학파 경제학자들에 의해 정립되기 시작하였으며, 고전 무역이론, 근대 무역이론 및 현대 무역이론으로 구분할 수 있다.

고전적 국제무역이론은 1776년 영국의 **애덤 스미스**(Adam Smith)에 의해 최초로 이론화되었다. 그의 분업이론은 리카도(David Ricardo)와 밀(John Stuart Mill)로 이어지면서 **고전적 비교우위론으로 발전**하였다.

그러나 고전적 비교우위론은 각국 간 생산비의 차이가 무역을 발생시킨다고 보았지만 그 생산비의 차이가 왜 발생하는가에 대해서는 규명하지 못하였다.

이에 스웨덴의 **헥셔**(Eli Filip Heckscher)**와 오린**(Bertil Gotthard Ohlin)은 각국 간 생산비의 차이가 생산요소 부존량의 차이 때문에 발생한다고 보고 **근대적 비교우위론**을 주장하였다.

그러나 이와 같은 헥셔-오린의 정리는 현실과 차이가 많이 나는 특수한 가정 아래에서만 성립하는 이론이었다. 이에 통계적 검증과 현실적 가정을 도입하여 무역이론을 현대화시키려는 노력이 계속되고 있다.

(2) 국제무역이론의 전개

① 고전 무역이론

고전학파 무역이론의 특징은 노동가치설(labor theory of value)**에 입각**하여 노동을 유일한 생산요소로 보고 기후나 다른 노동생산성의 상이성을 무역발생의 근원으로 보고 있다.

고전학파 무역이론은 크게 두 가지로 구분되는데, 동일 재화에 대하여 양국의 노동생산비 차이가 무역을 발생시킨다는 절대우위론과, 자국의 생산요소를 상대적으로 저렴한 상품생산에 집중적으로 사용할 때 생산비가 낮아지며 이로 인해 무역이 발생한다는 비교우위론이 있다.

이에 비해 밀의 상호수요이론은 자국 상품에 대한 외국의 수요와 외국상품에 대한 자국의 수요가 일치되는 점에서 무역이 발생한다는 이론이다.

② 근대 무역이론

고전학파 무역이론들은 재화의 가치를 생산에 투입된 노동량에 의해 결정된다는 노동가치설이라는 비현실적 가정을 전제로 하였기 때문에 현실세계의 무역현상을 제대로 설명하지 못한다는 비판을 받아 왔다.

이에 대해 **하벌러는 기회비용설**을 통해 고전학파 무역이론의 한계를 극복하고자 하였다. 기회비용이란 한 재화를 1단위 더 생산하기 위해 희생되는 다른 재화의 양을 의미한다.

한편 **헥셔와 오린**은 기존의 비교우위론의 미비점을 극복하면서 자유무역이론을 집대성하였는데 **비교우위의 원인이 생산요소 부존량의 차이와 요소집약도의 차이에 있다**고 보았다.

헥셔-오린 정리의 확장이론으로 **립친스키 정리**가 있는데, 립친스키 정리

(Rybczynski theorem)란 상품의 상대가격이 불변일 때 한 생산요소의 부존량이 증가하면 그 요소를 집약적으로 사용하는 상품생산이 절대적·상대적으로 증가하고 다른 요소를 집약적으로 사용하는 상품의 생산은 감소한다는 것이다.

헥셔와 오린의 이론을 한 단계 발전시킨 스톨퍼-새뮤얼슨은 스톨퍼-새뮤얼슨 정리(Stolper-Samuelson theorem)를 통해 무역을 통해 이루어지는 한 상품의 상대가격 인상은 그 재화생산에 집약적으로 사용된 생산요소의 가격을 재화가격 인상에 비해 더 높게 인상시키며 다른 생산요소의 가격은 절대적으로 하락하게 된다고 하였다.

이에 대해 **레온티에프**(Wassily Wassilyovich Leontief)는 미국의 수출상품과 수입경쟁상품의 요소투입비를 비교하여 헥셔-오린의 제1명제를 검증하였다. 그런데 그 검증결과 **미국의 무역패턴은 헥셔-오린 정리와 다르게 나타났다**. 따라서 이 검증의 결과를 레온티에프의 역설이라고 한다.

③ 현대 무역이론

대표적 비교우위이론인 헥셔-오린 정리는 기본적으로 시간이 흘러도 주어진 여건이 변하지 않는다는 정태적 가정 아래 각국 간 기술수준이 같다고 가정하였다. 그 뿐만 아니라 무역은 수직적 분업에 의해 노동집약적 상품과 자본집약적 상품 간에만 이루어진다고 보았다.

그러나 현실에서는 시간이 흐름에 따라 각국 간 기술수준은 동태적으로 변하고 있으며, 유사한 품목이나 동일한 품목들도 무역거래의 대상이 되고 있다. 이와 같은 현실을 반영하기 위해서 발달된 이론들을 현대 무역이론이라고 부른다.

린더(Hans Martin Staffan Burenstam Linder)에 의해 주장된 **대표적 수요이론**은 제조업 부문에서 한 나라의 비교우위는 그 나라의 대표적 수요에 의해 결정되고, 대표적 수요는 그 나라의 1인당 국민소득수준에 의해 결정된다고 보았다.

크래이비스(I. B. Kravis), **포스너**(M. V. Posner), **하프바우어**(G. C. Haufbauer)에 의한 **기술격차이론**은 선진국과 후진국이 시간적 격차에 의해 선진국은 기술혁신을 통한 비교우위를 갖게 되며 후진국은 기술모방을 통해 비교우위를 갖게 된다고 보았다.

제품수명주기이론은 **버논**(R. Vernon), **웰스**(L. T. Wells), **허쉬**(S. Hirsch)에 의한 무역이론으로서 제품수명 주기를 국제적인 차원으로 확대 발전시켜 각국의 기술 및 소득수준의 차이와 제품의 시장국 별 도입 시기의 차이에 근거하여 특정 제품에 대한 국제무역 패턴과 해외생산 입지의 변화과정을 설명한 이론이다.

산업 내 무역이론이란 동종 산업 내에서의 국가 간 교역이 이루어진다는 것을 설명한 이론이다.

이 밖에도 **규모의 경제이론, 입수가능성이론, 국가경쟁력우위이론, 공급가능성이론, 노동숙련설, 잉여분출론, 외환갭설, 제품차별화론, 환경갭설, 특수요소이론, 자본론적접근이론, 합의적분업론, 종속이론, 요소특정성이론** 등이 있다.

4. 무역정책

1) 무역정책의 의의

무역정책이란 일반적으로 한 국가가 타국과의 무역에 대하여 어떠한 태도를 취할 것인가를 정부 차원에서 규정하는 것을 의미한다.

무역정책의 대내 목표는 국내경제의 안정과 산업간 균형발전이며 대외 목표는 국제경제 환경변화의 적절한 대응을 통해 자국의 이익을 극대화하는 것이다.

이에 따라 각 국가는 무역정책의 목표를 효과적으로 수행하기 위해 무역관련 법령을 제정하여 운용하고 있다.

2) 무역정책의 유형

무역정책의 형태는 정부의 간섭 정도에 따라 크게 **자유주의 무역정책과 보호주의 무역정책**으로 구분한다.

보호주의 무역정책으로 대표적인 중상주의 무역정책은 상공업을 중시하고 국가의 보호 아래 국산품의 수출을 장려하여 국부의 증대를 꾀하려는 무역정책을 말한다. 보호무역정책은 국가가 상품 및 서비스의 국가 간 무역을 포함한 국내 산업이나 국내 고용 등에 대해서 인위적인 간섭을 해야 한다는 무역정책이다.

이에 비해 자유주의 무역정책은 국가 간 자유무역을 통해서 자국이 외국보다 싸게 생산할 수 있는 재화를 수출하고 그 반대의 경우에는 수입을 해야 한다는 것이다.

3) 무역정책의 수단

자유무역 정책은 국가의 인위적 개입이 불필요한 정책이므로 특별한 정책수단은 존재하지 않는다. 그러나 보호무역 정책은 국가가 다양한 정책수단을 통해 무역에 직·간접적으로 개입을 하므로, 일반적으로 무역정책의 수단이라고 하면 보호무역의 정책수단을 의미한다.

또한 국가의 보호무역 정책은 수출확대 정책과 수입규제 정책으로 구분할 수 있는데 **일반적으로 보호무역 정책이라고 하면 수입규제 정책을 의미한다. 수입규제 정책을 위한 수단에는 크게 관세장벽과 비관세장벽이 사용**되고 있다.

관세정책이란 관세라는 수단을 무역정책에 적극적으로 활용하는 보호주의 무역정책을 의미한다. 관세부과를 통해 재정당국은 가격효과, 소비효과, 산업보호효과, 재정수입 효과, 국제수지 보호 효과, 소득재분배 효과, 고용효과, 교역조건효과 등의 경제적 효과를 얻을 수 있다.

관세 이외의 모든 무역정책 수단을 비관세정책이라 하는데 비관세정책의 구체적인 수단을 통틀어 비관세장벽(NTB: Non-Tariff Barriers)이라고 한다. 비관세장벽은 형태나 실행 규정 등이 매우 복잡하기 때문에 그 분류가 용이하지 않지만 수입을 제한하기 위한 비관세장벽과 수출을 촉진하기 위한 비관세장벽으로 구분할 수 있다.

5. 무역실무

1) 무역실무

(1) 무역관리

무역거래는 서로 다른 국가 간에 국경을 통한 재화와 서비스의 이전이기 때문에 당사자 간의 신뢰가 중요하며 계약과정, 물품인도, 서류인도, 대금결제, 국제상관습 등을 사전에 충분히 숙지해야 한다.

무역계약은 국제간에 이루어지는 매매계약으로서 매도인(수출자)이 매수인(수입자)에게 약정품의 소유권을 양도하여 상품을 인도할 것을 약속하고, 매수인은 이를 받아들인 후 대금을 지급할 것을 약정하는 계약이다. 무역계약은 매 건별로는 수출자의 오퍼에 대한 수입자의 승낙에 의하거나, 수입자의 주문에 대한 수출자의 주문승낙에 의해 무역계약이 체결된다. 무역계약서를 작성할 때는 수락된 오퍼의 내용을 토대로 하여 품질, 수량, 가격, 포장, 운송, 보험, 결제, 클레임 해결방법 등 실제 매매거래와 관련된 모든 조건을 합의하여야 한다.

수출절차는 일반적으로 매매계약이 체결되고 개설은행으로부터 신용장이 도착한 이후에 필요한 경우 수출 승인을 얻은 다음 수출물품을 확보하여 수출통관·물품선적·수출대금회수의 과정을 거치면서 최종적으로 관세환급 및 사후관리 등을 실시하는 것을 말한다.

수입절차는 수출업자와 수입계약을 체결하고 필요한 경우에는 수입승인을 받아 신용장을 개설하여 수출업자에게 통지한다. 수출업자가 수출이행 완료 후, 선적서류가 도착하면 수입대금을 지불하고 수입화물을 통관하여 물품을 확보한 후에 사후관리를 하는 것을 말한다.

무역관리는 무역거래에 대하여 규제나 통제행위를 통해 무역거래의 전부 혹은 일부 내용인 총액, 내용, 시기, 결제방법 및 거래상대국 등을 적극적으로 규제하는 것을 의미하며 자국의 경제적 이익을 도모하기 위하여 국가가 간섭 혹은 통제하는 것을 말한다.

그러므로 **무역관리제도는 물품의 수출입을 규제 또는 지원하기 위한 각종의 법규 및 제도적 장치**를 뜻하게 된다. 우리나라는 무역을 관리하기 위하여 50여개의 법률을 제정하여 실시하고 있으며 그 중에서 **대외무역법, 관세법, 외국환거래법을 무역 관련 3대 기본법**이라고 한다.

(2) 국제운송과 보험

국제운송에는 해상·육상·항공 및 복합운송이 있으며 역사적으로 국제무역은 해상운송을 중심으로 발전하였다.

해상운송이란 선박을 이용하여 타인의 화물을 운송하고 그 대가로 운임을 취득하는 상행위를 말한다. 특히 해상운송은 대량운송이 가능하고, 경제적이기 때문에 원거리 이동에 필수적인 무역물품의 운송에 가장 적합한 운송형태로 널리 이용되어 왔다. 해상운임은 화주가 선박을 이용하여 화물을 운송한 대가인데, 운임의 수준은 시장경제의 원칙인 수요와 공급의 원리에 의해 결정된다.

해상운송은 정기선 운송과 부정기선 운송이 있는데 정기선 운송은 항로별로 해운동맹이 결성되어 있어 운임률이 정해져 있으나 비동맹 선사와의 경쟁으로 인해 실제로 선사가 징수하는 시장운임은 동맹운임보다 훨씬 낮은 경우가 대부분이며 시황에 따라 변동폭도 크다.

정기선 운송에 있어서 선화증권은 선주가 화주로부터 화물운송을 위탁받은 사실과 화물을 목적지까지 운송하여 이를 선화증권의 소지자에게 인도할 것을 약속하는 증권으로 정당한 소지인이 증권상의 권리를 행사하고 그 화물의 인도를 청구하기 위해서는 증권을 제시해야 한다.

항공운송은 항공기에 의한 여객, 화물, 우편물의 운송을 말하며, 민간항공사의 국제적인 기관으로서 국제항공운송협회(IATA: International Air Transport Association)가 있다. 시급을 요하는 상품이나 계절상품 등은 항공운송이 적합하다.

복합운송은 특정의 화물에 대해 운송인이 전체 운송구간에 대하여 책임을 지고 육·해·공 가운데 두 가지 이상의 운송형태를 결합하여 운송하는 방식을 말한다. 이러한 일관운송의 전체적인 책임을 지는 주체가 바로 복합운송인이며, 복합운송인이 발행하는 복합운송계약의 증거서류를 복합운송증권이라고 한다.

국제무역거래에서는 운송계약과 더불어 보험계약이 체결되어야 한다. 운송보험은 운송형태에 따라서 해상보험, 육상보험, 항공보험으로 구분되지만 해상보험이 그 주류를 이루고 있다. **특히 해상보험이란** 해상사업 중에 발생할 수 있는 손해에 대하여 보상할 것을 목적으로 하는 손해보험의 일종이다. 영국 해상보험법에서는 '보험자가 피보험자에 대하여 그 계약에 의해 합의된 방법과 범위 내에서 해상손해, 즉 해상사업에 수반하여 발생하는 손해를 보상할 것을 약속하는 계약이다'라고 정의하고 있다.

무역보험은 수출거래에 수반되는 여러 가지 위험 중에 해상보험과 같은 통상의 보험으로는 구제될 수 없는 위험을 한국무역보험공사에서 손실을 보상하는 비영리 정책보험을 말한다.

(3) 무역대금의 결제

무역대금의 결제는 송금방식, 추심방식, 신용장 방식 등이 있다.

① 송금방식

채무자가 채권자에게 채무액을 송부하는 것을 말하며, 여기서 이용되는 환을 송금환이라 한다. 송금결제방식에는 수출상이 먼저 송금을 받은 후 물품을 선적하고 운송서류를 수입상에게 보내주는 방식인 사전송금방식과 수출상이 먼저 선적을 한 후 수입상이 수입대금을 송금하는 방식인 사후송금방식이 있다.

② 추심방식

무신용장 결제방식 중 대표적인 결제방식으로, 수출상이 먼저 매매계약에 일치한 물품을 수입상 앞으로 선적한 후에 계약서에 명시된 운송서류에 수입상을 지급인으로 하여 발행한 환어음을 첨부하여 이를 수출상의 거래은행에 추심을 의뢰하면 이 은행이 수입상의 거래은행에 다시 추심을 의뢰하여 대금을 결제하는 방식이다. 추심방식의 거래는 결제시기에 따라 지급인도조건(D/P)과 인수인도조건(D/A)이 있다.

③ 신용장방식

수입상을 개설의뢰인(applicant)으로 하고 수출상을 수익자(beneficiary)로 하여 수입상의 거래은행인 개설은행이 신용장에 명기된 조건과 일치하는 서류를 제시하면 수입상을 대신하여 수출상에게 신용장 대금의 지급이나 어음의 인수 등을 확약하는 조건부 지급확약서이다. 즉, 신용장(L/C: Letter of Credit)은 가장 안전한 무역대금 결제수단이라고 할 수 있다.

(4) 무역클레임

무역클레임은 무역계약 당사자의 일방의 계약이행 위반에 대한 손해배상을 청구하는 것으로 무역클레임의 발생 원인은 크게 간접적 원인과 직접적 원인으로 구분하며, 간접적 원인은 언어, 상관습, 법률의 차이로 발생하는 원인이며 직접적 원인은 무역계약 이행과정에서 발생하는 원인이다. 무역클레임의 해결방법에는 청구권 포기와 화해 등 당사자 간의 해결방법이 있고 알선·중재·소송 등 제3자에 의한 해결방법이 있다.

(5) 전자무역

전자무역이란 가상공간인 인터넷을 통해 국제간에 재화나 서비스를 사고파는 행위로서 컴퓨터 통신망이 구성하는 가상공간 자체가 시장이고, 인터넷 접속 이용자가 고객이 된다. 이러한 거래는 물리적 공간이 가상의 시장으로서의 역할을 하며, 이는 전통적인 상거래와는 차이가 있다. 따라서 전자무역이란 수출입에 관련된 각종 상거래 서식이나 행정 서식을 관련 당사자의 합의에 의하여 디지털화하고 상호 간의 정보를 전자문서의 형태로 바꾸어 인터넷을 통해 컴퓨터로 주고

받음으로써 신속하고 정확하게 무역업무를 실현하는 이른바 종이 없는 무역을 구현하는 것이다.

전자결제는 무역거래 시 발생하는 무역거래대금의 지급과 영수를 종전의 환어음을 이용하지 않고 전자방식으로 결제함으로써 거래를 완결하는 시스템을 말한다. 전자결제시스템은 거래당사자에게 대금지급의 확실성과 거래의 안정성 및 신속성 보장이 전제되어야 한다.

2) 무역의 제문제

(1) 외환과 외환시장

① 외환의 의의 및 종류

환(exchange)이란 격지자간의 채권·채무를 현금에 의하지 않고 은행 등의 금융기관인 제3자를 통한 지급위탁 방법에 의하여 결제하는 수단이다.

그런데 환거래 당사자가 동일한 국가 내에 있으면서 거래대금을 결제하기 위해 사용될 경우에는 내국환(domestic exchange)이라고 하고 환거래 당사자의 일방이 외국에 소재하고 있으면서 거래를 결제하기 위해 환이 사용될 경우를 외국환(foreign exchange)이라 한다. 외국환은 격지 간의 대차결제 수급 수단 또는 금전적 수단이라는 목적 면에서는 내국환과 동일하나 상이한 화폐제도 하에서 다른 화폐를 사용하는 국가 간에 발생한다는 차이점을 나타내는 것이 외국환이다. 이처럼 국제 간 대차결제의 방법이 되는 외환을 추상적 의미의 외환이라 한다.

외환은 국제대차의 결제를 위해 채권자나 채무자 일방의 지급위탁의 방법으로 이행되는데 지급위탁자에 따라 송금환과 추심환으로 구분된다. 채무자가 자기를 대신해 은행이 채권자에게 지급하도록 위탁하는 방식이 송금환(remittance)이고 채권자가 은행에게 자기를 대신해서 채권을 지급받도록 자신의 채권을 위탁하는 것이 추심환(collection)이다.

고객 거래 형태에 따른 구분으로는 외환거래를 취급하는 외국환은행이 수요자에게 외국환을 파는 경우를 매도환(selling exchange)이라 하며, 외국환은행이 외환의 공급자로부터 외환을 매입하는 경우를 매입환(buying exchange)이라고 한다.

② 외환시장

무역거래가 이루어지면 당사자들 사이에는 반드시 대금결제가 뒤따른다. 그 과정에서 외환이 필요한데 외환은 크게 두 가지 의미를 가진다.

우선 넓은 의미에서 외환은 한 나라의 통화와 다른 나라 통화 사이의 교환을 의미하고, 좁은 의미에서는 대외지급수단으로 사용할 수 있는 외국의 현금, 수표, 환어음을 등을 뜻한다.

외환시장은 이러한 외환이 거래되는 시장이다. 외환시장은 외환거래가 이루어지는 전체 메커니즘을 뜻하기도 하고 외환거래가 이루어지는 구체적인 장소를 의미하기도 한다.

외환시장은 하나의 세계시장으로서의 성격을 갖는 범세계적인 시장이고, 세계 주요국을 연결하면서 거래할 수 있는 24시간 거래시장이며, 전화나 텔렉스, 컴퓨터를 이용하여 거래가 이루어지는 장외시장의 성격을 가지고 있다.

(2) 환율

① 환율의 정의와 표시방법

외환거래에서 가장 중요한 것은 두 나라 통화 간의 교환비율이다. 즉 환율이란 외국 돈과 우리 돈을 바꿀 때 적용되는 교환비율을 말하고, 환율에 의거해서 나라와 나라 사이의 무역대금결제가 이루어진다.

환율은 교환기준 화폐를 어느 나라의 통화로 하느냐에 따라 자국통화표시법(직접표시법)과 외국통화표시법(간접표시법)으로 구분한다.

자국통화표시법은 외국 돈을 기준으로 하여 환율을 나타내는 방법이며 미국의 1달러=한국의 1,000원으로 표시한다. 외국통화 표시환율은 우리나라 돈을 기준으로 하여 환율을 나타내는 방법인데, 한국의 1원=미국의 0.001달러로 표시한다.

② 환율 변동의 의미

환율이 변동하면 그 나라 돈의 대외가치가 변동하게 된다. 우리나라 통화를 기준으로 할 때 환율이 1달러당 1,000원에서 1,200원으로 상승하면 이것은 미국 달러화에 대한 우리나라 원화의 가치가 하락한 것, 즉 원화가 절하된 것을 의미한다. 반면에 환율이 1달러당 1,000원에서 800원으로 하락하면 이것은 미국 달러화에 대한 우리나라 원화의 가치가 상승한 것, 즉 원화가 절상된 것을 의미한다.

한편, 국제외환시장에서는 환율이 각국의 정치·경제상황에 따라 수시로 변동하고 있는데 돈의 가치가 올라가는 통화를 '강세통화', 돈의 가치가 떨어지는 통화를 '약세통화'라고 부른다.

③ 환율제도

환율제도는 전통적으로 고정환율제도와 변동환율제도가 있다.

고정환율제도란 정부나 중앙은행이 개입하여 환율을 일정 수준 또는 일정 범위 내에서 고정시키는 제도이다. 고정환율제도하에서는 환율이 안정되어 환위험의 발생가능성이 적고, 국제투기자금의 이동도 적다. 이에 따라 국제무역과 투자가 나라 사이에 활발히 일어날 수 있다.

변동환율제도에는 자유변동환율제도와 관리변동환율제도가 있다. 자유변동환율제도는 외환시장에서의 수요와 공급에 의해 환율이 자유롭게 결정되는 제도이다. 관리변동환율제도는 고정환율제도와 자유변동환율제도를 복합시킨 것으로서 환율이 일정 범위를 벗어나면 정부가 개입하고 일정 범위 안에서는 외환시장에 의해 자유롭게 결정되도록 하는 제도이다.

(3) 국제수지

① 국제수지 개요

국제통화기금(IMF: International Monetary Fund)에 따르면 국제수지(balance of payment)란 일정기간 동안 한 나라의 거주자와 비거주자 간에 발생한 모든 경제적 거래를 체계적으로 기록한 것이라고 정의한다.

국제수지표를 작성하는 가장 큰 목적은 일국의 대외경제 상황을 일목요연하게 파악하기 위함이다. 가계나 기업이 경상적인 수취와 지급이 균형을 이루고 있는지를 파악하기 위해 가계부나 손익계산서를 작성하듯 국가도 대외적인 결제 관계가 원활하게 이루어지고 있는가를 파악하기 위한 목적으로 국제수지표를 작성하고 있는 것이다. 특히 정부 입장에서는 정책 개입의 당위성을 입증하거나 필요한 개입시점을 판단하는 근거자료로 활용하고 있다.

② 국제수지의 구성

국제수지를 구성하는 항목은 경상수지, 자본수지, 대외준비자산 증감, 오차 및 누락으로 구성된다.

㉠ 경상수지는 상품, 서비스, 소득거래 등의 경상거래를 의미한다. 경상거래의 대차관계를 의미하며 경상수지는 상품수지, 서비스수지, 소득수지 및 경상이전수지로 구분된다. 협의의 개념으로 국제수지라 하면 경상수지를 의미한다.

㉡ 자본수지는 경상수지와 달리 민간기업, 금융기관, 정부가 외국으로부터 돈을 빌리거나 아니면 외국에 돈을 빌려줌으로써 발생하는 외화의 유입과 유출의 차이를 나타낸다. 자본수지는 크게 투자수지와 기타 자본수지의 두 가지로 구분되며, 투자수지는 다시 직접투자, 증권투자, 기타 투자로, 기타 자본수지는 자본이전과 기타 자산으로 나누어진다.

㉢ 준비자산증감은 경상거래와 자본거래에서 발생하는 외환보유액의 변동을 복식부기원리에 따라 계산하므로 이론상 경상수지와 자본수지 그리고 준비자산 증감을 모두 합하면 0이 된다.

㉣ 오차 및 누락계정수지는 국제수지표상의 경상수지와 자본수지의 합은 복식부기 원리에 의해 작성되기 때문에 이론상 정확히 일치해야 된다. 그러나 실제로 통계작성표상 일치하지 못하는 부분이 발생하게 되는데 이런 경우를 처리하기 위한 기술적 항목이다.

③ 국제수지의 조정

한 나라의 경제는 대내 균형과 대외 균형이 동시에 이루어질 때 거시적 안정을 유지한다. 여기서, 대내 균형이란 고용안정과 물가안정을 의미하고, 대외 균형은 국제수지 균형을 의미한다. 그런데 대내 균형과 대외 균형은 서로 밀접한 관계에 있기 때문에 국제수지 불균형이 발생하면 고용안정과 물가안정도 동시에 깨지게 된다.

따라서 국제수지 불균형을 균형화하는 작업은 고용과 물가의 안정을 도모하는 일과 같아서 아주 중요한 과제가 된다. 국제수지의 조정은 시장에서 자동적으로 이루어지기도 하고, 만약 그렇지 못할 때에는 정부의 국제수지 조정정책이 필요하게 된다.

(4) 국제통상환경

① 국제통상환경의 변화

일반적으로 국제통상은 국가 사이에서 이루어지는 모든 경제관계와 이에 따르는 제반문제들을 대상으로 하는 활동을 의미한다. 보다 구체적으로는 유형적인 재화거래는 물론이고 무형적인 서비스거래와 지적재산권, 그리고 노동과 자본의 국제적 이동을 원활하게 해주는 활동이라고 정의할 수 있으며 국제통상환경은 WTO를 중심으로 한 자유무역환경 즉 세계화를 기반으로 한다. 세계화에 대한 정의는 다각적으로 해석될 수 있으나 일반적으로는 국경의 개념으로 나누어졌던 시장들이 전 세계적으로 하나의 시장으로 통합하는 것을 의미한다.

지역경제통합은 상품교역, 노동 및 자본과 같은 생산요소가 국가 간 이동할 때 장애가 되는 각종 인위적 장벽을 제거함으로써 2개 이상의 국가들이 하나의 동일한 경제로 단위화하는 것을 말한다. 지역경제통합은 공동의 경제적 이해관계를 가진 국가들 간에 국가보다 큰 경제단위를 형성하여, 상품 및 생산요소의 자유로운 이동을 통하여 공동이익을 추구하며 나아가 경제정책의 공동보조를 통하여 공동체 전체의 경제후생을 증진시키려는 지역적 경제협력체이다.

② 기업의 국제화

세계화(globalization)란 과거 국가 단위로 구성되었던 시장이 전 세계시장으로 통합되는 현상을 의미한다. 1990년대부터 빠른 속도로 진행되고 있는 세계화는 그 이전의 국제화(internationalization)와도 비교되는 개념이다. 즉, 국제화는 국경이 존재하는 상황에서 한 국가에서 다른 국가로의 진출을 의미하는 데 반해, 세계화는 국경이 없어지면서 세계가 하나의 시장으로 변모하는 것을 의미한다.

기업의 글로벌화란 전 세계시장을 하나의 시장으로 보고 통합된 전략을 수립하는 것을 의미하며 다국적기업(multinational corporation)이란 2개국 이상에서 국제 경영활동을 전개하는 기업을 의미한다. 다국적기업은 국내기업과는 달리 국경을 뛰어 넘는 초국적 기업활동을 하는 기업이므로 국내기업과는 다른 여러 가지의 특징이 있으며 다국적기업이 진출하는 현지 국가에는 긍정적인 영향과 부정적인 영향을 모두 미칠 수 있다.

③ **해외시장 진출전략**

국내시장에서 축적된 경험을 바탕으로 글로벌 시장에 진출하려는 기업들에게 있어서는 진출할 국가를 결정하는 것이 매우 중요하다. 한정된 자원을 보유한 기업이 독특한 시장 환경 및 특징을 가진 다양한 국가에 동시에 진입한다는 것은 불가능하다. 그러므로 시장선택은 인적자원이나 기술, 자본 등의 제한된 자원을 가진 기업들이 자신들이 보유하고 있는 물품을 가지고 각 국가시장을 비교, 평가하여 진입시장을 선택하는 것이 중요하다.

해외시장 진입방식은 크게 수출방식, 국제계약방식, 해외직접투자방식이 있다.

해외시장에 진출하고자 하는 기업이 가장 먼저 선택하는 것이 재화의 수출이며, 수출은 국내에 있는 수출 중개인을 통해 자신이 생산한 재화를 수출하는 방식인 간접수출과 국내기업이 해외에 있는 현지 중개인이나 현지 판매 법인을 통해 재화를 수출하는 방식인 직접수출로 나누어진다.

국제계약에 의한 비즈니스방식은 무형의 자산인 기술, 상표, 물질특허권, 저작권 등의 지적소유권, 컴퓨터 소프트웨어와 같은 기술적 노하우, 경영관리 및 마케팅을 포함한 경영적 노하우 등의 경영자산을 하나의 상품으로 취급하여 현지 기업과 일정한 계약에 의해 판매하는 방식으로 해외시장에 진입하는 형태이다.

해외직접투자는 한나라의 기업이 다른 나라에 새로운 사업체를 신설하거나 기존 사업체의 인수를 통하여 투자 지분율을 획득하여 장기적인 관점에서 직접 경영에 참여하는 것을 목적으로 하는 투자 행위이다. 즉, 해외직접투자는 단순한 자본의 국제적 이동뿐만 아니라 생산기술, 경영기법 및 전문 인력 등 이동 가능한 각종의 모든 생산요소들을 현지로 이전시켜 현지의 생산요소들과 결합하여 제품의 생산 및 판매활동을 하는 것으로 경영권 통제가 목적이다.

6. 무역학으로써의 관세학

무역에 있어서 관세란 자국산업의 보호를 목적으로 하는 무역장벽이다. 구체적으로는 관세선을 통과하는 물품에 대하여 부과하는 조세를 말한다. 대부분의 경우 수입하는 물품에 대하여만 관세를 부과하고 있지만 예외적으로 수출하는 물품에 대하여 관세를 부과하는 경우도 있다.

따라서 무역 거래 시 상대국의 관세제도가 어떠한 제도를 채택하고 있느냐

에 따라 수출국의 물품이 수출하기에 유리한 경우도 있고 불리한 경우도 있다.

예를 들어 종량세를 택하고 있는 국가에 수출하는 경우 물품의 가치에 비해 지나치게 중량이 많이 나가는 물품은 관세부과 이후 최종소비자에게 가격상승을 초래하여 거래조건이 불리해지는 경우도 있고 또한 제품의 내용에 따라 세율이 달라지는 경우 세율이 유리한 물품을 제조하여 수출하면 가격 경쟁력이 확보되어 수출이 더욱 유리해지는 경우도 있다.

때에 따라서는 수입국의 요청에 따라 관세율이 낮은 원재료를 사용하여 바이어의 요청에 따른 물품을 제조하여 수출하는 경우도 있기 때문에 관세에 대한 기본지식을 아는 것 또한 실무자들에게 필요한 부분이라 할 수 있다.

예를 들어 중국산 제품에 관세가 많이 붙는 이유는 중국의 거의 모든 제품은 제품원가가 상당히 낮다. 특히 기초농산물의 경우는 우리나라의 물품과는 비교가 안 될 정도로 가격경쟁력이 있다.

때문에 이러한 제품에는 기본적으로 상당히 높은 고율의 관세를 적용하여 국내의 해당산업을 보호하는 역할을 하게 된다.

즉 중국에서 고춧가루나 깨를 수입해도 국내시장에서 관세가 적용되어 판매가 된다면 크게 가격경쟁력이 생기지 않아 국내 소비자들은 국내산 제품들을 사용하게 된다.

그러나 각 국이 자국산업의 보호를 위해 무분별하게 관세를 부과한다면 국민경제는 심각한 부담을 가지게 되며, 개별국가는 물론이고 세계경제의 경제발전이나 성장은 한계에 도달하게 될 것이다.

이와는 반대로 향후 각 국 간에 관세가 점차 철폐되어 무한경쟁시대에 돌입하게 되어도 많은 문제점들이 발생하게 된다.

따라서 실제에 있어서는 주로 생필품의 경우에는 저율의 관세를 부과하지만 고가 사치품의 경우에는 고율의 관세를 부과함으로써 소비를 억제하는 역할을 하게 된다.

한편 일부 예외적인 경우를 제외하고는 수출하는 물품에 대하여는 관세를 부과하지 않고 수입물품에 대하여 관세를 부과하면 수출을 촉진하고 수입을 억제하는 결과를 초래하여 일정 부분 국제수지가 개선되는 효과가 발생하게 된다.

제3절 관세학과 통관학

1. 통관학

1) 통관의 정의

물품의 국가 간 이동에는 세관이라는 행정당국의 관문 통과를 필요로 하는데 이를 관세영역 또는 관세선이라 한다(물품의 **국경선: 경제적 국경선**). **즉** 수입 또는 수출될 때에는 반드시 당해국 세관의 관세선을 통과하고 수출입 면장을 받아야 한다.

수출입면장을 발급 받기 위해서는 해당국가의 관세법규에 의한 절차를 거치게 되어 있으므로 이러한 모든 수출입 절차를 마치고 물품에 대해 세관에서 수출입면장을 발급 받는 일련의 행위들이 완료되었을 때 이를 통관이 완료되었다고 한다. 즉 통관이란 관세법에서 정한 절차를 이행하여 물품을 수출·수입 또는 반송하는 것을 말한다.

우리나라는 1996년 6월 이전에는 세관이 수출입 신고를 받고 적법 요건을 심사 및 검사하여 일일이 면허하던 수입면허제를 운영하다가 **1996년 7월부터는 수출입신고 수리제**를 시행하고 있다.

현행 관세법은, '수출·수입에 있어서 법령이 정하는 바에 의하여 허가·승인·표시 등의 구비조건을 요하는 물품은 세관장에게 그 조건을 구비하였음을 증명하여야 한다. 구비조건에 대한 세관장의 확인이 필요한 수출입 물품에 대하여는 그 물품과 확인방법·확인절차 등의 필요한 사항을 관세법 시행령이 정하는 바에 의하여 미리 공고하여야 한다.'라고 명시하고 있다.

2) 통관의 종류

관세법상 수출이란 내국화물을 외국으로 운송하는 것을 말하는데 구체적으로는 화물을 보세지역에 반입하여 세관에 수출신고와 수출품의 세관검사를 마치고 수출면허를 받아 외국무역선에 선적할 때까지의 제반행위를 말한다.

이와 반대로 **관세법상 수입**이란 외국화물을 국내로 운송하는 것을 말하는데 구체적으로는 화물을 보세지역에 반입하여 세관에 수입신고와 수입품의 세관검사를 마치고 수입면허를 받아 보세지역으로부터 반출할 때까지의 제반행위를 말한다.

한편 **관세법상 반송**이라 함은 자국에 도착된 물품을 어떠한 사정에 의하여 수입신고수리를 받지 아니하고, 이를 다시 외국으로 반출하는 것을 말한다. 이는 외국 물품을 그대로 반출한다는 점에서 내국물품을 외국물품화하여 반출하는 수출과는 구별된다.

3) 통관절차

우리나라의 경우에는 **수출·수입 또는 반송하고자 하는 물품**은 관세법에 따라 해당 물품의 품명·규격·수량 및 가격과 그밖에 목적지·원산지·선적지 등 관세관련 규범이 정하는 사항을 **세관장에게 신고**하여야 한다.

신고인은 화주 또는 관세사 등의 명의로 하되, 수출신고의 경우에는 화주에게 해당 물품을 제조하여 공급한 자의 명의로 할 수 있다. 신고인은 신고할 때 과세자료 외에 선하증권 사본 또는 항공화물운송장 사본 등 관세법 시행령이 정하는 서류를 제출하여야 한다.

세관에서는 해당 물품과 대금 영수 방법에 대하여 **대외무역법, 식물방역법, 가축전염병예방법, 외국환거래법, 마약류 관리에 관한 법률 등 관련 법령에 의한 수출입 요건과 상표권 침해 여부, '멸종위기에 처한 동식물의 국제거래에 관한 협약(CITES)'의 대상 물품 여부, 원산지 표시 등을 이행하였는지를 확인**한다.

세관장은 적법하게 이루어진 신고에 대하여는 지체 없이 이를 수리하고 신고필증을 교부하여야 하고, 국가관세종합정보망의 전산처리설비를 이용하여 신고를 수리하는 경우에는 관세청장이 정하는 바에 따라 신고인이 직접 전산처리설비를 이용하여 신고필증을 교부받을 수 있다.

수입신고가 수리된 물품은 내국물품이므로 보세구역에서 즉시 반출할 수 있다. 수출신고가 수리된 물품은 수리된 날로부터 30일 이내에 우리나라와 외국 간을 왕래하는 운송수단에 적재하는 것을 원칙으로 하되, 적재 일정 변경 등 부득이한 사유가 있는 경우에는 통관지 세관장에게 적재 기간의 연장 승인을 받을 수 있다.

한편, 여행자의 휴대품이나 탁송품 또는 별송품, 우편물, 종교용품·자선용품·

장애인용품·정부용품·소액물품·이사물품 등 관세법에 따라 면세되는 물품, 국제운송을 위한 컨테이너 등에 대하여는 신고를 생략하거나 관세청장이 정하는 간이신고로 대체할 수 있다.

2. 통관학으로써의 관세학

앞서 관세학은 경제학적 측면과 무역학적 측면을 통해 연구할 수 있다고 보았다. 이렇게 볼 때 관세학은 크게 재정학적 측면(경제학)과 통관학적 측면(무역학)으로 구분할 수 있다. 재정학적 측면에서의 연구는 관세이론에 관한 연구로써 경제학과 행정학적 연구를 수반하게 된다. 이에 비해 **통관학적 측면에서의 연구**는 **무역학과 관세실무**의 관점에서 연구를 수반하게 된다.

즉, **통관학이란 관세관련 국제규범**(WCO) **및 국내규범**(**관세관련법령**)**에 따른 통관절차를 이행하여 물품을 수출, 수입, 반송하는 일련의 과정에 대한 연구를 말한다**.

통관학의 연구를 위한 주요 세부주제는 다음과 같다.

1) 자유무역협정

자유무역협정(FTA)은 협정을 체결한 국가 간에 상품/서비스 교역에 대한 관세 및 무역장벽을 철폐함으로써 배타적인 무역특혜를 서로 부여하는 협정이다. FTA는 그 동안 유럽연합(EU)이나, 북미자유무역(NAFTA) 등과 같이 인접 국가나 일정한 지역을 중심으로 이루어졌기 때문에 흔히 지역무역협정(RTA: Regional Trade Agreement)이라고도 부른다.

2) AEO

AEO(Authorized Economic Operator)는 우리말로는 “종합인증 우수업체”를 의미한다. 관세청에서 법규준수, 내부통제시스템, 재무건전성, 안전관리의 공인기준에 따라 적정성 여부를 심사하여 공인한 우수업체를 뜻한다.

세계관세기구(WCO)에서는 오래 전부터 생산자에서 최종소비자까지 국제적 물류흐름에 대한 안전 즉, 수출입공급망 안전(Supply Chain Security)에 관한 논의를 지속하여 왔다. 그러던 중 2001년 美 9·11 테러가 발생하였으며, 이 사태 이후 미국은 무역안전을 위한 새로운 물류보안 제도와 규정을 시행하였다. 초창기 이 제도는 보안에만 중점을 두었기 때문에 리드타임을 지연시키는 비관세장벽으로 작용하였다. WCO에서는 이러한 문제점을 보완하여 2005년 6월 "무역안전과 원활화에 관한 국제규범(WCO SAFE Framework)"을 수립하였으며, 이 국제규범의 핵심 개념이 바로 AEO이다. 우리나라는 2009년 4월 정식으로 AEO제도를 시행하였다.

3) 수입과 수출

수입이란 외국물품을 우리나라에 반입(보세구역을 경유하는 것은 보세구역으로부터 반입하는 것을 말한다)하거나 우리나라에서 소비 또는 사용하는 것으로서 우리나라의 운송수단 안에서의 소비 또는 사용하는 것을 포함하며, 법 제239조에 따라 수입으로 보지 아니하는 소비 또는 사용에 해당하는 물품은 제외된다. 수출이란 내국물품을 외국으로 반출함을 말하는 것으로서 수출하고자 하는 물품이 대외무역법 및 관계법령 등에 의하여 수출이 가능한 물품인지 여부를 먼저 확인하여야 하며, 대금영수방법에 대하여도 외국환거래법 등 관계법규에 의거 제약이 없는지 사전 확인할 필요가 있다.

4) 품목분류

전 세계에서 거래되는 각종 물품을 세계관세기구(WCO)가 정한 국제통일상품분류체계(HS)에 의거 하나의 품목번호(Heading)에 분류하는 것으로서 국제무역상품분류체계에 관한 국제협약(The International Convention on the Harmonized Commodity Description and Coding System : HS 협약)에 의해 체약국은 HS체계에서 정한 원칙에 따라 품목분류업무를 수행해야 한다.

제 2 장

관세의 정의와 역사

제1절 관세의 정의 등

관세부과를 통해 재정당국은 가격효과, 소비효과, 산업보호 효과, 재정수입 효과, 국제수지 보호 효과, 소득재분배 효과, 고용효과, 교역조건 효과 등의 경제적 효과를 얻을 수 있다. 이러한 효과를 원활하게 하기 위해 국가는 관세정책을 시행하고 관세를 부과하게 된다.

관세정책이란 이렇게 관세라는 수단을 무역정책에 적극적으로 활용하는 정부정책을 의미한다.

그러나 모든 물품에 일률적으로 관세를 부과하는 것이 아니라 개개의 물품에 대해 필요와 상황에 따라 각각 다른 세율의 관세를 부과함으로써 교역되는 물품의 가격과 수량에 상대적 변화를 줄 수 있다.

예를 들어 관세율을 인상함으로써 교역량을 감소시킬 수 있으며, 관세율을 인하함으로써 교역량을 증가시킬 수 있고, 부(負)의 관세를 부과하여 보조금을 지급함으로써 교역량을 크게 확대시킬 수도 있다.

이와 같이 관세는 중요한 기능을 발휘하고 있으므로 **모든 나라가 관세제도를 대외통상정책에 있어서 가장 중요한 수단으로 이용**하고 있다.

일반적으로 수입 상품에 관세를 부과하면 수입 상품의 국내가격은 상승한다. 수입 상품의 가격 상승은 수입 상품과 경쟁해야 하는 국내 생산자에게는 긍정적인 효과가 있다.

반면에 수입 상품의 가격 상승을 부담해야 하는 국내 소비자에게 관세는 부정적 영향을 끼치게 된다. 따라서 정책 당국의 입장에서 관세부과는 하나의 딜레

마인 것이다.

관세의 부과를 결정할 때 고려해야 할 가장 중요한 사항은 관세가 수입경쟁적인 국내 산업을 보호하는 이점이 있는 반면에 사회 전체적으로 지불해야 하는 사회적 비용을 초래하는 단점도 가지고 있다는 사실이다.

즉 관세의 부과로 인한 소비자 가격의 인상과 가격 인상으로 인해 일부 소비자들이 그 상품의 소비를 포기해야 하는 소비 감소에 따른 사회적 손실이 함께 발생하는 것이다.

따라서 정부는 관세의 편익과 비용을 고려하여 국민 경제 전체에 유리한 방향에서 관세의 부과 여부를 결정해야 한다.

사회적 비용의 산출에서 고려해야 할 중요한 사항은 직접 비용뿐만 아니라 간접비용도 포함시켜야 하고, 정태적 관점에서의 비용뿐만 아니라 동태적 관점에서 발생하는 장기적 비용도 포함시켜야 한다.

미국은 1929년의 대공황 시기에 미국 기업을 보호하기 위해 1930년에 **스무트-할리 관세법**(Smoot-Hawley Tariff Act)**을 제정**했다. 이 법으로 인해 미국 기업은 일시적으로 혜택을 받았지만 미국에 수출하던 국가들의 수출이 위축되고 이에 따라 이들 국가들의 소득수준이 하락함으로 인해 미국 상품의 해외 수요는 급격하게 위축되었다. 이로 인해 대공황은 오히려 장기화되었다.

현실에서는 관세부과가 엄격한 경제적 기준보다는 경제 외적인 요인에 의해서 결정되는 경향이 있다.

정부는 관세부과로 소비자들이 높은 가격을 지불할지라도, 국내 산업의 정치적 영향력이 큰 산업에서 생산하는 상품과 경쟁관계에 있는 수입물품에 관세를 부과한다. 이는 선거에 의해 선출된 국회와 정권 그리고 임명된 관료들이 정치적 영향력이 큰 산업의 요구를 무시하기 어렵기 때문이다.

또한 관세부과로 기업이 얻는 이익은 크고 확실하기 때문에 기업들은 관세부과를 위해 적극적으로 활동하는 반면에 비싼 가격을 지불하는 일반 소비자들은 조직적으로 관세부과에 반대하는 목소리를 높이기가 어렵다.

세계적으로 GATT(이후에는 WTO) 체제가 출범한 이후 관세는 대부분 철폐되고 있고, 이를 대신하여 비관세 장벽을 통한 보호주의가 대세를 이루고 있다. 대표적인 비관세 장벽으로는 자율적 수출규제(voluntary export restraint, VER), 식품 안전기준 등을 들 수 있다.

1. 관세의 정의

역사적으로 볼 때 관세는 수량할당(quota)과 더불어 모든 국가에서 가장 오래, 그리고 널리 사용해 온 보호무역정책 수단이다.

그러나 1948년 이후 GATT 체제 하에서의 다자간 무역협정 과정에서 세계적으로 대폭적인 관세인하가 이루어지면서 무역정책에서 관세의 중요성은 점차 쇠퇴하였다.

근래에 이르러서는 대부분 국가의 정부들이 관세가 아닌 다른 여러 종류의 비관세 무역장벽을 통해 보호무역정책을 수행하고 있다.

관세란 국세의 한 종류로써 관세 영역을 통해 수출·수입되거나 통과되는 화물에 대하여 부과되는 세금으로, **수출세**, **수입세**, **통과세**의 세 종류가 있다.

관세라고 하면 흔히 수입하는 상품에 부과하는 수입관세를 의미한다. 그러나 수출하는 상품에 대해서 국가가 관세를 부과하는 수출관세도 흔하지는 않지만 실제로 존재하고 있다.

예를 들어 브라질은 수출하는 커피에, 가나는 코코아에 수출관세를 부과한다. 석유수출기구(OPEC)도 수출하는 원유에 수출관세를 부과해 왔다. 수출관세를 부과하는 이유는 과도한 수출로 인해 세계시장에서 해당 상품의 가격이 하락하는 것을 막아 수출수입(收入)을 늘리기 위해서이다.

관세는 국가가 조세법률주의의 원칙에 따라 법률에 의하여 부과하는 조세이다. 관세의 전제가 되는 관세선은 관세에 관한 법률규제가 이루어지는 경계로서, 정치적 경계인 국경선과 일치하는 것이 일반적이지만 반드시 일치하는 것은 아니다. 정치적으로는 자국의 영역이라도 관세제도상으로는 타국의 영역과 동일하게 다루어지는 자유무역지역, 그와 반대로 정치적으로는 타국의 영역일지라도 관세제도상으로는 자국의 영역과 다름없는 보세구역이나 관세동맹국 등이 있기 때문이다.

관세는 영어로 customs라고 한다. 이는 영국의 경제학자 애덤 스미스(A. Smith)의 말처럼 옛날부터 행하여진 관습적인 지불을 뜻하기 때문이다. 그러나 길버트(C. B. Gilbert)는 보관료를 의미하는 'custodium'에서 유래한다고 하였다.

관세는 상인(무역업자: 수출자 또는 수입자)의 이윤에 대한 조세로 간주되는데 가격에 포함됨으로써 소비자의 부담으로 귀결되는 것이다. 따라서 일반적으로 관세는 관세영역을 이동하는 **물품에 대하여 부과되는 조세(간접세)**를 말한다.

2. 관세의 종류

관세는 분류의 관점 또는 기준에 따라서 여러 가지로 구분된다.

과세기회에 따라 구분하면 일정 관세 영역 안으로 이동할 때 부과하는 수입세, 관세영역 밖으로 이동할 때 부과하는 수출세, 그리고 관세 영역을 지날 때 부과하는 통과세가 있다. 그러나 오늘날 수출세나 통과세를 채택하고 있는 국가는 거의 없고 모든 나라가 수입세를 채택하고 있다. 따라서 관세는 '수입품에 대하여 부과되는 세금'이라고 말할 수 있다.

이러한 수입세는 크게 수입품의 가격에 대해 일정비율로 부과되는 **종가세**(ad valorem tariff)와 수입품의 수량에 대해 일정액으로 부과되는 **종량세**(specific tafiff) 등으로 나눌 수 있다.

부과하는 목적에 따라 관세를 구분해보면 국고수입의 확보를 목적으로 하는 재정관세와 국내 유치산업의 보호 또는 기존 산업에 대한 안정적 국내시장 확보를 목적으로 하는 보호관세가 있다.

또한 관세는 부과되는 근거에 따라 국정관세와 협정관세로 구분하기도 하는데 국정관세는 일국이 자국의 법령에 의해 자율적으로 부과하는 관세로서 기본관세 또는 일반관세라고도 한다. 협정관세(conventional duty)는 외국과의 통상조약 또는 관세조약에 의하여 책정된 세율로 부과하는 관세로 통상 국정관세보다 저율이다.

3. 관세부과의 우선순위

앞에서와 같이 관세의 종류는 매우 다양하며, 그 성격에 따라 적용하는 우선순위가 다르다.

관세율 적용 우선순위

1순위	덤핑방지관세, 상계관세, 보복관세, 긴급관세, 특정국물품긴급관세, 농림 축산물에 의한 특별긴급관세
2순위	편익관세, 협정관세
3순위	조정관세, 계절관세, 할당관세
4순위	일반특혜관세
5순위	잠정세율
6순위	기본세율

1순위는 급박하고 경제상 절박한 필요가 있을 때 부과하는 관세이다. 2순위는 편익, 협의의 성격이 강하고, 3순위는 조정, 조율의 성격이 강하다.

덤핑방지관세(anti-dumping duty)란 부당하게 저가로 판매된(덤핑) 상품이 수입되어 국내 산업에 손해를 끼치는 것을 방지하기 위해 해당 수출국의 정상 가격과 덤핑된 가격의 차액범위 내에서 관세를 부과하는 것을 말한다.

상계관세(countervailing duty)란 수출국이 수출품에 장려금이나 보조금을 지급하는 경우 수입국이 이에 의한 경쟁력을 상쇄시키기 위하여 부과하는 누진관세를 말한다.

보복관세(retaliatory duty)는 외국이 자국의 수출품, 선박, 항공기에 부당하게 차별관세나 차별대우를 하는 경우, 또는 자국이나 자국 산업에 부당한 조치를 취할 경우 이에 보복하기 위해 상대국으로부터 수입하는 상품에 대해 고율의 관세를 부과하는 것을 말한다. 그러나 이는 관세전쟁이 일어날 위험이 있으므로 오직 상대방을 위협하는데 의의를 둘 뿐 실제로는 거의 발동되지 않는다.

긴급관세(emergency duty)는 특정물품의 수입 증가로 인해 동종물품 또는 경쟁물품을 생산하는 국내 산업을 보호할 필요가 있다고 판단하여 부과하는 것을 말한다.

편익관세(beneficial duty)란 물품이 조약에 의한 관세상의 편익을 받지 않는 경우, 외국에서 생산된 특정물품이 수입될 때 기존 외국과의 조약에 의해 부과하고 있는 관세상 혜택의 범위 내에서 관세에 관한 편익을 부여해 주는 것을 말한다.

계절관세(seasonal duty)란 가격이 계절에 따라 현저하게 차이가 있는 물품(특히 농산물)로서 유사물품, 동종물품 또는 대체물품의 수입으로 국내시장에 피해를 줄 경우 계절구분에 따라 당해 물품의 국내외 가격 차액의 범위 내에서 부과하는 관세를 말한다. 예를 들어 농산물 수확기에는 대체품, 동종품 등에 수입관세를 부과하여 가격하락을 방지하고, 비수확기에는 관세를 면제하여 가격상승을 막을 수 있다.

제2절 관세의 역사

1. 서양

관세는 역사적으로는 일종의 **통과세**였다. 이것이 중세에 들어와 봉건영주의 재정수입을 올리기 위한 **내국관세**로 변형되었다가 근대국가의 성립과 함께 내국관세는 차차 그 모습을 감추고, 국경선을 통과하는 화물에 부과되는 **국경관세**가 일반화하면서 관세는 무역정책의 중요한 수단으로 인식되기 시작하였다.

중상주의 시대에는 '수출장려, 수입제한'의 정책으로 국부를 꾀했기 때문에 보호적 **관세정책이 적극 활용**되었다.

그러나 **산업혁명 후** 시장 확대를 노린 무역자유화 정책이 유럽 전역에 퍼져나갔다. 이 같은 자유무역 체제는 오히려 공업선진국인 영국에게만 이로울 뿐, 공업후진국엔 효과가 없다는 결론에 이른 **독일·미국 등은 공업화 촉진을 위해 유치산업 보호를 목적으로 하는 관세정책**을 취하게 되었으며, 이런 경향은 프랑스에도 파급되었다.

관세에 의한 보호무역은 제1차 세계대전 후의 불황 속에서 더욱 확대되었으며 1932**년에는 영국도 자유무역정책을 포기하고 영연방특혜관세제도를 확립**하였다(**영연방특혜관세제도는 후일** GATT**에도 반영되었으나 결국 이 때문에** GATT**가 해체되고** WTO**가 설립되는 결과를 초래**했다).

이를 계기로 세계경제는 블록경제 체제로 발전하게 되었고, 마침내 제2차 세계대전을 일으키는 원인이 되었다. 제2차 대전 말기에 이르러 세계는 국제적 협조를 바탕으로 하는 새로운 세계경제 체제를 모색하게 되었는데, 이것이 1944년의 '브레튼우즈협정'이고, 통상 면에서는 1948년의 '관세 및 무역에 관한 일반협정(GATT)'이었다.

이후 GATT는 케네디라운드(KR)·도쿄라운드(TR)·우루과이라운드(UR) 등을 차례로 거치면서 관세의 인하·비관세 장벽의 철폐 등에 대한 교섭을 꾸준히 전개하여, 1993년 12월 한국을 비롯한 117개국이 UR협정문에 조인함으로써 자유무역 체제가 더욱 굳혀지면서, 그간 국제통상질서를 지배하던 GATT 체제는 그 자리를 1995년부터 세계 무역기구(WTO)로 넘겨주게 되었다.

세계무역기구(WTO) **체제는 크게 두 가지 형태**가 있는데, **하나**는 모든 회원국이 자국의 고유한 관세와 수출입제도를 완전히 철폐하고 역내의 단일관세 및 수출입제도를 공동으로 유지하는 방식으로, **유럽연합**(EU)이 대표적인 예이다.

다른 하나는 회원국이 역내의 단일관세 및 수출입제도를 공동으로 유지하지 않고 자국의 고유관세 및 수출입제도를 그대로 유지하면서 무역장벽을 완화하는 방식으로, **북미자유무역협정**(NAFTA)이 대표적인 예이다.

한편 1995년 WTO가 설립된 이후, 각 부속협정들의 이행과정에서 크고 작은 문제점들이 발생하였고 그에 따른 개선방안들이 많이 제시되었다. 그 중에서도 가장 큰 문제는 이러한 문제점들을 개선하기 위해 회원국들이 모인 **도하라운드**가 아직까지도 유의미한 결과를 도출하지 못하고 있다. 이는 각 회원국들의 이해관계가 첨예하게 대립하고 있기 때문이다.

이러한 상황에서 세계 각국은 이를 돌파하는 새로운 형태의 무역협상을 시도하게 되었다. 이를 FTA라 한다.

국가 간 상품의 자유로운 이동을 위해 모든 무역 장벽을 완화하거나 제거하는 협정, 영문 머리글자를 따서 FTA로 약칭한다. FTA는 특정 국가 간의 상호 무역증진을 위해 물자나 서비스의 이동을 자유화시키는 협정으로, 나라와 나라 사이의 제반 무역장벽을 완화하거나 철폐하여 무역자유화를 실현하기 위한 양국 간 또는 지역 사이에 체결하는 특혜무역협정이다.

그러나 자유무역협정은 그동안 대개 유럽연합(EU)이나 북미자유무역협정(NAFTA) 등과 같이 인접국가나 일정한 지역을 중심으로 이루어졌기 때문에 흔히 지역무역협정(RTA: regional trade agreement)이라고도 부른다.

WTO가 모든 회원국에게 최혜국대우를 보장해 주는 **다자주의**를 원칙으로 하는 세계무역 체제인 반면, FTA는 **양자주의 및 지역주의**적인 특혜무역 체제로,

회원국 간에만 무관세나 낮은 관세를 적용한다. 이는 시장이 크게 확대되어 비교우위에 있는 상품의 수출과 투자가 촉진되고, 동시에 무역창출효과를 거둘 수 있다는 장점이 있으나, 협정대상국에 비해 경쟁력이 낮은 산업은 도태될 수밖에 없는 상황이 발생할 수도 있다.

2. 우리나라

우리나라의 대외교역은 삼국시대 이후 대체로 중국과 일본을 상대로 하여 전개되어 왔다. 이러한 대외교역은 조공형식을 띤 공무역이 원칙이었으며 이와 함께 사무역도 행하여졌다.

조선시대 책문후시의 무역상인으로부터 관세의 성격을 띤 세금을 징수한 것과 일본과의 무역거점인 왜관에 수세관이 파견되었다는 기록으로 미루어보아 이때에도 관세의 성격을 띤 공과금이 있었을 것으로 추정된다.

우리나라에서 근대적인 관세제도의 태동은 1876년 **개항 이래 시작된 대외통상조약의 체결 이후**이다. 이를 계기로 하여 일본뿐만 아니라 다른 나라들과도 통상조약을 체결하였다.

근대국가간의 **통상조약에는 관세문제가 중요한 내용**이 되어야 함에도 불구하고 일본의 간계와 우리나라 정부 당국의 잘못으로 인하여 관세조항을 두지 못하였으며, 한일수호조약의 체결 후 6개월 만인 1876년 8월에 조인된 한일무역규칙에 있어서도 관세조항을 두지 못하였다. 그 결과 우리나라는 **개항 직후 수년간 이른바 무관세시대가 계속**되었다.

그러나 1910년 국권침탈로 일본의 식민지 통치를 받게 되자 일본의 관세제도가 그대로 통용되었으며, 이러한 제도는 1948년 8월 15일의 정부수립 이후까지도 잠정적으로 답습되다가 **1949년 12월에 관세법을 제정·공포**함으로써 비로소 명실상부한 **관세주권의 확립**을 보게 되었다.

1) 두모진세관

한국에서 근대적인 관세가 생긴 것은 구한 말 미국·영국·일본 등과 통상조약을 체결하고 부산·인천·원산을 개항으로 지정하면서부터이다. 그 중에서도 부산에 설치한 두모진(豆毛鎭: 1878.9~12)세관은 **한국의 근대적 관세징수업무와 세**

관설치의 효시이다.

그 뒤 우리 정부는 청·일 양국 간에 있어서의 근대무역관계를 견문하게 됨으로써, 무관세무역이 국가경제 및 국가재정의 큰 손실임을 뒤늦게 인식하게 되었다. 이에 관세주권의 회복을 위한 시도적인 조처로서 1878년 9월 부산 두모진에 세관을 설치하였으며, 수출입물품에 대하여 일방적으로 일정률의 관세를 징수하기로 정하고 내국상인에 한하여 수세를 시작하였다.

두모진세관의 설치는 우리나라의 근대적 관세징수업무의 효시이며 세관설치의 효시이다. 그러나 **이러한 징수조처에 대한 일본의 항의로 인하여** 1878년 12월 **두모진세관은 폐관**되었다.

이 사건을 계기로 우리 정부는 **관세주권의 회복**을 위하여 꾸준히 노력하였다. 새로운 통상장정을 체결할 것을 일본에 강력히 요구하는 한편, 1882년 5월에는 미국과 **한·미수호통상조약을 체결**하였다. **이 조약에서 비로소 우리나라의 관세주권이 부분적이나마 대외적으로 인정을 받게 되었다.**

이에 당황한 일본은 그들에게 유리한 조건으로 한일통상장정과 해관세칙을 1883년 **7월에 우리나라와 조인**하였다.

통상장정의 주요 내용은 아편의 수입 금지, 일본상인에 대한 최혜국대우 부여, 식량부족의 우려가 있을 경우 사전에 통고하고 방곡령을 실시할 것 등이다.

해관세칙에서는 수입물품에 대하여 품목에 따라 5~30%의 수입세를 부과하며, 수출품에 대하여는 5%의 수출세를 부과하되 예외적으로 홍삼은 15%로 규정하고, 면세대상품목도 표시하였다.

1883년에 한일통상장정이 체결되자 부산·인천·원산 등의 개항장에 해관이 설치되었고, 이를 외무아문의 관할 아래 두고 총세무사가 통괄하였다.

1895년에는 각 세관을 탁지부의 관할로 이관시켰다가 1908년 1월에는 탁지부의 독립관청으로 관세국이 신설되어 관세에 관한 업무를 총괄하였다.

2) 일제강점기

1910**년** 8월 일본이 국권을 탈취하자 우리나라에 대해서 구관세제도를 그대로 시행함과 동시에 종래 우리나라와 통상관계를 맺고 있는 구미열강에 대해서도 향후 10년간은 기존의 통상관계내용을 지속하겠다는 것을 내외에 선언하였기 때문에 그 뒤 10년간은 구관세제도가 그대로 답습되어 관세제도상 큰 변혁은 없었다.

그러나 일본은 구관세제도가 불문률적인 관습에 의존하는 경우가 많아 운용상 불편한 점이 많고, 관세 부과의 공평을 기하기 어렵다는 이유로 당초의 선언에 저촉되지 않는 범위 내에서 **조선관세정률령**(朝鮮關稅定率令)·**조선보세창고령**(朝鮮保稅倉庫令)·**조선돈세령**(朝鮮噸稅令)**과 조선육접국경관계령**(朝鮮陸接國境關係令)을 제정, 공포하였다.

이들 법규는 대체로 일본의 관세법규를 모방하고 거기에 우리나라의 특수사정을 가미한 것으로서 종래의 구관세제도를 일본식으로 재정리한 것에 지나지 않았다. 그 뒤 약간의 수정이 가해지기는 했으나 대체로 1920년 8월 구관세거치기간(舊關稅据置期間)이 만료될 때까지 그대로 존속되었으나 조선관세정률령의 별표인 **수출입세표**(輸出入稅表)**는 여러 번 개정되어 일본에 대한 수입세의 면세범위가 확대**되었다.

구관세거치기간이 만료된 뒤부터 **광복을 맞을 때까지 우리나라는 일본과 동일한 관세영역으로서 일본과 동일한 관세제도와 법률의 적용을 받았다**.

3) 독립 이후

1945년 **광복이 되었으나 국토가 분단되고 미국에 의한 군정이 실시됨에 따라 대외무역은 일체 금지**되었다. **군정법령 제21호**에 의거하여 다른 모든 법령과 마찬가지로 일제강점기의 관세에 관한 모든 법령이 그대로 계속 시행되었으며, 1946년 1월에는 <대외무역규칙>이 공포되어 허가제에 의한 한정된 범위 내에서 대외무역이 행하여졌다(**참고 미군정령** 39호, 93호).

1948년 **대한민국 정부가 수립**되고 각 부처의 기구와 직제가 정비되자 과거의 굴욕적이고 비자주적인 관세제도를 불식하고 독립국가로서의 관세제도의 확립을 위한 근간법규인 새로운 관세법의 제정이 시급하였다.

4) 관세법 제정 및 개정

1949**년** 8월에 전문 253조로 된 <**관세법**> 본문과, 756종목과 1,706개의 세율 수에 달하는 부속세율표(附屬稅率表)의 초안이 제헌국회에 회부되어, 같은 해 11월 11일 제38차 국회 본회의에서 통과되어 11월 23일에 공포되었으며 즉일로 시행되었다.

당시의 <관세법>의 구성을 보면, 제1장 총칙, 제2장 물품, 제3장 운수기관, 제4장 세관화물취급인, 제5장 세관관리의 직권, 제6장 벌칙, 제7장 조사와 처분, 제8장 잡칙으로 되었으며, <관세법>의 부속세율표의 관세율은 물품의 필수 정도, 국내생산 여부, 정조(精粗)의 정도 및 용도에 따라 최하 1할로부터 최고 8할 이내에서 관세율을 책정하되, 담배·주류 등 특수기호품에 대하여는 최고인 10할로 정하였다.

<관세법>은 <조세법>·<통관법>과 함께 형사법적인 성격을 구비하고 있으며, 관세행정은 국내외의 경제여건과 유동적인 상황에 신속하게 대처하여야 하기 때문에 여러 차례의 개정이 불가피하였다.

1967**년 11월**에는 국내 산업 보호와 수출지원을 목적으로 긴급관세·상계관세·편익관세와 제한적 수권제도 및 관세할당제도 등을 도입하여 **탄력관세제도**를 채택하였으며, 1973년 3월에는 경쟁력이 미약한 신규 국내 산업의 경쟁력 확보를 위하여 잠정기간 동안 적용할 수 있는 잠정세율제도를 채택하였다.

1960년대에는 수출을 지원할 목적으로 사전면세제도를 도입하여 운영하였으나, 무역규모가 커짐에 따라 1974**년 12월 <수출용원재료에 대한 관세 등의 환급에 관한 특례법**>을 제정하여 1975년 1월부터 관세환급제도를 채택하여 시행하였다. 1960년대 후반부터 무역량이 급증함에 따라 1970**년 8월 관세행정의 전담기관으로서 관세청을 신설**하여 오늘에 이르고 있다.

3. 국제관세협력

1) WCO

관세는 국가 간 물품의 이동에 대한 조세이므로 국제적으로 통일된 제도의 채택과 관세의 인하를 위한 교섭이 필요하다. 국제적으로 통일된 제도의 채택을 목적으로 우리나라가 가입한 **국제기구로서는 '세계관세기구**(WCO)**'가 있다**. WCO**는 종전의 관세협력이사회**(CCC)가 1994**년에** WCO**로 개칭하여 오늘에 이르고 있다**.

관세협력이사회는 체약국 간의 관세제도의 조화와 통일을 확보함을 그 설립 목적으로 하며, 우리나라는 1968년 10월 2일 관세협력이사회를 설립하는 조약, 관세율표에 있어서 물품의 분류를 위한 품목표에 관한 조약 및 세관에서의 물품의 평가에 관한 조약에 가입함으로써 정회원국이 되었다.

그리하여 각종 위원회의 참석은 물론 관세협력이사회의 각 조약과 각종 결정에 참여함과 동시에 이들 사항을 관세법규 등 국내법규와 관세행정에 수용함으로써, 관세행정을 국제적인 조화와 표준화에 접근하도록 하였다.

2) GATT

우리나라의 대외무역 증진을 위해서는 특정국가 또는 국제기구와 관세에 관한 협약이 필요하며, 협상을 진행함에 있어서는 관세율의 인하 등에 대해 서로 양보가 필요할 때가 있다. 이를 양허라 하는데 관세율의 양허 등으로 자유무역을 구현하려고 설립된 국제기구로는 '관세 및 무역에 관한 일반협정(GATT)'이 있었다.

우리나라는 1950년에 GATT 가입을 시도한 바 있으나 6·25전쟁으로 뜻을 이루지 못하고 있다가, 1963년 가입을 위한 본격적 교섭을 시작하여 **1967년 4월 14일에 가입이 실현**되었다. GATT에 가입할 때 우리나라는 53개 품목에 대하여 관세를 양허하였다.

우리나라의 GATT 가입은 다음과 같은 중요한 의의를 지니고 있다.

① 모든 가입국과 일괄협정이 체결됨으로써 종래 우리나라의 수출물품에 대한 세계시장에서의 차별대우가 없어져 수출증대에 획기적인 계기가 되었다.

② 저개발국가에 대한 각종 특혜조치의 혜택을 받게 됨으로써 수출에 있어 국제경쟁력이 강화되었다.

③ 우리나라가 양허한 품목을 생산하는 국내 산업에 대하여 국제경쟁력을 강화하도록 하였다.

④ 우리나라의 국제적 지위향상에 기여하였다.

이후 GATT에 의한 관세인하의 교섭은 세계적으로 꾸준히 추진되어, 케네디라운드(Kennedy Round)에서 우리나라는 비교적 수입량이 적은 18개 품목을 양허하였으며, 1973년 9월 일본 동경에서 동경선언이 채택됨으로써 새로운 무역교섭이 개시되었다. 이를 '도쿄라운드'라 하며, 우리나라도 이에 적극 참여하여 143개 품목을 양허하였다.

한편, GATT 개발도상국간 무역협상이 1973년 2월 11일부터 발효되어 우리나라는 이 협상에서 이스라엘·유고슬라비아·터키·인도·브라질·파키스탄·스페인·이집트·튀니지·멕시코·그리스·칠레·우루과이·페루·방글라데시 등의 16개 국가에 대하여 6개 품목을 양허하였다. 이 밖에 아시아태평양경제사회이사회(ESCAP)의 개발도상국 간의 무역협상에 의거, 한국은 인도 및 라오스에 18개 품목을 양허하였다.

3) WTO

세계무역기구는 기존의 관세 및 무역에 관한 일반협정(GATT)을 흡수, 통합해 명실공이 세계무역질서를 세우고 UR협정의 이행을 감시하는 역할을 하는 국제기구이다. GATT는 정식 국제기구가 아닐 뿐더러 권한도 극히 제한돼 있는 점을 고려, 국제 무역분쟁에 대한 중재권과 세계무역자유화 역할을 강화시켜 정식 국제기구로 탄생한 것이다.

1995년 1월 발족돼 2년마다 회원국 전체 각료회의를 열어 통상문제를 협의하게 된다. 모든 다자간 무역협상이 WTO를 무대로 전개돼 세계무역구도가 GATT 체제에서 WTO 체제로 바뀌게 된 셈이다. 당초 '세계' 대신 '다자간'이란 뜻을 담고 있는 'multilateral'이란 말을 붙여 다자간무역기구(MTO)로 명명됐었으나 미국의 반대로 WTO로 이름이 변경됐다.

GATT를 대체하여 1995년 1월 1일부터 발효된 세계무역기구(WTO) 체제 하에서 우리나라는 공산품 8,137개 품종, 수산물 351개 품종 및 농산물 1,298개 품종을 각각 양허하였다.

4) FTA

FTA는 특정 국가 간의 상호 무역증진을 위해 물자나 서비스 이동을 자유화시키는 협정으로, 나라와 나라 사이의 제반 무역장벽을 완화하거나 철폐하여 무역자유화를 실현하기 위한 양국 간 또는 지역 사이에 체결하는 특혜무역협정이다. 자유무역협정은 그동안 대개 유럽연합(EU)이나 북미자유무역협정(NAFTA) 등과 같이 인접국가나 일정한 지역을 중심으로 이루어졌기 때문에 흔히 지역무역협정(RTA: Regional Trade Agreement)이라고도 부른다.

세계무역기구(WTO) 체제에서는 크게 두 가지 형태가 있는데, 하나는 모든 회원국이 자국의 고유한 관세와 수출입제도를 완전히 철폐하고 역내의 단일관세 및 수출입제도를 공동으로 유지하는 방식으로, 유럽연합이 대표적인 예이다. 다른 하나는 회원국이 역내의 단일관세 및 수출입제도를 공동으로 유지하지 않고 자국의 고유관세 및 수출입제도를 그대로 유지하면서 무역장벽을 완화하는 방식으로, 북미자유무역협정이 대표적인 예이다.

WTO가 모든 회원국에게 최혜국대우를 보장해 주는 다자주의를 원칙으로 하는 세계무역 체제인 반면, FTA는 양자주의 및 지역주의적인 특혜무역 체제로, 회원국에만 무관세나 낮은 관세를 적용한다. 시장이 크게 확대되어 비교우위에 있는 상품의 수출과 투자가 촉진되고, 동시에 무역창출효과를 거둘 수 있다는 장점이 있으나, 협정대상국에 비해 경쟁력이 낮은 산업은 문을 닫아야 하는 상황이 발생할 수도 있다는 점이 단점으로 지적된다.

우리나라는 1998년 11월 대외경제조정위원회에서 FTA 체결을 추진하기 시작하여 **한국 최초의 한-칠레 FTA가 2004년 4월 1일부터 발효**되었다.

그 뒤로 2006년 3월 2일에 한-싱가포르 FTA를, 2006년 9월 1일에는 한-EU FTA가 발효되었다. 2007년 6월에는 한-ASEAN FTA가 발효되었다.

2014년에는 중국 및 뉴질랜드와 FTA를 체결하였으며, 2015년 현재 한국은 16개국과 5건의 FTA 발효, 29개국과 3건의 FTA 체결, 12개국과 7건의 FTA 협상 진행, 16개국과 9건의 FTA 협상 준비 및 공동 연구를 하고 있다.

제 3 장

관세학의 과제

제1절 우리나라의 무역학 연구

관세학의 연구를 위해서는 관세와 불가분의 관계에 있는 무역학 연구의 변천 과정을 우선 살펴보아야 한다.

1. 독립 이전

우리나라에서 무역에 관한 연구가 시작된 것은 꽤 오래 전의 일이다. 그 연원은 조선시대의 중·후반기에 등장했던 실학파들로 부터 찾아볼 수 있다.

그 가운데서도 손꼽을 수 있는 학자는 이익·유수원·박제가 등이다. 이들은 각기 자신들의 저서인 「성호사설」·「우서」·「총론사민」 등에서 대외무역 및 상업 활동에 관해 다루고 있다.

한편, 1876**년의 개항**을 기점으로 이제까지의 쇄국정책이 무너짐으로써 일본을 비롯한 **대외무역이 급속도로 확장**되어 갔다. 그러나 이 당시의 무역에 관한 연구는 아직도 쇄국정책의 영향권을 벗어나지 못하여 1900년대까지는 별로 진전되지 못하였다.

그 뒤 일제강점기인 1910년대 이후 무역에 관한 근대적인 연구가 비로소 전개되었으나, 이는 주로 일본의 필요에 따라 일본인에 의해서 이루어졌다. 당시 우리나라 무역은 일본의 경제권 속에 있었다.

일본인에 의한 연구는 공공연구기관에 의한 것과 일본인 학자들에 의한 것으로 나누어 볼 수 있다.

연구기관에서 펴낸 연구자료와 문헌으로는, 일한통상협회의 <협회보고> (1895~1905), 조선은행의 <조선 대 만주무역, 실정과 그 장래> (1937), 조선무역협회가 펴낸 <무역통계연보> 및 <조선무역사> 등이 대표적이다.

한편, 학자들은 일본의 각 대학과 경성제국대학의 상경계 교수들이 주축이 되어 저서와 논문들을 발간하였다. 이들 연구기관과 학자들의 연구내용을 살펴보면, 식민지 경제를 구축하기 위한 자료의 완성 및 그 활용이라는 데 중점을 두었다.

물론 삼국시대와 고려, 그리고 조선의 무역사에 관한 연구도 있었지만, 주로 '개항'이라든가 '금은무역' 또는 '쌀·면화 등의 주요 산물에 관한 무역', 그리고 '일·청 및 제2차 세계대전과 조선무역' 등에 관한 것이 대부분을 차지하였다.

한편, 이 시기에 우리나라 사람에 의한 우리 경제나 무역에 대한 연구가 전혀 없었던 것은 아니다. 몇몇 민족산업을 개발, 부흥시키기 위해 물산장려운동과 같은 실천운동이 있었으며, 또한 이를 뒷받침하기 위한 소박한 경제와 무역지식이 개발되고 있었다.

그러나 이와 같은 연구는 대외무역에 관한 연구에까지 미치지는 못하였고, 다만 일제하의 새로운 자본주의 경제질서에 적응하기 위한 서구식 경제 지식의 습득과 국산품 장려 이론 등에 불과한 것이었다.

외국무역론에 관한 최초의 소개서로는 1908년 보성관에서 출간된 유완현의 「외국무역론」을 들 수 있다. 그리고 한국인에 의한 국제무역관계의 연구로는 노연학의 「외국무역론」(대한학회일보, 1908년 6월호), 문내욱의 「무역상으로 본는 영미법」(대한유학생회회보, 1907년 3월호), 최병찬의 「외국의 수입수출」(법정학계, 보전교우회, 1907년 1월) 등 학생회를 중심으로 한 것들이 있었다.

그러나 이와 같은 근대경제학이나 무역이론의 도입 및 소화 과정도 일제 식민지정책에 의해 매우 부진하였고, 비로소 1930년대에 이르러서야 사립학교인 보성·연희 두 전문학교에 무역 또는 외국 경제관계 과목이 처음으로 개설되었다.

2. 독립 이후

1945년의 광복과 1948년의 정부 수립을 맞아 대학과 연구기관의 증설 및 연구활동이 기대되었으나, 1950년 6·25전쟁으로 서구의 경제 지식을 보급하는 데만 그치고 그 외의 연구활동은 중단되었다.

휴전 이후 1960년에 이르는 전후 복구기간에도 이러한 양상은 계속되었다. 다만, 특기할만한 사항은 이 기간 동안 많은 대학이 신설되었고, 국제경제학이나 외환론, 그리고 한국경제론 등이 각 대학의 주요 과목으로 채택되었다.

이때 외국무역이나 한국무역 등 무역에 관한 연구는 주로 국제경제학 또는 무역론이나 한국경제론의 일부로 다루어 발표되었다.

당시의 서적으로는 이창렬의 「국제경제기초이론」(장왕사, 1954), 이상구의 「국제경제학」(근영사, 1957) 및 「외환론」(장왕사, 1955), 송영일의 「국제경제론」(정연사, 1956), **이종화의 「관세론」(한국세정연구회**, 1959) 등이 있었을 따름이고, 주로 미국 서적을 번역한 외국 서적이 두세 권 있었으며, 그 밖에 몇 편의 연구논문만 엿보였을 뿐이다.

우리나라에서 무역에 관한 이론과 실무, 그리고 여기에 따른 여러 연구를 묶어서 무역학이라고 부르게 된 지는 얼마 되지 않는다.

더욱이 우리나라에서 무역학이라고 하고, 학문적 체계를 세워서 연구하기 시작한 것은 우리나라 **각 대학에 무역학과가 설치되기 시작한** 1960**년 전후의 일**이었다.

우리나라 대학에 무역학과가 처음으로 설치되었던 것은 1946년 목포상과대학에서였지만, 그것이 본격화된 것은 1957년 부산대학교, 1959년 서울대학교에 무역학과가 설치되면서부터였고, 점차 각 대학으로 확대되었다.

이와 같이 1960년대에 들어서서 무역에 관한 연구가 시동을 걸게 된 데에는 경제의 개발계획 및 정책이 구체적으로 입안되어 무역을 통한 경제성장이 제일의 국가경제 목표로 추구된 데 힘입은 바 크다.

1962년부터 경제개발계획이 추진됨에 따라 각 대학에 무역학과가 설치되었을 뿐만 아니라, 무역 진흥을 위한 정부 및 공공기관과 민간단체의 설립도 가속화되었다.

그리하여 정부의 경제관계 부처와 기존의 한국무역협회, 대한상공회의소를 비롯한 대한무역진흥공사, 각 은행의 조사부, 한국경제개발협회(1965), 한국경제개발연구소(1965), 한국무역연구소(1963) 등의 연구기관과 각 대학의 상경계 교수들이 무역에 관한 연구를 하기 시작하였다. 그 결과 1960년대 초반 무역학이나 한국 무역에 대한 연구가 활성화되어 많은 연구저작물이 발표되었다.

그러나 당시의 연구는 질적인 면에서 볼 때 연구대상을 다양하고 깊이 있게 다루지 못하고 주로 우리나라의 경제개발이나 경제성장과 관련된 무역의 역할 또는 전략, 그리고 대외 수출시장의 조사라는 한정된 관점에서만 다루는 경향이 있었다. 이는 이 방면을 연구하는 학자들이나 기관의 연구 수준이 아직 초기 단계에 있었다는 것을 뜻한다.

1970년대에 들어서서야 비로소 무역학과 한국무역학 분야의 구체적인 연구가 본격화되었다. 즉, 무역이론과 정책, 무역전략, 그리고 무역실무와 법규 및 외환과 관련된 구체적인 무역에 대한 연구가 진행되었다.

전국 각 대학의 무역학과 교수들의 연구활동을 비롯하여 각 대학의 상경 계통 연구소의 설립과 활동, 무역대학원의 설립과 활동, 한국무역학회를 비롯한 각종 학회 및 연구기관의 설립과 활동이 그와 같은 연구 경향을 뒷받침하였다.

특히 1971년에 설립된 한국개발연구원(KDI) 및 1977년에 창설된 산업연구원 등은 경제·무역에 관한 종합적인 전문연구기관으로서 많은 연구자료와 학술지를 펴내어 한국 무역학의 발전에 큰 보탬이 되어 왔다.

1950년대부터 1970년까지의 20년 동안에 생긴 상경계통의 학회 수는 5개 내외이고, 연구소 및 연구원도 약 20개 안팎이었다. 그러던 것이 1970년부터 1980년까지의 10년 동안에 무역학회를 비롯하여 5개 정도의 학회가 더 생겨났고, 대학부설 연구소만 해도 약 50개 정도로 크게 증가하였다.

이렇듯 연구기관의 수가 확대됨과 더불어 무역에 관한 학술단체의 간행물 수도 1970년 이전까지는 약 7, 8종에 불과하던 것이 1980년에 이르러서는 약 30여 종으로 크게 증대되었다.

그 밖에 각 대학 무역학과의 교재 개발도 대부분이 1970년대 이후에 이루어졌다. 이렇게 **무역학에 관한 본격적인 연구가 비록 다른 상경계의 학문보다는 늦게 출발했지만, 무역이 우리나라의 경제성장과정에서 큰 역할을 담당하게 되면서 급속히 발전**하였다.

그리하여 오늘날 전국 대학의 전공학과별 학생수 규모로 보아도 무역학과가 제3위를 차지할 정도로 그 비중이 크게 신장되었으며, 무역학을 연구하는 전공 교수도 약 1,000여 명에 이르고 있다. 여기에 무역학 연구와 관련되는 연구기관 및 전문학자의 수를 합치면 더욱 많은 수가 무역학 분야에 종사하고 있을 것이다.

3. 발전과제

무역학의 연구 경향은 이전의 이론 및 정책과 실무라는 기초 분야에 한정되지 않고, 좀 더 다양한 분야로 세분화되고 심화되는 경향을 띠고 있다. 그리하여 초보 단계적 연구활동에서 이론 연구의 심화는 물론 무역관습, 무역에 관한 법규, 국제계약법, 무역보험, 신용장론, 국제운송론 등에 대한 다양하고 세분화된 연구가 진행되고 있다.

우리나라의 무역학은 비교적 단시일에 급속히 발전되어 왔지만, 그 발전 이면에는 반드시 해결하고 넘어가야 할 몇 가지 **문제점**이 있다.

첫째, 우리나라 무역학 연구의 비체계성이다.

이는 우리나라의 무역학이 그 독자적인 학문체계를 구성하기도 전에 1960년대와 1970년대에 무역을 통한 국민경제의 발전이라는 시대적 요청에 부응하느라 급급한 데서 비롯된 것이었다. 앞으로는 산만한 연구 실적 및 연구태도를 지양하고 체계화된 연구를 토착화시켜야 할 것이다.

둘째, 각 대학 무역학과의 교과목이 지나치게 많다.

이는 무역학을 제대로 가르치는 학자가 많지 않았기 때문에 자신의 연구활동을 무리하게 무역학의 교과목으로 억지로 개설했기 때문이다. 한국 무역학 연구를 체계화하기 위해서는 당연히 그 바탕을 이루는 이들 교과목도 체계화, 정형화시킬 필요가 있다. 그러나 교과목이나 학문체계는 주어진 채로 고정될 것이 아니라 시대와 환경 변화에 따라 능동적으로 개발되어야 한다.

셋째, 선진 외국과의 교류가 미진하다.

무역학은 국제적으로 독자적인 학문체계를 가진 전공 분야가 독립되어 있지 않기 때문에, 학문적으로 아직 미진한 상태에 있는 우리로서는 어떤 지표의 대상이 될 만한 것이 없어서 연구대상에 대한 개발이 늦어지고 있다는 것이다. 또한 이와 함께 지적할 수 있는 것은 **무역학 연구의 국제교류가 미진**하여 이러한 현상이 더욱 가중되고 있다는 점이다.

이렇게 볼 때, **무역학에 대한 연구는 경제학이나 경영학과는 분립되어 나름대로의 독자적인 학문체계를 구축해서 정착되어야 할 필요가 있다**. 더욱이 1990**년대 이후 급격한 세계화와 국제무역의 새로운 재편을 가져온 세계 무역기구(WTO)의 출범 및 21세기 지식정보화사회의 도래는 이전보다는 한 차원 높은 무역질서를 요구**하고 있다.

따라서 우리나라의 무역도 새로운 질서에 능동적으로 대응하는 정책과 제도의 틀을 체계적으로 다듬어 나아가야 할 것으로 보이며, **무역학은 이러한 문제를 선도적으로 해결하고 헤쳐 나가야 할 막중한 과제를 안고** 있다.

제2절 우리나라의 관세학 연구

우리나라에서 관세에 관한 그동안의 연구들은 종합적인 관점에 이루어진 것이 아니라 개별적인 관점에서 이루어져 왔다.

관세이론 분야에서는 관세의 효과, 관세율조정과 실효보호율, 관세율인하의 경제적 효과, 관세와 국민후생, 최적관세결정 등에 관한 연구가 이루어졌고, **관세정책 분야**에서는 WTO와 관세율협상, 관세정책분석 및 방향, 관세율정책 방향, 재정수입측면의 적정관세 부담율 등에 관한 연구가 다수를 차지하고 있다.

또한 **관세제도 분야**에서는 관세제도운영 및 개선, 현행 관세법상의 관련제도 개선 및 발전, 관세행정의 발전방향, 개정교토협약과 관세행정, 위험관리기법의 연구 등이 이루어졌다. 최근에는 FTA와 관련한 연구가 주를 이루고 있다.

1. 관세이론

관세이론의 선행연구는 크게 최적관세 결정관련 분야와 실효보호관세 분야, 관세의 경제적 효과 분야로 구분될 수 있으며, 분야별 연구내용은 아래와 같다.

〈표 1〉 관세이론 분야의 선행연구

분야	2000년 이전	2000년 이후
최적관세	– 이준구(1985): 「수출촉진을 위한 최적관세 이론」 – 김중근1998): 「재정수입측면의 적정 관세부담률」 – 이용기(1998): 「무역자유화와 우리 나라 수입농산물의 최적관세율 결정」	

분야	2000년 이전	2000년 이후
최적관세	- 이동기·유건우(1998): 「불완전경쟁 시장에서의 반덤핑법의 수입과 최적 관세의 결정」	
실효보호관세	- 유경득(1989): 「실효보호율 측정에 의한 관세율 조정에 관한 연구」 - 김두얼(1994): 「전기간 미국관세의 실효보호율」 - 서근태·최봉호(1994): 「우리나라 산업부문의 실효보호관세율에 관한 연구」 - 이철(1998): 「새로운 관세보호정도의 척도에 관하여」	
경제적 효과	- 전용덕·신광식(1992): 「한국의 관세 및 비관세 장벽 결정요인」	- 이명헌·성명재(2002): 「관세율 인하의 경제적 효과분석(소득계층별 후생효과를 중심으로)」

2. 관세역사

관세의 역사에 관한 독립된 연구는 거의 없으며, 대부분 관세의 개념부분에서 관세의 시대별 분류와 우리나라 관세역사를 간략하게 언급하고 있다.

관세가 수수료나 내국관세의 성격을 가지고 부과된 것은 동서양을 막론하고 국가 간 교역이 시작된 때부터라고 할 수 있다. 국가가 통치 체제를 갖추고 조세를 부과할 때부터 이미 교역에 대한 무역세나 상업세 등 수수료나 교역량에 대한 세금명목의 조세가 부과되어 왔다.

그러나 그러한 조세가 국경관세의 의미를 가지고 국가재정이나 경제정책의 일환으로서 행정적 체계를 갖추기 시작한 시점에 대하여는 사료가 불충분하여 연구가 미흡한 실정이다.

대부분의 행정학자들은 행정학의 기원을 17~18세기 독일과 오스트리아의 관방학에서 구하고 있다. 이에 대해 곽효문(1998)은 관방학과 실학의 행정사학적 비교를 통해 관방학이 절대군주의 재정을 증식하기 위한 효과적인 통치수단임을 발견해 내는데 의의를 찾을 수 있으며, 오늘날의 정치와 행정이 복합된 개념으로의 통치학에 해당된다고 하였다. 따라서 관방학은 현대행정학의 기원이 될 수 없으며 오히려 재정학과 경제정책 등의 기원임을 밝히고 있다. 더 나아가 관방학과 행정, 경제, 정치, 이념, 학문성에서 유사성이 많은 다산 정약용의 실학사상과 이이, 이황의 사상에서 우리나라 행정학과 행정제도의 근원을 찾아야 한다.

법제화된 관세부과에 대한 기원은 근대국가가 성립된 16세기 이후에 무역정책의 개념이 정립된 후라고 볼 수 있을 것이다. 즉 중세국가의 내국관세시대에서 근대국가의 중상주의 무역 정책에 의해 국경관세가 대두되기 시작하면서 근대적 의미의 관세부과의 효시를 찾을 수 있을 것이다.

또한 앞서 언급한 곽효문(1998)의 연구내용에 따라 관세의 기능만을 추론해 볼 때, 관세학의 기원을 독일 관방학의 재정적 측면과 경제정책적 측면에서 찾아 볼 수 있겠지만, 이에 대한 세부적인 연구가 더 필요하므로 단정 지을 수는 없다. 그리고 무비판적으로 외국의 주장만을 수용하기에 앞서, 독자적인 한국 관세학의 기원을 오히려 조선시대의 실학사상에서 찾는 연구가 선행되는 것이 바람직하다.

그리고 관세학의 기원과 역사를 근대 관세행정의 기원과 발전의 측면에서 본다면, 독일의 관방학에 대한 연구와 미국의 관세행정의 발달에 관한 연구가 선행되어진 후에 일본과 우리나라의 관세행정의 발전과정에 대한 연구가 심도 있게 이루어져야 한다.

관세학의 정립을 위하여 관세학의 기원을 어느 시대의 사상에서 구하느냐에 대한 연구는 관세학의 철학적 기조를 마련함에 있어 반드시 필요하다.

3. 관세정책

관세정책의 선행연구는 크게 국제통상 분야로서 관세양허협상, 자유무역협정, 일반특혜관세 관련연구와 순수 정책 분야로서 관세정책분석, 관세율정책, 재정수입관련 적정관세, 산업의 실효보호 관련 연구, 기타 분야로서 관세통계, 국제관세기구 관련연구 등으로 구분이 가능하다.

〈표 2〉 관세정책 분야의 선행연구

분야		2000년 이전	2000년 이후
국제통상	관세양허 협상	- 한홍렬(1999): 「WTO 뉴라운드 공산품 관세인하의 쟁점과 인하방식에 관한 연구」	- 오웅탁·김진섭(2000): 「관세양허협정의 성립 및 유지조건에 관한 연구」 - 인정빈(2000): 「차기 WTO 농산물 관세인하 협상과 정책과제」 - 백을선·이승연·주임원(2002): 「비농산물에 대한 WTO 뉴라운드의 관세협상방식」 - 이신규(2003): 「WTO 농업 협상의 주요 의제와 협상과제」 - 나성길(2003): 「WTO 관세평가 협정 이행이수에 대한 논의 동향과 대응방안」
	자유무역 협정	- 황호만·박시만(1997): 「WTO 체제하 무역자유화에 관한 효과 분석(우리나라 관세인하를 중심으로)」	- 이지석·노덕률·여택동(2000): 「환경질과 관세정책에 대한 분석」
	일반특혜 관세		- 김중근(2000): 「일반특혜관세(GSP)의 도입과 최빈개도국(LDC)의 수혜조건에 관한 연구」
무역정책	관세정책 분석	- 이춘삼(1978): 「무역확대와 관세정책의 방향 연구」 - 이춘삼(1994): 「일본의 관세정책에 관한 실증적 분석」 - 신유균(1994): 「미국관세법율의 통상법적 분석과 그 정책 시준점」 - 안충영(1983): 「80년대 산업구조 고도화를 위한 수입 자율화와 관세정책의 방향연구」 - 박상태(1996): 「관세정책의 변천과 평가」	- 전무부·유기덕(2000): 「미군정기의 한국 관세정책의 성격에 관한 연구」

분야		2000년 이전	2000년 이후
무역정책	관세율 정책	- 고용부(1987): 「우리나라 관세율정책의 변천에 관한 고찰」 - 장근호(1997): 「관세율 정책과 수입구조의 변화」	- 송희영(2000): 「저관세율체계에 있어서 우리나라의 관세정책 방향」 - 강홍중 외(2000): 「WTO New Round 대비산업별 적정관세율 수준 및 협상전략에 관한 연구」 - 정재호·이명헌(2001): 「뉴라운드 대비 관세정책 개발을 위한 연구(관세율 변화 파급효과분석을 위한 모형개발)」
	산업실효 보호	- 송성완(1988): 「IMF와 식품산업 (식품산업과 관세정책)」	
기타			

4. 관세법제 및 행정

관세법제 분야의 선행연구는 크게 관세 관련법규, 관세제도, 관세행정, 관세사 제도 연구 등으로 구분할 수 있다.

〈표 3〉 관세법제 및 행정 분야의 선행연구

분야	2000년 이전	2000년 이후
관세관련 법규	- 이춘삼(1997): 「WTO 체제 하에서의 대외 무역법과 관세법의 개편방향」	- 김재식(2000): 「관세법상 수출입금지품 관련 제도의 개선에 관한 연구」 - 나성길(2000): 「현행 관세법제에 대한 평가 및 발전방안 연구」 - 김재식(2002): 「관세율표상 농산물의 품목분류에 관한 연구」 - 변윤규(2002): 「우리나라의 국제통일 상품분류 제도(HS) 활용에 관한 실증적 연구」

분야	2000년 이전	2000년 이후
관세제도 관세제도	– 오두환·최태호(1993): 「근대한국경제사연구(개항기의 한국관세 제도와 민족경제)」 – 박상태(1996): 「관세제도의 운영현황과 개선방향」	– 정재완(2000): 「관세환급제도의 운용성과에 대한 실증적 분석」 – 강흥중 외(2001): 「우리나라 덤핑방지 관세제도 운용의 문제점과 개선방향」 – 정재완(2002): 「한국의 탄력관세 제도 운용상 문제점과 정책과제」 – 정재완(2002): 「차별적 관세특혜 부여와 사후 관리의 효율성」
관세행정	– 박상태(1995): 「현행 관세행정별제도의 운영상 문제점과 개선방안」	– 강흥중(2000): 「관세행정상의 RISK MANAGEMENT에 관한 연구」 – 김두형(2000): 「관세에 관한 소송에 있어서 부과처분의 존부와 전심절차」 – 박상태(2000): 「21C 정보화시대와 한국관세행정의 발전방향」 – 강흥중(2001): 「남북한 관세협력에 관한 연구」 – 강흥중(2001): 「21C 관세행정의 비전과 발전 전략」 – 김영춘(2001): 「사이버무역에 대한 관세 분야의 과세방안」 – 김붕근(2003): 「교토협약 개정의 정서의 신구인 책임과 권리에 관한 연구」 – 신정환(2003): 「무역원활화와 세관의 역할 및 발전전략」

분야	2000년 이전	2000년 이후
관세사 제도	– 한국관세사회(2000): 「관세사업계의 향후 전망 및 발전 모델에 관한 연구」	– 강흥중(2002): 「통관한경 변화에 따른 관세사의 책임과 역할 제고방안에 관한 연구」 – 김두형(2002): 「관세사법의 문제점 및 개정방향」

5. 기타

1) 연구대상 및 연구범위

(1) 독자적 체계를 가진 독립된 학문

무역의존도가 높은 우리나라이지만 무역학에 대한 역사는 비교적 짧은 편이나 우리경제를 지탱하는 지주 역할을 하고 있으므로 그에 대한 관심과 연구는 활발히 전개되어 왔다.

그러나 무역학이 처음부터 독자적인 체계를 가진 독립된 학문으로 연구되었던 것은 아니다. **무역이론은 경제학의 한 부분으로서, 무역정책론은 경제정책론의 한 부분으로서, 국제수지론 및 국제금융론은 거시경제학 및 화폐금융론의 한 부분으로서, 무역경영론 및 무역상무론은 경영학과 법률학의 한 부분으로서 연구**되어 왔다.

그러나 이들은 그 연구대상의 특수성, 독자성 및 광범성으로 보아 다른 학문으로부터 독립해 주체적으로 연구되고 논의되어야 한다. 동일한 유기적 구성물의 다른 측면을 여러 가지 다른 접근 방법으로써, 또는 다른 시점과 각도에서 관찰하고 분석하여 연구하는 것에 의해 각각의 학문은 그 존재의의를 갖게 된다.

무역학은 한편으로는 전통의 학문 분야로부터 독립을 이루면서 전통학문과 밀접한 연계와 의존관계를 유지함과 동시에, 다른 한편으로는 그 발전에 따라 그 연구 분야를 세분·분화함으로써 한층 학문의 확대·심화를 도모하고 있다.

관세 관련분야 역시 관세이론은 거시경제학과 무역이론의 한 부분에서, 관세정책은 무역정책론과 통상정책의 한 부분에서, 관세법과 관세행정은 법률학, 행정학, 국제통상법, 무역상무론의 한 부분에서 활발히 연구되고 있다.

앞으로 관세학은 연구대상의 특수성과 독자성 및 광범성으로 인해 독립된 주체적 학문영역을 구축할 수 있는 논의가 강구되어야 한다. 따라서 학문적 측면에서 「**관세연구**」 **분야는 경제학, 무역학, 법학, 행정학 등 인접 학문 분야와의 학제 간 연구를 통하여 새롭고 독자적인 학문영역을 구축할 수 있도록 체계적인 연구노력이 요구되고 있다**.

(2) 연구대상과 성격

무역학의 연구대상은 단순한 상품과 서비스뿐만 아니라, 노동, 기술, 기업, 자본, 경영방식 등 모든 부존자원의 국제간의 거래를 연구대상으로 한다. 연구의 초점은 첫째, 거시적으로 무역의 발생 원인이 무엇이며, 어떤 거래조건 및 패턴하에 발생하며, 국민경제에 어떤 효과를 주는가이다. 둘째, 미시적으로 국가 간 또는 개별기업간의 무역거래는 어떤 조직에 의해 어떤 절차를 밟아서 이루어지며 사적 기업의 영리를 어떻게 최적으로 추구하느냐 이다.

무역학의 학문적 성격으로는 국제적인 상거래라는 독립된 연구대상과 고유연구 영역을 가짐으로 독립된 학문의 성격을 가지며, 세계경제적인 성격, 국민경제적인 성격, 개별경제적인 성격 등 복합적인 성격을 가지게 된다.

한편 **관세학의 연구대상은 모든 부존자원이 될 수 없으며 무역거래 물품의 이동과 관련된 부분으로 한정되어 있다. 그러나 물품의 이동과 결부되는 기술, 자본, 무형재화, 상표권을 비롯한 지적재산권 등의 이동은 연구대상에 포함된다**. 연구의 초점은 **거시적 관점에서** 관세의 기능과 관세부과의 원인과 목적이 무엇이며, 어떤 경제적 상황 하에서 부과되며, 국민경제에 어떠한 효과를 주는가라고 할 수 있다. **미시적 관점에서**는 정부와 행정당국이 어떠한 정책과 법제를 운용하여, 어떤 절차를 밟아서 관세의 거시경제적 목표를 어떻게 최적으로 추구하느냐가 연구초점이라고 할 수 있다. 다음의 표는 무역학과 관세학의 연구대상과 성격에 대해 알려 주고 있다.

〈표 4〉 관세학과 무역학의 연구대상과 성격

구분	관세학	무역학
연구대상	상품의 이동 및 상품의 이동과 결부되는 기술, 자본, 무형재화, 상표권을 비롯한 지적재산권 등의 이동	상품과 서비스, 노동, 기술, 기업, 자본, 경영방식 등 모든 부존자원의 국제간의 거래
성격	독립적 성격 - 연구대상의 특수성과 독자성 및 광범성 종합적 성격 - 세계경제적인 성격, 국민경제적인 성격, 개별경제적인 성격	독립적 성격 - 독립된 연구대상과 고유 연구영역 종합적 성격 - 세계경제적인 성격, 국민경제적인 성격, 개별경제적인 성격
연구초점	거시적 관점 - 관세부과의 기능·원인·목적, 경제적 발생상황, 국민경제에 미치는 효과 미시적 관점 - 관세부과 운용 정책과 법제, 운용절차, 거시경제적 목표추구의 최적화	거시적 관점 - 무역의 발생원인, 거래조건 및 패턴, 국민경제에 미치는 효과 미시적 관점 - 무역거래 이행조직, 이행절차, 기업의 영리추구 최적화

2) 연구 분야

무역학의 연구 분야는 크게 국민경제적 연구와 개별경제적 연구로 구분되며 상호간에 불가분의 관련을 갖고 있다. 국민경제적 연구 분야는 무역이론 분야와 무역정책 분야, 무역사 분야로 구분할 수 있으며, 개별경제적 연구 분야는 무역경영 분야, 무역상무 분야, 무역법·제 분야로 구분할 수 있을 것이다.

마찬가지로 **관세학의 연구 분야도 국민경제적 연구와 개별경제적 연구로 구분**할 수 있으며, 각각의 연구 분야 역시 아래의 <표 5>처럼 세분류할 수 있다.

〈표 5〉 관세학과 무역학의 연구 분야

구분	관세학	무역학
국민경제적 연구	관세이론 분야 : 관세효과, 최적관세, 실효보호 등	무역이론 분야 : 무역기초이론, 한국무역론, 세계무역론 등
	관세정책 분야 : 국제통상, 관세양허협상, 자유무역협정, 일반특혜관세 등 관세정책, 관세율정책, 적정수입관세, 실효산업보호 등 관세통계 분야 : 국제관세기구	무역정책 분야: 무역정책이론, 한국무역정책론, 세계 무역정책론 등 국제수지 분야 : 외환론, 국제금융론, 국제수지론 등 무역통계분야 : 국제무역기구
	관세역사 분야 : 관세학설, 세계관세사, 한국관세사(조선관세정책, 일제관세정책)	무역역사 분야 : 무역학설사, 한국무역사, 세계 무역사 등 무역지리 분야 : 경제지리론, 지역경제론, 국제관광론 등
개별경제적 연구	관세행정 분야 : 한국관세행정, 국제관세협력, 수풀입통관, 업무흐름기법, 위험관리기법, 관세행정 전산화·정보화, 사후심사 및 기업심사, 조사감시, 교역지원, 행정쟁송, 외환거래조사 등	무역경영 분야 : 무역경영론, 국제경영론, 다국적기업론, 국제투자론, 해외사업전략론 등
	관세실무 분야 : 품목분류, 관세평가, 관세감면, 관세환급, 행정쟁송, 환적 및 보세제도 등	무역상무 분야 : 무역계약론, 무역관습론, 국제운송론, 무역보험론, 무역결제론, 관세론, 무역클레임 및 상사중재론 등
개별경제적 연구	관세제도 분야 : 반덤핑 등 탄력관세제도, 관세환급제도, 관세감면제도, 원산지표시제도, 지적재산권보호 제도, 수풀입통관제도 등 관세관련 법규 분야 : 관세사제도 분야 :	무역법·제도 분야 : 한국무역법규 및 제도론, 세계 무역법규 및 제도론, 국제통상법론 등 기타 분야 : 무역영어, 무역상품론, 무역회계론, 무역통신론, 전자상거래론, 전자무역론 등

지금까지의 선행연구들의 고찰을 통해 **관세학의 최근 논의 분야**를 간략하게 살펴보면 다음과 같다.

관세이론 분야에서 불완전경쟁 시장에서의 반덤핑수입과 최적관세의 결정에 관한 연구와 관세율 인하의 경제적 효과 분석(소득계층별 후생효과를 중심으로)에 관한 연구가 이루어지고 있다.

관세정책 분야에서는 첫째, 국제통상 관련분야에서 WTO/DDA협상 시 농산물 및 공산품 관세양허에 대한 협상방식 및 과제, 인하방식, 관세정책, 관세인하를 통해 얻을 수 있는 무역자유화, 관세양어협정의 성립 및 유지조건 등 다양한 연구가 이루어지고 있고, 이밖에 WTO/DDA협상과 관련하여 관세평가협정, 환경문제 등에 대한 연구도 이루어지고 있다.

둘째, 무역정책 관련분야에서는 관세율정책과 수입구조의 변화, 재정수입측면의 적정관세부담률, 일반특혜관세(GSP)의 도입과 최빈개도국(LDC)의 수혜조건, 식품산업과 관세정책, 우리나라의 관세정책방향, 관세정책의 변천과 평가, 미군정기의 관세정책 등에 대한 연구가 이루어지고 있다.

관세행정 분야에서는 관세행정벌제도의 개선방안, 관세행정상의 납세의무자의권리, 사이버무역에 대한 관세 분야의 과세방안, 관세에 관한 소송 시 부과처분의 존부와 전심절차, 정보화시대와 한국관세행정의 발전방향, 관세행정상의 위험관리(Risk Management), 관세율표상 농산물의 품목분류, 국제통일상품분류제도(HS) 활용, 교토협약 개정의정서의 신고인 책임과 권리, 무역원활화와 세관의 역할 및 발전전략 등에 대한 연구가 이루어지고 있다.

관세법·제 분야에서는 관세제도의 운영현황과 개선방향, WTO 체제하에서의 대외무역법과 관세법의 개편방향, 한국의 탄력관세제도 운용상 문제점과 정책과제, 관세사법의 문제점 및 개정방향, 관세환급제도의 운용성과에 대한 실증적 분석, 관세법상 수출입금지품 관련제도의 개선, 관세법제에 대한 평가 및 발전방안, 차별적 관세특혜 부여와 사후관리의 효율성 등에 대한 연구가 이루어지고 있다.

제3절 관세학의 현재

1995년 WTO 체제의 출범으로 세계경제의 통합과 생산의 국제화 추세가 확대되고, 국경 없는 교역을 추구함에 따라 각국은 국내 규범에 따른 자율적인 무역정책을 통해 자국의 경제적 이익을 극대화시키려 하고 있다.

그러나 WTO 체제가 한계에 봉착하면서 세계 무역은 FTA라는 돌파구를 찾게 되었으며 다자간의 협정에서 양자 간의 협정으로 이행 중에 있다. 또한 세계 각국은 이를 통해 자국의 관심 분야에 대한 국제적 규범을 마련하고자 노력을 경주하고 있는 실정이다.

1970년대 오일쇼크 이후부터 시작된 신보호무역 정책 하에서 사양산업 보호와 기술산업 보호의 주요한 수단으로 비관세장벽을 주로 이용하고 있으나, 보호무역정책의 가장 중요한 근간은 관세이며, WTO 체제에서도 종래의 기능을 계속 발휘함과 아울러 통상협력의 대항조치로 관세가 활용되는 등 공정한 무역 체제를 유지·강화하기 위한 수단으로서 관세의 역할은 더욱 확대되어 왔다.

따라서 국가 무역정책의 일환으로 관세정책이나 관세이론 등에 대한 개별적인 연구들은 많이 이루어져 왔으나 이들을 학문으로 정형화시키는 연구들은 미흡한 실정에 있다.

관세정책 분야는 무역정책의 중요한 수단으로 인식되어 그 연구가 꾸준히 이루어져 왔고, 관세이론 분야 역시 거시경제학의 일환으로서 국민경제에 미치는 경제적 효과에 대한 연구가 이루어져 왔다.

그러나 아직까지 관세에 대한 제 분야들을 독자적인 학문 분야로 내부화시키는 연구는 미흡한 실정이며, 또한 관세학의 정립에 있어서 연구범위마저도 모호하여 인접 분야인 무역정책 분야와 거시경제 분야에서의 영역설정이라는 어려움에 봉착하고 있는 것도 사실이라 할 수 있다.

관세학의 정체성을 확립하기 위해서는 이론적인 연구, 역사적인 연구, 정책적인 연구와 관세제도적 연구가 활발하게 이루어져야 할 것이다.

제4절 관세학의 과제

지금까지는 관세학의 필요성 및 중요성을 인정하면서도 관세학을 경제학이나 무역학의 범주에 국한되어 생각해 왔다. 그러나 앞에서도 언급한 것처럼, 연구대상의 특수성과 독자성 및 광범성으로 인해 독자적인 체계를 가진 독립된 학문으로서의 연구영역이 정립되어져야 할 것이다.

지금까지의 선행 연구와 현 상황을 토대로 관세학의 정립을 위한 연구범위와 연구방법 및 앞으로의 연구 과제는 다음과 같고, 연구방법으로서는 학제적 연구를 통하여 어떻게 연구 분석이 이루어져야 하는지 접근법을 제시하였다.

따라서 학문적 측면에서 **관세학의 연구 분야는 경제학, 무역학, 법학, 행정학 등 인접 학문 분야와의 학제 간 연구를 통하여 독자적인 학문 및 연구영역이 구축되어야 할 것이며, 이를 위해 체계적인 연구노력이 요구되고 있다.**

1. 관세학의 연구범위

관세학의 연구범위는 상품 및 상품에 결부되는 권리 등의 이동에 대하여 국민경제적 이익을 극대화시키기 위해 부과될 수 있는 관세와 관련된 모든 것이라고 할 수 있다.

즉, 관세학은 무역학의 연구범위를 토대로 국민경제적 분야에서 관세부과의 기능·원인·목적, 경제적 발생상황, 국민경제에 미치는 효과, 관세정책 등이 연구범위이고, 개별경제적 연구 분야에서는 관세부과 운용정책과 법제, 거시경제적 목표 추구의 최적화를 위한 운용절차 등이 연구범위라고 할 수 있다.

관세학이란 관세와 관련된 모든 사건과 현상, 환경, 절차, 효과를 연구하는 학문으로 정의내릴 수 있으므로 국민경제적 분야에서 관세역사 분야와 관세정책 분야, 관세이론 분야로, 개별경제적면에서 관세행정 분야, 관세법·제 분야, 관세실무 분야 등으로 세분화할 수 있다.

1) 국민경제적 연구

(1) 관세이론 분야

관세이론 분야는 관세의 기능과 경제적 효과를 분석하여 최적관세 결정 및 실효보호관세율 등을 결정하는 관세의 거시경제학적 측면을 연구하는 학문 분야이다.

관세부과의 원인, 관세부과의 경제적 상황(패턴), 관세부과의 국제 경제적 효과, 국내 경제적 후생효과 등이 연구영역이며, 관세정책이론의 기초가 되므로, 관세정책 분야와 밀접한 관련을 가지고 있다.

관세의 기능 및 효과, 최적관세 및 실효보호율 등의 연구는 이들의 파생연구 분야로 구분가능하다.

(2) 관세역사 분야

관세역사 분야는 관세의 정의와 성격, 연혁 등을 토대로 하여 관세학의 기원과 역사, 철학적 의의를 연구하는 학문 분야라고 할 수 있으며, 연구 분야는 관세학설, 한국관세사, 세계관세사 등으로 세분화할 수 있을 것이다.

관세의 정의 및 성격, 관세의 연혁, 한국관세사에 대한 연구 분야로도 구분가능하다.

(3) 관세정책 분야

관세정책이란 경제정책을 실현하기 위한 관세상의 제반정책을 말하며, 협의로는 관세율정책만을 의미하지만, 광의로는 제반 관세제도까지 포함하는 개념이다.

관세정책의 연구 분야는 첫째, 국제통상 분야로서 관세양허협상, 자유무역협정, 일반특혜관세 관련연구 등으로 구분가능하며, 둘째, 순수 정책 분야로서 관세정책분석, 관세율정책, 제정수입관련 적정관세, 산업의 실효보호 관련 연구 등으로 구분가능하며, 셋째, 기타분야로서 한국사, 관세통계, 국제관세기구 관련연구 등으로 구분가능하다.

2) 개별경제적 연구

(1) 관세관련법규

관세관련 법규에는 관세법과 관세관렵법, 타법령, 국가 간 조약 및 협정이 있으며, 관세행정의 법원이 된다. 관세관련법규의 연구란 세계경제의 흐름에 따른 경제정책과 무역정책, 관세정책에 맞추어 관세관련법령의 개선점을 연구하여 합리적인 방향으로 제시하는 것과 관세관련 국제협약의 합리적인 수용방안 및 협상방안을 제시하는 것 등이다.

관세법은 시행령과 시행규칙을 동반하며, 관세관련법에는 관세사법과 관세환급특례법, 임시수입부가세법, SOFA와 그에 따른 임시특례법이 있다. 관세와 관련하여 준용되는 타 법령에는 국세기본법과 국제징수법, 조세특례제한법, 농어촌특별세법, 외국인투자촉진법, 자유무역지역의 지정 등에 관한 법률 등이 있다. 관세관계조약 및 협정에는 WTO협정, WCO의 제협약, ESCAP 협정(방콕협정), ATA Carner 관세협약, SOFA, AID 차관협정, WTO협정 개발도상국간의 무역협상에 관한 의정서, UNCTAD의 개발도상국간 특혜무역제도에 관한 협정, 한미기술원조협정, 한미항공협정 등이 있다.

(2) 관세제도

관세제도는 관세정책의 넓은 의미에 포함되는 개념으로, 국가경제목표를 달성하기 위한 관세의 정책효과를 거두기 위한 관세법규 상의 각종 제도를 말하며, 관세제도의 연구를 통해 거시경제목표와 관세정책의 목표가 보다 효과적으로 실현될 수 있는 제도상의 개선점을 도출할 수 있다. 관세제도에는 반덤핑 등 탄력관세제도, 관세환급제도, 관세감면제도 및 분할납부제도, 원산지표시제도, 지적재산권보호제도, 신속통관제도 등이 있다.

(3) 관세행정

① 의의

관세행정은 관세법의 목적, 즉 관세의 부과징수 및 수출입 물품의 통관적정을 통하여 국민경제의 발전을 이루기 위하여 관세관련 행정조직과 기구가 그 역할과 직무를 이행하는 것을 말한다.

② **역할과 기능**

세계 무역환경변화와 국제화·개방화에 대비한 세관의 역할은 물류신속화를 통한 국제경쟁력 강화지원, 서류가 필요 없는 EDI형 통관자동화 시스템의 본격 운영, WTO 출범에 대응한 통관관리 체제 구축, 기업사후평가의 활성화, 세계화를 위한 능동적인 국제관세협력의 추진, 여행자 휴대품검사제도 혁신, 마약·외환사범·지적재산권 침해사범에 대한 수사 등이다.

③ **관세행정기구**

관세행정의 중앙행정기관은 기획재정부와 관세청이다. 기획재정부는 관세정책과 관세제도, 관세율 결정 및 국제관세협력을 담당하며 차관, 세제실장, 관세심의관 순으로 관세업무를 기획하고 있다. 관세청은 관세행정 분야를 담당하여 일선세관의 관세행정업무의 집행을 지도·감독하는 동시에 관세정책과 관세제도에 관한 건의를 한다.

④ **관세사제도**

관세사제도란 관세법 제242조의 규정에 의하여 화주가 직접 통관업무를 수행할 수 있음에도 불구하고, 급변하는 수출입 관련 법령 파악의 어려움, HS분류체계에 의한 상품분류의 지식부족, 수출입신고서 작성 및 진행절차의 무지, 통관시 객관성 결여 등 여러 가지 이유로 관세 분야의 경험과 전문적인 지식을 가진 공인된 관세사에게 조력을 구함으로써 비용과 시간을 절약하는 제도를 말한다.

이를 통해 세관의 입장에서도 수출입신고서 등 관계서류의 작성과 구비서류의 정확을 기할 수 있어 업무를 능률적으로 집행할 수 있으며, 특히 전산으로 정확한 데이터가 입력됨으로써 적은 수의 세관인력으로도 통관업무를 수행할 수 있게 된다.

관세사 제도에 관한 연구의 필요성은 관세사의 관행정과 국민에 대한 역할이 크기 때문이며, 관세사가 급변하는 세계 무역환경 속에서 무역업자의 견인차 역할과 관세행정의 조력자 역할을 동시에 수행함으로써 중간자 입장에서 합리적인 조정역할을 하기 때문이다.

2. 관세학의 연구방법

관세학은 경제학, 무역학, 행정학, 법률학, 역사학, 경영학 등 여러 분과학문을 통해 독자적인 연구방법체계에 따른 연구가 활발히 진행되고 있다. 그러나 이제부터 관세학은 학제 간 연구방법을 통해 연구가 진행되어야 한다. 학제적 연구방법이란 공통의 연구대상에 대해 둘 이상의 분과학문에서 개발 사용하는 분과학적 연구방법을 협력하여 적용하는 연구방법이다.

이는 관세학의 연구대상과 연구범위가 다양하고 광범하기 때문이며, 각 분과학적 연구를 하나의 이론체계로 통합하기는 어려우나, 관세학의 대부분의 연구분야들은 둘 이상의 분과학적 연구방법을 통하여 공통적인 접근이 가능하다.

예컨대, 관세이론 분야의 경우 거시경제학과 무역이론 측면의 양자 접근이 모두 가능하며, 관세정책 분야는 거시경제, 무역정책, 국가행정, 역사학과 국제통상법, 재정학 측면에서 모두 접근 가능하며, 관세행정 분야는 행정학, 법률학, 경영학, 무역상무, 정보통신 및 전산시스템 측면에서 접근 가능하며, 관세법제는 거시경제, 무역정책, 경제통합, 협업행정, 행정절차법, 물류관리, 전자상거래, 외환금융, 상품분류, 무역상무, 기업재정, 범죄학, 시스템 측면에서 접근이 가능하다.

따라서 관세정책이 수립되고 관세법제가 제정 및 개정되기 위해서는 반드시 관련된 각 분과학적 연구들이 선행되어야 하며, 각 분과학의 전문가들로 구성된 협동연구팀을 통해 학제적 연구를 도모해야 모든 관련분야를 종합적·체계적으로 이해·설명·예측할 수 있으므로 설득력과 유용성이 더욱 커질 수 있다.

특히 관세정책과 관세법제의 경우는 그 효과가 국민경제에 미치게 되므로, 거시적인 관점에서 적용되는 모든 대상을 고려해야만 한다. 따라서 특정 측면의 단순 과학적 연구방법은 고려되지 않거나 가정해버린 부분에 대한 종합적인 인식을 하지 못하게 됨으로써 정책과 법제의 실행에 충분한 설득력을 갖지 못하게 된다.

관세학의 연구가 체계적인 학문연구로 거듭 발전하여 국가경제에 이바지하기 위해서는 産·學·官협력체제 구축을 통한 이론·정책·실무 측면의 학제적 연구가 절실히 필요하다.

3. 연구 분석을 위한 접근

관세학의 연구를 위한 접근방법에는 여러 가지 방법이 있다. 그 중에서도 보편적으로 많이 사용하고 있는 접근법과 그에 합당하다고 생각되는 관세학의 연구 분야는 다음과 같다.

1) 상관습 및 법리적 접근법

관세학의 연구 분야 중 관세역사 분야, 관세행정 분야, 관세법 제 분야, 관세실무 분야가 상관습과 법리적 접근이 이루어져야 하는 분야이다.

관세역사 분야는 지역적·지리적 특성 및 관습에 따라 그 기원과 역사적 방향 전개가 상이하며, 국내외 관세관행에 의해 관세법제로 이론화되는 과정을 거쳐, 관세행정을 통해 법리를 구현하게 된다. 관세실무 분야 역시 국내 무역관련법규와 관세행정법령, 국제협약, 통일규칙, 영·미의 상관습법을 통해 종합적인 접근이 이루어져야 한다.

2) 사례접근법

사례접근은 관세실무 분야에서 유용한 방법이라고 할 수 있다. 품목분류사례 및 관세평가사례, 행정쟁송사례 등은 그 원리보다는 사례중심의 접근을 통해 연구가 설득력을 가질 수 있게 된다.

이는 관세정책 분야와 관세행정 분야 및 관세제도 분야에서도 수용가능하며 문제해결의 방안을 찾고자 과거사례 및 외국사례를 연구하는 접근이 필요하다.

3) 시뮬레이션 접근법

관세행정과 관세제도 분야에서 행정체계 및 기법, 관련제도의 시행에 앞서 시뮬레이션 접근을 시도할 수 있다. 과세관청이 조사감시시스템, 위험관시스템, 여행자감시시스템 등 새로운 정보 및 감시시스템을 시행하기 앞서 시뮬레이션기법을 통해 그 효과분석을 산출해 낼 수 있을 것이다. 또한 새로운 관세제도를 시행하기 앞서 기업의 물류절차나 비용에 미치는 효과분석을 위해서도 시뮬레이션 접근이 필요하다.

4) 실증적 접근법

과거 관세정책의 분석과 관세제도의 활용실태나 관세행정의 효과분석 등에서 실증적 접근이 가능하다.

5) 계량적 접근법

관세이론 분야와 관세정책 분야, 관세통계 분야, 관세제도 분야에서 접근이 가능하다. 과거 및 현행 자료와 정보를 계량화하고 이를 전제로 한 조건과 현상에 관한 수리적 모델을 만들어 이를 통해 수학적 논리를 적용하여 현실의 조건 하에서 최적방안을 도출하려는 접근법이다.

제 2 부

관세이론 및 관세정책

제 4 장

관세와 국민경제

제1절 자유무역

완벽한 자유무역이 이루어지고 각국이 서로의 이익증대를 위한 가격인상 등의 불공정한 무역거래를 하지 않는다면 각국의 특정자원의 활용도 및 노동숙련도를 이용하여 세계경제 전체의 생산량을 증대시켜 궁극적으로 전 세계의 효용증대를 이룰 수 있다.

1. 자유무역의 이점

각국이 비교우위에 있는 상품을 자유롭게 교역할 때 자원의 효율적 배분에 따른 이익이 발생한다. 이를 통해 외국과의 경쟁을 통해 국내 산업의 효율성이 증진되어 다양한 선택을 통한 소비자 후생이 증가하며 무역을 통해 희소한 재화를 쉽게 얻을 수 있는 교환의 이익이 발생하고, 국가 간에 생산요소의 가격이 균등화된다.

2. 자유무역의 문제점

각국의 무역규모가 현저히 다르고 기술발전도가 다르며 각국의 자국이익 우선정책으로 인해 자유무역이 자칫 무역대국의 이익증진의 방안으로 이용될 소지가 충분히 존재하며 이를 제제할만한 방안이 구체적으로 마련되어 있지 않다.

제2절 보호무역

보호무역은 각국의 발전수준에 따른 차별적 무역개방을 인정하고 동반자적 발전을 추구하며 무역규모의 감소 없이 경제발전이 가능하다.

1. 보호무역의 이유

특정국가가 보호무역을 하게 되는 이유는 다음과 같다.

1) 자국의 산업 보호

비교우위가 없는 자국의 유치산업이 외국산업에 대해 경쟁력을 갖출 때까지 일정기간 보호해야 한다.

2) 자국경제의 해외의존도 감소

특히 농업과 식량안보를 위해 보호무역을 해야 한다.

3) 자주적 경제정책 수행

자유무역을 하면 할수록 선진국에 의한 경제 종속이 심화되기 때문에 보호무역을 해야 한다.

2. 보호무역의 수단

1) 관세정책(가격정책)

관세란 국가가 재정수입을 얻거나 국내 산업을 보호하기 위하여 관세영역을 통과하는 물품에 대하여 법률이나 조약에 의하여 반대급부 없이 강제적으로 징수하는 금전적 납부를 말한다. 이러한 관세는 다음과 같이 분류할 수 있다.

(1) 부과목적에 따른 분류

① 재정관세 : 국가가 재정수입의 확보를 목적으로 부과

② 보호관세 : 국내 산업을 보호, 육성하고 기존산업을 유지, 발전시킬 목적으로 부과

(2) 부과기준에 따른 분류

① 종가세 : 수입물품의 가격을 과세산정의 기준으로 하는 관세

② 종량세 : 수입물품의 수량을 관세산정의 기준으로 하는 관세

③ 혼합세 : 종가세+종량세

④ 복합세 : 한 품목에 대해 종가세와 종량세를 동시에 정하고 산출된 세액을 합하여 과세함(현재 우리나라는 사용안함)

⑤ 선택세 : 한 품목에 대해 종가세와 종량세를 동시에 정하고 그 중에서 높게 또는 낮게 산출되는 세액을 선택

(3) 관세제도에 따른 분류

① 일반관세 : 특정국가의 기준 관세

② 특혜관세 : 특정국가나 특정지역으로부터 수입되는 물품에 대해 관세 할인 등 혜택을 주는 것

③ 차별관세 : 특정한 경우에 특정국가로부터 수입되는 품목에 대해 낮거나 또는 높은 세율 적용

④ 탄력관세 : 행정부에 일정한 범위 내에서 관세율 조정권을 위임하여 조정·변경할 수 있도록 한 것

⑤ 덤핑방지관세 : 수입국에서 수입증가를 방지하고 국내 산업을 보호할 목적으로 기본관세 이외에 **덤핑마진금액** 이하의 관세를 부과

⑥ 보복관세 : 외국이 차별대우를 취하는 경우 이에 대한 대응으로 수입되는 물품에 대해 보복부과

⑦ 상계관세 : 국내 산업이 피해를 받거나 받을 우려가 있는 경우 수입국에서 수입품의 경쟁력을 상쇄하기 위해 부과하는 할증관세

2) 비관세정책(비가격정책)

특정 국가의 정부가 시행하는 **관세를 부과하는 방법을 제외한 보호무역정책**을 말한다. 비관세정책은 정부의 국내 산업보호와 수출장려정책 수단으로 무역을 직접적으로 제한하는 것과 간접적으로 제한하는 것으로 구분된다.

1970년대 이후 케네디라운드 협상에 따라 일반특혜관세(GSP)가 시행되면서 관세가 수입을 규제하는 기능을 하기 힘들어지면서 선진국은 보호무역주의로 무역정책의 방향을 전환시킴과 동시에 자국의 산업을 보호하기 위해 **비관세장벽**(NTB : non-tariff barriers)을 강화하기 시작하였다. 비관세장벽의 유형은 다음과 같다.

(1) 수출자율규제

수입국의 요청에 따라 특정제품의 수출을 자율적으로 규제

(2) 수입할당제

특정제품의 수입에 대해 일정량 이상의 수입을 불허

(3) 수입과징금제

수입품에 대해 관세 이외에 추가적으로 조세 부과

(4) 수입담보금제

국내수입업자가 수입승인 시 수입신청액의 일정비율에 상당하는 금액을 외국환 은행에 적립(수입예치금제)

(5) 국가무역

국가기업이 독점적으로 행하는 무역이나 정부로부터 수출입 독점권을 부여받은 민간기업만 수입을 허가

(6) 행정지도

정부가 직접 무역활동에 개입하지 않고 민간기업들로 하여금 국산품을 우선적으로 구매하도록 유인 한다든가, 보건위생규정의 적용, 내국세제도 적용의 방법을 사용하는 등 간접적으로 무역활동에 개입

3. 보호무역의 문제점

보호무역을 실행함에 있어서는 다음과 같은 문제점이 발생한다.

1) 보호할 산업 선정의 어려움
2) 유효성에 대한 의문
3) 무역규모의 축소

제3절 무역정책의 시대적 변화

1. 중상주의 시대(보호무역)

중상주의는 15~18세기 상업자본주의 단계에서 유럽 국가들이 채택했던 경제정책과 이를 뒷받침한 경제이론을 말한다.

중상주의는 널리 사용되는 개념이지만 그 의미가 엄격히 정의되지는 않았다. 이 개념은 프랑스의 중농주의 경제학자인 미라보(Marquis de Mirabeau)가 맨 처음 사용한 것으로 알려져 있지만, 애덤 스미스(Adam Smith)가 1776년에 출간한 「국부론」(Wealth of Nations)에서 기존의 경제정책과 경제이론들을 비판하기 위해 사용하면서 널리 쓰이기 시작했다.

따라서 경제사상사 측면에서 중상주의는 자유로운 무역과 시장경제를 강조하는 고전경제학(고전학파)이 등장하기 이전까지 유럽 국가들의 경제정책을 뒷받침했던 이론체계를 가리킨다.

중상주의는 어떤 특정한 학설이나 사상을 의미하지 않으며 매우 다양한 경향과 주장들을 폭넓게 포함한다.

똑같이 중상주의의 범주로 분류되어도 자본주의의 발달 양상에 따라 나라마다 그 내용이 크게 다르다. 그리고 같은 나라에서도 동인도회사와 같은 상업자본의 이익을 대변하느냐, 모직공업과 같은 산업자본의 이익을 대변하느냐에 따라 큰 차이를 보이기도 한다.

역사적으로 중상주의는 15세기 후반 대항해시대가 시작된 이후 18세기 후반 시민혁명과 산업혁명을 거쳐 영국과 같은 선진 자본주의 국가에서 자유무역정책이 실행되기 전까지 나타난 경제정책과 경제이론들을 가리킨다.

한편 후발 자본주의 국가들에서는 19세기 이후에도 무역수지를 개선하고 자국의 유치산업을 보호·육성하기 위해 자유무역정책보다는 중상주의적 경제정책들을 채택했다.

이를 '신중상주의(neo-mercantilism)'라 부르기도 하는데, 20세기 중반 이후 급속한 공업화에 성공한 신흥공업국들이 신중상주의에 기초해 경제개발을 이루었다. 이런 점에서 중상주의는 자본주의의 초기 단계에서 자본의 원시적 축적을 위해 실행된 경제정책과 그것을 뒷받침한 이론체계를 가리키는 개념으로 폭넓게 이해되기도 한다.

경제정책으로써 중상주의는 금·은과 같은 귀금속을 축적해 국가의 부를 증대시키는 것을 목적으로 한다.

초기 자본주의 단계에서는 국가의 부는 금·은의 보유량에 비례한다고 생각함으로서 유럽의 각국은 경쟁적으로 식민지 정복에 나섰다. 또한 이 시기는 절대왕정과 시민혁명을 거치며 상비군과 관료제를 기초로 한 근대국가가 건설되던 시기이기도 하다. 때문에 절대왕정에서 나타난 중상주의를 왕실중상주의(royal mercantilism), 시민혁명 이후의 중상주의를 의회중상주의(parliamentary mercantilism)로 구분하기도 한다.

중상주의는 이윤이 생산과정이 아니라 유통과정에서 발생한다고 생각했으며, 모든 나라에서 통용되는 금이나 은과 같은 귀금속을 부의 기본으로 보았다. 따라서 초기의 중상주의는 무역을 엄격히 통제해 개별거래에서 금·은의 유출을 막고 유입을 장려해 보유량을 늘리려는 중금주의를 특징으로 했다.

그러나 17세기 이후에는 무역의 차액(差額)으로 국가의 부를 늘려야 한다는 무역차액설(theory of the balance of trade)이 등장했다. 무역차액설은 영국의 토머스 먼(Thomas mun)에 의해 확립되었는데, 그는 1621년에 발표한「영국에서 동인도로의 무역론」(A Discourse of Trade, from England unto the East Indies)에서 개별 무역거래에서 금화가 유출되더라도 국가의 총수출이 총수입을 넘어선다면 손해가 아니라고 주장했다.

무역차액설에 기초해 각국 정부는 금·은의 유출량보다 유입량이 많은 유리한 무역수지를 형성하기 위해 국민경제에 대해 적극적인 개입정책을 펼쳤다.

중상주의는 수출을 촉진하기 위해 국내 산업에 대한 보호·육성 정책들이 실시되었다. 제조업자의 원료 구입가격을 낮추기 위해 원료의 수출을 금지하거나 높은 관세를 부과했으며, 주요 수출산업들에는 보조금과 면세 등의 혜택이 주어지기도 했다. 수입을 억제하기 위해서 매우 높은 관세가 부과되었으며, 일부 상품은 수입을 금지하기도 했다.

1651년 영국과 영국의 식민지를 향한 모든 물품의 운송을 영국 국적의 선박으로 제한하는 항해조례(navigation acts)를 반포한 올리버 크롬웰(Oliver Cromwell)이나 루이14세의 재무장관이였던 장 바티스트 콜베르(Jean-Baptiste Colbert) 등의 정책은 이러한 중상주의 경제정책의 특징을 잘 보여준다.

한편, 이러한 정책들을 뒷받침하기 위해 경제학을 둘러싼 논의와 연구도 활발히 진행되었고 이는 근대경제학의 출현에 중요한 밑바탕이 되었다.

16~17세기에 스페인의 살라망카 대학에서 활동했던 프란시스코 데 비토리아(Francisco de Vitoria), 도밍고 데 소토(Domingo de Soto) 등의 살라망카학파는 라틴아메리카에서 금과 은이 대량으로 유입되면서 나타난 가격혁명의 원인과 구조를 체계적으로 분석해 근대 경제학의 발달에 선구적인 역할을 했다.

17~18세기에 프로이센과 오스트리아에서 활동했던 제켄도르프(Veit Ludwig von Seckendorff), 베허(Johann Joachim Becher) 등의 관방학파(Kameralismus)는 재정학을 중점적으로 연구했고, 프랑스의 장 보댕(Jean Bodin)은 화폐수량설(quantity theory of money)을 주장했다.

이 밖에 영국왕립거래소를 설립한 토머스 그레셤(Thomas Gresham), 중금주의의 입장에서 토머스 먼과 대립한 말린스(Gerard de Malynes) 등이 이 시기에 활동했던 중상주의자들이며, 1767년에 출간된 제임스 스튜어트(James Steuart)의 「정치경제학 원리」(Principles of Political Economy)는 중상주의의 이론체계를 총괄했다는 평가를 받고 있다.

2. 자유주의 시대(자유무역 〉 보호무역)

자유주의란 개인의 자유와 자유로운 인격 표현을 중시하는 사상 및 운동으로 사회와 집단은 개인의 자유를 보장하기 위해 존재한다고 본다.

자유주의란 매우 다의적인 개념으로, 그 규정도 천차만별이다. 하지만 자유주의는 지난 4세기 동안 서양문명을 이끌어온 대표적인 사상이다.

자유무역은 대외무역에 있어서 국가의 간섭을 가급적 배제하고 국제무역을 자유롭고 무차별하게 행하고자 하는 것을 말한다.

즉 세계의 모든 국가가 완전한 개방정책을 실시한다면 각 국가가 자국에 가장 유리한 업종에 종사하게 되어 분업과 대량생산에 의해 생산비용을 줄일 수 있고, 소비자들은 값싼 제품을 구입할 수 있어 인플레이션을 막을 수 있다고 보았다.

3. 보호주의 시대(자유무역 〈 보호무역)

보호무역이란 국가가 자국산업보호의 목적을 위해 무역에 제한적 조치를 취해야 한다는 입장으로 '보호무역주의'라고도 하여 '자유(무역)주의'와 대비된다. 보호주의의 역사는 길며 미국의 스무트-홀레이법(Smoot-Hawley Act 1939)은 그 대표적인 것이라고 할 수 있다.

1960년대를 거치면서 선진국 간에 경제적 상호 의존 관계가 심화된 결과 각국은 보호주의적 경향이 강해졌다. 특히, 미국은 자국산업에 대한 보조금이나 외국제품에 대한 관세부과, 수입수량 제한 등 무역에 있어 정부의 제한적인 규제가 많이 나타났다.

미국의 무역정치를 분석한 데슬러(I. M. Destler)와 오델(John S. Odell) 등에 의하면 이러한 보호주의를 요청하는 미국 국내의 이익단체에 대해 수출산업 중에는 미국정부의 보호주의가 외국정부에서의 보복조치를 초래하여 그것이 자신들의 이익에 반한다고 생각하는 반보호주의 세력이 조직되어 미국의 무역정책이 자유무역의 원칙에서 완전히 괴리하는 것을 방지하고 있다고 주장하였다.

관세 및 무역에 관한 일반협정(GATT)과 세계무역기구(WTO)는 자유무역주의의 입장에서 수량제한의 금지, 관세의 인하, 비관세장벽의 감축 등을 시행해왔으며 오늘날 국제경제질서에 있어서 보호주의는 일반적인 정통성을 잃고 있다.

일반적으로 자국의 안전보장과 보복을 위해 보호주의를 취하는 것은 인정되지 않는다. 단, 경쟁력을 잃은 국내 산업에는 보호주의적인 조치를 취하도록 국내적 압력을 발휘하는 것은 현재에도 많은 국가에서 인정하고 있으며, WTO 협정도 이를 일부 인정하고 있다.

보호주의는 미국의 보호주의와 독일의 보호주의가 있다. 미국의 보호주의는 해밀턴의 공업보호론을 의미하는데 당시 미국의 공업이 유럽국가에 비해 경쟁력이 떨어지기 때문에 공업의 보호조치가 필요했다.

이에 비해 독일의 리스트가 주장한 유치산업보호론은 유치산업을 국가가 보호하지 않고 그대로 방치하면 이 산업은 타국과의 경쟁으로 인해 쇠퇴할 가능성이 있기 때문에, 향후 성장가능성이 있는 산업을 선정하여 보호할 필요가 있다는 것이다. 이는 선진국경제에 대한 후진국경제의 입장과 필요성을 정확하게 이론적으로 접근한 것이다.

4. 다자주의(WTO)

국제무역에서 미국이 전통적으로 추구해 온 또 다른 신념으로는 다자주의(multilateralism)를 들 수 있다. 이것은 오랜 세월 미국이 국제적인 무역협상에서 성공적인 결과를 얻어내고 리더십을 발휘해온 근간이었다.

다자주의는 여러 국가가 협의 하에 국제경제기구를 설립하고, 이 기구가 정하는 규칙에 따라 무역자유화를 통한 무역확대, 통화가치의 안정 등을 추구하는 것을 말한다.

무역에 관한 협상인 일명 '케네디라운드'로 권위를 인정받은 미국은 1962년 무역확대법(U.S. Trade Expansion Act)을 제정하였다. 동 법은 국가 간 무역의 80%를 차지하는 53개국이 평균 35%의 관세를 삭감하기로 합의함으로써 절정에 달했다.

1979년 도쿄라운드의 성공으로 미국과 100여 개의 국가는 추가적인 관세 삭감은 물론이고 수입할당제(쿼터제)와 까다로운 수입허가 절차 같은 비관세 장벽을 줄이기로 합의하였다.

GATT 체제 하의 우루과이라운드는 1986년 9월에 시작되어 거의 10년 만에 관세를 줄이고, 나아가 비관세 장벽을 없애며, 농업 관세와 보조금 일부를 삭감하고, 지적재산권에 대한 새로운 보호조치를 취하기로 합의하였다.

그러나 무엇보다 중요한 것은 우루과이라운드에서 국제무역 분쟁을 해결할 새로운 구속 장치인 세계무역기구(World Trade Organization)를 창설하게 된 것이다. 1998년 말, 미국이 WTO에 불공정 무역관행에 대해 42건의 불만을 제기했고, 다른 국가들도 미국을 상대로 추가적으로 불만을 제기하였다.

5. 지역주의(FTA)

다자주의가 지역적 한계를 넘어선 포괄적 개념이라면 이와 대조되는 양자주의 혹은 지역주의는 무역협정을 통해 두 나라 간 또는 특정지역 협정당사국 간에는 관세를 낮추거나 없애 무역장벽을 낮추는 접근방식이다.

1995년 정식 출범한 WTO 체제 출범 이후 다자간 무역 강화에도 불구하고 최근에는 국제경쟁이 치열해지면서 자유무역협정(FTA)과 같은 양자주의가 오히려 확산되는 추세다.

이는 특정 지역의 여러 국가들이 무역, 통화, 산업, 금융 등에 관한 협정을 체결하여 하나의 광역경제권을 형성하고, 회원국 간에는 상품 및 서비스의 이동을 자유롭게 하며, 통화, 금융상의 상호 협조정책을 실시하는 지역적 경제협의체이다.

미국은 다자주의에 매진하면서도 최근에는 지역주의와 쌍무주의적인 무역협정을 추진했다. 이렇게 협상 통로를 좁힘으로써 더 광범위한 부문에서 더 쉽게 합의를 도출해낼 수 있었다.

미국이 시작한 첫 번째 지역무역협정은 미국과 이스라엘 간의 자유무역지역협정으로 1985년에 시행되었고, 두 번째 미국과 캐나다 간의 자유무역협정은 1989년에 발효되었다. 특히 후자의 협상은 미국과 캐나다, 멕시코가 참여한 1993년 북미자유무역협정(NAFTA)으로 발전하여 총 8조 5,000억 달러의 재화와 용역을 생산하는 4억 명의 사람들에게 영향을 미치게 되는 무역협정을 체결했다.

북미 자유무역협정으로 멕시코가 미국 제품에 부과하는 평균 관세는 10%에서 1.68%로 낮아졌고, 미국이 멕시코 제품에 대해 부과하는 관세는 평균 4%에서 0.46%로 낮아졌다. 다만 미국은 합의문에 미국이 소유하고 있는 특허권과 상표권, 판권, 무역 비밀에 관한 권리는 보호되어야 한다는 점을 포함시켰다. 이는 최근 들어 컴퓨터 소프트웨어와 영화에서부터 의약품, 화학약품에 이르기까지 미국 제품에 대한 도용과 위조에 대한 우려가 높아지고 있기 때문이다.

6. 신보호주의

신보호주의란 1970년대 중반 이후에 본격화된 무역제한조치를 말한다. 이는 선진국간의 무역 불균형에 따른 무역마찰 심화, 개발도상국의 발전에 따른 선진국의 경쟁력 약화, 미국의 만성적인 국제수지 적자, 빈번한 국제통화위기, 브레튼우즈 체제의 붕괴, 2차에 걸친 석유파동 이후의 세계경제 침체, 선진국의 실업률 증가 등을 배경으로 하여 국내 산업의 보호가 강화되기 시작하였는데, 특히 1970년대 중반 이후 선진국들의 비관세 수단을 이용한 무역제한조치를 말한다.

신보호주의는 보호대상이 주로 선진국의 사양산업이라는 점이 후진국의 유치산업이었던 고전적 보호주의와 구별된다.

7. 신자유주의

신자유주의는 자본주의 경제의 근본적 불안정성을 전제로 정부의 적극적 개입을 내세운 케인즈주의가 쇠퇴하면서 재등장한 신고전파 경제학 전통을 이어받은 이념으로 개방화, 자유화, 민영화, 탈규제, 탈복지 등을 내세운다.

신자유주의는 국가권력의 시장개입을 비판하고 시장의 기능과 민간의 자유로운 활동을 중시하는 이론이다.

1970년대부터 케인즈 이론을 도입한 수정자본주의의 실패를 지적하고 경제적 자유방임주의를 주장하면서 본격적으로 대두되었다.

케인즈 경제학은 제1차 세계대전 이후 세계적인 공황을 겪은 많은 나라들의 경제정책에 이론적 기초를 제공하였다. 미국과 영국 등 선진국들은 케인즈 이론을 도입한 수정자본주의를 채택하였는데, 그 주된 내용은 정부가 시장에 적극적으로 개입하여 소득평준화와 완전고용을 이룸으로써 복지국가를 지향하는 것이다.

케인즈 이론은 이른바 '자본주의의 황금기'와 함께하였으나, 1970년대 이후 세계적인 불황이 다가오면서 이에 대한 반론이 제기되었다.

장기적인 스태그플레이션은 케인즈 이론에 기반한 경제정책이 실패한 결과라고 지적하며 대두된 것이 신자유주의 이론이다. 시카고학파로 대표되는 신자유주의자들의 주장은 닉슨 행정부의 경제정책에 반영되었고, 이른바 레이거노믹스의 근간이 되었다.

신자유주의는 자유시장과 규제완화, 재산권을 중시한다. 신자유주의론자들은 국가권력의 시장개입을 완전히 부정하지는 않지만 국가권력의 시장개입은 경제의 효율성과 형평성을 오히려 악화시킨다고 주장한다.

따라서 '준칙에 의한' 소극적인 통화정책과 국제금융의 자유화를 통하여 안정된 경제성장에 도달하는 것을 목표로 한다. 또한 공공복지 제도를 확대하는 것은 정부의 재정을 팽창시키고, 근로의욕을 감퇴시켜 이른바 '복지병'을 야기한다는 주장도 펴고 있다.

신자유주의자들은 자유무역과 국제적 분업이라는 말로 시장개방을 주장하는데, 이른바 '세계화'나 '자유화'라는 용어도 신자유주의의 산물이다. 이는 세계무역기구(WTO)나 우루과이라운드 같은 다자간 협상을 통한 시장개방의 압력으로 나타나기도 한다. 신자유주의의 도입에 따라 케인즈 이론에서의 완전고용은 노동시장의 유연화로 해체되고, 정부가 관장하거나 보조해오던 영역들은 민간에 이전되었다.

신자유주의는 자유방임경제를 지향함으로써 비능률을 해소하고 경쟁시장의 효율성 및 국가 경쟁력을 강화하는 긍정적 효과가 있는 반면, 불황과 실업, 그로 인한 빈부격차 확대, 시장개방 압력으로 인한 선진국과 후진국 간의 갈등 초래라는 부정적인 측면도 있다.

제4절 관세부과의 경제적 효과

수입물품에 대하여 관세가 부과되면 해당국가의 국민경제는 여러 가지 경제적 효과가 발생된다. 관세의 부과는 생산, 소비, 사회후생, 교역조건, 관세수입, 국민소득과 고용 및 국제수지에 변화를 초래한다. 관세부과로 인한 경제적인 효과는 다음과 같다.

D : 국내의 수요곡선	P_0 : 국내가격
S : 국내의 공급곡선	P* : 국제가격
P1: 관세부과 후의 국내가격	T : 관세
Sf : 상대국의 수출 공급곡선과 수입 수요곡선	

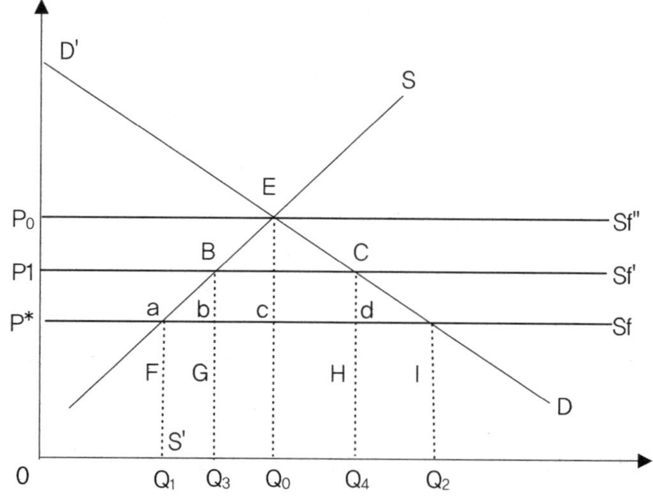

그림에서 D는 수입상품에 대한 한 국가의 국내 수요곡선을 의미하고, S는 그 상품에 대한 국내의 공급곡선을 의미한다. P*는 자유무역하의 국제가격으로 분석의 대상이 소국이기 때문에 공급곡선 Sf가 수평으로 나타나고 있다.

이는 상대국의 수출 공급곡선과 수입 수요곡선이 무한히 탄력적이기 때문에 X축과 평행한 직선이 된다.

대국인 경우 상대국이 관세를 부과하였을 때 해당물품이 전체 수출 공급량에서 차지하는 비중이 작으므로 비탄력적이지만, 소국의 경우에는 상대국의 관세 부과 등의 가격변화에 민감하여 수출 공급량의 변화율이 상당히 크다. 따라서 소국인 경우 수출 공급곡선과 수입 수요곡선이 무한히 탄력적이라고 가정한 것이다.

관세가 부과되지 않는 상태의 자유무역 하에서 P*가격으로 교역을 한다면 국내생산이 $0Q_1$, 국내소비가 $0Q_2$가 되어 $Q_1Q_2(0Q_2\text{-}0Q_1)$만큼 수입에 의존하게 된다. 왜냐 하면 국내 소비량은 $0Q_2$인데 $0Q_1$만큼은 국내생산으로 충당할 수 있고, 나머지 초과 수요 분은 해외로부터 수입을 해야 하기 때문이다

현실의 경제는 다수의 시장이 존재하고 시장에 영향을 미치는 요인들이 많은 것이 사실이지만, 분석의 편의를 위해 경제규모가 작은 소국에서 수입품에 대해 관세가 부과되면 국내가격은 국제가격 보다 관세부과액만큼 상승하는 부분균형 분석을 통해 관세의 효과를 살펴보기로 하자.

1. 소비억제 효과

해외로부터의 수입을 규제하기 위하여 P*P1만큼 t율의 관세를 부과하면 수입품의 국내가격 P1은 관세부과율(t)만큼 국내가격 P*보다 높아지게 된다.

국내가격 P1수준에서 국내 소비량은 OQ_4이고, 국내 생산량은 OQ_3로 Q_3Q_4만큼을 해외로부터 수입에 의존해야 한다. 즉 국내 생산량은 관세부과 이전의 수입상품에 대해 관세를 부과할 경우 그 상품에 대한 국내가격은 관세율(t)만큼 인상되며, 생산량은 OQ_1에서 OQ_3로 $Q1Q_3$만큼 증가하고 소비량은 OQ_2에서 OQ_4로 Q_2Q_4만큼 감소한다.

따라서 수입상품에 관세를 부과하면, 그 상품의 국내가격은 관세율만큼 상승하게 되고, 이에 따라 국내의 생산량이 증가하고 소비량은 감소하게 된다. 소비자의 손실은 PICIP*의 면적 즉 a+b+c+d가 된다. d부분의 경우 소비자가 외국상

품을 구매할 때 CIQ_2Q_4만큼 증가시킬 수 있는데도 불구하고 외국의 저렴한 상품에 관세를 부과함으로써 관세분만큼 동 상품의 국내가격이 인상됨으로써 그만큼 소비가 감소하게 된다.

따라서 가격이 P*에서 P1로 인상되어 CIQ_2Q_4만큼 감소하게 된다. 그러므로 d면적(CIQ_2Q_4 - HIQ_2Q_4)은 사실상 국제교역이 어렵게 됨으로써 발생하는 손실이다.

2. 가격상승 효과

관세를 부과할 경우 국내 소비자는 관세부과 이전에 P*보다 높은 P1수준의 가격에서 상품을 구매해야 한다. 수입국에서 수요가 있기만 하면 수출국이 얼마든지 공급이 가능한 경우, 즉 교역상대국의 수출공급이 무한히 탄력적인 경우를 가정한 분석이기 때문에 결국 국내 소비자가 관세부과액 만큼의 가격상승분을 부담해야 한다.

3. 국내 산업 보호 효과

관세의 보호 효과는 수입상품에 대하여 관세가 부과될 경우 수입량의 감소로 인하여 국내 산업이 보호를 받는 것을 의미한다. 국내 산업의 보호 효과는 수입수요의 가격탄력성 및 국내 공급의 가격 탄력성의 크기와 관세율의 차이에 따라 영향을 받는다. 만일 양자의 탄력성이 크고 관세율이 높을 경우에는 보호 효과는 크며, 반대의 경우에는 보호 효과가 작게 된다.

그림에서 소비자들을 국내가격의 상승과 소비량의 감소로 인하여 a + b + c + d의 소비자 잉여의 감소를 경험하게 되고, 생산자들에게는 a만큼의 생산자잉여가 추가된다. 재정수입 c를 고려한다면 관세부과로 인한 사회적 손실은 b + d이다.

만일 어떤 상품을 국내에서 생산하지 않고 해외에서 수입할 경우 수입비용은 FGQ_1Q_3이지만, 이를 국내에서 생산할 경우 생산비는 FBQ_3Q_1로 b만큼의 추가비용이 들게 된다. 따라서 b영역은 관세부과로 말미암아 발생된 국내생산의 증가이므로 이를 국내 산업보호 효과라고 할 수 있다. 즉 관세의 부과로 국내에서 증가된 생산비용은 이를 외국으로부터 수입하는 비용보다 더 비싸기 때문에 관세의 보호비용이라고 한다.

4. 재정수입 증대 효과

관세부과로 인해 정부는 재정수입을 얻게 된다. 그림에서 정부는 단위당 관세율(t)에 관세부과로 인한 수입량 Q_3Q_4를 곱한 만큼의 c면적이 정부가 관세부과로 인하여 얻는 재정수입이다. 그러나 재정수입을 얻기 위하여 관세를 부과하는데는 일정한 한계가 있다. 지나치게 고율의 관세를 부과하면 수입이 억제될 수 있으므로 오히려 재정수입은 감소될 수 있다. 따라서 관세율의 변화와 수입량의 변화간의 상관관계를 고려하여 적정관세율이 책정되어야 한다.

5. 소득재분배 효과

소득재분배 효과란 실질소득이 소비자에서 생산자로 재배분되는 것을 의미하는 것으로 관세부과는 소득의 재분배효과를 가져온다. 관세부과는 소비자에게는 잉여의 감소를 가져오지만, 생산자에게는 잉여의 증가를 가져올 뿐만 아니라 정부의 재정수입도 증가한다. 그림에서 관세를 부과하면 소비자 잉여는 P1CIP*(P*ID' - P1CD), 즉 a+b+c+d만큼 감소한다.

한편 생산자잉여는 P1BF*(P1BS' - P*FS'), 즉 a의 면적만큼 증가한다. 이와 같이 관세부과로 소비자잉여는 감소하지만 이 감소분의 일부는 생산자(a)와 정부(c)로 전환되는데, 이러한 효과를 재분배효과라고 한다. 하지만 b와 d의 두 삼각형 면적은 관세의 부과로 경제 전체로 볼 때에는 부(-)의 효과가 발생하는 데 이를 관세의 비용이라고 한다.

6. 수입대체 효과

국내 생산이 가능한데도 수입가격이 낮아 외국으로부터 수입되는 경우에 관세를 부과할 경우 국내 상품보다 가격이 높아지게 되어 수입은 억제되고 억제된 수입량만큼 국내에서 더 생산하게 되고, 이러한 생산의 증가가 완전고용 상태하에서 나타나게 되는 효과를 수입대체 효과 또는 소득효과라고 한다.

7. 교역조건 개선 효과

관세의 교역조건 개선 효과란 관세가 부과되어 관세부과국의 교역조건은 개선되고, 교역상대국의 교역조건은 악화되는 것을 의미한다. 관세부과로 인한 교역조건의 효과는 관세부과국과 교역상대국의 오퍼곡선의 탄력성에 따라 다르다.

8. 국제수지 개선 효과

국제수지 개선 효과란 수입물품에 대한 관세의 부과로 수입이 감소되고, 국내의 생산량이 증가하여 국제수지가 개선되는 것을 의미한다. 그림에서 관세의 부과로 생산 면에서 Q_3Q_1의 생산증가와 소비 면에서 Q_4Q_2의 수입 감소가 발생하여 금액으로 계산할 경우 $OP^* \times (Q_3Q_1 + Q_4Q_2)$로 수입의 감소분만큼 정(+)의 국제수지 효과로 나타난다.

9. 부정적 효과

1) 궁핍화성장

한편 국민경제에 있어 **궁핍화성장**이란 **생산량 증가에 따라 발생되는 이익보다 교역조건 악화에 따라 발생되는 손실이 한층 더 큰 경우의 경제성장**을 의미한다. 즉 **무역은 국가를 망하게 할 수도 있다**는 것이다.

궁핍화성장의 이론적 가능성을 최초로 전개한 학자는 **바그와티**(J. Bhagwati)이며, **에지워스**(F. Y. Edgeworth)는 이러한 현상을 가리켜 "손상화"라고 불렀다. 그리고 이러한 현상을 "**밀(Mill)의 역설**"이라고도 한다.

궁핍화성장이 발생될 가능성이 있는 경우는 대체로 다음과 같은 경우이다.

① 경제성장의 패턴이 극단적으로 수출산업에 치우친 경우

② 국내의 수요 및 공급면에서 수출재와 수입경쟁재간 대체성이 희박한 경우

③ 교역조건이 변동됨에 따라 수입경쟁재를 많이 수입하더라도 이와 교환으로 수출재를 조금밖에 수출하지 못하는 경우(즉 교역상대국의 오퍼곡선이 비탄력적인 경우) 등이다.

한편 **프레비쉬-싱거 가설**이란 후진국 1차산품의 교역조건은 장기적으로 악화되는 반면에 선진국 공업제품의 교역조건은 개선됨에 따라 양측 간의 교역에서 발생되는 무역이익이 선진공업국 측에 흡수당해 버려 후진국의 경제적 후진성이 해소되지 않는다고 주장한 가설을 말한다.

이 가설은 후진국 1차산품과 선진공업국 공업제품간의 교역조건이 장기적으로 어떤 추세로 변동되고 있으며 이에 따른 무역이익이 양측에 어떻게 배분되며 그것이 후진국의 경제개발에 어떤 영향을 미치고 있는가를 규명하려고 시도한 이론이다.

프레비쉬-싱거 가설은 1950년대부터 프레비쉬(R. Prebisch), 싱거(H. Singer), 미르달(G. Myrdal) 등을 중심으로 한 개발론자들에 의하여 이론적 및 실증적으로 체계화되었다.

2) 국가에 의한 규제

국가가 무역을 규제한다는 것은 수출입을 촉진하는 적극적인 면뿐만 아니라 이를 억제하는 소극적인 면도 있다. 극단적인 경우에는 상품의 성격과 사태의 위급 여하에 따라 수출입을 금지하기도 한다. 그런데 무역정책은 무역 그 자체만을 확대시키는 방향을 취하는 것이 아니고, 다른 국민경제의 사정과의 균형을 유지하면서 국민경제 전체의 확대·발전을 지향한다. 이와 같은 무역정책은 국민경제의 발전과 직결되는 것이기 때문에, 일찍부터 국가정책의 대상으로서 중요시되어왔다.

무역정책은 대내적으로 각각의 국내경제정책을 포함한 종합적인 정책의 성격을 가지고 있다. 무역정책의 효과는 국내외경제에 영향을 주게 된다.

무역정책의 목표는 ① 무역수지의 균형 ② 완전고용 ③ 물가안정 ④ 효율적 자원배분이며, **무역정책의 유형**은 자유무역정책과 보호무역정책이 존재하지만 엄밀한 의미에서 자유무역은 존재하지 않는다.

따라서 일반적으로 무역정책이라 하면 보호무역정책을 말한다. **보호무역정책의 수단**으로서는 관세정책과 비관세정책이 있다.

3) 소비자 후생의 감소

부정적인 효과로는 소비자의 후생 감소이다. 즉, 외국으로부터 수입되는 저렴한 물품을 이용할 수 있으나 관세에 의하여 수입이 감소하거나 가격이 상승하면 소비자는 관세를 포함한 더 비싼 가격으로 소비하게 되어 관세가 소비자에게 전가되므로 소비자들의 후생은 감소하게 된다.

4) 산업경쟁력 약화

관세부과는 해당국가의 사양산업 구조조정이 어려워지게 되어 산업 전반의 경쟁력이 줄어들게 된다. 국제적인 분업으로 인하여 국제경쟁력이 없는 산업은 산업의 구조조정을 통하여 자연스럽게 정리되고 새로이 산업경쟁력을 가지는 분야로 진출하여야 하나 관세로 인하여 보호를 받게 되므로 이러한 구조조정이 지연될 수 있다.

5) 무역마찰 초래

관세부과는 무역마찰의 원인이 될 수 있다. 관세는 자유무역의 장애요인으로 적정 세율 이상의 고관세는 무역마찰을 야기하는 주요한 원인이 된다.

제 5 장

관세와 국제경제

제1절 국제분업이론의 분석도구

국제경제를 이해하기 위해서는 국제분업을 이해해야 하며, 국제분업을 올바로 이해하기 위해서는 이론의 분석도구들에 대해 알고 있어야 한다. **국제분업이론이란 외국과의 무역에 따라 형성되는 각 국민경제와 각국을 포함한 세계적 분업관계를 말한다**. 국제분업이론을 설명하기 위해서는 다음의 분석도구들을 활용해야 한다.

1. 오퍼곡선(offer curve)

오퍼곡선이란 비교우위의 원칙에 따라 일정한 교역조건하에서 **비교 우위의 특화상품을 얼마만큼 수출하고 그 대가로 비교열위의 상품을 얼마만큼 수입하려고 하는 의도(willingness)를 나타내는 곡선**을 의미한다.

오퍼곡선은 생산가능곡선, 소비무차별곡선, 교역조건선을 통하여 도출되기도 하고 또는 무역무차별곡선과 교역조건선을 통하여 도출되기도 한다. 오퍼곡선은 에지워스(F. Y. Edgeworth)와 마샬(A. Marshall)에 의하여 최초로 전개되었고, 이는 그 후 미이드(J. E. Meade)에 의하여 재구성되었다.

2. 오퍼곡선의 탄력성(elasticity of offer curve)

오퍼곡선의 탄력성이란 수출재에 대한 수입재의 상대가격(교역조건의 역수)이 변동될 때 수입수요량은 얼마나 변동되는가를 나타내는 계수를 의미한다. 이를 오퍼곡선의 수요탄력성이라고 한다. 그리고 반대의 경우를 오퍼곡선의 공급탄력성이라고 한다.

3. 교역조건(terms of trade)

교역조건이란 **수출품과 수입품간의 교환비율**을 의미한다. 즉 자국에서 수출하는 1단위의 상품(수출품)과 외국으로부터 수입하는 상품(수입품)간의 수량적 교환비율을 교역조건이라고 한다.

4. 생산가능곡선(production possibility curve)

생산가능곡선이란 일정한 기술수준 하에서 일정한 생산요소를 완전히 사용하여 두 가지 상품을 생산할 수 있는 가능성을 나타내는 곡선을 말한다.

따라서 생산가능곡선상의 모든 점은 일정한 생산요소를 완전히 사용하여 두 가지 종류의 상품을 생산할 수 있는 조합을 나타낸다. 이 생산가능곡선을 변형곡선(transformation curve), 기회비용곡선(opportunity cost curve) 또는 생산대체곡선(production substitution curve)이라고도 한다.

생산가능곡선은 가격선과 더불어 생산의 균형조건 규명에 있어 분석도구로 활용되며 더욱이 무역발생의 원리, 비교우위론, 경제성장과 국제무역 등 국제무역의 순수이론 분석에 가장 기본적인 분석도구로 이용되고 있다. 생산가능곡선을 국제무역이론에 최초로 도입한 학자는 하벌러(G. Haberler)이다. 그는 기회비용을 생산가능곡선으로 나타내어 비교우위이론을 전개하였다. 이를 기회비용설이라고 한다.

5. 소비가능곡선(consumption possibility curve)

소비가능곡선이란 한 나라가 자유무역을 통해 소비할 수 있는 두 가지 상품의 수량적 조합을 말한다. 소비가능곡선은 무역량이 변동될 경우 효용수준과 교역조건이 어떻게 변동되는가를 나타낸다. 이 곡선은 한 나라의 수출량과 수입량을 통해 도출되기도 하고 교역상대국의 오퍼곡선을 통해 도출되기도 한다.

6. 소비무차별곡선(consumption indifference curve)

소비무차별곡선이란 소비자가 동일한 수준의 만족을 얻을 수 있는 두 가지 상품의 수량적 조합을 표시하는 곡선을 말한다. 따라서 소비무차별곡선상의 모든 점은 소비자가 동일한 수준의 만족을 얻을 수 있는 두 가지 상품의 여러 가지 수량적 조합을 표시한다.

그러므로 소비자들은 이 곡선상의 어느 점을 택하더라도 동일한 효용을 갖는다. 소비무차별곡선은 가격선(교역조건선), 생산가능곡선 등과 더불어 무역이익, 또는 국제무역의 효용에 관한 분석에 도구로 활용되고 있다. 생산가능곡선에 소비무차별곡선을 덧붙여 무역이론을 일반균형적 기하학의 모형으로 발전시킨 학자가 레온티에프(W. W. Leontief)이다.

7. 무역무차별곡선(trade indifference curve)

무역무차별곡선이란 **무역을 통하여 동일한 수준의 효용을 얻을 수 있는 수출품과 수입품의 수량적 조합**을 표시하는 곡선을 말한다. 따라서 무역무차별곡선상의 모든 점은 무역을 통하여 동일한 수준의 효용을 얻을 수 있는 수출품과 수입품의 수량적 조합을 표시한다. 무역무차별곡선은 소비무차별곡선과 마찬가지로 무역을 통하여 얻을 수 있는 효용수준을 나타낸다.

무역무차별곡선이 효용수준의 척도로서 도입된 것은 수출입의 이면에는 **극대이윤과 극대효용을 추구하려는 양국의 생산자와 소비자의 행동이 존재하고 수출입에 의한 국제교환 이익도 이러한 행동에 의하여 규제**를 받고 있기 때문이다. 이 곡선은 미이드(J. E. Meade)가 만들었다.

제2절 국제분업이론의 발전과정

1. 개관

국제분업(international division of labor)이란 각국의 특수한 환경, 즉 생산조건과 수요조건에 따라 각국이 각각 자국에 유리한 상품 생산에 전문화 또는 특화하는 것을 의미한다.

생산은 천연자원, 인구, 인간능력, 유산 등에 의하여 결정되는데, 가령 노동력이 풍부한 나라에서는 노동가격(임금)이 저렴하기 때문에 노동집약재 생산에 특화할 수 있으며, 자본이 풍부한 나라에서는 자본가격(금리)이 저렴하므로 자본집약재 생산에 **특화**할 수 있다.

또한 토지가 풍부한 나라에서는 토지가격(지대)이 저렴하므로 토지집약재 생산에 특화할 수 있다. 이는 바로 국제분업을 의미하며, 이 국제분업에 의하여 무역이 성립되고 무역에 의하여 생산량의 증가, 생산요소의 절약, 소비자의 이익 등 무역이익이 발생된다.

한편 각국의 생산조건이 같다고 하더라도 인구수, 생활수준, 취미, 기호 등 수요조건이 다르면 이 다른 수요조건을 충족하기 위한 환경 또한 다르기 때문에 국제분업과 국제무역이 성립된다.

산업혁명 이전의 국제분업은 기후나 천연자원 등 주로 자연적 조건에 의해 규정되었다. 공업생산물(영국의 모직물, 독일의 아마천, 프랑스의 견직물 등)이 매뉴팩처(공장제 수공업)의 발달에 따라 진출하기 시작하였지만, 이것도 자국 내의 원료생산을 기초로 하고 있는 이상, 아직도 자연적 조건을 완전히 극복하였다고는 할 수 없었다.

그러나 영국 등에서의 **산업혁명의 진전에 따라** 공장제도가 확립되자, 이러한 **자연적인 분업관계는 결정적인 전환**을 이루었다. 즉 기계에 의한 대량생산과 수송수단의 발전 등으로 후진국들은 수공업이 파괴되고, 선진국에 대한 원료·식량의 공급국으로 심지어는 식민지로서 주로 농업에 종사하게 되었으며, 선진국의 판매시장으로 바뀌고 말았다.

이러한 국제분업은 **19세기 중엽**에는 세계의 공장인 영국의 세계시장 지배 속에서 성립하였는데, 그 후로 프랑스·독일·미국·이탈리아·일본 등 여러 자본주의 국가들이 대두하여 식민지 지배의 분할을 요구함으로써 제국주의적 침략이 강화되었다.

당시의 각 자본주의 국가는 무역관계를 통하여 서로 일정한 분업관계를 형성하였지만, 전체적으로는 복수의 공업국, 즉 식민지 사이의 국제분업 체계가 형성되어 식민지를 둘러싼 제국주의 전쟁이 치열하였다.

제2차 세계대전 후에는 식민지 체제가 무너지고, 후진국에서도 경공업이 발전하였으며 선진공업국과의 무역이 급속히 확대되었다. 이는 중화학공업의 발전에 따른 원료자원의 전환, 선진국에서 실시한 국내 농업보호정책의 강화 등이 원인이 된 것이다.

앞으로의 국제분업은 단순공업품 외에도 소비재·부품·중간재 등의 다양한 공업품을 수출과 함께 수입까지 하는 수평적인 분업으로 촉진될 전망이다. 국제분업은 또한 상품무역에서 그치지 않고 서비스 무역이나 직접투자 및 기술이전을 포함하는 다양한 형태로 발전될 것이다.

2. 고전무역이론

비교우위란 어느 나라에서 생산된 제품이 외국에서 생산된 제품보다 **생산비면**에서 비교적으로 싼 경우를 말하고, 비교열위란 이와 상반된 경우를 말한다.

비교열위품목은 수출품이 되지 못하고 수입경쟁품목이 된다. 스미스(A. Smith)·리카도(D. Ricardo)·밀(J. S. Mill) 등 고전경제학자들은 **노동가치설**에 입각하여 비교우위의 결정요인을 상품생산에 필요한 투입노동량으로 보았으며, 헥셔(E. F. Heckscher)와 오린(B. Ohlin)은 이를 생산요소의 부존량으로, 포스너(M. V. Posner) 등은 기술수준의 차이로, 그루버(W. Gruber)·키싱(D. B. Keesing) 등은 연구개발요소 등으로 보았다. 그 외에도 비교우위를 결정하는 요인은 생산성, 천연자원의 부존상태, 공해규제비용 등을 들 수 있다.

1) 절대생산비설(Theory of absolute cost)

아담 스미스(Adam Smith)는 어떤 특정 상품을 생산하는데 있어서 그 생산과정을 분화 및 전문화함으로써 작업능률을 향상시킬 수 있다고 주장하고, 이와 같은 **분업**(division of labor)**의 원리를 국가 간의 거래에도 적용시켜 국제무역**

의 발생원인과 이익발생을 규명하였다.

즉 어떤 국가가 두 상품 중에서 하나를 그들의 교역상대국보다 더 낮은 실질생산비로 생산할 수 있을 경우, 그 국가는 더 낮은 실질생산비로 생산할 수 있는 상품에 **완전특화** 생산하여 이를 수출하고 그러하지 못한 상품을 수입함으로써 이득을 얻게 된다고 하였다.

각 국가 간에 절대생산비의 차이가 존재함을 인식하고 이러한 **절대우위**(absolute advantage)를 통하여 무역의 발생원인 및 무역의 이익을 설명한 스미스의 이론체계를 절대생산비설(theory of absolute cost) 또는 절대우위이론(theory of absolute advantage)이라고 한다.

아담 스미스의 절대생산비설은 국제분업의 원리를 통해 무역의 이익을 체계적으로 밝혀냄으로써 당시 유행하던 **중상주의**(mercantilism)**를 배격하고 최초로 자유무역정책의 이론적 기초를 제공**했다는 데 그 의의가 있다. 그러나 스미스의 이론은 현실과 동떨어진 제한적인 가정을 전제로 하고 있어 **다음과 같은 한계**를 지니고 있다.

① 한 나라가 두 상품의 생산에 모두 절대우위를 갖고 반대로 다른 나라는 두 상품의 생산에 있어 절대열위에 놓이게 되는 경우에는 국가 간 교역의 발생 원인을 밝혀 낼 수가 없게 된다.

② 스미스의 절대생산비설은 **노동만을 유일한 생산요소**로 보았고 재화 생산비용도 투하노동량에 의하여 결정되는 것으로 가정하였는데 재화는 다양한 생산요소의 결합에 의해 생산되며, 생산요소의 결합비율은 각 재화마다 다르게 되므로 생산비용이 단순히 투하노동량에 의해 결정된다고 보는 노동가치설의 도입은 이론에 한계를 주게 된다.

③ 한 나라 안에서 재화들 간의 교환비율이 실질노동비용에 따라 결정된다는 스미스의 결론은 국내에서는 노동의 이동이 가능하나 국제적인 노동의 이동은 불가능하다는 가정을 전제로 한다.

2) 비교생산비설(Theory of comparative cost)

비교생산비설, 또는 비교우위이론(theory of comparative advangage)에서는 실질생산비에 있어서의 절대우위가 두 나라간 교역을 발생시키고 이익을 발생시키는 필요조건이 아니며, 대신에 두 가지 재화의 생산에 필요한 실질생산비의 비율, 즉 **상대적 생산비**(relative cost)의 차이에 달려 있으며, 한 나라는 모든 재화의 생산에 있어서 **교역상대국보다 더 높은 실질생산비가 드는 경우에도 다른 국가와의 교역을 통해 이득을 볼 수 있다**는 것이다.

즉 비교 생산비의 차이가 존재할 때 각국은 자국이 비교우위를 갖고 있는 상품의 생산에 특화하여 이를 수출하고 그 대가로 비교열위의 상품을 수입함으로써 이익을 누릴 수 있다는 것이다.

비교우위의 개념에 입각하여 국제분업의 구조를 설명한 비교생산비설은 경제학적 분석에 있어서 가장 위대한 성과 중의 하나로 손꼽힌다.

그러나 리카아도(D. Ricardo)의 비교생산비설도 스미스의 절대생산비설이 안고 있던 여러 가지 가정상의 문제점을 그대로 지니고 있다.

① 비교생산비설은 절대생산비설과 마찬가지로 노동가치설에 입각하여 노동이라는 단일의 생산요소만이 존재한다고 가정하여 상품의 가치는 그 상품의 생산에 투입된 노동량에 의해서 결정된다고 보고 있다.

② 각 재화에 있어서도 생산요소간의 결합 비율은 서로 다를 것이므로 투입노동 및 투입자본에 대한 비율이 고려되어야 할 것이다.

③ 생산비설의 핵심을 이루고 있는 비교생산비가 각 국가 간에 왜 차이를 보이는가에 대한 명확한 해명이 없었다. 이러한 점은 후에 헥셔(E. Heckscher)와 오린(B. Ohlin)의 요소부존이론에서 논의되고 있다.

④ 스미스의 절대생산비설과 마찬가지로 두 재화간의 국제적 교환비율이 어떻게 결정되는가에 대해서는 정확한 해명이 없었다.

다만 리카아도가 알아낸 사실은 두 재화의 국제적 교환비율은 각국에서의 국내교환비율 사이에서 결정될 것이란 점과 이 두 교환비율 사이에서 교역을 하면 두 국가가 모두 무역을 통해 이익을 얻을 수 있다는 것에 지나지 않았다.

3) 상호수요균등의 법칙(Law of equation of reciprocal demand)

Ricardo의 비교우위론은 비교우위에 따른 무역의 발생원인과 이익에 대해서는 설명하였으나 정확히 **어떠한 선에서 교역 당사자 간의 구체적인 교역조건이 결정되는가**에 대해서는 명확하게 해명하지 못했다.

그러나 밀(J. S. Mill)은 이러한 비교생산비설이 갖는 이론적 한계를 각국이 수출품을 얼마나 내놓으려고 하는가는 수출품의 대가로 얻을 수 있는 수입품의 양에 달려있다고 생각함으로써 해결하였다. 즉 각국의 수출품의 공급은 그 상품에 대한 다른 나라의 수요와 일치하여야 한다는 점을 지적하고, **한 나라가 제공하고자 하는 수출품의 양과 다른 나라가 수입하고자 하는 양이 같아지는 선에서 구체적인 교역조건이 결정된다고 주장**하였다.

이처럼 **교역조건의 규명에 수요의 개념을 도입**한 밀의 주장을 상호수요균등의 법칙(law of equation of reciprocal demand)이라고 하며, 이는 후에 마아샬(A. Marshall) 등의 신고전학파 학자들에 의하여 기하학적 분석을 통해 상당한 보완이 이루어졌다.

4) 기회비용설(Theory of opportunity cost)

하벌러(G. Haberler)는 리카도(D. Ricardo)를 비롯한 고전학파 무역이론의 오류를 지적한 후, 노동가치적 비용 개념과는 전혀 다른 **기회비용을 무역이론에 도입**하여 비교우위의 이론을 전개했다. 하벌러의 기회비용설(theory of opportunity cost)에 따르면 비교우위는 생산물의 기회비용으로 결정되는데, 어느 상품의 **기회비용이 낮으면 그 상품은 비교우위를 유지할 수 있으나 기회비용이 높으면 그 상품은 비교열위를 면치 못한다**는 것이다.

기회비용설이 국제무역이론에 기여한 공적은 단일의 생산요소에서 벗어나 **현실에 적합한 생산요소를 전제로 무역이론을 전개**했다는 점과 **가변생산비하에서도 비교우위의 결정을 일반화**시켰다고 하는 점이다.

3. 근대무역이론

1) 헥셔-오린 정리(Heckscher-Ohlin theorem)

헥셔-오린 정리란 국가 간 무역발생의 원인 및 무역 패턴의 결정요인을 각국의 요소부존량 비율의 차이와 생산량간의 요소투입비율(요소집약도)의 차이로서 해명하고, 무역이 생산요소의 가격에 미치는 영향을 해명한 근대적인 무역이론을 말한다. 이 정리를 요소부존이론(theory of factor endowment)이라고도 한다.

이 정리는 헥셔(E. F. Heckscher)가 주장하여 오린(B. Ohlin)이 발전시켰으므로 이 두 사람의 업적을 기념해서 헥셔-오린의 정리라고 한다. 이 정리는 비교생산비설을 수정, 확충하는 데 결정적 역할을 했는데, 여기에는 다음과 같은 2명제가 있다.

(1) 비교생산비의 결정

비교생산비의 결정요인이란 각국 간의 비교 생산비차이는 각국의 **요소부론량에 의하여 결정되는 것**을 의미한다. 다시 말하면 국가 간에 생산요소의 부존상태(**요소부존도**)가 각각 다르고 또 각 생산물에 투입되는 생산요소의 비율(**요소집약도**)이 다르기 때문에 국가 간의 비교생산비차가 발생된다는 것이다.

(2) 요소가격의 국제적 균등화

요소가격의 국제적 균등화(factor price equalization)란 각국의 요소부존량 비율의 차이에 따라 비교생산비차가 발생되고 이로써 양국 간에 무역이 이루어지면, 비록 **국가 간에 생산요소가 이동되지 않더라도 국가 간에 생산요소가격이 균등화되는 경향이 있다는 것**을 말한다.

헥셔-오린 정리는 생산요소의 부존량비율에 따라 비교우위의 결정을 규명하고 국제무역이 요소가격에 미치는 영향을 규명하는 데 그치지 않고, **무역이 소득배분에 미치는 영향, 경제 성장이 무역에 미치는 영향, 무역과 생산요소의 이동관계 등 여러 가지 문제에 대한 이론적 분석에 상당한 기여**를 한 점에 대해서는 높이 평가를 받고 있다.

그러나 이 정리는 현실과 일치되지 않은 여러 가정 위에 정립되어 있으므로 국제분업이나 무역패턴의 결정을 완전히 설명할 수 없다는 비판을 받기도 했다.

2) 레온티에프 역설(Leontief paradox)

레온티에프 역설(Leontief paradox)이란 **헥셔-오린 정리의 제 1명제**, 즉 각국은 타국에 비하여 보다 풍부하게 부존되어 있는 생산요소를 많이 투입하는 상품을 수출하고 희소하게 부존되어 있는 생산요소를 사용해서 생산하는 상품을 수입한다는 비교생산비의 결정요인을 **통계적으로 검증**한 결과를 말한다.

레온티에프의 검증 결과를 보면 자본이 풍부하고 노동이 부족한 미국이 노동집약재를 수출하고 자본집약재를 수입했다는 것이다.

이러한 **검증결과는 분명히 헥셔-오린 정리와는 배치**되는 것이다. 따라서 이와 같은 레온티에프의 검증 결과를 레온티에프 역설이라고 부르게 되었다. 그런데 이러한 결과가 나온 것은 생산요소를 노동과 자본 두 가지로만 한정하였으며, 노동을 모두 동질적 생산요소로 취급했기 때문이라는 등이 지적되었다.

3) 스톨퍼-새뮤얼슨 정리(Stolper-Samuelson theorem)

스톨퍼-새뮤얼슨 정리(Stolper-Samuelson theorem)란 **헥셔-오린 정리의 제2명제**, 즉 요소 가격의 국제적 균등화 명제에 입각하여 높은 임금을 지불하는 미국이 낮은 임금밖에 지불하지 못하는 나라와 자유무역을 실시함에 따라 미국 노동자의 실질임금수준이 저하되는 경향을 파악하고 이를 방지하기 위하여 그 나라로부터 수입되는 상품에 대해 **보호관세를 부과해야 할 필요가 있다고 주장한 이론**을 말한다.

스톨퍼-새뮤얼슨 정리는 미국 노동자의 소득증대와 유리한 소득배분을 위하여 자유무역정책이 유리한가, 보호무역정책이 유리한가를 검토한 이론이다.

이 정리는 **자유무역이 소득배분에 미치는 영향을 명확하게 밝힘으로써 헥셔-오린 무역이론을 더욱 발전시키는 데 상당한 공헌**을 하였다. 그리고 이 정리는 **보호무역주의의 유력한 이론적 뼈대**가 되기도 했다. 그러나 이 정리는 헥셔-오린 정리를 기초로 2국, 2재, 2생산요소 등 비현실적인 가정 위에 정립되고 있으므로 현실 세계에 적용되기 어려운 점도 없지 않다.

4. 현대무역이론

1) 노동숙련설(Theory of skilled labor)

노동숙련설이란 **숙련노동의 상대적 이용가능성이 각국의 공업제품의 생산입지와 무역패턴을 결정**한다는 이론을 말한다. 이 숙련노동설을 인적 자본설이라고도 한다. 이 이론은 키싱(D. B. Keesing)에 의하여 주장되었다.

노동숙련설은 노동 중에서 숙련노동을 상대적으로 풍부하게 이용할 수 있는 나라에서는 숙련노동집약재에 비교우위를 차지할 수 있으며, 미숙련노동을 상대적으로 풍부하게 이용할 수 있는 나라에서는 미숙련노동집약재가 비교우위를 차지할 수 있다는 이론을 말한다.

노동숙련설은 헥셔-오린 정리에 대한 실증적 연구 결과인 **레온티에프 역설을 해결하기 위하여 시도된 이론**이다. 이 이론은 미국 근로자의 노동생산성이 외국 근로자의 노동생산성보다 약 3배 정도나 높다고 한 레온티에프의 주장에서 착상, 성립된 것이다.

2) 기술격차론(Theory technological gap)

기술격차론이란 **각 국가 간 생산기술상의 격차가 무역발생의 원인**이 되고 무역패턴 결정에 지배적 작용을 한다는 이론을 말한다. 이 이론은 포스너(D. V. Posner)와 허프보어(G. C. Hufbauer)에 의하여 주장되었다.

이 이론에 따르면 어느 상품을 생산하는데 기술면에서 우위에 있는 나라는 열위를 면치 못하고 있는 나라에 대하여 생산 기술상의 격차를 이용하여 당해 제품을 수출할 수 있다고 한다. 국가 간 생산기술상의 격차는 반드시 국가 전체의 평균적인 기술수준상의 격차를 말하는 것이 아니라 어느 산업의 개별적인 생산기술상의 차이를 말한다.

국가 간에 존재하는 생산기술상의 격차는 시간이 경과됨에 따라 소멸되는 경향이 있기 때문에 무역은 당초 기술격차로 이루어지다가 그 후에는 기술격차 이외의 다른 요인, 예컨대 임금격차로 이루어질 수도 있다고 한다.

3) 연구개발론(Theory of research and development)

연구개발론이란 **무역패턴의 결정 요인을 기술 진보 및 기술혁신의 원동력인 연구개발활동에서 규명**한 이론을 말한다. 이 이론은 그루버(W. Gruber), 메타(D. Mehta), 버논(R. Vernon) 등의 공동연구와 키싱(D. B. Keesing)의 단독연구 결과에 드러나 있다.

이 학자들은 **무역패턴 결정에 있어서 연구개발활동의 역할을 중시하고 미국의 연구개발활동과 수출실적간의 연관성을 실증적으로 검토**하였다. 이 학자들의 주장에 따르면 미국 제조업 중 비교우위산업은 요소부존이론에서 정설화되고 있는 노동집약산업이나 자본집약산업이 아니라 연구개발에 종사하고 있는 우수한 과학자나 기술자를 많이 고용하면서 대규모의 연구개발비를 지출하고 있는 연구개발집약산업이라는 것이다. 그리고 연구개발활동이 활발한 산업일수록 수출실적도 높다는 것이다.

4) 대표적 수요이론(Theory of representative demand)

대표적 수요이론이란 **무역패턴과 결정요인을 수요구조에서 규명한 이론**을 말한다. 이 이론은 어느 공산품이 싸게 생산되고 비교우위를 갖추어 수출품이 될 수 있는 전제조건은 대표적 수요가 국내에서 존재해야 한다는 이론이다.

대표적 수요란 대량적 수요, 혹은 유효수요를 말한다. 대표적 수요이론은 린더(S. B. Linder)에 의하여 주장되었다. 린더의 대표적 수요이론은 **각국 간의 요소부존 비율이 같지 않더라도 이들 나라간의 수요구조가 유사하면** 공산품의 무역이 발생될 가능성이 있으며, 각국 간의 수요구조의 유사성과 중복성이 클수록 대표적 수요는 한층 더 크며, 이에 따라 무역의 가능성은 더욱 크다는 이론이다.

이 이론은 협의의 기술격차론처럼 **소득수준이 어느 정도 유사한 국가 간의 공산품 무역이 긴밀하게 성행되고 있는 이유를 설명**한 이론이다.

5) 입수가능성론(Theory of availability)

입수가능성론이란 **무역패턴의 결정요인을 생산물의 입수 가능성 여부, 혹은 공급의 가격탄력성 차이에서 규명한 이론**을 말한다. 이 이론은 크래이비스(I. B. Kravis)에 의해 주장되었다.

크래이비스는 어느 나라가 어떤 생산물을 수출할 수 있는 것은 그 생산물의 입수가능성이 있기 때문이며, 한편 어떤 생산물을 수입하지 않을 수 없는 것은 그 생산물의 입수가능성이 없거나 혹은 희박하기 때문이라고 한다.

예컨대 어느 나라가 원유 등 천연자원을 외국으로 수출할 수 있는 것은 원유가 국내에 부존되어 이의 입수가능성이 있기 때문이며, 원목을 수입하는 경우 이 원목의 입수가능성이 국내에서는 없기 때문이라는 것이다.

입수가능성의 여부, 혹은 격차에 따라 무역패턴이 결정되는 것은 **천연자원에만 국한되는 것이 아니고 공산품에도 해당된다**고 한다. 공산품의 입수가능성을 결정하는 것은 주로 생산기술인데, 어느 공산품을 국내에서 생산할 수 있는 기술이 개발되거나 도입되는 경우 그 공산품은 국내에서 입수가능성이 있으므로 수출이 가능하다고 한다.

6) 생산물순환론(Theory of product life cycle)

생산물순환론이란 **무역패턴의 결정요인을 제품의 순환과정에서 발생되는 특성을 적용하여 규명한 이론**을 말한다. 무역패턴의 결정요인을 제품의 순환과정에서 나타나는 특성을 적용하여 규명한 것은 생물이 1대에 걸쳐 **출생-성장-성숙-쇠퇴**하는 일련의 생명순환(life cycle)과정을 겪는 바와 같이 일반제품도 연구개발에 의하여 시장에 나와 성장기와 성숙기를 거쳐 쇠퇴해 버리는 제품순환과정을 겪게 되는 데 그 이유가 있다.

이 생산물 순환론을 주장한 학자가 버논(R. Vernon)이다. 생산물순환론의 특징을 간단하게 살펴보면, **생산물순환의 각 과정에 따라 산업의 생산입지가 국제적으로 이동되므로 국제무역과 국제투자의 패턴도 변동된다**는 것이다.

즉 동일제품을 생산하는 기업이라도 생산물의 각 순환과정에서 발생되는 수요공급의 요인에 따라 국내에서 생산 판매하는 단계가 있고, 이러한 기업활동과 더불어 외국에서 판매(수출)하는 단계가 있는가 하면 외국에 직접 투자하여 그곳에서 생산된 제품을 제3국으로 수출하거나, 혹은 본국으로 수입(역수출)하는 단계가 있으므로 국제무역과 국제투자의 패턴은 변동되지 않을 수 없다는 것이다.

7) 환경격차설

환경격차설이란 산업공해 방지를 위하여 투입되는 **환경관리비용이 각국 간의 비교우위구조를 변동시키고 무역패턴을 결정한다는 가설**이다. 이 가설이 대두된 것은 최근 환경파괴방지를 위하여 투입되는 환경관리비용이 제품의 생산비를 상승시켜 수출상품의 국제경쟁력을 변동시킬 뿐 아니라 무역패턴을 변동시키기 때문이다. 이 가설은 미국의 맘그렌(H. B. Malmgren), 월트(I. Waiter) 등에 의하여 주장되었다.

환경격차설은 환경보호에 관심을 가지고 있는 나라에서는 산업공해를 규제하는 데 비하여 다른 나라에서는 이를 규제하지 않는다거나 혹은 허술하게 규제할 경우, 전자에서 생산되는 상품의 코스트는 상승되지만 후자에서 생산되는 상품의 코스트는 상승되지 않기 때문에 양자 간의 비교생산비차가 발생되어 무역패턴이 변동된다는 것이다.

8) 립친스키 정리

립친스키 정리란 어느 생산요소의 부존량이 일정한데 다른 생산요소의 공급량이 증가될 경우, 생산물의 상대가격이 일정하고 요소집약도가 변동되지 않는다면 그 증가된 생산요소를 보다 집약적으로 사용하는 생산물의 생산량은 증가되고, 생산요소를 집약적으로 사용하지 않는 생산물의 생산량은 감소된다는 정리를 말한다,

이 명제는 립친스키(T. M. Rybczynski)에 의하여 주장되었다. 립친스키 정리는 **생산요소의 공급량이 증가될 경우 생산패턴, 무역패턴, 교역조건이 어떻게 변동되는가를 설명**해 주는 명제이다.

제3절 관세의 국제경제 효과

국제무역정책은 관세를 통하여 구현된다. 2개 국가 이상이 무역을 하게 되면 생산량이 극대화되고 모든 국가들이 이익을 얻는다. 그러나 현실적으로는 모든 국가들이 무역을 제한하고 있다. 또한 관세를 부과하여 자국의 이익을 극대화하고 있다.

따라서 무역을 하는 국가가 소국이냐 대국이냐에 따라 자국의 무역이익에 영향을 미친다.

1. 소국의 관세 효과

소국이란 국가의 크기에 따른 것이 아니라 수입상품에 대해 세계 시장가격에 영향을 미치지 않는 국가를 말한다. 즉, 가격결정에 영향이 없는 국가이다.

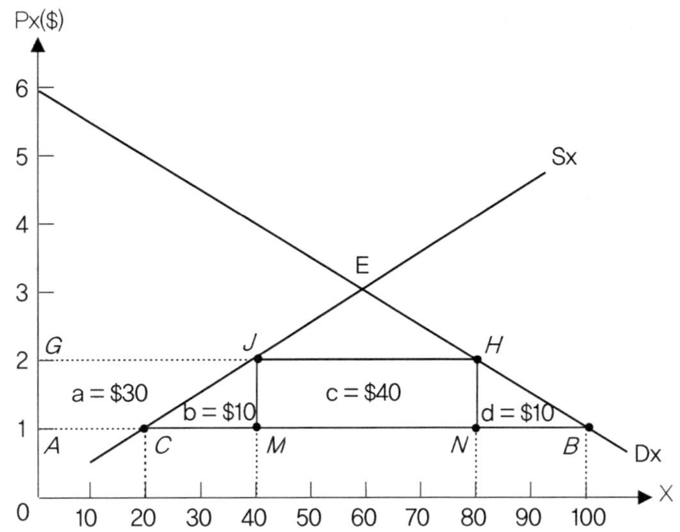

그림에서 Dx는 X에 대한 수요곡선이며, Sx는 X에 대한 공급곡선이다. 무역을 하지 않을 시 공급곡선과 수요곡선이 만나는 E점에서 가격이 결정되어진다.

만약 무역을 할 경우 1달러에 세계시장가격이 정해져 있을 때에 소국은 1달러에 공급곡선인 20만을 생산하며, 80을 수입으로 대체하게 된다. 여기에서 소국은 공급이 줄어든다고 해서 세계가격에 영향을 미치지 못하기 때문에 그대로 가격을 수용하게 되며 나머지를 수입할 수밖에 없다.

이 상태에서 국가가 1달러의 종가세를 부과하면 100%의 관세를 적용한다. 따라서 가격은 2달러로 올라가게 되며, 국가는 80의 소비를 하게 된다. 그러면서 생산은 +20이 늘어난 40을 생산하게 되며, 수입은 80에서 40이 줄어든 40을 수입하게 된다.

이런 방식으로 관세의 소비효과(국내소비의 감소)는 -20(1달러일 경우 100을 소비하지만 관세를 적용하면서 소비가 20 줄어든다.), 생산효과(관세로 인한 국내생산의 증가)는 +20이 되며, 무역효과는 관세를 부과하기 전 80에서 40으로 줄어든다. 또한 수입효과(관세수입)는 40달러가 된다.

따라서 관세로 인하여 소국은 세계가격에 영향을 끼치진 못하지만, 국내생산을 늘리는 효과와 관세수입을 얻게 된다. 이것이 소국의 관세효과이다. 만일 수요곡선이 더욱 탄력적이면 소비효과는 더욱더 커진다.

2. 대국의 관세 효과

대국이란 무역을 통하여 상품의 세계가격에 영향을 주는 국가로 정의한다. 따라서 관세로 인한 가격상승은 소비자들의 수요가 감소하면서 생산자가 부과하는 가격이 하락하는 즉 가격결정에 영향을 주는 국가이다.

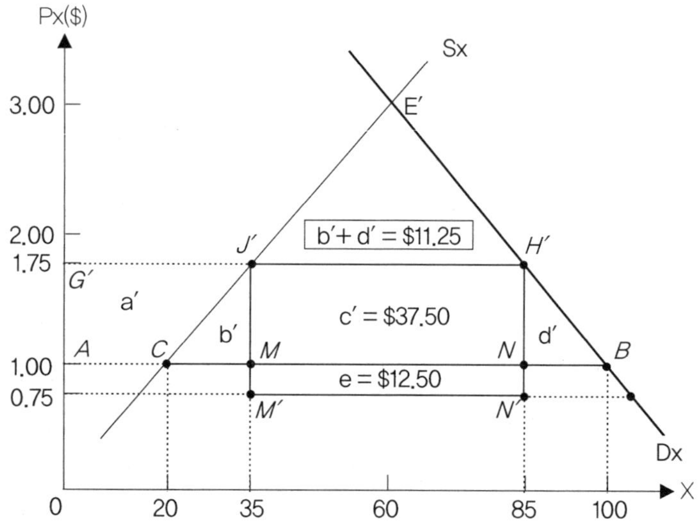

위 그림에서 알 수 있듯이 소국과 마찬가지로 1달러의 관세를 부과하였을 때, 소비자의 소비가 줄어들면 생산자는 가격을 내릴 수밖에 없다.

따라서 소국에선 2달러에 거래가 되었지만, 이번에는 1.75달러에 거래가 형성되면서 대국이 가격결정에 영향을 주는걸 알 수 있다.

다른 선들은 소국과 비슷하며, a'는 생산자잉여, c'는 소비자로부터 징수한 관세수입, b'+d'는 후생손실이다. 후생손실은 소국보다 가격상승이 적었으므로, 그만큼 소국보다 적은 손실을 가지게 된다. 여기에서 c'는 국내소비자로부터 징수한 관세수입이며, e'는 생산자로부터 징수한 관세수입이다.

따라서 c'는 소국과 마찬가지로 소비자가 징수한 관세수입이지만, e'는 대국이 가격결정에 영향을 미치게 되므로 가격이 하락하면서 생산자 또한 관세를 징수하는 역할을 감당하게 된다.

e'같은 효과를 관세의 교역조건 효과라고 하며, 이것은 대국이 수입상품에 관세를 부과할 때 나타나는 수입상품 가격하락을 뜻한다.

대국은 후생적 손실이 b' + d'(계산 시 11.25)를 얻게 되지만 생산자는 관세를 징수하면서 12.5달러의 관세를 징수하므로, 오히려 후생에 손해가 아니다.

3. 최적관세 효과

최적관세란 교역량의 감소에서 발생하는 부정적 효과에 대해 교역조건의 개선으로부터 발생하는 이익을 극대화하는 관세를 말한다.

즉, 자유무역에서 시작한 국가가 교역조건의 개선에 따른 순이익을 증가시켜 국가의 후생을 최대점에 도달한다. 하지만 이 점에서 안주하지 않고, 더욱더 관세를 증가시키면 후생은 오히려 감소한다. 궁극적으로는 금지관세가 되는 경우 자급자족의 상태로 돌아간다.

관세를 부과하면 국내생산이 증가한다. 계속해서 증세하면 국내생산이 늘어가다가 궁극적으로는 국내생산만으로 자급자족의 형태가 되어버리는 것이다.

제 6 장

우리나라의 관세정책

제1절 개요

관세(Customs, Customs Duties, Tariff)란 국가가 재정수입 및 국민의 안전을 보호하기 위해 관세영역을 출입하는 물품에 대하여 법률 또는 조약에 의거하여 조세를 강제적으로 징수는 것이다. 이러한 관세는 보호효과(Protective effect)와 가격효과(Price effect)에 의해 수입을 간접적으로 제한한다.

관세는 여러 가지 기준에 의해 그 종류를 구분할 수 있는 데, 이를 요약하면 다음과 같다.

〈표 6〉 관세의 종류 및 의의

구 분	종 류	의 의
재화의 이동방향에 따른 분류	수출세	수출물품에 부과하는 관세
	수입세	수입물품에 대하여 부과하는 관세
부과목적에 따른 분류	재정관세	정부가 재정수입을 확보하기 위하여 부과하는 관세
	보호관세	국내유치산업을 보호·육성하거나 기존산업의 유지를 목적으로 부과하는 관세
과세표준에 따른 분류	종가세	물품의 가격을 세액결정의 기준으로 삼아 부과하는 관세
	종량세	물품의 수량을 세액결정의 기준으로 삼아 부과하는 관세
	혼합세	종량세와 종가세를 병행하여 부과하거나 또는 이들 중 관세액이 높은 쪽을 선택하여 부과하는 관세
세율결정에 따른 분류	국정관세	일국의 국내법에 의하여 정하여진 관세율에 의해서 부과되는 관세
	협정관세	한 나라가 다른 나라와의 협정에 의거하여 특정물품에 대하여 관세율을 협정하고 그 협정의 유효기간 중에는 그 세율을 변경하지 아니하는 의무를 지는 관세

제2절 관세법

1. 관세법 제정의 의의

무역거래의 목적물인 물품은 매매당사자간의 인도·인수과정을 통하여 국제적인 이동을 하게 된다. 이러한 무역물품은 최종적으로 각 국의 관세법에 규정된 통관절차를 이행하고 수출신고수리 또는 수입신고수리를 받지 못하면 국제적 이동이 불가능하다. 수입신고과정에서 부과되는 관세를 납부해야 하는 것도 크게 보면 통관절차의 한 부분이라고 할 수 있다.

우리나라의 관세법은 정부수립 후 1949년 11월 23일 법률 제67호로 제정된 이후 수차에 걸쳐 개정되어 시행하여 오다가 1967년에 이르러서는 우리나라의 GATT 가입 등 새로운 상황을 반영하여 구법을 폐지하고 신법을 제정하는 형식을 통하여 대폭적인 개정이 이루어졌다. 현행 관세법은 1967년 12월 29일 법률 제1976호로 제정되었다. 신관세법 역시 1968년 1월 1일 시행된 이래 수차례에 걸쳐 개정되었으며 2000년에 최종 개정되어 2001년 1월 1일부터 시행되고 있다.

2. 관세법의 목적

우리나라 관세법은 관세의 부과·징수 및 수출입물품의 통관을 적정하게 하고 관세수입을 확보함으로써 국민경제의 발전에 이바지함을 그 목적으로 하고 있다(제1조).

3. 관세법의 성격

1) 행정법적 성격

관세법은 법률에서 규정한 일정한 요건(법률요건)을 충족한 경우에 행정객체에게 획일적이고 강제적으로 적용하며, 의무 불이행시 행정주체가 자력으로 강제할 수 있다.

2) 조세법적 성격

관세법은 관세수입의 확보를 목적으로 관세의 부과·징수에 관한 사항을 규정하는 데, 과세요건을 규정한 실체법적 성격과 관세의 부과절차·징수절차·감면절차·분납절차 등을 규정한 절차법적 성격을 동시에 지닌다.

3) 통관법적 성격

관세법은 국민경제의 발전을 목적으로 수출·수입물품의 통관에 관한 사항을 규정하는 데, 구체적으로는 운수기관, 보세구역, 보세운송, 통관, 세관공무원의 직권이 있다.

통관이란 대외무역법 및 50여개 개별법 등에서 수출입물품에 대한 각종 규제를 정하고 있는 데, 수출입하는 물품의 통로를 제한하고 그 통로에 세관을 설치하여 수출입신고 수리과정에서 신고서류와 현품 등을 확인하여 집행하는 제도이다. 따라서 대외무역법 및 개별법이 실체법적인 성격을 갖는다면 통관법으로서 관세법은 절차법적인 성격을 갖는다.

4) 형사법적 성격

관세법은 관세의 부과·징수 및 수출입물품의 통관을 적정하게 하기 위하여 형법, 형사소송법, 조세범처벌법에 대한 특례로서 관세범에 대한 벌칙과 조사처분에 관한 규정을 별도로 두고 있다.

5) 쟁송절차법적 성격

관세법, 기타 관세에 관한 법률조약에 의한 처분, 부작위에 대하여 불복 시 이의신청, 심사청구, 심판청구에 대하여 규정하고 있다.

제 3 부

FTA

국제기구의 수는 헤아릴 수 없을 정도로 많다. 그 중 대표적인 것은 다음과 같다.

국제연합(UN), 세계무역기구(WTO), 아시아태평양경제협력기구(APEC), 경제협력개발기구(OECD), 국제사법재판소(ICJ) 그밖에 국제연합 교육과학문화기구(UNESCO), 국제노동기구(ILO), 국제부흥개발은행(FAO), 국제개발협회(IDA), 국제통화기금(IMF), 국제금융공사(IFC), 만국우편연합(UPU), 국제민간항공기구(ICAO), 세계기상기구(WMO), 국제전기통신연합(ITU), 정부간해사협의기구(IMCO), 유엔아동기금(UNICEF) 등을 들 수 있다.

제 7 장

국제기구(UN 등)

제1절 UN

유엔은 6**개의 주요 기구**로 되어 있다. 총회, 안전보장·경제사회·신탁통치의 3개 이사회, 국제사법재판소 그리고 사무국이 있다(UN헌장 제7조). 유엔은 이들 주요기관 외에 보조기구를 둘 수 있도록 되어 있다.

1. 총회

총회는 주요 기관 중에서 최고의 기관이며, 유엔기능전반에 걸쳐서 토의하고, 가맹국, 안전보장이사회에 권고할 수 있다. 총회는 전유엔 가맹국으로 구성한다. 또 총회의 결정은 출석·투표하는 구성국 과반수로 하며, 중요 문제에 대해서는 3분의 2의 다수로써 한다.

총회(통상회기)는 매년 1회(9월의 셋째 화요일부터) 열게 되어 있으나, 필요하면 특별총회도 열 수 있다(헌장 제20조). 또, 안전보장이사회가 국제평화와 안전유지에 관한 주요 책임을 수행하지 못하였을 때에는, 국제평화와 안전을 유지·회복하기 위한 가맹국의 집단적 조치를 호소하기 위해 총회 회의 중이 아닌 때에도 안전보장이사회의 요청(9개 이사국의 다수에 의한)이나, 가맹국 요청(과반수에 의한)이 있은 다음 24시간 이내에 긴급특별총회를 열 수 있다.

특별총회는, 자원과 그 개발에 관한 제6차 특별총회(1974년 4월), 군축특별총회(제1차 1978년 5월, 제2차는 82년 6월) 등의 중요한 것이 열렸고, 긴급특별총회는 수에즈전쟁(1956), 콩고동란(1960), 소련의 아프가니스탄 침공 등을 맞아 신속히 열렸다.

2. 안전보장이사회

안전보장이사회는 국제평화와 안전유지에 관해 1차적 책임을 지는 기관이다. 가맹국은 안전보장이사회 결정을 수락·이행하여야 하므로, **총회보다 권한이 강력하다** 할 수 있다.

이사회는 상임이사국 5개국(미·영·러·프·중)과 비상임이사국 10개국(임기 2년이나 재선 불용)으로 구성되어 있는데 절차사항의 결정은 15개국 이사국 중 9개국 이상의 찬성투표를 요하며, 그 밖의 결정은, 상임이사국의 동의투표를 포함한 9개국 이상의 찬성투표를 요한다.

따라서 실체적 사항 결정에서 상임이사국의 반대투표는 거부권 행사가 된다. 다만 상임이사국의 기권이나 궐석은 거부권 행사로 인정하지 않는 것이다.

3. 경제사회이사회

경제사회이사회는 경제적·사회적·문화적·교육적·보건적 국제문제에 대해 연구·보고·발의를 하고, 총회·유엔가맹국·관계전문기관에 대해 권고할 수 있다. 이 밖에 전문기구(Special Agencies)와의 연대관계를 설정하는 협정을 체결하고 그 활동을 조정한다. 또, 민간단체(NGO; 비정부조직)와 협의하고, 이를 위해 결정권한도 갖고 있다. 이사회는 54개 가맹국(처음에는 18개국)으로 구성하며 그 결정은 출석·투표하는 이사국의 과반수로 한다.

4. 신탁통치이사회

신탁통치이사회는 신탁통치지역 통치국을 감독하기 위한 기관이다. 이사회는 ① 신탁통치지역의 시정 담당 가맹국 ② 안전보장이사회의 상임이사국으로서 시정권자가 아닌 나라 ③ 총회에 의해 3년 임기로 선출된 그 밖의 가맹국(그 수는 ① 해당국의 수에서 ② 해당국 수를 뺀 것)으로 구성된다. 처음에 11개 있었던 신탁통치지역도 대부분 독립했기 때문에, 그 임무는 거의 완수된 것으로 보고, 앞으로 이를 폐지하든가 인도(人道)이사회와 같은 다른 목적의 이사회로 개편되어야 한다는 요망이 나와 있다.

5. 국제사법재판소

국제사법재판소는 국제연맹시대의 상설국제사법재판소를 이어받은 것으로, 15명의 재판관(임기 9년)으로 이루어져 있는 유엔의 주요 사법기관이다. 이 재판소는 유엔헌장과 불가분의 일체를 이루는 국제사법재판소 규정에 따라, 그 임무를 수행하도록 되어 있으며, 모든 유엔가맹국은 이 규정의 당사자이다.

6. 사무국

사무국은 사무총장(Secretary General; 안전보장이사회의 권고에 따라 총회가 임명한다)을 장으로 하는 사무적·행정적 기능을 수행하는 기관이다. 사무총장은 각 회의에 출석하여 위탁된 임무를 수행하고, 연차보고 작성 등의 사무기능을 통솔하고 있으나, 동시에 국제평화와 안전 문제에 관하여 안전보장이사회의 주의를 촉구하거나 총회에 연차보고를 하는 등 그 정치적 기능 때문에 **유엔의 총리대신이라고도 불리는 중요한 기관**이다.

역대 사무총장 취임자는 T. H. 리, D. 하머슐드, 우 탄트, K. 발트하임, J. P. 케야르 등이며, 현재는 반기문이다. 사무국 직원은 국제직원이며, 지역별 균등한 임용이 원칙이다.

7. 보조기구

총회 및 각 이사회는 보조기구 설치가 인정되어 있다. **보조기구 총수는 113개**이며, 그중 총회가 설치한 것 64개, 안전보장이사회 설치 하부기구 12개, 경제사회이사회 설치 위원회 37개를 헤아린다(1982). 총회 관계로는 유엔무역개발회의(UNCTAD), 유엔개발회의(UNDP), 유엔훈련조사연구소(UNITAR) 등이 있고, 안전보장이사회 관계로는 유엔평화유지활동이 있으며, 경제사회이사회 관계로는 유엔환경계획, 권위원회, 각 지역경제위원회 5개 기구 등이 있다. 이들 확충된 유엔기구의 활동을 조종하기 위하여 조정을 위한 행정위원회(ACC) 등을 설치하여 조정에 힘써 왔으나, 모두 충분한 효과는 올리지 못하고 있다.

8. 전문기구

다음의 16**개 기구**로 이루어져 있다. 또 국제원자력기구(IAEA)는 전문기구 종류이나 기구의 성질상 경제사회이사회뿐만 아니라 총회, 안전보장이사회와도 관계가 있어서 전문기구에는 들지 않는다.

이하에 기구명을 열거한다. 국제노동기구(ILO)·유엔식량농업기구(FAO)·유엔교육과학문화기구(UNESCO)·세계보건기구(WHO)·국제민간항공기구(ICAO)·만국우편연합(UPU)·국제전기통신연합(ITU)·세계기상기구(WMO)·**국제해사기구**(IMO)·**국제통화기금**(IMF)·**국제부흥개발은행**(IBRD, **세계은행**)·**국제금융공사**(IFC)·국제개발협회(IDA, 제2세계은행)·세계지적소유권기구(WIPO)·국제농업개발기금(IFAD)·유엔공업개발기구(UNIDO).

9. 유엔사무국 산하 기구

그 밖에 유엔 사무국 산하 기구가 있다.

유엔사무국 평화유지활동국(DPKO), 유엔사무국 정무국(DPA), 유엔 제네바사무소(UNOG), 유엔사무국감사실(OIOS), 아시아태평양경제사회위원회(ESCAP), 유엔서아시아경제사회위원회(ESCWA), 유엔아프리카경제위원회(ECA), 유엔중남미경제위원회(ECLAC), 유엔이라크프로그램사무소(OIP), 유엔사무국경제사회국(DESA), 유엔사무국공보실(DPI), 유엔사무국관리국(DM), 유엔사무국 인도적문제조정실(OCHA) 등이 있으며, 유엔 아래에서 유엔의 일을 돕는 역할을 한다.

제2절 국제무역기구

1. ITO(International Trade Organization)

제2차 세계대전이 끝난 후 1948년 세계무역질서를 규율하고 자유무역 체제를 확립하기 위해 설립된 국제기구로써 설립 당시의 가입국은 52개국이었다.

1948년 미국은 ITO(International Trade Organization: 세계 무역기구)와 IMF (International Monetary Fund: 국제통화기금)·IBRD(International Bank for Reconstruction and Development: 국제부흥개발은행) 등의 국제기구를 설립하여 환율을 안정시키고 자유무역 체제를 확립하려고 하였다.

그러나 IMF와 IBRD는 설립되었으나 **국제무역기구는 미국의회가 반대하여 설립이 무산**되었다. 이에 따라 ITO**에 대한 설립조건과 내용을 크게 수정하여 관세 및 무역에 관한 일반협정**(GATT) **체제가 출범**하게 되었다.

국제무역기구는 1940년대 세계무역의 새로운 체제를 확립하기 위해 설립이 추진됐던 국제기구였다. 그러나 미국 의회의 반대 등으로 설립이 무산돼 실질적으로는 존재하지 않았다.

국제무역기구를 세우자는 제안이 처음 나온 것은 1946년이다. 제2차 세계대전이 끝날 무렵이었던 1944년 미국 뉴햄프셔 주 브레튼우즈에서 44개 나라 대표가 모여 전쟁 이후를 대비해 국제 통화질서에 관한 새로운 협정을 체결했다.

이 협정으로 미국 달러화를 기축통화로 한 브레튼우즈 체제(Bretton Woods system)가 확립됐다. 그러나 **브레튼우즈 체제는 통화와 재정에 관한 내용이 주를 이룬 합의였다. 관세를 인하하고 자유무역을 실시하는 등 국제 무역 질서에 관한 내용은 담겨 있지 않았다.**

미국은 브레튼우즈 체제를 보완할 목적으로 국제 무역 질서에 관한 새로운 기구를 설립하기로 하고 국제무역기구를 세울 것을 국제사회에 제안했다.

1946년 국제연합(UN)의 경제사회이사회에서 UN의 특별기구로서 국제무역기구를 세우는 결의안이 채택됐다. 1948년 쿠바의 수도 아바나에서 열린 '무역 및 고용에 관한 UN회의'에서 23개 나라가 기구를 세우는 것에 합의했다. 그러나 **이후 미국 의회가 합의안에 대한 비준을 거부하면서 설립 제안은 현실화되지 않았다.**

2. IMF(International Monetary Fund)

1944년 체결된 브레튼우즈 협정에 따라 1945년에 설립되어, 1947**년 3월부터 국제부흥개발은행**(IBRD: International Bank for Reconstruction and Development)**과 함께 업무를 개시한 국제금융기구**다.

이 두 기구를 총칭하여 브레튼우즈기구라고도 하며, **약칭은 국제통화기금**이다. 2011년 기준 가입국은 총 188개국이며, 본부는 미국에 있다.

IMF는 총회·이사회·사무국과 그밖에 20개국 재무장관위원회, 잠정위원회, 개발위원회 등이 있다. 최고기관인 총회는 각 가맹국이 임명하는 대표 1인과 대리 1인으로 구성되며, 회의는 연차회의와 임시로 열리는 특별회의가 있다.

100억 달러로 출발해 여러 차례의 증자를 통해 1970년 10월 30일부터 총액 289억 510만 달러가 되었다. 가맹국은 일정한 할당액에 따라 25%를 금으로, 75%를 자국 통화로 납입하도록 되어 있었으나 1978년 4월 신협정에 따라 금에 의한 납입은 SDR(Special Drawing Rights)로 납입하게 되었다.

IMF가 인정할 경우, 다른 회원국 통화 또는 자국 통화로 납입할 수 있다. 할당액은 각 가맹국이 IMF의 자금을 이용할 때 대출한도를 정하는 기준이 된다. 특별인출권은 SDR(Special Drawing Rights)로 표시한다.

국제통화기금은 세계 무역의 안정된 확대를 통하여 가맹국들의 **고용증대, 소득증가, 생산자원개발**에 기여하는 것을 궁극적인 목적으로 한다. 이를 위하여 다음과 같은 활동을 하고 있다.

1) 외환시세 안정

제2차 세계대전 전 평가절하 경쟁이 세계경제를 혼란으로 빠뜨린 경험이 있어, IMF를 설립할 때는 외환시세의 안정을 중요하게 여겼다. 외환시세의 기초가 되는 각국 통화 환평가는 금 또는 미국 달러 가치를 기준으로 표시한다. 각 가맹국은 IMF평가의 상하 각 1% 이내로 외환시세를 안정시킬 의무를 진다.

다만 가맹국의 경제에 기본적 불균형이 있을 경우에는 절상·절하 등 평가 변경을 인정하며, 10% 이내면 IMF의 사전 승인을 필요로 하지 않으나, 10% 이상이면 사전 승인이 필요하다. 그러나 이러한 원칙은 1971년 통화위기 때 무시되어 다각적인 평가조정이 이루어졌다.

2) 외환제한 철폐

가맹국은 IMF의 목적을 달성하기 위하여 외환제한을 철폐할 의무가 있다. 첫째는 경상적 지불에 대한 외환제한의 철폐다. 가맹국은 IMF의 승인이 없는 한 상품무역이나 용역거래를 위한 지불에 제한을 해서는 안 된다. 둘째는 차별적인 통과조치의 철폐다. 쌍무적 무역협정이나 복수환율제 등 다른 나라와 다른 결제방법을 사용하거나 다른 외환시세를 적용해서는 안 된다. 셋째는 외국인 자국통화 보유잔액의 교환성이다. 외국인이 보유하는 자국통화의 잔액을 요구하는 대로 금, 미국 달러, 상대국 통화로 교환해 주어야 한다.

이러한 **외환제한의 철폐에 관해서는 IMF협정 제8조에 규정되어 있으며, 이를 승인한 나라를** IMF **8조국**이라고 한다.

3) 자금 공여

가맹국의 국제수지가 일시적으로 불균형(적자)이 되었을 경우, 평가절하·수입제한을 피할 수 있도록 IMF가 외화자금을 공여할 수 있다. 이 경우 외화자금의 공여는 관계국 통화당국에 대해서만 이루어지며, 대가로 자국통화를 IMF에 지불한다. 이는 일반적으로 경상거래를 위한 지불에 필요한 경우에 한하며, 한 나라가 이용할 수 있는 외화자금의 양은 그 나라의 출자액의 125%까지고, 3~5년 이내에 상환해야 하였다.

그러나 1980년 IMF·IBRD 합동 연례총회에서 비산유개발도상국의 부채 격증에 따른 국제수지 악화를 집중 논의하면서 IMF 융자한도 600% 확대, 개발도상국에 대한 경제구조 조정차관 확대 등을 합의하였다. 그러나 1981년에 열린 IMF·IBRD 합동 연례총회에서 선진국들이 긴축정책을 더욱 강화하기로 합의하여 빈국들에 대한 원조증대의 기대가 무산되었다.

국제통화기금은 각국의 국제무역 규모, 국민소득액, 국제준비금보유량 등에 따라 회원국 정부의 출자로 이루어진다. 회원국은 일시적인 국제수지 불균형이 있을 경우 필요한 외환을 IMF로부터 자국통화로 구입할 수 있다. 또 회원국들의 일시적인 국제수지 불균형을 지원하기 위한 방편들도 마련하고 있다. 1952년 대기성 차관협정(Standby Arrangements)을 도입하여 회원국이 실질적 필요를 예상해서 미리 대출한도액을 협상할 수 있도록 하였다.

1961년에는 10개국이 대기성 차관(standby credit)을 제공하는 일반차입협정(General Arrangements to Borrow)을 체결하였다. 1963년에는 수출변동에 대한 보상금융제도(Compensatory Financing of Export Fluctuations)를 도입하여 개발도상국이 갑작스런 수출액 감소에 직면했을 때, 외환을 통제하거나 극심한 불황을 겪지 않고도 이에 대처할 수 있도록 해주는 방법이다.

국제거래의 규모가 확대되고 금융위기가 잇달아 발생함에 따라 국제수지 안정을 위해 쓰일 추가 준비금이 필요해지자, 1969**년** 10월 IMF 연례회의에서 국제유동성 공급을 영구적으로 확대하는 SDR **창설을 승인**하였다. SDR로 인해 금이나 회원국들의 자국통화를 추가로 출자하지 않고도, 사실상 회원국들의 할당액이 증가하는 효과가 나타났다. 1986년부터는 IMF는 IBRD와 함께 빈곤한 나라들을 원조하기 위한 수십 억 달러의 공동대출자금을 새롭게 조성하였다.

3. GATT(General Agreement on Tariffs and Trade)

ITO**에 대한 설립이 무산되자 조건과 내용을 크게 수정하여 관세 및 무역에 관한 일반협정**(GATT) **체제가 출범**하게 되었다.

GATT는 관세장벽과 수출입 제한을 제거하고, 국제무역과 물자교류를 증진시키기 위하여 1947년 제네바에서 미국을 비롯한 23개국이 조인한 국제적인 무역협정으로써 제네바관세협정이라고도 한다.

1995**년 세계무역기구**(WTO)**로 대체되기 전까지 전 세계에서** 120**여 개 국이 가입하였으며, 한국은** 1967**년** 4**월** 1**일부터 정회원국**이 되었다.

GATT가 국제무역의 확대를 도모하기 위하여 가맹국 간에 체결한 협정내용은 다음과 같다. ① 회원국 상호간의 다각적 교섭으로 **관세율을 인하**하고 회원국끼리는 **최혜국대우**를 베풀어 관세의 차별대우를 제거한다. ② 기존 특혜관세제도 **(영연방 특혜)는 인정**한다. ③ 수출입 제한은 원칙적으로 폐지한다. ④ 수출입 절차와 대금 지불의 차별대우를 하지 않는다. ⑤ 수출을 늘리기 위한 여하한 **보조금의 지급도 이를 금지**한다는 것 등이다.

GATT의 기구에는 사무국을 비롯하여, 매년 1회 전 가맹국이 모이는 총회와 매년 수회에 걸쳐 주요국만이 모이는 이사회, 그리고 중요 문제가 있을 때 각국의 무역담당장관이 모이는 각료회의, 이 밖에도 각종 위원회와 상품별 작업부회

(作業部會)가 있었고 본부는 제네바에 있었다.

창설 이래 제네바라운드·안시라운드·토키라운드·딜런라운드·케네디라운드·도쿄라운드·우루과이라운드 등 다자간무역협상을 이끌어냈으며, 우루과이라운드를 마지막으로 1995년 1월 **세계무역기구가 출범하면서** GATT **체제는 막을 내렸다**.

우리나라의 대외무역의 증진을 위해서는 특정국가 또는 국제기구와의 관세에 관한 협약이 필요하며, 협상을 진행함에 있어서는 관세율의 인하 등을 협의(양허)가 필요할 때가 있다.

이렇게 관세율의 양허 등으로 자유무역을 구현하려고 설립된 GATT에 우리나라는 1950년에 가입을 시도한 바 있으나 6·25전쟁으로 뜻을 이루지 못하고 있다가, 1963년에 가입을 위한 본격적 교섭을 시작하여 1967년 **4월 14일에 가입이 실현**되었다. GATT에 가입할 때 우리나라는 53개 품목에 대하여 관세를 양허하였다.

우리나라의 GATT **가입은 다음과 같은 중요한 의의**를 지니고 있다.

① 모든 가입국과 일괄협정이 체결됨으로써 종래 우리나라의 수출물품에 대한 세계시장에서의 차별대우가 없어져 **수출증대에 획기적인 계기**가 되었다.
② 저개발국가에 대한 각종 특혜조치의 혜택을 받아 수출에 있어서 **국제경쟁력이 강화**되었다.
③ 우리나라가 양허한 품목을 생산하는 국내 산업에 대하여 국제경쟁력을 강화하도록 하였다.
④ 우리나라의 **국제적 지위 향상**에 기여하였다.

관세인하의 교섭은 세계적으로 꾸준히 추진되어, 케네디라운드(Kennedy Round)에서 우리나라는 비교적 수입량이 적은 18개 품목을 양허하였으며, 1973년 9월 일본 동경에서 동경선언이 채택됨으로써 새로운 무역교섭이 개시되었다. 이를 '도쿄라운드'라 하며, 우리나라도 그에 적극 참여하여 143개 품목을 양허하였다.

한편, GATT 개발도상국간 무역협상이 1973년 2월 11일부터 발효되어 우리나라는 이 협상에서 이스라엘·유고슬라비아·터키·인도·브라질·파키스탄·스페인·이집트·튀니지·멕시코·그리스·칠레·우루과이·페루·방글라데시 등의 16개 국가에 대하여 6개 품목을 양허하였다.

그러나 GATT 체제는 잠정적으로 채택되었고, 예외 규정이 많아 강대국들의 불공정한 무역 행위를 규제하지는 못하였다. 이에 따라 1986년에 시작된 우루과이라운드 협상은 GATT의 문제점을 해결하고 발전시키는 작업을 과제로 채택하여 1991년 1월 다자간무역기구를 설립하자는 데 합의하였다.

4. WTO(World Trade Organization)

제2차 세계대전 후 ITO**에 대한 설립이 무산되자 관세 및 무역에 관한 일반 협정**(GATT) **체제가 출범**하게 되었다. 그러나 GATT 체제는 예외 규정이 많아 불공정한 무역 행위를 규제하지는 못하였다. 이에 따라 1991**년** 1**월 다자간무역기구를 설립하자는 데 합의**하였다.

다자간무역기구는 1994년 4월 15일 모로코의 마라케시에서 세계 125개국 통상 대표가 7년 반 동안이나 진행해온 우루과이라운드 협상의 종말을 고하고 '마라케시 선언'을 공동으로 발표함으로써 1995년 1월 정식 출범하였다.

미국이 WTO로 명칭을 바꾸자고 하여 1995**년** 1**월** WTO**가 출범**하게 되었다. WTO의 출범은 1947년 이래 국제무역질서를 규율해오던 GATT 체제를 대신하게 되었다.

우리나라에서는 WTO 비준안 및 이행방안이 1994년 12월 16일 국회에서 통과되었다. WTO는 지금까지 GATT에 주어지지 않았던 세계무역 분쟁 조정, 관세인하 요구, 반덤핑 규제 등 막강한 법적 권한과 구속력을 행사하게 된다.

WTO의 최고의결기구는 총회이며 그 아래 상품교역위원회 등을 설치해 분쟁처리를 담당한다. 본부는 제네바에 있다.

제3절 국제관세기구(WCO 등)

관세는 국가 간 물품의 이동에 대한 조세의 부과이므로 국제적으로 통일된 제도의 채택과 관세의 인하를 위한 교섭이 필요하다. 국제적으로 통일된 제도의 채택을 목적으로 우리나라가 가입한 국제기구로서는 세계관세기구가 있다.

WCO는 세계관세기구(World Customs Orginization)로 관세협력이사회(Customs Cooperation Council) 전신으로 통관제도를 간소화, 표준화하여 관세장벽을 없애고 국제 무역 발전에 기여하기 위하여 설립된 국제연합기구이다.

주요업무는 관세기술 및 법규의 국제기준 단순화 노력, 품목분류 및 평가에 관한 조약의 적용과 해석 통일, 관세절차에 관한 정보의 국제적 교환 및 지원제공, 관세 분야에 대한 연구와 정부 간 협조지원 등 관세 분야에 특화된 업무를 운용, 지원하고 있다.

참고로 관세관련 국제기구에 대한 비교표는 다음과 같다.

구분	회원국	논의업무
APEC	아태지역 21개국	아태지역 무역 및 경제협력 추구
WCO	전 세계 162개국	관세관련 국제규범의 제정과 통일
WTO	전 세계 147개국	다자간 무역규범 제정 및 집행
ASEM	아시아·유럽 26개국	아시아·유럽 간 경제, 문화, 사회 협력

제 8 장

관세와 국제규범

제1절 HS

세계적으로 통일된 무역상품분류방식으로 국제관세협력이사회(CCC)가 1973년 신상품 분류개발을 결의하고 1983년 6월 통일시스템에 관한 국제조약을 채택한 후, HS체계를 완성, 1988**년 1월 1일부터** 세계 60개국과 20개 이상의 국제단체가 실시하고 있다. **우리나라도** 1988**년 1월부터 실시**하고 있다.

이 분류방식은 품목수를 종전보다 5배 많은 5,019개 품목으로 늘렸으며 품목번호를 4자리에서 6자리로 세분화했다. 1987년 8월 한국과 미국의 정부 및 섬유업체 대표들은 HS 도입에 따른 섬유류의 물량이동 부적용을 최소화한다는 데 합의하고 이와 함께 직물원사 그룹에서는 새로운 카테고리(229)를 신설, 전체 카테고리도 늘인 바 있다.

국제통일상품분류방식은 현행 각국의 관세분류가 관세부과나 무역통계 및 보험·운송 등 사용목적에 따라 그 내용이 다르기 때문에 무역상품의 이동에 따라 일일이 상품분류를 변경 적용해야 하는 불편함을 해소하기 위해 이를 통일시켜 시간 및 경비부담을 줄이기 위한 것이다.

이 제도는 국제통일상품분류제도(harmonized commodity description and coding system : HCDCS)의 약칭으로 SITC, CCCN, TSUSA(미국 관세율표) 등을 국제적으로 통일하기 위해서였다.

종래의 CCCN이 순수하게 관세부과 목적인 데 반해 HS는 관세·무역·통계·운송·보험 등 전 분야에 사용될 수 있도록 CCCN을 보완한 다국적 상품분류이다.

제2절 CITES

CITES(Convention on International Trade in Endangered Species of Wild Fauna and Flora)는 멸종위기에 처한 야생동식물의 국제거래를 일정한 절차를 거쳐 제한함으로써 **멸종위기에 처한 야생동식물을 보호하는 협약**을 말한다.

세계적으로 야생 동식물의 불법거래나 과도한 국제거래로 인하여 많은 야생동식물이 멸종위기에 처함에 따라 국제적인 환경보호 노력의 일환으로 1973년 미국 워싱턴에서 세계 81개국의 참여하에 CITES 협약을 체결했다. 우리나라는 1993년에 가입하였다.

CITES 협약은 국제적으로 보호되는 동식물종을 지정하고 수출입증명서 확인 등 일정한 요건과 절차를 거치게 하여 수출입을 규제하고 있으며 회원국은 수출입허가부서, 수출입허가확인부서(세관 등), 단속부서(세관, 경찰 등)로 협약을 운용해야 한다.

이 협약에 따르면, 규제되어야 할 야생동식물의 종류를 크게 세 가지 범주로 나누어 멸종위기에 처한 동식물, 교역을 규제하지 않으면 멸종할 위험이 있는 동식물, 각국이 교역에 의한 규제를 위해 국제협력을 요구하는 동식물로 분류하고 있다.

위 범주에 속하는 동식물에 대해서는 각 국가가 수출입을 허가하도록 되어 있으며, 특정한 종의 수출입이 생존을 위협하지 않는 경우에만 허가가 가능하다. 수출국가는 특정한 종의 수출이 국내법에 의해 합법적으로 인정되는 경우에 동식물을 학대하지 않는 방법으로 운반해야 하며, 수입국가는 이를 상업적 목적으로 이용하지 않고, 적합한 생활환경을 보장해 주어야 한다.

이 협약은 부속서 1, 2, 3으로 구분돼 있는데, 부속서 1은 코뿔소와 고릴라, 안경곰, 사자, 호랑이, 용설난, 코끼리 등 멸종위기에 처한 557종을 선정, 상업목적을 위한 국제거래를 금지하고 학술연구목적으로 거래할 때는 양국 정부에서 발행하는 수출입 허가증 제시를 의무화하고 있다. 우리나라는 황새, 따오기, 흑두루미, 두루미, 재두루미, 산양, 수달, 가슴반달곰, 쇠고래 등이 해당된다.

부속서 2는 국제거래를 엄격히 규제하지 않을 경우 멸종될 위험이 높은 북극곰, 하마, 왕뱀, 카멜레온 등 262종을 지정, 상업목적의 국제거래에 수출국 정부의 수출허가증 제출을 규정하고 있다. 우리나라는 참수리, 독수리, 새매, 고래목, 사향노루, 제주도의 한란 등이 해당된다.

부속서 3은 당사국이 자국 내 특정 동식물을 지정해 국제거래를 규제한다. 인도살모사, 네팔양귀비 등 241종이 있다.

제3절 AEO

AEO(Authorized economic operator)는 9·11 테러 이후 미국세관에서 안전을 강조하면서 통관이 지연되자 세계관세기구(WCO)에서 관련 규정을 강화하기 위해 도입한 것이다.

수출 기업이 일정 수준 이상 기준을 충족하면 세관에서 통관 절차 등을 간소화 시켜주는 제도다.

AEO 적용대상에는 제조자, 수입자, 관세사, 운송인, 중계인, 항구 및 공항, 배송업자 등이 모두 포함된다.

한편, 미국은 C-TPAT라는 용어를 쓰고 있다. 이 제도는 2010년 6월까지 전체 154개 회원국이 의무적으로 도입했다. 한국은 2008년 관세법 개정 등을 통해 이미 도입한 상태이며, 현재 종합인증 우수업체제도라는 명칭으로 시행되고 있다.

제4절 관세관련 국제협약

번호	관세행정관련국제협약명	발효일	관련기구
1	관세와무역에관한일반협정(GATT)	67. 4.14	WTO
2	WTO설립을위한마라케쉬협정	95. 1. 1	〃
3	1994 관세및무역에관한일반협정	95. 1. 1	〃
4	GATT 제6조(덤핑방지에 관한규정)의시행에관한협정	95. 1. 1	〃
5	GATT 제7조(과세가격 평가)의시행에관한협정	95. 1. 1	〃
6	보조금및상계관세협정	95. 1. 1	〃
7	무역관련지적재산권협정(TRIPs)	95. 1. 1	〃
8	선원의후생용품에관한관세협약	68. 7. 2	WCO

번호	관세행정관련국제협약명	발효일	관련기구
9	선원의후생용품에관한관세협약	76. 1.21	〃
10	전시회, 전람회, 회의, 기타유사한행사에서의전시 또는사용을위한물품의수입상편의에관한협약	76. 1.21	〃
11	포장용기의일시적수입에관한국제협약	76. 1.21	〃
12	직업용구의일시수입에관한관세협약	78. 7. 3	〃
13	물품의일시수입을위한일시수입통관증서에 관한관세협약(ATA Carnet협약)	78. 7.3	〃
14	과학장비의일시수입에관한관세협약	82. 9.18	〃
15	교육용구의일시수입에관한관세협약	82. 9.18	〃
16	세관절차의간소화및조화에관한국제협약(교토협약)	83.10.15	〃
17	컨테이너에관한관세협약	85. 4.19	〃
18	통일상품명및부호체계에관한국제협약(HS협약)	88. 1. 1	〃
19	개정 세관절차의간소화및조화에관한국제협약(개정 교토협약)	06. 2. 3	〃
20	마약에관한단일협약	64.12.13	UN 및 기타
21	상품견본및광고용물품의수입편의를위한국제협약	78. 7.12	〃
22	문화재의불법적인반출입및소유권양도의금지와예방 수단에관한협약	83. 5.14	〃
23	멸종위기에처한야생동식물종의국제거래에관한협약	93.10. 7	〃
24	1961년 마약에관한단일협약개정의정서	75. 8. 8	〃
25	향정신성물질에관한관세협약	78. 4.12	〃
26	국제도로면세통관증서의담보하에행하는화물의국제 운송에관한관세협약(TIR협약)	82. 7.28	〃
27	1972년 컨테이너에관한단일협약	85. 4.19	〃
28	유해폐기물의국가간이동및처리통제에관한바젤협약	94. 5.30	〃
29	마약및향정신성물질의불법거래방지에관한국제협약	99. 3.28	〃
30	세계지적소유권기구설립에관한협약	70. 4.26	WIPO
31	공업소유권보호를위한파리협약	70. 4.26	〃
32	국제민간항공협약	52.12.11	ICAO
33	런던덤핑협약	75. 8.30	IMO

제 9 장

FTA

제1절 세계경제 체제의 변천과정

관세에 의한 보호무역은 제1차 세계대전 후의 불황 속에서 더욱 박차를 가했으며 1932년**에는 영국도 자유무역정책을 포기하고 영연방특혜관세제도를 확립**하였다(**영연방특혜관세제도는 후일** GATT**에도 반영되었으나 결국 이 때문에** GATT**가 해체되고** WTO**가 설립되는 결과를 초래**했다).

이를 계기로 세계경제는 블록경제 체제로 발전되고, 마침내 제2차 세계대전을 불러오게 된다. **제2차 세계대전 말기**에 이르러 세계는 국제적 협조를 바탕으로 하는 **새로운 세계경제 체제를 모색**하게 되었는데, 이것이 '브레튼우즈 협정'(1944)이고, 통상면에서는 '관세 및 무역에 관한 일반협정(GATT)'(1948)이었다.

이후 GATT는 케네디라운드(KR)·도쿄라운드(TR)·우루과이라운드(UR) 등을 차례로 거치면서 관세의 인하·비관세 장벽의 철폐 등에 대한 교섭을 꾸준히 전개하여, 1993년 12월 한국을 비롯한 117개국이 UR협정문에 조인함으로써 자유무역 체제가 더욱 굳혀지면서, 그간 국제통상질서를 지배하던 GATT 체제는 그 자리를 1995년부터 세계무역기구(WTO)로 넘겨주게 되었다.

세계무역기구(WTO) **체제는 크게 두 가지 형태**가 있는데, 하나는 모든 회원국이 자국의 고유한 관세와 수출입제도를 완전히 철폐하고 역내의 단일관세 및 수출입제도를 공동으로 유지하는 방식으로, **유럽연합**이 대표적인 예이다. 다른 하나는 회원국이 역내의 단일관세 및 수출입제도를 공동으로 유지하지 않고 자국의 고유관세 및 수출입제도를 그대로 유지하면서 무역장벽을 완화하는 방식으로, **북미자유무역협정**이 대표적인 예이다.

한편 WTO가 1995년 설립된 이후, 각 부속협정들의 이행과정에서 크고 작은 문제점들이 발생하였고 그에 따른 개선방안들이 많이 제시되고 있다. 그 중에서도 가장 큰 문제는 이러한 문제점들을 개선하기 위해 회원국들이 모인 **도하라운드**가 아직까지도 유의미한 결과를 도출하지 못하고 있다. 이는 각 회원국들의 이해관계가 첨예하게 대립하고 있기 때문이다.

제2절 FTA의 배경

1995년 WTO가 설립된 이후, 이행과정에서 많은 문제점들이 발생하였고 이러한 문제점들을 개선하기 위해 세계 각국은 이를 돌파하는 새로운 형태의 무역협상을 시도하게 되었다. 이를 FTA라 한다.

FTA는 **경제기구나 관세기구는 아니다**. FTA는 국가 간 상품의 자유로운 이동을 위해 모든 무역 장벽을 완화하거나 제거하는 협정으로서 영문 머리글자를 따서 FTA(Free Trade Agreement)로 약칭한다.

FTA는 특정 국가 간의 상호 무역증진을 위해 물자나 서비스 이동을 자유화시키는 협정으로, 나라와 나라 사이의 제반 무역장벽을 완화하거나 철폐하여 무역자유화를 실현하기 위한 **양국 간 또는 지역 사이에 체결**하는 **특혜무역협정**이다.

그러나 자유무역협정은 그동안 대개 유럽연합(EU)이나 북미자유무역협정(NAFTA) 등과 같이 인접국가나 일정한 지역을 중심으로 이루어졌기 때문에 흔히 **지역무역협정**(RTA: Regional Trade Agreement)이라고도 부른다.

WTO가 모든 회원국에게 최혜국대우를 보장해 주는 **다자주의**를 원칙으로 하는 세계무역 체제인 반면, FTA는 **양자주의 및 지역주의**적인 특혜무역 체제로, 회원국에만 무관세나 낮은 관세를 적용한다.

FTA는 시장이 크게 확대되어 비교우위에 있는 상품의 수출과 투자가 촉진되고, 동시에 무역창출효과를 거둘 수 있다는 장점이 있으나, 협정대상국에 비해 경쟁력이 낮은 산업은 사라져야 하는 상황이 발생할 수도 있다.

제3절 FTA의 현황과 미래

1. FTA의 현황

2002년 당시 WTO 회원국 가운데 거의 모든 국가가 1개 이상의 FTA를 체결하고 있으며, 효력을 유지하고 있는 협정만도 148개에 달했다.

GATT를 대체하여 1995년 1월 1일부터 발효된 세계무역기구(WTO) 체제하에 있어서는 우리나라는 공산품 8,137개 품종, 수산물 351개 품종 및 농산물 1,298개 품종을 각각 양허하였다.

그러나 이러한 관세는 결국 국가 간의 마찰을 필연적으로 불러올 수 밖에 없기 때문에 국가 간, 지역 간 또는 세계 간에 협의를 통하여 해결해 오고 있다.

한편 1995년 WTO 설립 이후 세계 각국 간의 다자간 협상이 어려움을 거듭하자 세계 각국은 이를 지역 간 협정으로 변화하였다.

대표적인 지역 간 협정은 NAFTA였다. 한국은 1998년 11월 대외경제조정위원회에서 FTA 체결을 추진하기 시작하여 **한국 최초의 한-칠레 FTA가 2004년 4월 1일부터 발효**되었다.

그 뒤로 한-싱가포르 FTA는 2006년 3월 2일에, 한-유럽자유무역연합(EFTA) FTA는 2006년 9월 1일에 발효되었다. 2007년 6월 발효된 한-ASEAN(동남아시아국가연합) FTA 상품무역협정은 2008년 11월 캄보디아 등 9개국에 대한 발효가 완료되었다. 2011년 한국은 16개국과 5건의 FTA 발효, 29개국과 3건의 FTA 체결, 12개국과 7건의 FTA 협상 진행, 16개국과 9건의 FTA 협상 준비 및 공동연구를 하고 있다.

2. FTA의 미래

우리나라는 최근 한미 FTA, 한중 FTA 등 많은 FTA를 체결하고 있다. FTA란 국가 간 상품의 자유로운 이동을 위해 무역 장벽을 완화하거나 제거하는 협정이다. 수출 중심의 우리나라 산업구조에서 필수적인 외교협정이라고 볼 수 있다.

그런데 이런 FTA에도 단점은 있다. 진입장벽을 낮추게 되면 상대적으로 산업기반이 약한 분야에서는 자본이나 기술력 등에 밀려 경쟁력을 잃게 되면서, 국내 시장을 완전히 잠식당할 우려가 있다.

하지만 이러한 단점이 있어도 대한민국의 앞날을 위해서 FTA는 반드시 필요하다. FTA는 단순히 우리나라의 제품을 파는데 관세를 낮추는 협정이 아니다. 제품만이 아닌 재화, 서비스까지도 이동이 자유로워지기 때문에 상대국에서도 자유롭게 경제활동이 가능해진다.

즉 우리나라의 경제영토 자체가 넓어지는 것이다. 실제로 국내 법무법인 대륙아주가 미국 뉴욕에 사무소를 세우는 등 국내의 서비스 산업도 해외로 진출하고 있다. 이처럼 서비스나 재화의 이동이 자유로워지기 때문에, 경제 영토가 넓어진다고 표현할 수 있다.

이뿐만이 아니다. 현재 국내 서비스 산업은 성장이 정체되고 있다. 서비스 가격은 점점 상승하는 반면 생산성은 점점 악화되고 있는 현실이다. 향후 국내 산업구조가 서비스산업으로 이행되면 이러한 생산성 정체는 경제 전체에 큰 악영향을 미칠 수 있다.

하지만 FTA를 통해 해외의 서비스 기업들이 국내에 진출하게 되면, 해외 기업들과 국내 기업들의 경쟁이 시작되면서, 우리나라 서비스 산업에 자극을 주게 된다. 그러면 살아남기 위해 경쟁을 하면서 자연스럽게 국내 서비스 산업의 질 자체가 높아질 수 있다.

FTA는 장점만이 있는 것이 아니라 국내 시장구조가 무너질 수 있는, 분명한 리스크를 안고 있는 협정이다. 하지만 리스크가 크다고 해서 FTA를 하지 않는다면 현재의 산업, 미래의 산업 모두를 잃게 될 수 있다.

현재 우리나라 산업구조는 수출중심의 구조이기 때문에, 세계시장에서 경쟁력을 갖기 위해서는 관세를 낮추는 FTA가 필요하다. 하지만 그뿐만이 아닌 우리나라 미래를 책임질 산업의 경쟁력을 키워 앞날을 대비하는 역할도 하고 있기 때문에 정말 중요하다고 할 수 있다.

이 리스크를 해결만 할 수 있다면 FTA를 장점 그대로 이용할 수 있다. 그렇다면 리스크를 해결하려면 어떻게 해야 할까? 가장 좋은 방법은 산업기반이 미약한 분야에는 FTA 조약을 체결하지 않는 것이다. 하지만 우리에게 이득이 되는 분야에 FTA를 체결하기 위해 약한 분야의 FTA조약도 체결해야 할 경우가 생긴다.

따라서 FTA를 체결하기 전에 미약한 분야의 산업 기반을 최소한이라도 지키기 위한 안전조항을 포함하여야 한다. 수입된 상대국의 상품에 의해 국내 산업

기반이 완전히 무너질 위험에 처했다고 판단할 경우 긴급수입제한 조치를 취하는 것이다.

실제로 터키나 EU의 경우 세이프가드 조항을 포함한 FTA를 체결하고 있다. 하지만 이 세이프가드 조항은 남발하면, 자유로운 무역을 하지 못하게 되는 단점이 있다. 따라서 엄격한 기준에 따라서 발효될 수 있게끔 해야 한다.

FTA에 대한 연구와 상대국에 대한 배려가 더해져서 더 나은 대안이 만들어진다면, FTA는 우리나라의 미래를 책임지는 협정이 될 것이라고 확신한다. 여러분들은 어떻게 생각하시나요?

일반적으로 FTA의 성과는 무역 확대, 직접투자 활성화, 산업경쟁력 개선 등을 기준으로 판단한다. 그 중에서 무역이나 투자 분야의 실적은 대체로 긍정적이었다는 평가가 많다. 그러나 아직은 성과의 쏠림이 너무 크고, 특히 대미 교역은 연간 단위로 이뤄지는 장기 계약이 많아 성공 여부나 성과의 크기를 논하기에는 다소 이르다.

FTA의 기본 목표는 단순히 수출이나 무역수지 흑자를 늘리는 것이 아니라 개방을 통한 효율화, 즉 두 나라 사이에 양방향 교역과 투자 확대를 통해 자원 배분의 효율화를 높이는 것이다. 따라서 교역액 감소를 동반한 일방적인 무역수지 흑자 급증은 국내 산업경쟁력 개선과 재편에 큰 기여를 못하기에 기대했던 성과로 보기는 어렵다.

FTA가 제 자리를 잡아가기 위해서는 중소기업들의 활용도 제고가 매우 중요하다. 다른 나라들의 사례를 보더라도 FTA 발효 직후에는 관세, 비관세 장벽 때문에 진출하지 못하던 시장을 새로 공략하는 기업들이 늘어나면서 중소기업 중심으로 수출입의 다양성이 급증하는 것이 일반적이다.

그러나 한미 FTA의 경우, 활용 실적의 대부분이 아직 대기업 거래에서 비롯되며, 중소기업의 50대 수출품 중 FTA 혜택 품목은 활용이 부진하다. 이처럼 중소기업의 FTA 활용이 빠르게 늘어나지 않는 이유로는 지나치게 높은 대기업 의존도, 글로벌화나 FTA 활용을 위한 인력 부족, 불충분한 수출 규모 등이 복합적으로 거론된다.

이 문제를 개선하기 위한 대책 역시 장단기에 따라 다르게 적용할 필요가 있다. 예컨대, 단기적으로는 원산지 증명과 같은 FTA 활용 컨설팅이나 해외 홍보 등 '지원' 중심으로 대응하는 것이 적절하다. 그렇지만 장기적으로는 중소기업들

스스로 제품 경쟁력 제고와 하도급 구조 탈피, 해외 생산 네트워크에 관한 정보력 등 글로벌 진출을 위한 근본적인 '역량'을 확충하도록 해야 한다.

특히 우리나라처럼 시장 규모가 작고 경쟁이 치열한 환경에서 강소기업으로 살아남는 유일한 방법은 세계무대 진출 밖에 없다는 점을 기업들 스스로 공감해야 한다.

이렇게 한미 FTA 등 개별 무역협정도 필요하지만, 최근의 몇 가지 상황에 비춰보면 동아시아와 관련된 글로벌 통상 질서의 변화 방향을 파악하고 이런 맥락을 놓치거나 흐름에서 뒤쳐지지 않는 것이 더욱 중요하다.

먼저 동아시아 내에서 한중일 FTA, 역내포괄적경제동반자협정(RCEP), 환태평양동반자협정(TPP) 등 역내 국가 상당수를 포괄하는 다자간 특혜무역협정 논의가 본격화되고 있으며, 마치 각 협정들끼리 서로 경쟁하는 분위기가 감지된다는 점에 유의해야 한다.

특히 최근의 다자화 움직임은 기존 FTA의 결점을 보완하기 위한 FTA 2.0의 성격이며, 원산지 증명 등 FTA 혜택을 위한 행정 비용에 부담을 느끼는 중소기업들이 적지 않다는 점에서 이를 최소화할 수 있는 유용한 대안일 수 있다.

선진국 간의 FTA 확대 추세에도 주목해야 한다. 글로벌 경제위기 이후 실업문제 해결을 위한 제조업과 수출의 중요성이 커지고 중국과 아시아 후발 개도국의 빠른 부상이 새로운 위협 요인으로 지적되면서 선진국들 간 경제협력의 필요성이 다시금 부각되기 시작한 것이다.

물론 선진국 간의 FTA는 산업구조의 높은 유사성, 취약 부문의 목소리가 더 잘 반영되는 정치구조 등으로 이해관계 상충이 큰 편이라 단기간에 진전될 가능성이 높지는 않다. 하지만 그 과정에서 선진국들 간 산업 협력을 촉진하고 제조업 주도권을 유지하는데 도움을 줄 새로운 제조업 표준이나 무역 규범 탄생을 촉발시킬 수 있다는 점에서 제조업 비중과 중국 시장 의존도가 높은 우리에게 예측 못한 쓰나미가 되지 않도록 적절한 대응이 필요할 것이다.

제 4 부

관세법 일반

제10장 관세법 개요

제 10 장

관세법 개요

제1절 관세법의 정의 및 특징

1. 정의

관세법은 관세부과의 근거가 되는 법률로써 1949년 11월 23일 법률 제67호로 제정되었으며, 2015년 현재까지 총 90회의 개정이 있었다.

넓은 의미의 관세법령은 관세법, 관세법시행령, 관세법시행규칙을 포함한다. 관세법은 관세의 부과·징수 및 수출입물품의 통관을 적정하게 하여 관세수입을 확보함으로써 국민경제의 발전에 이바지하고자 정한 법률이다. 관세법은 수입물품에 대하여 관세뿐만 아니라 부가가치세, 개별소비세 등의 과세기준까지도 규정하고 있다.

관세법을 이해하기 위해서는 우선 관세 및 관세 관련 용어들에 대하여 살펴보아야 한다.

1) 관세의 의미

관세는 관세영역을 통하여 수출·수입되거나 그 영역을 단순히 통과하는 물품에 대해 부과하는 세금을 말하며 국세의 한 종류이다.

2) 관세영역

관세영역이란 경제적인 국경으로서 우리가 일반적으로 알고 있는 영토적인 국경과 일치하지는 않는다.

이렇게 관세는 관세영역을 이동하는 물품에 대하여 부과되는 조세이며, 수출세·수입세·통과세 등이 있으나, 오늘날 수출세나 통과세를 부과하는 나라는 거의 없으므로 관세라고 할 때는 대체로 수입세를 의미한다.

3) 관세의 역할

관세는 특정의 국내 산업 보호, 재정수입 확보, 소비억제, 국제수지 개선 및 수출 촉진 등의 기능이 있다.

2. 특징

관세법에 의하면 관세를 납부하여야 하는 물품에 대하여는 다른 조세 기타 공과금과 채권에 우선하여 관세를 징수하도록 하고 있다. 관세는 원칙적으로 수입신고 당시의 법령에 의하여 부과한다.

과세물건의 확정 시기나 납세의무자는 물품별로 정하고, 관세의 세율은 관세율표에 의한다. 관세의 과세표준은 수입물품의 가격 또는 수량으로 한다.

특별히 필요할 때에는 덤핑방지관세, 상계관세, 보복관세, 긴급관세, 조정관세, 할당관세, 계절관세, 국제협력관세, 편익관세 등을 부과할 수 있다.

관세의 징수는 신고 납부나 부과 고지에 의하며, 현장 수납을 할 수 있다.

또한 일정한 요건에 따라 감면·환급이나 분할 납부가 인정된다.

관세는 부과할 수 있는 날로부터 2년이 지난 후에는 부과할 수 없으며, 관세 징수권은 5년간 행사하지 않으면 소멸시효가 완성된다.

관세에 관한 위법 또는 부당한 처분에 대하여는 이의신청, 심사청구 또는 심판청구를 할 수 있다. 이의신청은 당해 세관장에게 한다. 심사청구는 세관장을 거쳐 관세청장에게 한다. 행정소송은 심사청구 또는 심판청구와 그에 대한 결정을 거쳐야 제기할 수 있다.

운송수단으로는 선박과 항공기와 차량을 규율한다. 보세구역은 지정 보세구역·특허 보세구역 및 종합 보세구역으로 구분한다. 보세구역에 물품을 반입·반출하고자 하는 자는 세관장에게 신고하여야 한다. 보세창고, 보세공장, 보세 전시장, 보세 건설장, 보세 판매장 등의 설치·운영에는 세관장의 특허가 있어야 한다.

관세청장은 일정한 지역을 종합보세구역으로 지정할 수 있다. 보세 운송은 세관장에게 신고하여야 한다. 세관장은 보세운송 물품의 감시·단속을 위하여 필요하다고 인정하는 경우에는 관세청장이 정하는 바에 따라 운송 통로를 제한할 수 있다. 물품의 수출·수입은 세관장에게 신고하여야 한다. 공안 또는 풍속을 해할 서적, 국가기밀, 화폐 등은 수출 또는 수입할 수 없다.

관세청장 또는 세관장은 필요한 경우에 통관물품 및 통관절차의 제한, 보세구역 반입명령, 통관의 보류 등의 조치를 취할 수 있으며, 세관공무원은 물품, 운송수단, 장치 장소, 장부 서류를 검사하거나 봉쇄 기타 필요한 조치를 할 수 있다. 세관장은 수입하는 물품에 통관 표지의 첨부를 명할 수 있다.

밀수출입죄, 관세포탈죄 등의 범죄는 처벌되며, 밀수 전용 운반기구, 범죄 사용 물품은 몰수한다. 관세범에 관한 조사·처분은 세관공무원이 행한다. 세관공무원은 관세범에 관하여 사법경찰관리의 직무를 행한다. 관세범에 관한 사건은 관세청장 또는 세관장의 고발이 없는 한 검사는 공소를 제기할 수 없다. 관세청장 또는 세관장은 관세범의 확증을 얻은 때에는 통고처분을 할 수 있으며, 관세범이 이행하지 않을 때에는 관세청장 또는 세관장은 즉시 고발하고, 관세범인이 이행한 때에는 동일사건에 대하여 다시 처벌을 받지 않는다.

현행 관세법은 13**개의 장과** 329**개의 조문** 및 방대한 양의 **관세율표로 구성**되어 있는데, **제1장(총칙)**에서는 용어의 정의 등 일반적인 사항을, **제2장(과세)**에서는 과세의 요건, 부과와 징수, 감면·환급, 징수유예 및 심사·심판 등에 관하여 규정하고 있다.

제3장(세율 및 품목분류)에서는 가징 중요한 관세행정상의 실무적인 문제들에 대하여 다루고 있으며, **제4장(감면, 환급, 분할납부)**에서는 관세 납부 시 납세의무자의 납세 편리에 대해 다루고 있다. **제5장(납세자의 권리 및 불복)**에서는 납세의무자에 대한 권리 및 구제에 대해 다루고 있다.

제6장(운송수단)에서는 선박과 항공기 및 차량 등이 관세징수와 관련하여 지켜야 할 사항을 규정하고 있다. **제7장(보세구역)**에서는 지정보세구역·보세장치장·보세창고·보세공장·보세전시장 및 보세건설장과 같은 특정한 지역에 반입된 외국물품에 대하여는 일정한 조건하의 수입으로 보지 아니하여 관세를 납부하지 아니하도록 규정하고 있다. **제8장(운송)**에서는 외국물품을 국내에서 운송하거나 내국물품을 외국무역선 등에 의하여 운송하는 경우에 필요한 사항을 규정하고 있다.

제9장(통관)에서는 물품의 수입·수출·반송 및 우편물의 통관 등 구체적인 통관절차를 규정하고 있다. **제10장(세관공무원의 자료제출)**에서는 세관공무원의 서류제출 등의 명령권, 총기의 사용권 등을 규정하고, **제11장(벌칙)**에서는 벌칙을, **제12장(조사와 처분)**에서는 관세범은 관세청장 또는 세관장의 고발이 있어야 공소를 제기할 수 있도록 하고, 관세청장 또는 세관장은 벌금형에 처하는 것으로 정상이 인정되는 관세범에 대하여 벌금에 해당하는 금액을 납부하도록 통고처분을 할 수 있도록 규정하고 있다. **제13장(보칙)**에서는 세관의 근무일시, 관세범의 체포유공자에 대한 포상 등을 규정하고 있다.

이 법률의 하위법령으로 <관세법시행령>과 <관세법시행규칙> 등이 있는데, 관세법은 물자의 수급을 조절하거나 다른 국가와의 관세협력 등을 위하여 일정한 기간을 정해 관세율을 높이거나 낮추는 것을 인정하여, 필요할 때마다 대통령령이 제정되고 있다.

관세법은 수출입 물품에 대하여 관세를 징수하기 위한 법률이므로 외국의 영향을 받지 않을 수 없다. 세계 각국은 국제협력을 강화하기 위하여 자유무역을 추구하고 있고, 우리나라도 국제경제에서 차지하는 비중이 높아감에 따라 관세제도가 외국의 영향을 점차 많이 받고 있다.

WTO 출범 이후인 1998년 12월 28일에는 법률 제5583호로 관세법을 개정하였다. 이는 외국인 투자유치를 원활히 하기 위하여 종합보세구역제도를 도입하는 등 보세제도를 개선하고, 기업의 생산성 향상을 도모하기 위하여 물품의 즉시반출제도를 신설하는 등 수출입 통관절차상의 편의를 증진하며, 기타 현행제도의 운영상 나타난 일부 미비점을 개선·보완하였다.

그 주요골자는 다음과 같다.

첫째, 납세의무자가 신고납부한 세액이 납부하여야 할 세액에 미달 납부된 경우에는 그 부족세액을 징수함과 아울러 가산세도 징수하여야 한다. 이 경우의 가산세는 부족세액의 100분의 10에서 100분의 20으로 상향조정하여 납세자의 성실신고를 유도한다(법 제17조의 4항 및 제137조 제5항).

둘째, 보세구역 안에서만 허용하던 보수작업을 보세구역 밖에서도 할 수 있도록 하고, 보세장치장에 반입된 물품의 장치기간은 6개월 범위 내에서 관세청장이 정하는 기간으로 하던 것을 1년 범위 내에서 정하도록 하며, 보세공장에 반입된 물품의 장치기간은 1년에서 보세공장 설영의 특허기간으로 하는 등 보세구역 이용자의 편의를 증진할 수 있도록 한다(법 제69조·제91조 및 제99조).

셋째, 일정한 지역을 보세구역으로 지정하여 동지역 입주업체로 하여금 외국물품 상태에서 물품을 제조·보관·판매·전시 등을 할 수 있도록 하는 종합보세구역제도를 도입하고, 내수용 보세공장의 업종제한을 완화하는 등 외국인의 투자유치에 편의를 제공하도록 한다(법 제98조 제3항 및 제116조의 제3항 내지 제116조의 제11항).

넷째, 물품의 품명, 규격 등 간단한 사항만을 신고하고 물품을 반출·사용한 후 수입신고하는 즉시 반출한다(법 제143조의 제2항).

다섯째, 단순한 보고불이행 등의 경우 벌칙으로 처벌하던 것을 과태료로 전환하고 관세포탈죄의 경우 그 해의 물품을 몰수하던 것을 과세하도록 함으로써 국민의 부담을 경감한다(법 제148조·제188조·제192조의 제2항 및 제198조).

여섯째, 관세청에 설치된 몰수품심사위원회를 폐지하고, 몰수 또는 국고귀속 전에 발생한 보관료 등을 세관장이 지급하도록 명시하여 몰수품처분제도의 합리화를 도모하는 등 관세제도를 합리적으로 개선한다(법 제242조의 제3항 및 제242조의 제4항 등).

제2절 관세제도의 변천과정

1. 개관

우리나라의 관세제도는 19세기 말 우리나라가 개방정책을 채택하면서부터 확립되었다고 할 수 있다. 물론 그 전부터 중국·일본 등과의 교역은 있었으나, 공(公)무역이 위주였고 사(私)무역은 비공식적인 것이었기 때문에 관세제도가 확립되지 못하였다.

1876년 강화도조약으로 일본과 교역이 시작되었으나, 일본측이 관세제도를 이해하지 못하던 조선의 관리를 속여 <조일무역규칙>을 체결하고 7년간의 무관세를 인정받았다. 그러나 조선정부는 1878년 관세규정을 제정하여 내국인으로부터 관세를 징수하였고, 미국 등과의 통상협정에는 일본과의 경우와 같은 잘못을 저지르지 않고 관세를 징수하였으며, 1883년부터 일본인에게 관세를 부과하였다.

1910년 우리나라를 합병한 일본은 선진외국에 대하여 10년간 조선에서의 이익을 보호하겠다는 약속을 하였고, 이에 따라 종전의 제도가 유지되었다. 그러나 1912년 3월 종전의 제도가 불문율적인 관습에 따라 부과되어 부당하다는 이유로 <조선관세령>·<조선관세율령>을 제정하였으며, 1920년에는 선진외국과의 보장기간이 끝나면서 <관세법·관세정률법·보세창고법 및 가치장법에 있어서 특례에 관한 건>을 제정하여 일본의 제도를 그대로 답습하였다.

1945년부터 1947년까지 미군정 때에도 일본의 제도를 부분적으로 보완하여 시행하였고, 1949년 **11월에는 우리나라 최초의 <관세법>을 제정, 시행하게 되었다**.

우리나라 관세법은 1967년 GATT **가입을 계기로** 1967년 11월 **전문개정**될 때까지 14차례의 부분개정이 있었고, 1995년 WTO **가입 이후** 2000년 **전문개정**을 하여 현재에 이르고 있다. 이는 산업구조의 고도화와 함께 국제화시대에 맞추어 개정하게 된 것이다.

2. 관세부과의 역사

1) 우리나라

우리나라의 대외교역은 삼국시대 이후 대체로 중국과 일본을 상대로 하여 전개되어 왔다. 전통시대의 대외교역은 조공형식을 띤 공무역이 원칙이었으며 이에 더하여 사무역도 행하여졌다.

조선시대 책문후시의 무역상인으로부터 관세의 성격을 띤 세금을 징수한 것과 일본과의 무역장소인 왜관 내에 수세관(收稅官)이 파견되었다는 기록으로 미루어 보아 전통시대에도 관세의 성격을 띤 공과금이 있었을 것이다.

우리나라에서 근대적인 관세제도의 태동은 1876년 개항 이래 시작된 대외통상조약의 체결부터이다. 이를 계기로 하여 일본뿐만 아니라 다른 열강들과도 계속하여 통상조약을 체결하였다.

근대국가간의 통상조약에는 관세문제가 중요한 내용이 되어야 함에도 불구하고 일본의 간계와 우리나라 정부 당국의 잘못으로 인하여 관세조항을 두지 못하였으며, 한일수호조약의 체결 후 6개월 만인 1876년 8월에 조인된 한일무역규칙에 있어서도 관세조항을 두지 못하였다. 그 결과 우리나라에는 개항 직후 수년간 이른바 무관세시대(無關稅時代)가 계속되었다.

그 뒤 우리 정부는 청·일 양국 간에 있어서의 근대무역관계를 견문하게 됨으로써, 무관세무역이 국가경제 및 국가재정의 큰 손실임을 뒤늦게 인식하게 되었다. 이에 관세주권의 회복을 위한 시도적인 조처로서 1878년 9월 부산 두모진(豆毛鎭)에 세관(稅關)을 설치하였으며, 수출입물품에 대하여 일방적으로 일정률의 관세를 징수하기로 정하고 내국상인에 한하여 수세(收稅)를 시작하였다.

두모진세관의 설치는 우리나라의 근대적 관세징수업무의 효시이며 세관 설치의 효시이다. 그러나 이러한 징수조처에 대한 일본의 항의로 인하여 1878년 12월 두모진세관은 폐관되었다.

이 사건을 계기로 우리 정부는 관세주권의 회복을 위하여 꾸준히 노력하였다. 새로운 통상장정을 체결할 것을 일본 측에 강력히 요구하는 한편, 1882년 5월에는 미국과 한·미수호통상조약을 체결하였다.

이 조약에서 비로소 우리나라의 관세주권이 부분적이나마 대외적으로 인정을 받게 되었다. 그 내용은 수입물품에서 일반 상품에 대하여는 10%, 시계·양주 및 진귀품은 30%의 수입세를, 수출품에 대해서는 5%의 수출세를 부과하도록 규정하였다. 그 뒤 비슷한 내용의 통상조약을 영국·독일과도 체결하였다.

이에 당황한 일본은 그들에게 유리한 조건으로 한일통상장정과 해관세칙(海關稅則)을 1883년 7월에 우리나라와 조인하였다. 통상장정의 주요 내용은 아편의 수입 금지, 일본상인에 대한 최혜국대우 부여, 식량부족의 우려가 있을 경우 사전에 통고하고 방곡령을 실시할 것 등이다. 해관세칙에서는 수입물품에 대하여 품목에 따라 5~30%의 수입세를 부과하며, 수출품에 대하여는 5%의 수출세를 부과하되 예외적으로 홍삼은 15%로 규정하고, 면세대상품목도 표시하였다.

1883년에 한일통상장정이 체결되자 부산·인천·원산 등의 개항장에 해관이 설치되었고, 이를 외무아문(外務衙門)의 관할 아래 두고 총세무사(總稅務司)가 통괄하였다. 1895년에는 각 세관을 탁지부(度支部)의 관할로 이관시켰다가 1908년 1월에는 탁지부의 독립관청으로 관세국이 신설되어 관세에 관한 업무를 총괄하였다.

1900년의 무역총액이 2,063만 원인데 관세수입이 107만 원으로서 무역총액의 5.19%를 차지하였다. 1905년의 무역총액은 4,088만 원, 관세수입은 223만 원으로 무역총액의 5.45%, 1909년에는 무역총액이 5,289만 원인데 관세수입은 299만 원으로 무역총액의 5.69%를 차지하였다.

1910년 8월 일본이 국권을 탈취하자 우리나라에 대해서 구 관세제도를 그대로 시행함과 동시에 종래 우리나라와 통상관계를 맺고 있는 구미열강에 대해서도 차후 10년간은 기존의 통상관계내용을 지속하겠다는 것을 내외에 선언하였기 때문에 그 뒤 10년간은 구 관세제도가 그대로 답습되어 관세제도상 큰 변혁은 없었다.

그러나 일제는 종래의 구 관세제도가 불문율적인 관습에 의존하는 경우가 많아 운용상 불편한 점이 많고, 관세 부과의 공평을 기하기 어렵다는 이유로 당초의 선언에 저촉되지 않는 범위 내에서 조선관세정률령(朝鮮關稅定率令)·조선보세창고령(朝鮮保稅倉庫令)·조선돈세령(朝鮮噸稅令)과 조선육접국경관계령(朝鮮陸接國境關係令)을 1912년 3월과 1913년 3월에 각각 제정, 공포하였다.

이들 법규는 대체로 일본의 관세법규를 모방하고 거기에다 우리나라의 특수사정을 가미한 것으로서 종래의 구 관세제도를 일본식으로 재정리한 것에 지나지 않았다. 그 뒤 약간의 수정이 가해지기는 했으나 대체로 1920년 8월 구 관세거치기간이 만료될 때까지 그대로 존속되었으나 <조선관세정률령>의 별표인 수출입세표(輸出入稅表)는 여러 번 개정되어 일본에 대한 수입세의 면세범위가 확대되었다.

구 관세거치기간이 만료된 뒤부터 광복을 맞을 때까지 우리나라는 일본과 동일한 관세영역으로서 일본과 동일한 관세제도와 법률의 적용을 받았다. 이를 위하여 일제는 1920년 <관세법·관세정률법·보세창고법 및 가치장법에 있어서 특례에 관한 건>을 공포하였다.

일제강점기에 일본으로부터의 수입액 비중이 전체 수입액의 75% 정도를 차지하였는데, 1940년의 수입액이 15억 3,600만 원인데 수출액은 9억 4,800만 원에 지나지 아니하여 무역역조가 심하였다. 총 수입액에 대한 관세부담률은 1911~1917년까지는 7% 정도였으나 1918~1922년 사이에는 5%, 1923~1936년 사이는 2.5%, 1937년 이후에는 1.5% 이하로 점차 감소하였다. 총 조세수입 중 관세수입의 비중도 초기의 32%에서 중기에는 20~25% 정도, 말기에는 10% 이하로 저하되었다.

1945년 광복이 되었으나 국토가 분단되고 미국의 군정이 실시됨에 따라 대외무역은 일체 금지되었다. 군정법령 제21호에 의거하여 다른 모든 법령과 마찬가지로 민족항일기의 관세에 관한 모든 법령이 그대로 계속 시행되었으며, 1946년

1월에는 <대외무역규칙>이 공포되어 허가제에 의한 한정된 범위 내에서 대외무역이 행하여졌다.

1948년 대한민국 정부가 수립되고 각 부처의 기구와 직제가 정비되자 관세주권에 의한 관세제도를 우리의 소신대로 수행할 수 있게 되었다. 과거의 굴욕적이고 비자주적인 관세제도를 불식하고 독립국가로서의 관세제도의 확립을 위한 근간법규인 새로운 관세법의 제정이 시급하였다.

1949년 8월에 전문 253조로 된 <관세법> 본문과, 756종목과 1,706개의 세율수에 달하는 부속세율표(附屬稅率表)의 초안이 제헌국회에 회부되어, 같은 해 11월 11일 제38차 국회본회의에서 통과되어 11월 23일에 공포되었으며 즉일로 시행되었다.

당시의 <관세법>의 구성을 보면, 제1장 총칙, 제2장 물품, 제3장 운수기관, 제4장 세관화물취급인, 제5장 세관관리의 직권, 제6장 벌칙, 제7장 조사와 처분, 제8장 잡칙으로 되었으며, <관세법>의 부속세율표의 관세율은 물품의 필수 정도, 국내생산 여부, 정조(精粗)의 정도 및 용도에 따라 최하 1할로부터 최고 8할 이내에서 관세율을 책정하되, 담배·주류 등 특수기호품에 대하여는 최고인 10할로 하였다.

<관세법>은 <조세법>·<통관법>과 함께 형사법적인 성격을 구비하고 있으며, 관세행정은 국내외의 경제여건과 유동적인 상황에 신속하게 대처하여야 하기 때문에 여러 차례의 개정이 불가피하였다. 주요 개정내용을 보면 다음과 같다.

1967년 11월에는 국내 산업 보호와 수출지원을 목적으로 긴급관세·상계관세·편익관세와 제한적 수권제도 및 관세할당제도 등을 도입하여 탄력관세제도를 채택하였으며, 1973년 3월에는 경쟁력이 미약한 신규 국내 산업의 경쟁력 확보를 위하여 잠정기간 동안 적용할 수 있는 잠정세율제도를 채택하였다.

1960년대에는 수출을 지원할 목적으로 사전면세제도를 도입하여 운영하였으나, 무역규모가 커짐에 따라 1974년 12월 <수출용원재료에 대한 관세 등의 환급에 관한 특례법>을 제정하여 1975년 1월부터 관세환급제도를 채택하여 시행하였다. 1960년대 후반부터 무역량이 급증함에 따라 1970년 8월 관세행정의 전담기관으로서 관세청을 신설하였다.

우리나라의 평균관세율은 1949년 31.9%, 1957년 30.3%, 1961년 39.4%, 1963

년 38.9%, 1967년 38.8%, 1973년 31.3%, 1976년 35.7%, 1978년 24.9%, 1981년 23.7%, 1984년에는 21.9%, 1990년 11.4%, 1995년에는 7.9%에 이르는 변천과정을 겪어왔다.

1997년 이후 현재 시행되고 있는 관세율은 국정세율과 협정세율(국제협력관세)로 나누어지며, 국정세율은 기본 세율·잠정세율·탄력세율 및 환급에 갈음하여 인하하는 세율로 구분된다. 1997년 현재 관세의 과세표준은 2개 품목(관세율표상 품목단위 4단위)의 종량세 외에는 종가세로 되어 있다.

1997년도의 관세율 단계를 보면 무세에서 50%까지 15단계의 종가세율단계로 구성되어 종량세율 1단계를 합쳐 16단계의 구조를 이루고 있다. 평균관세율은 1961년의 7.9%에 이르고 있으나 수입물량의 증가와 수입가격의 인상 등의 요인으로 관세수입은 계속 증가하였다. 1961년에는 52억 원에 불과하였으나 1996년에는 5조 3,095억 원에 이르렀다.

2) 국제관세협력

관세는 국가 간 물품의 이동에 대한 조세의 부과이므로 국제적으로 통일된 제도의 채택과 관세의 인하를 위한 교섭이 필요하다. 국제적으로 통일된 제도의 채택을 목적으로 우리나라가 가입한 국제기구로서는 '관세협력이사회[1994년에 세계관세기구(WCO)로 개칭]'가 있다.

관세협력이사회는 체약국가간의 관세제도에 최고도의 조화와 통일을 확보함을 그 설립목적으로 하며, 우리나라는 1968년 10월 2일 관세협력이사회를 설립하는 조약, 관세율표에 있어서 물품의 분류를 위한 품목표에 관한 조약 및 세관에서의 물품의 평가에 관한 조약에 가입함으로써 정회원국이 되었다.

그리하여 각종 위원회의 참석은 물론 관세협력이사회의 각 조약과 각종 결정에 참여함과 동시에 이들 사항을 관세법규 등 국내법규와 관세행정에 수용함으로써, 관세행정을 국제적인 조화와 표준화에 접근하도록 하였다.

한편, 우리나라의 대외무역의 증진을 위해서는 특정국가 또는 국제기구와의 관세에 관한 협약이 필요하며, 협상을 진행함에 있어서는 관세율의 인하 등 양허(亮許)가 필요할 때가 있다. 관세율의 양허 등으로 자유무역을 구현하려고 설립된 국제기구로는 '관세 및 무역에 관한 일반협정(GATT)'이 있다.

우리나라는 1950년에 GATT 가입을 시도한 바 있으나 6·25전쟁으로 뜻을 이루지 못하고 있다가, 1963년에 가입을 위한 본격적 교섭을 시작하여 1967년 4월 14일에 가입이 실현되었다. GATT에 가입할 때 우리나라는 53개 품목에 대하여 관세를 양허하였다.

우리나라의 GATT 가입은 다음과 같은 중요한 의의를 지니고 있다. ① 모든 가입국과 일괄협정이 체결됨으로써 종래 우리나라의 수출물품에 대한 세계시장에서의 차별대우가 없어져 수출증대에 획기적인 계기가 되었다. ② 저개발국가에 대한 각종 특혜조치의 혜택을 받아 수출에 있어서 국제경쟁력이 강화되었다. ③ 우리나라가 양허한 품목을 생산하는 국내 산업에 대하여 국제경쟁력을 강화하도록 하였다. ④ 우리나라의 국제적 지위향상에 기여하였다.

관세인하의 교섭은 세계적으로 꾸준히 추진되어, 케네디라운드(Kennedy Round)에서 우리나라는 비교적 수입량이 적은 18개 품목을 양허하였으며, 1973년 9월 일본 동경에서 동경선언이 채택됨으로써 새로운 무역교섭이 개시되었다. 이를 '도쿄라운드'라 하며, 우리나라도 그에 적극 참여하여 143개 품목을 양허하였다.

한편, GATT 개발도상국간 무역협상이 1973년 2월 11일부터 발효되어 우리나라는 이 협상에서 이스라엘·유고슬라비아·터키·인도·브라질·파키스탄·스페인·이집트·튀니지·멕시코·그리스·칠레·우루과이·페루·방글라데시 등의 16개 국가에 대하여 6개 품목을 양허하였다.

그 밖에 아시아태평양경제사회이사회(ESCAP)의 개발도상국간의 무역협상에 의거, 우리나라는 인도·방글라데시·스리랑카 및 라오스에 18개 품목을 양허하였다. GATT를 대체하여 1995년 1월 1일부터 발효된 세계무역기구(WTO) 체제하에 있어서는 우리나라는 공산품 8,137개 품종, 수산물 351개 품종 및 농산물 1,298개 품종을 각각 양허하였다.

제 5 부

현행 관세법

제 11 장

현행 관세법

[법률 제12847호, 시행 2015.1.1.]

제1장 총칙

제1절 통칙

제1조(목적) 이 법은 관세의 부과·징수 및 수출입물품의 통관을 적정하게 하고 관세수입을 확보함으로써 국민경제의 발전에 이바지함을 목적으로 한다.

제2조(정의) 이 법에서 사용하는 용어의 뜻은 다음과 같다.

1. "수입"이란 외국물품을 우리나라에 반입(보세구역을 경유하는 것은 보세구역으로부터 반입하는 것을 말한다)하거나 우리나라에서 소비 또는 사용하는 것(우리나라의 운송수단 안에서의 소비 또는 사용을 포함하며, 제239조 각 호의 어느 하나에 해당하는 소비 또는 사용은 제외한다)을 말한다.
2. "수출"이란 내국물품을 외국으로 반출하는 것을 말한다.
3. "반송"이란 국내에 도착한 외국물품이 수입통관절차를 거치지 아니하고 다시 외국으로 반출되는 것을 말한다.
4. "외국물품"이란 다음 각 목의 어느 하나에 해당하는 물품을 말한다.

가. 외국으로부터 우리나라에 도착한 물품[외국의 선박 등이 공해(공해, 외

국의 영해가 아닌 경제수역을 포함한다. 이하 같다)에서 채집하거나 포획한 수산물 등을 포함한다]으로서 제241조제1항에 따른 수입의 신고(이하 "수입신고"라 한다)가 수리(受理)되기 전의 것

나. 제241조제1항에 따른 수출의 신고(이하 "수출신고"라 한다)가 수리된 물품

5. "내국물품"이란 다음 각 목의 어느 하나에 해당하는 물품을 말한다.

가. 우리나라에 있는 물품으로서 외국물품이 아닌 것

나. 우리나라의 선박 등이 공해에서 채집하거나 포획한 수산물 등

다. 제244조제1항에 따른 입항전수입신고(이하 "입항전수입신고"라 한다)가 수리된 물품

라. 제252조에 따른 수입신고수리전 반출승인을 받아 반출된 물품

마. 제253조제1항에 따른 수입신고전 즉시반출신고를 하고 반출된 물품

6. "외국무역선"이란 무역을 위하여 우리나라와 외국 간을 운항하는 선박을 말한다.

7. "외국무역기"란 무역을 위하여 우리나라와 외국 간을 운항하는 항공기를 말한다.

8. "내항선"(內航船)이란 국내에서만 운항하는 선박을 말한다.

9. "내항기"(內航機)란 국내에서만 운항하는 항공기를 말한다.

10. "선용품"(船用品)이란 음료, 식품, 연료, 소모품, 밧줄, 수리용 예비부분품 및 부속품, 집기, 그 밖에 이와 유사한 물품으로서 해당 선박에서만 사용되는 것을 말한다.

11. "기용품"(機用品)이란 선용품에 준하는 물품으로서 해당 항공기에서만 사용되는 것을 말한다.

12. "차량용품"이란 선용품에 준하는 물품으로서 해당 차량에서만 사용되는 것을 말한다.

13. "통관"(通關)이란 이 법에 따른 절차를 이행하여 물품을 수출·수입 또는 반송하는 것을 말한다.

14. "환적"(換積)이란 동일한 세관의 관할구역에서 입국 또는 입항하는 운송수단에서 출국 또는 출항하는 운송수단으로 물품을 옮겨 싣는 것을 말한다.

15. “복합환적”(複合換積)이란 입국 또는 입항하는 운송수단의 물품을 다른 세관의 관할구역으로 운송하여 출국 또는 출항하는 운송수단으로 옮겨 싣는 것을 말한다.
16. “운영인”이란 다음 각 목의 어느 하나에 해당하는 자를 말한다.
가. 제174조제1항에 따라 특허보세구역의 설치·운영에 관한 특허를 받은 자
나. 제198조제1항에 따라 종합보세사업장의 설치·운영에 관한 신고를 한 자

제3조(관세징수의 우선) ① 관세를 납부하여야 하는 물품에 대하여는 다른 조세, 그 밖의 공과금 및 채권에 우선하여 그 관세를 징수한다.
② 국세징수의 예에 따라 관세를 징수하는 경우 체납처분의 대상이 해당 관세를 납부하여야 하는 물품이 아닌 재산인 경우에는 관세의 우선순위는 「국세기본법」에 따른 국세와 동일하게 한다.

제4조(내국세등의 부과·징수) ① 수입물품에 대하여 세관장이 부과·징수하는 부가가치세, 지방소비세, 개별소비세, 주세, 교육세, 교통·에너지·환경세 및 농어촌특별세(이하 “내국세등”이라 하되, 내국세등의 가산금·가산세 및 체납처분비를 포함한다)의 부과·징수·환급 등에 관하여 「국세기본법」, 「국세징수법」, 「부가가치세법」, 「지방세법」, 「개별소비세법」, 「주세법」, 「교육세법」, 「교통·에너지·환경세법」 및 「농어촌특별세법」의 규정과 이 법의 규정이 상충되는 경우에는 이 법의 규정을 우선하여 적용한다.
② 수입물품에 대하여 세관장이 부과·징수하는 내국세등의 체납이 발생하였을 때에는 징수의 효율성 등을 고려하여 필요하다고 인정되는 경우 대통령령으로 정하는 바에 따라 납세의무자의 주소지(법인의 경우 그 법인의 등기부에 따른 본점이나 주사무소의 소재지)를 관할하는 세무서장이 체납세액을 징수할 수 있다.
③ 이 법에 따른 가산금·가산세 및 체납처분비의 부과·징수·환급 등에 관하여는 이 법 중 관세의 부과·징수·환급 등에 관한 규정을 적용한다.
④ 수입물품에 대하여 세관장이 부과·징수하는 내국세등에 대한 담보제공 요구, 국세충당, 담보해제, 담보금액 등에 관하여는 이 법 중 관세에 대한 담보 관련 규정을 적용한다.

제2절 법 적용의 원칙 등

제5조(법 해석의 기준과 소급과세의 금지) ① 이 법을 해석하고 적용할 때에는 과세의 형평과 해당 조항의 합목적성에 비추어 납세자의 재산권을 부당하게 침해하지 아니하도록 하여야 한다.

② 이 법의 해석이나 관세행정의 관행이 일반적으로 납세자에게 받아들여진 후에는 그 해석이나 관행에 따른 행위 또는 계산은 정당한 것으로 보며, 새로운 해석이나 관행에 따라 소급하여 과세되지 아니한다.

③ 제1항 및 제2항의 기준에 맞는 이 법의 해석에 관한 사항은 「국세기본법」 제18조의2에 따른 국세예규심사위원회에서 심의할 수 있다.

④ 이 법의 해석에 관한 질의회신의 처리 절차 및 방법 등에 관하여 필요한 사항은 대통령령으로 정한다.

제6조(신의성실) 납세자가 그 의무를 이행할 때에는 신의에 따라 성실하게 하여야 한다. 세관공무원이 그 직무를 수행할 때에도 또한 같다.

제7조(세관공무원 재량의 한계) 세관공무원은 그 재량으로 직무를 수행할 때에는 과세의 형평과 이 법의 목적에 비추어 일반적으로 타당하다고 인정되는 한계를 엄수하여야 한다.

제3절 기간과 기한

제8조(기간 및 기한의 계산) ① 이 법에 따른 기간을 계산할 때 제252조에 따른 수입신고수리전 반출승인을 받은 경우에는 그 승인일을 수입신고의 수리일로 본다.

② 이 법에 따른 기간의 계산은 이 법에 특별한 규정이 있는 것을 제외하고는 「민법」에 따른다.

③ 이 법에 따른 기한이 공휴일(「근로자의 날 제정에 관한 법률」에 따른 근로자의 날과 토요일을 포함한다) 또는 대통령령으로 정하는 날에 해당하는 경우에는 그 다음 날을 기한으로 한다.

④ 제327조에 따른 국가관세종합정보망 또는 전산처리설비가 대통령령으로 정하는 장애로 가동이 정지되어 이 법에 따른 기한까지 이 법에 따른 신고, 신청, 승인, 허가, 수리, 교부, 통지, 통고, 납부 등을 할 수 없게 되는 경우에는 그 장애가 복구된 날의 다음 날을 기한으로 한다.

제9조(관세의 납부기한 등) ① 관세의 납부기한은 이 법에서 달리 규정하는 경우를 제외하고는 다음 각 호의 구분에 따른다.

1. 제38조제1항에 따른 납세신고를 한 경우: 납세신고 수리일부터 15일 이내
2. 제39조제3항에 따른 납세고지를 한 경우: 납세고지를 받은 날부터 15일 이내
3. 제253조제1항에 따른 수입신고전 즉시반출신고를 한 경우: 수입신고일부터 15일 이내

② 납세의무자는 제1항에도 불구하고 수입신고가 수리되기 전에 해당 세액을 납부할 수 있다.

③ 세관장은 납세실적 등을 고려하여 관세청장이 정하는 요건을 갖춘 성실납세자가 대통령령으로 정하는 바에 따라 신청을 할 때에는 제1항제1호 및 제3호에도 불구하고 납부기한이 동일한 달에 속하는 세액에 대하여는 그 기한이 속하는 달의 말일까지 한꺼번에 납부하게 할 수 있다.

제10조(천재지변 등으로 인한 기한의 연장) 세관장은 천재지변이나 그 밖에 대통령령으로 정하는 사유로 이 법에 따른 신고, 신청, 청구, 그 밖의 서류의 제출, 통지, 납부 또는 징수를 정하여진 기한까지 할 수 없다고 인정되는 경우에는 1년을 넘지 아니하는 기간을 정하여 대통령령으로 정하는 바에 따라 그 기한을 연장할 수 있다.

제4절 서류의 송달 등

제11조(납세고지서의 송달) ① 관세의 납세고지서는 납세의무자에게 직접 발급하는 경우를 제외하고는 인편(人便)이나 우편으로 송달한다.

② 세관장은 관세의 납세의무자의 주소, 거소(居所), 영업소 또는 사무소가 모두 분명하지 아니하여 관세의 납세고지서를 송달할 수 없을 때에는 해당 세관의 게시판이나 그 밖의 적당한 장소에 납세고지사항을 공시(公示)할 수 있다.

③ 제2항에 따라 납세고지사항을 공시하였을 때에는 공시일부터 14일이 지나면 관세의 납세의무자에게 납세고지서가 송달된 것으로 본다.

제12조(신고 서류의 보관기간) 이 법에 따라 가격신고, 납세신고, 수출입신고, 반송신고, 보세화물반출입신고, 보세운송신고를 하거나 적하목록을 제출한 자는 신고 또는 제출한 자료(신고필증을 포함한다)를 신고 또는 제출한 날부터 5년의 범위에서 대통령령으로 정하는 기간 동안 보관하여야 한다.

제5절 삭제

제13조 삭제

제2장 과세가격과 관세의 부과·징수 등

제1절 통칙

제14조(과세물건) 수입물품에는 관세를 부과한다.

제15조(과세표준) 관세의 과세표준은 수입물품의 가격 또는 수량으로 한다.

제16조(과세물건 확정의 시기) 관세는 수입신고(입항전수입신고를 포함한다. 이하 이 조에서 같다)를 하는 때의 물품의 성질과 그 수량에 따라 부과한다. 다만, 다음 각 호의 어느 하나에 해당하는 물품에 대하여는 각 해당 호에 규정된 때의 물품의 성질과 그 수량에 따라 부과한다.

1. 제143조제4항(제151조제2항에 따라 준용되는 경우를 포함한다)에 따라 관세를 징수하는 물품: 하역을 허가받은 때
2. 제158조제5항에 따라 관세를 징수하는 물품: 보세구역 밖에서 하는 보수작업을 승인받은 때

3. 제160조제2항에 따라 관세를 징수하는 물품: 해당 물품이 멸실되거나 폐기된 때
4. 제187조제6항(제195조제2항과 제202조제3항에 따라 준용되는 경우를 포함한다)에 따라 관세를 징수하는 물품: 보세공장 외 작업, 보세건설장 외 작업 또는 종합보세구역 외 작업을 허가받거나 신고한 때
5. 제217조에 따라 관세를 징수하는 물품: 보세운송을 신고하거나 승인받은 때
6. 수입신고가 수리되기 전에 소비하거나 사용하는 물품(제239조에 따라 소비 또는 사용을 수입으로 보지 아니하는 물품은 제외한다): 해당 물품을 소비하거나 사용한 때
7. 제253조제1항에 따른 수입신고전 즉시반출신고를 하고 반출한 물품: 수입신고전 즉시반출신고를 한 때
8. 우편으로 수입되는 물품(제258조제2항에 해당하는 우편물은 제외한다): 제256조에 따른 통관우체국(이하 "통관우체국"이라 한다)에 도착한 때
9. 도난물품 또는 분실물품: 해당 물품이 도난되거나 분실된 때
10. 이 법에 따라 매각되는 물품: 해당 물품이 매각된 때
11. 수입신고를 하지 아니하고 수입된 물품(제1호부터 제10호까지에 규정된 것은 제외한다): 수입된 때

제17조(적용 법령) 관세는 수입신고 당시의 법령에 따라 부과한다. 다만, 다음 각 호의 어느 하나에 해당하는 물품에 대하여는 각 해당 호에 규정된 날에 시행되는 법령에 따라 부과한다.

1. 제16조 각 호의 어느 하나에 해당되는 물품: 그 사실이 발생한 날
2. 제192조에 따라 보세건설장에 반입된 외국물품: 사용 전 수입신고가 수리된 날

제18조(과세환율) 과세가격을 결정하는 경우 외국통화로 표시된 가격을 내국통화로 환산할 때에는 제17조에 따른 날(보세건설장에 반입된 물품의 경우에는 수입신고를 한 날을 말한다)이 속하는 주의 전주(前週)의 외국환매도율을 평균하여 관세청장이 그 율을 정한다.

제19조(납세의무자) ① 다음 각 호의 어느 하나에 해당하는 자는 관세의 납세의무자가 된다.

1. 수입신고를 한 물품인 경우에는 그 물품을 수입한 화주(화주가 불분명할 때에는 다음 각 목의 어느 하나에 해당하는 자를 말한다. 이하 이 조에서 같다). 다만, 수입신고가 수리된 물품 또는 제252조에 따른 수입신고수리전 반출승인을 받아 반출된 물품에 대하여 납부하였거나 납부하여야 할 관세액에 미치지 못하는 경우 해당 물품을 수입한 화주의 주소 및 거소가 분명하지 아니하거나 수입신고인이 화주를 명백히 하지 못하는 경우에는 그 신고인이 해당 물품을 수입한 화주와 연대하여 해당 관세를 납부하여야 한다.
   가. 수입을 위탁받아 수입업체가 대행수입한 물품인 경우: 그 물품의 수입을 위탁한 자
   나. 수입을 위탁받아 수입업체가 대행수입한 물품이 아닌 경우: 대통령령으로 정하는 상업서류에 적힌 수하인(受荷人)
   다. 수입물품을 수입신고 전에 양도한 경우: 그 양수인
2. 제143조제4항(제151조제2항에 따라 준용되는 경우를 포함한다)에 따라 관세를 징수하는 물품인 경우에는 하역허가를 받은 자
3. 제158조제5항에 따라 관세를 징수하는 물품인 경우에는 보세구역 밖에서 하는 보수작업을 승인받은 자
4. 제160조제2항에 따라 관세를 징수하는 물품인 경우에는 운영인 또는 보관인
5. 제187조제6항(제195조제2항 또는 제202조제3항에 따라 준용되는 경우를 포함한다)에 따라 관세를 징수하는 물품인 경우에는 보세공장 외 작업, 보세건설장 외 작업 또는 종합보세구역 외 작업을 허가받거나 신고한 자
6. 제217조에 따라 관세를 징수하는 물품인 경우에는 보세운송을 신고하였거나 승인을 받은 자
7. 수입신고가 수리되기 전에 소비하거나 사용하는 물품(제239조에 따라 소비 또는 사용을 수입으로 보지 아니하는 물품은 제외한다)인 경우에는 그 소비자 또는 사용자
8. 제253조제4항에 따라 관세를 징수하는 물품인 경우에는 해당 물품을 즉시 반출한 자
9. 우편으로 수입되는 물품인 경우에는 그 수취인

10. 도난물품이나 분실물품인 경우에는 다음 각 목에 규정된 자
   가. 보세구역의 장치물품(藏置物品): 그 운영인 또는 제172조제2항에 따른 화물관리인(이하 "화물관리인"이라 한다)
   나. 보세운송물품: 보세운송을 신고하거나 승인을 받은 자
   다. 그 밖의 물품: 그 보관인 또는 취급인
11. 이 법 또는 다른 법률에 따라 따로 납세의무자로 규정된 자
12. 제1호부터 제11호까지 외의 물품인 경우에는 그 소유자 또는 점유자

② 제1항제1호에 따른 화주 또는 신고인과 제1항제2호부터 제11호까지에 규정된 자가 경합되는 경우에는 제1항제2호부터 제11호까지에 규정된 자를 납세의무자로 한다.

③ 이 법 또는 다른 법령, 조약, 협약 등에 따라 관세의 납부를 보증한 자는 보증액의 범위에서 납세의무를 진다.

④ 법인이 합병하거나 상속이 개시된 경우에는 「국세기본법」 제23조 및 제24조를 준용하여 관세·가산금·가산세 및 체납처분비의 납세의무를 승계한다. 이 경우 같은 법 제24조제2항 및 제4항의 "세무서장"은 "세관장"으로 본다.

⑤ 제1항 각 호에 따른 물품에 관계되는 관세·가산금·가산세 및 체납처분비에 대해서는 다음 각 호에 규정된 자가 연대하여 납부할 의무를 진다.

1. 제1항제1호에 따른 수입신고물품이 공유물이거나 공동사업에 속하는 물품인 경우 그 공유자 또는 공동사업자인 납세의무자
2. 제1항제2호부터 제12호까지의 규정에 따른 물품에 대한 납세의무자가 2인 이상인 경우 그 2인 이상의 납세의무자

⑥ 다음 각 호의 어느 하나에 해당되는 경우 「국세기본법」 제25조제2항부터 제4항까지의 규정을 준용하여 분할되는 법인이나 분할 또는 분할합병으로 설립되는 법인, 존속하는 분할합병의 상대방 법인 및 신회사가 관세·가산금·가산세 및 체납처분비를 연대하여 납부할 의무를 진다.

1. 법인이 분할되거나 분할합병되는 경우
2. 법인이 분할 또는 분할합병으로 해산하는 경우
3. 법인이 「채무자 회생 및 파산에 관한 법률」 제215조에 따라 신회사를 설립하는 경우

⑦ 이 법에 따라 관세·가산금·가산세 및 체납처분비를 연대하여 납부할 의무

에 관하여는 「민법」 제413조부터 제416조까지, 제419조, 제421조, 제423조 및 제425조부터 제427조까지의 규정을 준용한다.

⑧ 관세의 징수에 관하여는 「국세기본법」 제38조부터 제41조까지의 규정을 준용한다.

⑨ 제8항에 따라 준용되는 「국세기본법」 제38조부터 제41조까지의 규정에 따른 제2차 납세의무자는 관세의 담보로 제공된 것이 없고 납세의무자와 관세의 납부를 보증한 자가 납세의무를 이행하지 아니하는 경우에 납세의무를 진다.

⑩ 납세의무자(관세의 납부를 보증한 자와 제2차 납세의무자를 포함한다. 이하 이 조에서 같다)가 관세·가산금·가산세 및 체납처분비를 체납한 경우 그 납세의무자에게 「국세기본법」 제42조제2항에 따른 양도담보재산이 있을 때에는 그 납세의무자의 다른 재산에 대하여 체납처분을 집행하여도 징수하여야 하는 금액에 미치지 못한 경우에만 「국세징수법」 제13조를 준용하여 그 양도담보재산으로써 납세의무자의 관세·가산금·가산세 및 체납처분비를 징수할 수 있다. 다만, 그 관세의 납세신고일(제39조에 따라 부과고지하는 경우에는 그 납세고지서의 발송일을 말한다) 전에 담보의 목적이 된 양도담보재산에 대하여는 그러하지 아니하다.

제2절 납세의무의 소멸 등

제20조(납부의무의 소멸) 관세, 가산금 또는 체납처분비를 납부하여야 하는 의무는 다음 각 호의 어느 하나에 해당되는 때에는 소멸한다.

1. 관세를 납부하거나 관세에 충당한 때
2. 관세부과가 취소된 때
3. 제21조에 따라 관세를 부과할 수 있는 기간에 관세가 부과되지 아니하고 그 기간이 만료된 때
4. 제22조에 따라 관세징수권의 소멸시효가 완성된 때

제21조(관세부과의 제척기간) ① 관세는 해당 관세를 부과할 수 있는 날부터 5년이 지나면 부과할 수 없다. 다만, 부정한 방법으로 관세를 포탈하였거나 환

급 또는 감면받은 경우에는 관세를 부과할 수 있는 날부터 10년이 지나면 부과할 수 없다.

1. 삭제
2. 삭제

② 다음 각 호의 어느 하나에 해당하는 경우에는 제1항에도 불구하고 제1호부터 제5호까지의 결정·판결이 확정되거나 회신을 받은 날부터 1년, 제6호에 따른 경정청구일 및 제7호에 따른 결정통지일로부터 2개월이 지나기 전까지는 해당 결정·판결·회신 또는 경정청구에 따라 경정이나 그 밖에 필요한 처분을 할 수 있다.

1. 제5장제2절(제119조부터 제132조까지)에 따른 이의신청, 심사청구 또는 심판청구에 대한 결정이 있은 경우
2. 「감사원법」에 따른 심사청구에 대한 결정이 있은 경우
3. 「행정소송법」에 따른 소송에 대한 판결이 있은 경우
4. 제313조에 따른 압수물품의 반환결정이 있은 경우
5. 이 법과 「자유무역협정의 이행을 위한 관세법의 특례에 관한 법률」 및 조약·협정 등이 정하는 바에 따라 양허세율의 적용여부 및 세액 등을 확정하기 위하여 원산지증명서를 발급한 국가의 세관이나 그 밖에 발급권한이 있는 기관에게 원산지증명서 및 원산지증명서확인자료의 진위 여부, 정확성 등의 확인을 요청하여 회신을 받은 경우
6. 제38조의3제2항·제3항 또는 제38조의4제1항에 따른 경정청구가 있는 경우
7. 제38조의4제4항에 따른 조정 신청에 대한 결정통지가 있는 경우

③ 제1항에 따른 관세를 부과할 수 있는 날은 대통령령으로 정한다.

제22조(관세징수권 등의 소멸시효) ① 관세의 징수권은 이를 행사할 수 있는 날부터 다음 각 호의 구분에 따른 기간 동안 행사하지 아니하면 소멸시효가 완성된다.

1. 5억원 이상의 관세(내국세를 포함한다. 이하 이 항에서 같다): 10년
2. 제1호 외의 관세: 5년

② 납세자의 과오납금 또는 그 밖의 관세의 환급청구권은 그 권리를 행사할 수 있는 날부터 5년간 행사하지 아니하면 소멸시효가 완성된다.

③ 제1항에 따른 관세의 징수권과 제2항에 따른 과오납금 또는 그 밖의 관세의 환급청구권을 행사할 수 있는 날은 대통령령으로 정한다.

제23조(시효의 중단 및 정지) ① 관세징수권의 소멸시효는 다음 각 호의 어느 하나에 해당하는 사유로 중단된다.

1. 납세고지
2. 경정처분
3. 납세독촉[(납부최고(納付催告)를 포함한다]
4. 통고처분
5. 고발
6. 「특정범죄 가중처벌 등에 관한 법률」 제16조에 따른 공소제기
7. 교부청구
8. 압류

② 환급청구권의 소멸시효는 환급청구권의 행사로 중단된다.

③ 관세징수권의 소멸시효는 관세의 분할납부기간, 징수유예기간, 체납처분유예기간 또는 사해행위(詐害行爲) 취소소송기간 중에는 진행하지 아니한다.

④ 제3항에 따른 사해행위 취소소송으로 인한 시효정지의 효력은 소송이 각하, 기각 또는 취하된 경우에는 효력이 없다.

⑤ 관세징수권과 환급청구권의 소멸시효에 관하여 이 법에서 규정한 것을 제외하고는 「민법」을 준용한다.

제3절 납세담보

제24조(담보의 종류 등) ① 이 법에 따라 제공하는 담보의 종류는 다음 각 호와 같다.

1. 금전
2. 국채 또는 지방채
3. 세관장이 인정하는 유가증권
4. 납세보증보험증권
5. 토지

6. 보험에 가입된 등기 또는 등록된 건물·공장재단·광업재단·선박·항공기 또는 건설기계
7. 세관장이 인정하는 보증인의 납세보증서

② 제1항제4호에 따른 납세보증보험증권 및 제7호에 따른 납세보증서는 세관장이 요청하면 특정인이 납부하여야 하는 금액을 일정 기일 이후에는 언제든지 세관장에게 지급한다는 내용의 것이어야 한다.

③ 제1항에 따른 담보의 제공에 필요한 사항은 대통령령으로 정한다.

④ 납세의무자(관세의 납부를 보증한 자를 포함한다)는 이 법에 따라 계속하여 담보를 제공하여야 하는 사유가 있는 경우에는 관세청장이 정하는 바에 따라 일정 기간에 제공하여야 하는 담보를 포괄하여 미리 세관장에게 제공할 수 있다.

제25조(담보의 관세충당) ① 세관장은 담보를 제공한 납세의무자가 그 납부기한까지 해당 관세를 납부하지 아니하면 기획재정부령으로 정하는 바에 따라 그 담보를 해당 관세에 충당할 수 있다. 이 경우 담보로 제공된 금전을 해당 관세에 충당할 때에는 납부기한이 지난 후에 충당하더라도 제41조를 적용하지 아니한다.

② 세관장은 제1항에 따라 담보를 관세에 충당하고 남은 금액이 있을 때에는 담보를 제공한 자에게 이를 돌려주어야 하며, 돌려줄 수 없는 경우에는 이를 공탁할 수 있다.

③ 세관장은 관세의 납세의무자가 아닌 자가 관세의 납부를 보증한 경우 그 담보로 관세에 충당하고 남은 금액이 있을 때에는 그 보증인에게 이를 직접 돌려주어야 한다.

제26조(담보 등이 없는 경우의 관세징수) ① 담보 제공이 없거나 징수한 금액이 부족한 관세의 징수에 관하여는 이 법에 규정된 것을 제외하고는 「국세기본법」과 「국세징수법」의 예에 따른다.

② 세관장은 관세의 체납처분을 할 때에는 재산의 압류, 보관, 운반 및 공매에 드는 비용에 상당하는 체납처분비를 징수할 수 있다.

제26조의2(담보의 해제) 세관장은 납세담보의 제공을 받은 관세·가산금 및 체납처분비가 납부되었을 때에는 지체 없이 담보해제의 절차를 밟아야 한다.

제4절 과세가격의 신고 및 결정

제1관 가격신고 등

제27조(가격신고) ① 관세의 납세의무자는 수입신고를 할 때 대통령령으로 정하는 바에 따라 세관장에게 해당 물품의 가격에 대한 신고(이하 "가격신고"라 한다)를 하여야 한다. 다만, 통관의 능률을 높이기 위하여 필요하다고 인정되는 경우에는 대통령령으로 정하는 바에 따라 물품의 수입신고를 하기 전에 가격신고를 할 수 있다.

② 가격신고를 할 때에는 대통령령으로 정하는 바에 따라 과세가격의 결정에 관계되는 자료(이하 "과세가격결정자료"라 한다)를 제출하여야 한다.

③ 과세가격을 결정하기가 곤란하지 아니하다고 인정하여 기획재정부령으로 정하는 물품에 대하여는 가격신고를 생략할 수 있다.

제28조(잠정가격의 신고 등) ① 납세의무자는 가격신고를 할 때 신고하여야 할 가격이 확정되지 아니한 경우로서 대통령령으로 정하는 경우에는 잠정가격으로 가격신고를 할 수 있다. 이 경우 신고의 방법과 그 밖에 필요한 사항은 대통령령으로 정한다.

② 납세의무자는 제1항에 따른 잠정가격으로 가격신고를 하였을 때에는 대통령령으로 정하는 기간 내에 해당 물품의 확정된 가격을 세관장에게 신고하여야 한다.

③ 세관장은 납세의무자가 제2항에 따른 기간 내에 확정된 가격을 신고하지 아니하는 경우에는 해당 물품에 적용될 가격을 확정할 수 있다.

④ 세관장은 제2항에 따라 확정된 가격을 신고받거나 제3항에 따라 가격을 확정하였을 때에는 대통령령으로 정하는 바에 따라 잠정가격을 기초로 신고납부한 세액과 확정된 가격에 따른 세액의 차액을 징수하거나 환급하여야 한다.

제29조(가격조사 보고 등) ① 기획재정부장관 또는 관세청장은 과세가격을 결정하기 위하여 필요하다고 인정되는 경우에는 수출입업자, 경제단체 또는 그 밖의 관계인에게 과세가격 결정에 필요한 자료를 제출할 것을 요청할 수 있다. 이 경우 그 요청을 받은 자는 정당한 사유가 없으면 이에 따라야 한다.

② 관세청장은 다음 각 호의 어느 하나에 해당하는 경우 국민 생활에 긴요한 물품으로서 국내물품과 비교 가능한 수입물품의 평균 신고가격이나 반입 수량에 관한 자료를 대통령령으로 정하는 바에 따라 집계하여 공표할 수 있다.

1. 원활한 물자수급을 위하여 특정물품의 수입을 촉진시킬 필요가 있는 경우
2. 수입물품의 국내가격을 안정시킬 필요가 있는 경우

제2관 과세가격의 결정

제30조(과세가격 결정의 원칙) ① 수입물품의 과세가격은 우리나라에 수출하기 위하여 판매되는 물품에 대하여 구매자가 실제로 지급하였거나 지급하여야 할 가격에 다음 각 호의 금액을 더하여 조정한 거래가격으로 한다. 다만, 다음 각 호의 금액을 더할 때에는 객관적이고 수량화할 수 있는 자료에 근거하여야 하며, 이러한 자료가 없는 경우에는 이 조에 규정된 방법으로 과세가격을 결정하지 아니하고 제31조부터 제35조까지에 규정된 방법으로 과세가격을 결정한다.

1. 구매자가 부담하는 수수료와 중개료. 다만, 구매수수료는 제외한다.
2. 해당 수입물품과 동일체로 취급되는 용기의 비용과 해당 수입물품의 포장에 드는 노무비와 자재비로서 구매자가 부담하는 비용
3. 구매자가 해당 수입물품의 생산 및 수출거래를 위하여 대통령령으로 정하는 물품 및 용역을 무료 또는 인하된 가격으로 직접 또는 간접으로 공급한 경우에는 그 물품 및 용역의 가격 또는 인하차액을 해당 수입물품의 총생산량 등 대통령령으로 정하는 요소를 고려하여 적절히 배분한 금액
4. 특허권, 실용신안권, 디자인권, 상표권 및 이와 유사한 권리를 사용하는 대가로 지급하는 것으로서 대통령령으로 정하는 바에 따라 산출된 금액
5. 해당 수입물품을 수입한 후 전매·처분 또는 사용하여 생긴 수익금액 중 판매자에게 직접 또는 간접으로 귀속되는 금액

6. 수입항(輸入港)까지의 운임·보험료와 그 밖에 운송과 관련되는 비용으로서 대통령령으로 정하는 바에 따라 결정된 금액. 다만, 기획재정부령으로 정하는 수입물품의 경우에는 이의 전부 또는 일부를 제외할 수 있다.

② 제1항 각 호 외의 부분 본문에서 "구매자가 실제로 지급하였거나 지급하여야 할 가격"이란 해당 수입물품의 대가로서 구매자가 지급하였거나 지급하여야 할 총금액을 말하며, 구매자가 해당 수입물품의 대가와 판매자의 채무를 상계(相計)하는 금액, 구매자가 판매자의 채무를 변제하는 금액, 그 밖의 간접적인 지급액을 포함한다. 다만, 구매자가 지급하였거나 지급하여야 할 총금액에서 다음 각 호의 어느 하나에 해당하는 금액을 명백히 구분할 수 있을 때에는 그 금액을 뺀 금액을 말한다.

1. 수입 후에 하는 해당 수입물품의 건설, 설치, 조립, 정비, 유지 또는 해당 수입물품에 관한 기술지원에 필요한 비용
2. 수입항에 도착한 후 해당 수입물품을 운송하는 데에 필요한 운임·보험료와 그 밖에 운송과 관련되는 비용
3. 우리나라에서 해당 수입물품에 부과된 관세 등의 세금과 그 밖의 공과금
4. 연불조건(延拂條件)의 수입인 경우에는 해당 수입물품에 대한 연불이자

③ 다음 각 호의 어느 하나에 해당하는 경우에는 제1항에 따른 거래가격을 해당 물품의 과세가격으로 하지 아니하고 제31조부터 제35조까지에 규정된 방법으로 과세가격을 결정한다. 이 경우 세관장은 다음 각 호의 어느 하나에 해당하는 것으로 판단하는 근거를 납세의무자에게 미리 서면으로 통보하여 의견을 제시할 기회를 주어야 한다.

1. 해당 물품의 처분 또는 사용에 제한이 있는 경우. 다만, 세관장이 제1항에 따른 거래가격에 실질적으로 영향을 미치지 아니한다고 인정하는 제한이 있는 경우 등 대통령령으로 정하는 경우는 제외한다.
2. 해당 물품에 대한 거래의 성립 또는 가격의 결정이 금액으로 계산할 수 없는 조건 또는 사정에 따라 영향을 받은 경우
3. 해당 물품을 수입한 후에 전매·처분 또는 사용하여 생긴 수익의 일부가 판매자에게 직접 또는 간접으로 귀속되는 경우. 다만, 제1항에 따라 적절히 조정할 수 있는 경우는 제외한다.
4. 구매자와 판매자 간에 대통령령으로 정하는 특수관계(이하 "특수관계"라

한다)가 있어 그 특수관계가 해당 물품의 가격에 영향을 미친 경우. 다만, 해당 산업부문의 정상적인 가격결정 관행에 부합하는 방법으로 결정된 경우 등 대통령령으로 정하는 경우는 제외한다.

④ 세관장은 납세의무자가 제1항에 따른 거래가격으로 가격신고를 한 경우 해당 신고가격이 동종·동질물품 또는 유사물품의 거래가격과 현저한 차이가 있는 등 이를 과세가격으로 인정하기 곤란한 경우로서 대통령령으로 정하는 경우에는 대통령령으로 정하는 바에 따라 납세의무자에게 신고가격이 사실과 같음을 증명할 수 있는 자료를 제출할 것을 요구할 수 있다.

⑤ 세관장은 납세의무자가 다음 각 호의 어느 하나에 해당하면 제1항과 제2항에 규정된 방법으로 과세가격을 결정하지 아니하고 제31조부터 제35조까지에 규정된 방법으로 과세가격을 결정한다. 이 경우 세관장은 빠른 시일 내에 과세가격 결정을 하기 위하여 납세의무자와 정보교환 등 적절한 협조가 이루어지도록 노력하여야 하고, 신고가격을 과세가격으로 인정하기 곤란한 사유와 과세가격 결정 내용을 해당 납세의무자에게 통보하여야 한다.

1. 제4항에 따라 요구받은 자료를 제출하지 아니한 경우
2. 제4항의 요구에 따라 제출한 자료가 일반적으로 인정된 회계원칙에 부합하지 아니하게 작성된 경우
3. 그 밖에 대통령령으로 정하는 사유에 해당하여 신고가격을 과세가격으로 인정하기 곤란한 경우

제31조(동종·동질물품의 거래가격을 기초로 한 과세가격의 결정) ① 제30조에 따른 방법으로 과세가격을 결정할 수 없는 경우에는 과세가격으로 인정된 사실이 있는 동종·동질물품의 거래가격으로서 다음 각 호의 요건을 갖춘 가격을 기초로 하여 과세가격을 결정한다.

1. 과세가격을 결정하려는 해당 물품의 생산국에서 생산된 것으로서 해당 물품의 선적일(船積日)에 선적되거나 해당 물품의 선적일을 전후하여 가격에 영향을 미치는 시장조건이나 상관행(商慣行)에 변동이 없는 기간 중에 선적되어 우리나라에 수입된 것일 것
2. 거래 단계, 거래 수량, 운송 거리, 운송 형태 등이 해당 물품과 같아야 하며, 두 물품 간에 차이가 있는 경우에는 그에 따른 가격차이를 조정한 가격일 것

② 제1항에 따라 과세가격으로 인정된 사실이 있는 동종·동질물품의 거래가격이라 하더라도 그 가격의 정확성과 진실성을 의심할만한 합리적인 사유가 있는 경우 그 가격은 과세가격 결정의 기초자료에서 제외한다.

③ 제1항을 적용할 때 동종·동질물품의 거래가격이 둘 이상 있는 경우에는 생산자, 거래 시기, 거래 단계, 거래 수량 등(이하 "거래내용등"이라 한다)이 해당 물품과 가장 유사한 것에 해당하는 물품의 가격을 기초로 하고, 거래내용 등이 같은 물품이 둘 이상이 있고 그 가격도 둘 이상이 있는 경우에는 가장 낮은 가격을 기초로 하여 과세가격을 결정한다.

제32조(유사물품의 거래가격을 기초로 한 과세가격의 결정) ① 제30조와 제31조에 따른 방법으로 과세가격을 결정할 수 없을 때에는 과세가격으로 인정된 사실이 있는 유사물품의 거래가격으로서 제31조제1항 각 호의 요건을 갖춘 가격을 기초로 하여 과세가격을 결정한다.

② 제1항에 따라 과세가격으로 인정된 사실이 있는 유사물품의 거래가격이라 하더라도 그 가격의 정확성과 진실성을 의심할만한 합리적인 사유가 있는 경우 그 가격은 과세가격 결정의 기초자료에서 제외한다.

③ 제1항을 적용할 때 유사물품의 거래가격이 둘 이상이 있는 경우에는 거래내용등이 해당 물품과 가장 유사한 것에 해당하는 물품의 가격을 기초로 하고, 거래내용등이 같은 물품이 둘 이상이 있고 그 가격도 둘 이상이 있는 경우에는 가장 낮은 가격을 기초로 하여 과세가격을 결정한다.

제33조(국내판매가격을 기초로 한 과세가격의 결정) ① 제30조부터 제32조까지에 규정된 방법으로 과세가격을 결정할 수 없을 때에는 제1호의 금액에서 제2호부터 제4호까지의 금액을 뺀 가격을 과세가격으로 한다. 다만, 납세의무자가 요청하면 제34조에 따라 과세가격을 결정하되 제34조에 따라 결정할 수 없는 경우에는 이 조, 제35조의 순서에 따라 과세가격을 결정한다.

1. 해당 물품, 동종·동질물품 또는 유사물품이 수입된 것과 동일한 상태로 해당 물품의 수입신고일 또는 수입신고일과 거의 동시에 특수관계가 없는 자에게 가장 많은 수량으로 국내에서 판매되는 단위가격을 기초로 하여 산출한 금액

2. 국내판매와 관련하여 통상적으로 지급하였거나 지급하여야 할 것으로 합의된 수수료 또는 동종·동류의 수입물품이 국내에서 판매되는 때에 통상적으로 부가되는 이윤 및 일반경비에 해당하는 금액
3. 수입항에 도착한 후 국내에서 발생한 통상의 운임·보험료와 그 밖의 관련 비용
4. 해당 물품의 수입 및 국내판매와 관련하여 납부하였거나 납부하여야 하는 조세와 그 밖의 공과금

② 제1항제1호에 따른 국내에서 판매되는 단위가격이라 하더라도 그 가격의 정확성과 진실성을 의심할만한 합리적인 사유가 있는 경우에는 제1항을 적용하지 아니할 수 있다.

③ 해당 물품, 동종·동질물품 또는 유사물품이 수입된 것과 동일한 상태로 국내에서 판매되는 사례가 없는 경우 납세의무자가 요청할 때에는 해당 물품이 국내에서 가공된 후 특수관계가 없는 자에게 가장 많은 수량으로 판매되는 단위가격을 기초로 하여 산출된 금액에서 다음 각 호의 금액을 뺀 가격을 과세가격으로 한다.

1. 제1항제2호부터 제4호까지의 금액
2. 국내 가공에 따른 부가가치

제34조(산정가격을 기초로 한 과세가격의 결정) ① 제30조부터 제33조까지에 규정된 방법으로 과세가격을 결정할 수 없을 때에는 다음 각 호의 금액을 합한 가격을 기초로 하여 과세가격을 결정한다.

1. 해당 물품의 생산에 사용된 원자재 비용 및 조립이나 그 밖의 가공에 드는 비용 또는 그 가격
2. 수출국 내에서 해당 물품과 동종·동류의 물품의 생산자가 우리나라에 수출하기 위하여 판매할 때 통상적으로 반영하는 이윤 및 일반 경비에 해당하는 금액
3. 해당 물품의 수입항까지의 운임·보험료와 그 밖에 운송과 관련된 비용으로서 제30조제1항제6호에 따라 결정된 금액

② 납세의무자가 제1항 각 호의 금액을 확인하는데 필요한 자료를 제출하지 않은 경우에는 제1항을 적용하지 않을 수 있다.

제35조(합리적 기준에 따른 과세가격의 결정) ① 제30조부터 제34조까지에 규정된 방법으로 과세가격을 결정할 수 없을 때에는 대통령령으로 정하는 바에 따라 제30조부터 제34조까지에 규정된 원칙과 부합되는 합리적인 기준에 따라 과세가격을 결정한다.

② 제1항에 따른 방법으로 과세가격을 결정할 수 없을 때에는 국제거래시세·산지조사가격을 조정한 가격을 적용하는 방법 등 거래의 실질 및 관행에 비추어 합리적으로 인정되는 방법에 따라 과세가격을 결정한다.

제36조(과세가격 결정방법 등의 통보) 세관장은 납세의무자가 서면으로 요청하면 과세가격을 결정하는 데에 사용한 방법과 과세가격 및 그 산출근거를 그 납세의무자에게 서면으로 통보하여야 한다.

제37조(과세가격 결정방법의 사전심사) ① 제38조제1항에 따라 납세신고를 하여야 하는 자는 과세가격 결정과 관련하여 다음 각 호의 사항에 관하여 의문이 있을 때에는 가격신고를 하기 전에 대통령령으로 정하는 바에 따라 관세청장에게 미리 심사하여 줄 것을 신청할 수 있다.

1. 제30조제1항 각 호에 규정된 금액 또는 같은 조 제2항에 따라 해당 수입물품의 대가로서 구매자가 실제로 지급하였거나 지급하여야 할 가격을 산정할 때 더하거나 빼야 할 금액
2. 제30조제3항 각 호에 해당하는지 여부
3. 특수관계가 있는 자들 간에 거래되는 물품의 과세가격 결정방법

② 제1항에 따른 신청을 받은 관세청장은 대통령령으로 정하는 기간 이내에 과세가격의 결정방법을 심사한 후 그 결과를 신청인에게 통보하여야 한다.

③ 제1항제1호 또는 제2호에 관하여 의문이 있어 사전심사를 신청하여 제2항에 따라 결과를 통보받은 자가 그 결과에 이의가 있는 경우에는 그 결과를 통보받은 날부터 30일 이내에 대통령령으로 정하는 바에 따라 관세청장에게 재심사를 신청할 수 있다. 이 경우 재심사의 기간 및 결과의 통보에 관하여는 제2항을 준용한다.

④ 세관장은 관세의 납세의무자가 제2항 또는 제3항에 따라 통보된 과세가격의 결정방법에 따라 납세신고를 한 경우 대통령령으로 정하는 요건을 갖추었을 때에는 그 결정방법에 따라 과세가격을 결정하여야 한다.

제37조의2(관세의 과세가격 결정방법과 국세의 정상가격 산출방법의 사전조정) ① 제37조제1항제3호에 관하여 의문이 있어 같은 항에 따른 사전심사를 신청하는 자는 「국제조세조정에 관한 법률」 제6조제1항에 따른 정상가격 산출방법의 사전승인(같은 조 제2항 단서에 따른 일방적 사전승인의 대상인 경우에 한정한다)을 관세청장에게 동시에 신청할 수 있다. 이 경우 관세청장은 국세청장과 협의하여 관세의 과세가격과 국세의 정상가격을 사전에 조정(이하 이 조에서 "사전조정"이라 한다)하여야 한다.

② 사전조정의 대상은 관세의 과세가격 결정방법과 국세의 정상가격 산출방법이 유사한 경우로서 대통령령으로 정하는 경우로 한정한다.

③ 제1항에 따라 사전조정을 하는 관세청장은 국세청장에게 정상가격 산출방법의 사전승인 신청서류를 첨부하여 신청을 받은 사실을 통보하고, 국세청장과 과세가격 결정방법, 정상가격 산출방법 및 사전조정 가격의 범위에 대하여 협의하여 결정하여야 한다.

④ 관세청장은 제3항에 따른 사전조정의 결과를 제1항에 따른 사전조정을 신청한 자와 기획재정부장관에게 통보하여야 한다.

⑤ 제1항부터 제4항까지의 규정에 따른 사전조정 신청 방법 및 절차 등에 관하여 필요한 사항은 대통령령으로 정한다.

제37조의3(관세의 부과 등을 위한 정보제공) 관세청장 또는 세관장은 과세가격의 결정·조정 및 관세의 부과·징수를 위하여 필요한 경우에는 국세청장, 지방국세청장 또는 관할 세무서장에게 대통령령으로 정하는 정보 또는 자료를 요청할 수 있다. 이 경우 요청을 받은 기관은 정당한 사유가 없으면 요청에 따라야 한다.

제37조의4(특수관계자 수입물품 과세가격결정자료 제출) ① 세관장은 제38조제2항에 따른 세액심사시 특수관계에 있는 자가 수입하는 물품의 과세가격의 적정성을 심사하기 위하여 해당 특수관계자에게 과세가격결정자료를 제출할 것을 요구할 수 있다. 이 경우 자료의 제출범위, 제출방법 등은 대통령령으로 정한다.

② 제1항에 따라 자료제출을 요구받은 자는 자료제출을 요구받은 날부터 60일 이내에 해당 자료를 제출하여야 한다. 다만, 대통령령으로 정하는 부득이

한 사유로 제출기한의 연장을 신청하는 경우에는 세관장은 한 차례만 60일까지 연장할 수 있다.

제5절 부과와 징수

제1관 세액의 확정

제38조(신고납부) ① 물품(제39조에 따라 세관장이 부과고지하는 물품은 제외한다)을 수입하려는 자는 수입신고를 할 때에 세관장에게 관세의 납부에 관한 신고(이하 "납세신고"라 한다)를 하여야 한다.

② 세관장은 납세신고를 받으면 수입신고서에 기재된 사항과 이 법에 따른 확인사항 등을 심사하되, 신고한 세액에 대하여는 수입신고를 수리한 후에 심사한다. 다만, 신고한 세액에 대하여 관세채권을 확보하기가 곤란하거나, 수입신고를 수리한 후 세액심사를 하는 것이 적당하지 아니하다고 인정하여 기획재정부령으로 정하는 물품의 경우에는 수입신고를 수리하기 전에 이를 심사한다.

③ 세관장은 제2항 본문에도 불구하고 납세실적과 수입규모 등을 고려하여 관세청장이 정하는 요건을 갖춘 자가 신청할 때에는 납세신고한 세액을 자체적으로 심사(이하 "자율심사"라 한다)하게 할 수 있다. 이 경우 해당 납세의무자는 자율심사한 결과를 세관장에게 제출하여야 한다.

④ 납세의무자는 납세신고한 세액을 납부하기 전에 그 세액이 과부족(過不足)하다는 것을 알게 되었을 때에는 납세신고한 세액을 정정할 수 있다. 이 경우 납부기한은 당초의 납부기한(제9조에 따른 납부기한을 말한다)으로 한다.

⑤ 납세신고, 자율심사 및 제4항에 따른 세액의 정정과 관련하여 그 방법 및 절차 등 필요한 사항은 대통령령으로 정한다.

⑥ 관세의 납부에 관하여는 「국세기본법」 제46조의2를 준용한다.

제38조의2(보정) ① 납세의무자는 신고납부한 세액이 부족하다는 것을 알게 되거나 세액산출의 기초가 되는 과세가격 또는 품목분류 등에 오류가 있는 것을 알게 되었을 때에는 신고납부한 날부터 6개월 이내(이하 "보정기간"이라 한다)에 대통령령으로 정하는 바에 따라 해당 세액을 보정(補正)하여 줄 것을 세관장에게 신청할 수 있다.

② 세관장은 신고납부한 세액이 부족하다는 것을 알게 되거나 세액산출의 기초가 되는 과세가격 또는 품목분류 등에 오류가 있다는 것을 알게 되었을 때에는 대통령령으로 정하는 바에 따라 납세의무자에게 해당 보정기간에 보정신청을 하도록 통지할 수 있다. 이 경우 세액보정을 신청하려는 납세의무자는 대통령령으로 정하는 바에 따라 세관장에게 신청하여야 한다.

③ 삭제

④ 납세의무자가 제1항과 제2항 후단에 따라 부족한 세액에 대한 세액의 보정을 신청한 경우에는 해당 보정신청을 한 날의 다음 날까지 해당 관세를 납부하여야 한다.

⑤ 세관장은 제1항과 제2항 후단에 따른 신청에 따라 세액을 보정한 결과 부족한 세액이 있을 때에는 납부기한(제9조에 따른 납부기한을 말한다) 다음 날부터 보정신청을 한 날까지의 기간과 금융회사의 정기예금에 대하여 적용하는 이자율을 고려하여 대통령령으로 정하는 이율에 따라 계산한 금액을 더하여 해당 부족세액을 징수하여야 한다. 다만, 다음 각 호의 어느 하나에 해당하는 경우에는 그러하지 아니하다.

1. 제41조제4항에 따라 가산금 및 중가산금을 징수하지 아니하는 경우
2. 신고납부한 세액의 부족 등에 대하여 납세의무자에게 정당한 사유가 있는 경우

제38조의3(수정 및 경정) ① 납세의무자는 신고납부한 세액이 부족한 경우에는 대통령령으로 정하는 바에 따라 수정신고(보정기간이 지난 날부터 제21조제1항에 따른 기간이 끝나기 전까지로 한정한다)를 할 수 있다. 이 경우 납세의무자는 수정신고한 날의 다음 날까지 해당 관세를 납부하여야 한다.

② 납세의무자는 신고납부한 세액이 과다한 것을 알게 되었을 때에는 최초로 납세신고를 한 날부터 5년 이내에 대통령령으로 정하는 바에 따라 신고한 세액의 경정을 세관장에게 청구할 수 있다. 이 경우 경정의 청구를 받은 세관장은 그 청구를 받은 날부터 2개월 이내에 세액을 경정하거나 경정하여야 할 이유가 없다는 뜻을 청구한 자에게 통지하여야 한다.

③ 납세의무자는 최초의 신고 또는 경정에서 과세표준 및 세액의 계산근거가 된 거래 또는 행위 등이 그에 관한 소송에 대한 판결(판결과 같은 효력을 가

지는 화해나 그 밖의 행위를 포함한다)에 의하여 다른 것으로 확정되는 등 대통령령으로 정하는 사유가 발생하여 납부한 세액이 과다한 것을 알게 되었을 때에는 제2항 전단에 따른 기간에도 불구하고 그 사유가 발생한 것을 안 날부터 2개월 이내에 대통령령으로 정하는 바에 따라 납부한 세액의 경정을 세관장에게 청구할 수 있다.

④ 세관장은 납세의무자가 신고납부한 세액, 납세신고한 세액 또는 제2항 및 제3항에 따라 경정청구한 세액을 심사한 결과 과부족하다는 것을 알게 되었을 때에는 대통령령으로 정하는 바에 따라 그 세액을 경정하여야 한다.

제38조의4(수입물품의 과세가격 조정에 따른 경정) ① 납세의무자는 「국제조세조정에 관한 법률」 제4조제1항에 따라 관할 지방국세청장 또는 세무서장이 해당 수입물품의 거래가격을 조정하여 과세표준 및 세액을 결정·경정 처분하거나 같은 법 제6조제3항 단서에 따라 국세청장이 해당 수입물품의 거래가격과 관련하여 소급하여 적용하도록 사전승인을 함에 따라 그 거래가격과 이 법에 따라 신고납부·경정한 세액의 산정기준이 된 과세가격 간 차이가 발생한 경우에는 그 결정·경정 처분 또는 사전승인이 있음을 안 날(처분 또는 사전승인의 통지를 받은 경우에는 그 받은 날)부터 2개월 또는 최초로 납세신고를 한 날부터 5년 내에 대통령령으로 정하는 바에 따라 세관장에게 세액의 경정을 청구할 수 있다.

② 제1항에 따른 경정청구를 받은 세관장은 대통령령으로 정하는 바에 따라 해당 수입물품의 거래가격 조정방법과 계산근거 등이 제30조부터 제35조까지의 규정에 적합하다고 인정하는 경우에는 세액을 경정할 수 있다.

③ 세관장은 제1항에 따른 경정청구를 받은 날부터 2개월 내에 세액을 경정하거나 경정하여야 할 이유가 없다는 뜻을 청구인에게 통지하여야 한다.

④ 제3항에 따른 세관장의 통지에 이의가 있는 청구인은 그 통지를 받은 날(2개월 내에 통지를 받지 못한 경우에는 2개월이 경과한 날)부터 30일 내에 기획재정부장관에게 국세의 정상가격과 관세의 과세가격 간의 조정을 신청할 수 있다. 이 경우 「국제조세조정에 관한 법률」 제10조의3을 준용한다.

⑤ 세관장은 제2항에 따라 세액을 경정하기 위하여 필요한 경우에는 관할 지방국세청장 또는 세무서장과 협의할 수 있다.

제38조의5(경정청구서 등 우편제출에 따른 특례) 제38조의2제1항, 제38조의3 제1항부터 제3항까지, 제38조의4제1항 및 제4항에 따른 각각의 기한까지 우편으로 발송(「국세기본법」 제5조의2에서 정한 날을 기준으로 한다)한 청구서 등이 세관장 또는 기획재정부장관에게 기간을 지나서 도달한 경우 그 기간의 만료일에 신청·신고 또는 청구된 것으로 본다.

제39조(부과고지) ① 다음 각 호의 어느 하나에 해당하는 경우에는 제38조에도 불구하고 세관장이 관세를 부과·징수한다.

1. 제16조제1호부터 제6호까지 및 제8호부터 제11호까지에 해당되어 관세를 징수하는 경우
2. 보세건설장에서 건설된 시설로서 제248조에 따라 수입신고가 수리되기 전에 가동된 경우
3. 보세구역(제156조제1항에 따라 보세구역 외 장치를 허가받은 장소를 포함한다)에 반입된 물품이 제248조제3항을 위반하여 수입신고가 수리되기 전에 반출된 경우
4. 납세의무자가 관세청장이 정하는 사유로 과세가격이나 관세율 등을 결정하기 곤란하여 부과고지를 요청하는 경우
5. 제253조에 따라 즉시 반출한 물품을 같은 조 제3항의 기간 내에 수입신고를 하지 아니하여 관세를 징수하는 경우
6. 그 밖에 제38조에 따른 납세신고가 부적당한 것으로서 기획재정부령으로 정하는 경우

② 세관장은 과세표준, 세율, 관세의 감면 등에 관한 규정의 적용 착오 또는 그 밖의 사유로 이미 징수한 금액이 부족한 것을 알게 되었을 때에는 그 부족액을 징수한다.

③ 제1항과 제2항에 따라 세관장이 관세를 징수하려는 경우에는 대통령령으로 정하는 바에 따라 납세의무자에게 납세고지를 하여야 한다.

제40조(징수금액의 최저한) 세관장은 납세의무자가 납부하여야 하는 세액이 대통령령으로 정하는 금액 미만인 경우에는 이를 징수하지 아니한다.

제41조(가산금) ① 관세를 납부기한까지 완납(完納)하지 아니하면 그 납부기한이 지난 날부터 체납된 관세에 대하여 100분의 3에 상당하는 가산금을 징수한다.

② 체납된 관세를 납부하지 아니하면 그 납부기한이 지난 날부터 1개월이 지날 때마다 체납된 관세의 1천분의 12에 상당하는 가산금(이하 이 조에서 "중가산금"이라 한다)을 제1항에 따른 가산금에 다시 더하여 징수한다. 이 경우 중가산금을 더하여 징수하는 기간은 60개월을 초과하지 못한다.

③ 체납된 관세(세관장이 징수하는 내국세가 있을 때에는 그 금액을 포함한다)가 100만원 미만인 경우에는 제2항을 적용하지 아니한다.

④ 국가나 지방자치단체가 직접 수입하는 물품 등 대통령령으로 정하는 물품에 대하여는 제1항부터 제3항까지의 규정을 적용하지 아니한다.

제42조(가산세) ① 세관장은 제38조의3제1항 또는 제4항에 따라 부족한 관세액을 징수할 때에는 다음 각 호의 금액을 합한 금액을 가산세로 징수한다. 다만, 잠정가격신고를 기초로 납세신고를 하고 이에 해당하는 세액을 납부한 경우 등 대통령령으로 정하는 경우에는 대통령령으로 정하는 바에 따라 그 전부 또는 일부를 징수하지 아니한다.

1. 해당 부족세액의 100분의 10
2. 다음의 계산식을 적용하여 계산한 금액

   해당 부족세액 × 당초 납부기한의 다음 날부터 수정신고일 또는 납세고지일까지의 기간 × 금융회사 등이 연체대출금에 대하여 적용하는 이자율 등을 고려하여 대통령령으로 정하는 이자율

② 제1항에도 불구하고 납세자가 부당한 방법(납세자가 관세의 과세표준 또는 세액계산의 기초가 되는 사실의 전부 또는 일부를 은폐하거나 가장하는 것에 기초하여 관세의 과세표준 또는 세액의 신고의무를 위반하는 것으로서 대통령령으로 정하는 방법을 말한다)으로 과소신고한 경우에는 세관장은 해당 부족세액의 100분의 40에 상당하는 금액과 제1항제2호의 금액을 합한 금액을 가산세로 징수한다.

제43조(관세의 현장 수납) ① 다음 각 호의 어느 하나에 해당하는 물품에 대한 관세는 그 물품을 검사한 공무원이 검사 장소에서 수납할 수 있다.

1. 여행자의 휴대품
2. 조난 선박에 적재된 물품으로서 보세구역이 아닌 장소에 장치된 물품

② 제1항에 따라 물품을 검사한 공무원이 관세를 수납할 때에는 부득이한 사유가 있는 경우를 제외하고는 다른 공무원을 참여시켜야 한다.

③ 출납공무원이 아닌 공무원이 제1항에 따라 관세를 수납하였을 때에는 지체 없이 출납공무원에게 인계하여야 한다.

④ 출납공무원이 아닌 공무원이 선량한 관리자로서의 주의를 게을리하여 제1항에 따라 수납한 현금을 잃어버린 경우에는 변상하여야 한다.

제2관 체납자료의 제공 등

제44조(체납자료의 제공) ① 세관장은 관세징수 또는 공익목적을 위하여 필요한 경우로서 「신용정보의 이용 및 보호에 관한 법률」 제2조제5호에 따른 신용정보회사 또는 같은 조 제6호에 따른 신용정보집중기관, 그 밖에 대통령령으로 정하는 자가 다음 각 호의 어느 하나에 해당하는 체납자의 인적사항 및 체납액에 관한 자료(이하 "체납자료"라 한다)를 요구한 경우에는 이를 제공할 수 있다. 다만, 체납된 관세 및 내국세등과 관련하여 이 법에 따른 이의신청·심사청구 또는 심판청구 및 행정소송이 계류 중인 경우나 그 밖에 대통령령으로 정하는 경우에는 체납자료를 제공하지 아니한다.

1. 체납 발생일부터 1년이 지나고 체납액이 대통령령으로 정하는 금액 이상인 자
2. 1년에 3회 이상 체납하고 체납액이 대통령령으로 정하는 금액 이상인 자

② 제1항에 따른 체납자료의 제공 절차 등에 필요한 사항은 대통령령으로 정한다.

③ 제1항에 따라 체납자료를 제공받은 자는 이를 업무 목적 외의 목적으로 누설하거나 이용하여서는 아니 된다.

제45조(관세체납정리위원회) ① 관세(세관장이 징수하는 내국세등을 포함한다)의 체납정리에 관한 사항을 심의하기 위하여 세관에 관세체납정리위원회를 둘 수 있다.

② 제1항에 따른 관세체납정리위원회의 조직과 운영에 필요한 사항은 대통령령으로 정한다.

제3관 관세환급금의 환급 등

제46조(관세환급금의 환급) ① 세관장은 납세의무자가 관세·가산금·가산세 또는 체납처분비의 과오납금 또는 이 법에 따라 환급하여야 할 환급세액의 환급을 청구할 때에는 대통령령으로 정하는 바에 따라 지체 없이 이를 관세환급금으로 결정하고 30일 이내에 환급하여야 하며, 세관장이 확인한 관세환급금은 납세의무자가 환급을 청구하지 아니하더라도 환급하여야 한다.

② 세관장은 제1항에 따라 관세환급금을 환급하는 경우에 환급받을 자가 세관에 납부하여야 하는 관세와 그 밖의 세금, 가산금, 가산세 또는 체납처분비가 있을 때에는 환급하여야 하는 금액에서 이를 충당할 수 있다.

③ 납세의무자의 관세환급금에 관한 권리는 대통령령으로 정하는 바에 따라 제3자에게 양도할 수 있다.

④ 제1항에 따른 관세환급금의 환급은 「국가재정법」 제17조에도 불구하고 대통령령으로 정하는 바에 따라 「한국은행법」에 따른 한국은행의 해당 세관장의 소관 세입금에서 지급한다.

제47조(과다환급관세의 징수) ① 세관장은 제46조에 따른 관세환급금의 환급에 있어서 그 환급액이 과다한 것을 알게 되었을 때에는 해당 관세환급금을 지급받은 자로부터 과다지급된 금액을 징수하여야 한다.

② 세관장은 제1항에 따라 관세환급금의 과다환급액을 징수할 때에는 과다환급을 한 날의 다음 날부터 징수결정을 하는 날까지의 기간에 대하여 대통령령으로 정하는 이율에 따라 계산한 금액을 과다환급액에 더하여야 한다.

제48조(관세환급가산금) 세관장은 제46조에 따라 관세환급금을 환급하거나 충당할 때에는 대통령령으로 정하는 관세환급가산금 기산일부터 환급결정 또는 충당결정을 하는 날까지의 기간과 대통령령으로 정하는 이율에 따라 계산한 금액을 관세환급금에 더하여야 한다. 다만, 제41조제4항에 따라 같은 조 제1항부터 제3항까지의 규정을 적용받지 아니하는 물품에 대하여는 그러하지 아니하다.

제3장 세율 및 품목 분류

제1절 통칙

제49조(세율의 종류) 제14조에 따라 수입물품에 부과되는 관세의 세율은 다음 각 호와 같다.

1. 기본세율
2. 잠정세율
3. 제51조부터 제67조까지, 제67조의2 및 제68조부터 제77조까지의 규정에 따라 대통령령 또는 기획재정부령으로 정하는 세율

제50조(세율 적용의 우선순위) ① 기본세율과 잠정세율은 별표 관세율표에 따르되, 잠정세율을 기본세율에 우선하여 적용한다.

② 제49조제3호의 세율은 다음 각 호의 순서에 따라 별표 관세율표의 세율에 우선하여 적용한다.

1. 제51조, 제57조, 제63조, 제65조, 제67조의2 및 제68조에 따른 세율
2. 제73조 및 제74조에 따른 세율
3. 제69조, 제71조 및 제72조에 따른 세율
4. 제76조에 따른 세율

③ 제2항에도 불구하고 제2항제2호의 세율은 기본세율, 잠정세율, 제2항제3호 및 제4호의 세율보다 낮은 경우에만 우선하여 적용하고, 제2항제3호의 세율 중 제71조에 따른 세율은 제2항제4호의 세율보다 낮은 경우에만 우선하여 적용한다. 다만, 제73조에 따라 국제기구와의 관세에 관한 협상에서 국내외의 가격차에 상당하는 율로 양허(讓許)하거나 국내시장 개방과 함께 기본세율보다 높은 세율로 양허한 농림축산물 중 대통령령으로 정하는 물품에 대하여 양허한 세율(시장접근물량에 대한 양허세율을 포함한다)은 기본세율 및 잠정세율에 우선하여 적용한다.

④ 별표 관세율표 중 잠정세율을 적용받는 물품에 대하여는 대통령령으로 정하는 바에 따라 그 물품의 전부 또는 일부에 대하여 잠정세율의 적용을 정지하거나 기본세율과의 세율차를 좁히도록 잠정세율을 올리거나 내릴 수 있다.

⑤ 제49조제3호에 따른 세율을 적용할 때 별표 관세율표 중 종량세인 경우에는 해당 세율에 상당하는 금액을 적용한다.

제2절 세율의 조정

제1관 덤핑방지관세

제51조(덤핑방지관세의 부과대상) 국내 산업에 이해관계가 있는 자로서 대통령령으로 정하는 자 또는 주무부장관이 부과요청을 한 경우로서 외국의 물품이 대통령령으로 정하는 정상가격 이하로 수입(이하 "덤핑"이라 한다)되어 다음 각 호의 어느 하나에 해당하는 것(이하 이 관에서 "실질적 피해등"이라 한다)으로 조사를 통하여 확인되고 해당 국내 산업을 보호할 필요가 있다고 인정되는 경우에는 기획재정부령으로 그 물품과 공급자 또는 공급국을 지정하여 해당 물품에 대하여 정상가격과 덤핑가격 간의 차액(이하 "덤핑차"이라 한다)에 상당하는 금액 이하의 관세(이하 "덤핑방지관세"라 한다)를 추가하여 부과할 수 있다.

1. 국내 산업이 실질적인 피해를 받거나 받을 우려가 있는 경우
2. 국내 산업의 발전이 실질적으로 지연된 경우

제52조(덤핑 및 실질적 피해등의 조사) ① 제51조에 따른 덤핑 사실과 실질적 피해등의 사실에 관한 조사는 대통령령으로 정하는 바에 따른다.

② 기획재정부장관은 덤핑방지관세를 부과할 때 관련 산업의 경쟁력 향상, 물가안정, 통상협력 등을 고려할 필요가 있는 경우에는 이를 조사하여 반영할 수 있다.

제53조(덤핑방지관세를 부과하기 전의 잠정조치) ① 기획재정부장관은 덤핑방지관세의 부과 여부를 결정하기 위하여 조사가 시작된 경우로서 다음 각 호의 어느 하나에 해당하는 경우에는 조사기간 중에 발생하는 피해를 방지하기 위하여 해당 조사가 종결되기 전이라도 대통령령으로 정하는 바에 따라 그 물품과 공급자 또는 공급국 및 기간을 정하여 잠정적으로 추계(推計)된 덤핑차액에 상당하는 금액 이하의 잠정덤핑방지관세를 추가하여 부과하도록 명하거나

담보를 제공하도록 명하는 조치(이하 이 관에서 "잠정조치"라 한다)를 할 수 있다.

1. 해당 물품에 대한 덤핑 사실 및 그로 인한 실질적 피해등의 사실이 있다고 추정되는 충분한 증거가 있는 경우
2. 제54조에 따른 약속을 위반하거나 약속의 이행에 관한 자료제출 요구 및 제출자료의 검증 허용 요구에 응하지 아니한 경우로서 이용할 수 있는 최선의 정보가 있는 경우

② 다음 각 호의 어느 하나에 해당하는 경우에는 대통령령으로 정하는 바에 따라 납부된 잠정덤핑방지관세를 환급하거나 제공된 담보를 해제하여야 한다.

1. 잠정조치를 한 물품에 대한 덤핑방지관세의 부과요청이 철회되어 조사가 종결된 경우
2. 잠정조치를 한 물품에 대한 덤핑방지관세의 부과 여부가 결정된 경우
3. 제54조에 따른 약속이 수락된 경우

③ 제2항에도 불구하고 다음 각 호의 어느 하나에 해당하는 경우 덤핑방지관세액이 잠정덤핑방지관세액을 초과할 때에는 그 차액을 징수하지 아니하며, 덤핑방지관세액이 잠정덤핑방지관세액에 미달될 때에는 그 차액을 환급하여야 한다.

1. 덤핑과 그로 인한 산업피해를 조사한 결과 해당 물품에 대한 덤핑 사실 및 그로 인한 실질적 피해등의 사실이 있는 것으로 판정된 이후에 제54조에 따른 약속이 수락된 경우
2. 제55조 단서에 따라 덤핑방지관세를 소급하여 부과하는 경우

제54조(덤핑방지관세와 관련된 약속의 제의) ① 덤핑방지관세의 부과 여부를 결정하기 위하여 예비조사를 한 결과 해당 물품에 대한 덤핑 사실 및 그로 인한 실질적 피해등의 사실이 있는 것으로 판정된 경우 해당 물품의 수출자 또는 기획재정부장관은 대통령령으로 정하는 바에 따라 덤핑으로 인한 피해가 제거될 정도의 가격수정이나 덤핑수출의 중지에 관한 약속을 제의할 수 있다.
② 제1항에 따른 약속이 수락된 경우 기획재정부장관은 잠정조치 또는 덤핑방지관세의 부과 없이 조사가 중지 또는 종결되도록 하여야 한다. 다만, 기획재정부장관이 필요하다고 인정하거나 수출자가 조사를 계속하여 줄 것을 요청한 경우에는 그 조사를 계속할 수 있다.

제55조(덤핑방지관세의 부과 시기) 덤핑방지관세의 부과와 잠정조치는 각각의 조치일 이후 수입되는 물품에 대하여 적용된다. 다만, 잠정조치가 적용된 물품에 대하여 국제협약에서 달리 정하는 경우와 그 밖에 대통령령으로 정하는 경우에는 그 물품에 대하여도 덤핑방지관세를 부과할 수 있다.

제56조(덤핑방지관세에 대한 재심사 등) ① 기획재정부장관은 필요하다고 인정될 때에는 대통령령으로 정하는 바에 따라 덤핑방지관세의 부과와 제54조에 따른 약속에 대하여 재심사를 할 수 있으며, 재심사의 결과에 따라 덤핑방지관세의 부과, 약속 내용의 변경, 환급 등 필요한 조치를 할 수 있다.

② 덤핑방지관세의 부과나 제54조에 따라 수락된 약속은 기획재정부령으로 그 적용시한을 따로 정하는 경우를 제외하고는 해당 덤핑방지관세 또는 약속의 시행일부터 5년이 지나면 그 효력을 잃으며, 제1항에 따라 덤핑과 산업피해를 재심사하고 그 결과에 따라 내용을 변경할 때에는 기획재정부령으로 그 적용시한을 따로 정하는 경우를 제외하고는 변경된 내용의 시행일부터 5년이 지나면 그 효력을 잃는다.

③ 제1항 및 제2항과 제51조부터 제55조까지의 규정에 따른 덤핑방지관세의 부과 및 시행 등에 필요한 사항은 대통령령으로 정한다.

제2관 상계관세

제57조(상계관세의 부과대상) 국내 산업에 이해관계가 있는 자로서 대통령령으로 정하는 자 또는 주무부장관이 부과요청을 한 경우로서, 외국에서 제조·생산 또는 수출에 관하여 직접 또는 간접으로 보조금이나 장려금(이하 "보조금등"이라 한다)을 받은 물품의 수입으로 인하여 다음 각 호의 어느 하나에 해당하는 것(이하 이 관에서 "실질적 피해등"이라 한다)으로 조사를 통하여 확인되고 해당 국내 산업을 보호할 필요가 있다고 인정되는 경우에는 기획재정부령으로 그 물품과 수출자 또는 수출국을 지정하여 그 물품에 대하여 해당 보조금등의 금액 이하의 관세(이하 "상계관세"라 한다)를 추가하여 부과할 수 있다.

1. 국내 산업이 실질적인 피해를 받거나 받을 우려가 있는 경우
2. 국내 산업의 발전이 실질적으로 지연된 경우

제58조(보조금등의 지급과 실질적 피해등의 조사) ① 보조금등의 지급과 실질적 피해등의 사실에 관한 조사는 대통령령으로 정하는 바에 따른다.

② 기획재정부장관은 상계관세를 부과할 때 관련 산업의 경쟁력 향상, 물가안정, 통상협력 등을 고려할 필요가 있는 경우에는 이를 조사하여 반영할 수 있다.

제59조(상계관세를 부과하기 전의 잠정조치) ① 기획재정부장관은 상계관세의 부과 여부를 결정하기 위하여 조사가 시작된 물품이 보조금등을 받아 수입되어 다음 각 호의 어느 하나에 해당한다고 인정되는 경우에는 대통령령으로 정하는 바에 따라 국내 산업의 보호를 위하여 조사가 종결되기 전이라도 그 물품의 수출자 또는 수출국 및 기간을 정하여 보조금등의 추정액에 상당하는 금액 이하의 잠정상계관세를 부과하도록 명하거나 담보를 제공하도록 명하는 조치(이하 이 관에서 "잠정조치"라 한다)를 할 수 있다.

1. 국내 산업에 실질적 피해등이 발생한 사실이 있다고 추정되는 충분한 증거가 있음이 확인되는 경우
2. 제60조에 따른 약속을 철회하거나 위반한 경우와 그 약속의 이행에 관한 자료를 제출하지 아니한 경우로서 이용할 수 있는 최선의 정보가 있는 경우

② 잠정조치가 취하여진 물품에 대하여 상계관세의 부과요청이 철회되어 조사가 종결되거나 상계관세의 부과 여부가 결정된 경우 또는 제60조에 따른 약속이 수락된 경우에는 대통령령으로 정하는 바에 따라 납부된 잠정상계관세를 환급하거나 제공된 담보를 해제하여야 한다. 다만, 다음 각 호의 어느 하나에 해당하는 경우 상계관세액이 잠정상계관세액을 초과할 때에는 그 차액을 징수하지 아니하며, 상계관세액이 잠정상계관세액에 미달될 때에는 그 차액을 환급하여야 한다.

1. 보조금등의 지급과 그로 인한 산업피해를 조사한 결과 해당 물품에 대한 보조금등의 지급과 그로 인한 실질적 피해등의 사실이 있다고 판정된 이후에 제60조에 따른 약속이 수락된 경우
2. 제61조 단서에 따라 상계관세를 소급하여 부과하는 경우

제60조(상계관세와 관련된 약속의 제의) ① 제57조에 따른 상계관세의 부과 여부를 결정하기 위하여 예비조사를 한 결과 보조금등의 지급과 그로 인한 실질적 피해등의 사실이 있는 것으로 판정된 경우 해당 물품의 수출국 정부 또는

기획재정부장관은 대통령령으로 정하는 바에 따라 해당 물품에 대한 보조금등을 철폐 또는 삭감하거나 보조금등의 국내 산업에 대한 피해효과를 제거하기 위한 적절한 조치에 관한 약속을 제의할 수 있으며, 해당 물품의 수출자는 수출국 정부의 동의를 받아 보조금등의 국내 산업에 대한 피해효과가 제거될 수 있을 정도로 가격을 수정하겠다는 약속을 제의할 수 있다.

② 제1항에 따른 약속이 수락된 경우 기획재정부장관은 잠정조치 또는 상계관세의 부과 없이 조사가 중지 또는 종결되도록 하여야 한다. 다만, 기획재정부장관이 필요하다고 인정하거나 수출국 정부가 피해 조사를 계속하여 줄 것을 요청한 경우에는 그 조사를 계속할 수 있다.

제61조(상계관세의 부과 시기) 상계관세의 부과와 잠정조치는 각각의 조치일 이후 수입되는 물품에 대하여 적용된다. 다만, 잠정조치가 적용된 물품에 대하여 국제협약에서 달리 정하고 있는 경우와 그 밖에 대통령령으로 정하는 경우에는 그 물품에 대하여도 상계관세를 부과할 수 있다.

제62조(상계관세에 대한 재심사 등) ① 기획재정부장관은 필요하다고 인정될 때에는 대통령령으로 정하는 바에 따라 상계관세의 부과와 제60조에 따른 약속에 대하여 재심사를 할 수 있으며, 재심사의 결과에 따라 상계관세의 부과, 약속 내용의 변경, 환급 등 필요한 조치를 할 수 있다.

② 상계관세의 부과나 제60조에 따라 수락된 약속은 기획재정부령으로 그 적용시한을 따로 정하는 경우를 제외하고는 해당 상계관세 또는 약속의 시행일부터 5년이 지나면 그 효력을 잃으며, 제1항에 따라 보조금등의 지급과 산업피해를 재심사하고 그 결과에 따라 내용을 변경할 때에는 기획재정부령으로 그 적용시한을 따로 정하는 경우를 제외하고는 변경된 내용의 시행일부터 5년이 지나면 그 효력을 잃는다.

③ 제1항 및 제2항과 제57조부터 제61조까지의 규정에 따른 상계관세의 부과 및 시행 등에 필요한 사항은 대통령령으로 정한다.

제3관 보복관세

제63조(보복관세의 부과대상) ① 교역상대국이 우리나라의 수출물품 등에 대하여 다음 각 호의 어느 하나에 해당하는 행위를 하여 우리나라의 무역이익이

침해되는 경우에는 그 나라로부터 수입되는 물품에 대하여 피해상당액의 범위에서 관세(이하 "보복관세"라 한다)를 부과할 수 있다.

1. 관세 또는 무역에 관한 국제협정이나 양자 간의 협정 등에 규정된 우리나라의 권익을 부인하거나 제한하는 경우
2. 그 밖에 우리나라에 대하여 부당하거나 차별적인 조치를 하는 경우

② 보복관세를 부과하여야 하는 대상 국가, 물품, 수량, 세율, 적용시한, 그 밖에 필요한 사항은 대통령령으로 정한다.

제64조(보복관세의 부과에 관한 협의) 기획재정부장관은 보복관세를 부과할 때 필요하다고 인정되는 경우에는 관련 국제기구 또는 당사국과 미리 협의할 수 있다.

제4관 긴급관세

제65조(긴급관세의 부과대상 등) ① 특정물품의 수입증가로 인하여 동종물품 또는 직접적인 경쟁관계에 있는 물품을 생산하는 국내 산업(이하 이 조에서 "국내 산업"이라 한다)이 심각한 피해를 받거나 받을 우려(이하 이 조에서 "심각한 피해등"이라 한다)가 있음이 조사를 통하여 확인되고 해당 국내 산업을 보호할 필요가 있다고 인정되는 경우에는 해당 물품에 대하여 심각한 피해등을 방지하거나 치유하고 조정을 촉진(이하 "피해의 구제등"이라 한다)하기 위하여 필요한 범위에서 관세(이하 "긴급관세"라 한다)를 추가하여 부과할 수 있다.

② 긴급관세는 해당 국내 산업의 보호 필요성, 국제통상관계, 긴급관세 부과에 따른 보상 수준 및 국민경제 전반에 미치는 영향 등을 검토하여 부과 여부와 그 내용을 결정한다.

③ 기획재정부장관은 긴급관세를 부과하는 경우에는 이해당사국과 긴급관세부과의 부정적 효과에 대한 적절한 무역보상방법에 관하여 협의를 할 수 있다.

④ 긴급관세의 부과와 제66조제1항에 따른 잠정긴급관세의 부과는 각각의 부과조치 결정 시행일 이후 수입되는 물품에 한정하여 적용한다.

⑤ 긴급관세의 부과기간은 4년을 초과할 수 없으며, 제66조제1항에 따른 잠정긴급관세는 200일을 초과하여 부과할 수 없다. 다만, 제67조에 따른 재심사의

결과에 따라 부과기간을 연장하는 경우에는 잠정긴급관세의 부과기간, 긴급관세의 부과기간, 「대외무역법」 제39조제1항에 따른 수입수량제한 등(이하 이 조와 제66조에서 "수입수량제한등"이라 한다)의 적용기간 및 그 연장기간을 포함한 총 적용기간은 8년을 초과할 수 없다.

⑥ 긴급관세 또는 제66조제1항에 따른 잠정긴급관세를 부과하여야 하는 대상 물품, 세율, 적용기간, 수량, 수입관리방안, 그 밖에 필요한 사항은 기획재정부령으로 정한다.

⑦ 기획재정부장관은 긴급관세 또는 제66조제1항에 따른 잠정긴급관세의 부과 여부를 결정하기 위하여 필요하다고 인정되는 경우에는 관계 행정기관의 장 및 이해관계인 등에게 관련 자료의 제출 등 필요한 협조를 요청할 수 있다.

제66조(잠정긴급관세의 부과 등) ① 긴급관세의 부과 여부를 결정하기 위하여 조사가 시작된 물품 또는 「불공정무역행위 조사 및 산업피해구제에 관한 법률」 제7조제1항에 따라 잠정조치가 건의된 물품에 대하여 조사기간 중에 발생하는 심각한 피해등을 방지하지 아니하는 경우 회복하기 어려운 피해가 초래되거나 초래될 우려가 있다고 판단될 때에는 조사가 종결되기 전에 피해의 구제등을 위하여 필요한 범위에서 잠정긴급관세를 추가하여 부과할 수 있다.

② 긴급관세의 부과 또는 수입수량제한등의 조치 여부를 결정한 때에는 제1항에 따른 잠정긴급관세의 부과를 중단한다.

③ 긴급관세의 부과 또는 수입수량제한등의 조치 여부를 결정하기 위하여 조사한 결과 수입증가가 국내 산업에 심각한 피해를 초래하거나 초래할 우려가 있다고 판단되지 아니하는 경우에는 제1항에 따라 납부된 잠정긴급관세를 환급하여야 한다.

제67조(긴급관세에 대한 재심사 등) 기획재정부장관은 필요하다고 인정되는 때에는 긴급관세의 부과결정에 대하여 재심사를 할 수 있으며, 재심사결과에 따라 부과내용을 변경할 수 있다. 이 경우 변경된 내용은 최초의 조치내용보다 더 강화되어서는 아니된다.

제67조의2(특정국물품 긴급관세의 부과) ① 국제조약 또는 일반적인 국제법규에 따라 허용되는 한도에서 대통령령으로 정하는 국가를 원산지로 하는 물품(이하 이 조에서 "특정국물품"이라 한다)이 다음 각 호의 어느 하나에 해당하

는 것으로 조사를 통하여 확인된 경우에는 피해를 구제하거나 방지하기 위하여 필요한 범위에서 관세(이하 "특정국물품 긴급관세"라 한다)를 추가하여 부과할 수 있다.

1. 해당 물품의 수입증가가 국내시장의 교란 또는 교란우려의 중대한 원인이 되는 경우
2. 세계 무역기구 회원국이 해당 물품의 수입증가에 대하여 자국의 피해를 구제하거나 방지하기 위하여 한 조치로 인하여 중대한 무역전환이 발생하여 해당 물품이 우리나라로 수입되거나 수입될 우려가 있는 경우

② 제1항제1호에서 "국내시장의 교란 또는 교란우려"란 특정국물품의 수입증가로 인하여 동종물품 또는 직접적인 경쟁관계에 있는 물품을 생산하는 국내산업이 실질적 피해를 받거나 받을 우려가 있는 경우를 말한다.

③ 특정국물품 긴급관세 또는 제5항에 따른 특정국물품 잠정긴급관세를 부과하여야 하는 대상 물품, 세율, 적용기간, 수량, 수입관리방안 등에 관하여 필요한 사항은 기획재정부령으로 정한다.

④ 기획재정부장관은 특정국물품 긴급관세를 부과할 때에는 이해당사국과 해결책을 모색하기 위하여 사전 협의를 할 수 있다.

⑤ 제1항제1호에 따라 특정국물품 긴급관세의 부과 여부를 결정하기 위한 조사가 시작된 물품에 대하여 조사기간 중에 발생하는 국내시장의 교란을 방지하지 아니하는 경우 회복하기 어려운 피해가 초래되거나 초래될 우려가 있다고 판단될 때에는 조사가 종결되기 전에 피해를 구제하거나 방지하기 위하여 필요한 범위에서 특정국물품에 대한 잠정긴급관세(이하 "특정국물품 잠정긴급관세"라 한다)를 200일의 범위에서 부과할 수 있다.

⑥ 특정국물품 긴급관세의 부과 여부를 결정하기 위하여 조사한 결과 국내시장의 교란 또는 교란우려가 있다고 판단되지 아니하는 경우에는 제5항에 따라 납부된 특정국물품 잠정긴급관세를 환급하여야 한다.

⑦ 제1항제2호에 따른 특정국물품 긴급관세 부과의 원인이 된 세계 무역기구 회원국의 조치가 종료된 때에는 그 종료일부터 30일 이내에 특정국물품 긴급관세 부과를 중지하여야 한다.

⑧ 특정국물품 긴급관세 또는 특정국물품 잠정긴급관세의 부과에 관하여는 제65조제2항·제4항·제7항, 제66조제2항 및 제67조를 준용한다.

제5관 농림축산물에 대한 특별긴급관세

제68조(농림축산물에 대한 특별긴급관세) ① 제73조에 따라 국내외 가격차에 상당한 율로 양허한 농림축산물의 수입물량이 급증하거나 수입가격이 하락하는 경우에는 대통령령으로 정하는 바에 따라 양허한 세율을 초과하여 관세(이하 "특별긴급관세"라 한다)를 부과할 수 있다.

② 특별긴급관세를 부과하여야 하는 대상 물품, 세율, 적용시한, 수량 등은 기획재정부령으로 정한다.

제6관 조정관세

제69조(조정관세의 부과대상) 다음 각 호의 어느 하나에 해당하는 경우에는 100분의 100에서 해당 물품의 기본세율을 뺀 율을 기본세율에 더한 율의 범위에서 관세를 부과할 수 있다. 다만, 농림축수산물 또는 이를 원재료로 하여 제조된 물품의 국내외 가격차가 해당 물품의 과세가격을 초과하는 경우에는 국내외 가격차에 상당하는 율의 범위에서 관세를 부과할 수 있다.

1. 산업구조의 변동 등으로 물품 간의 세율 불균형이 심하여 이를 시정할 필요가 있는 경우
2. 국민보건, 환경보전, 소비자보호 등을 위하여 필요한 경우
3. 국내에서 개발된 물품을 일정 기간 보호할 필요가 있는 경우
4. 농림축수산물 등 국제경쟁력이 취약한 물품의 수입증가로 인하여 국내시장이 교란되거나 산업기반이 붕괴될 우려가 있어 이를 시정하거나 방지할 필요가 있는 경우

제70조(조정관세의 적용 세율 등) ① 제69조에 따른 관세(이하 "조정관세"라 한다)는 해당 국내 산업의 보호 필요성, 국제통상관계, 국민경제 전반에 미치는 영향 등을 검토하여 부과 여부와 그 내용을 정한다.

② 조정관세를 부과하여야 하는 대상 물품, 세율 및 적용시한 등은 대통령령으로 정한다.

제7관 할당관세

제71조(할당관세) ① 다음 각 호의 어느 하나에 해당하는 경우에는 100분의 40의 범위의 율을 기본세율에서 빼고 관세를 부과할 수 있다. 이 경우 필요하다고 인정될 때에는 그 수량을 제한할 수 있다.

1. 원활한 물자수급 또는 산업의 경쟁력 강화를 위하여 특정물품의 수입을 촉진할 필요가 있는 경우
2. 수입가격이 급등한 물품 또는 이를 원재료로 한 제품의 국내가격을 안정시키기 위하여 필요한 경우
3. 유사물품 간의 세율이 현저히 불균형하여 이를 시정할 필요가 있는 경우

② 특정물품의 수입을 억제할 필요가 있는 경우에는 일정한 수량을 초과하여 수입되는 분에 대하여 100분의 40의 범위의 율을 기본세율에 더하여 관세를 부과할 수 있다. 다만, 농림축수산물인 경우에는 기본세율에 동종물품·유사물품 또는 대체물품의 국내외 가격차에 상당하는 율을 더한 율의 범위에서 관세를 부과할 수 있다.

③ 제1항과 제2항에 따른 관세를 부과하여야 하는 대상 물품, 수량, 세율, 적용기간 등은 대통령령으로 정한다.

④ 기획재정부장관은 매 회계연도 종료 후 5개월 이내에 제1항부터 제3항까지의 규정에 따른 관세의 전년도 부과 실적 및 그 결과(관세 부과의 효과 등을 조사·분석한 보고서를 포함한다)를 국회 소관 상임위원회에 보고하여야 한다.

제8관 계절관세

제72조(계절관세) ① 계절에 따라 가격의 차이가 심한 물품으로서 동종물품·유사물품 또는 대체물품의 수입으로 인하여 국내시장이 교란되거나 생산 기반이 붕괴될 우려가 있을 때에는 계절에 따라 해당 물품의 국내외 가격차에 상당하는 율의 범위에서 기본세율보다 높게 관세를 부과하거나 100분의 40의 범위의 율을 기본세율에서 빼고 관세를 부과할 수 있다.

② 제1항에 따른 관세를 부과하여야 하는 대상 물품, 세율 및 적용시한 등은 기획재정부령으로 정한다.

제9관 국제협력관세

제73조(국제협력관세) ① 정부는 우리나라의 대외무역 증진을 위하여 필요하다고 인정될 때에는 특정 국가 또는 국제기구와 관세에 관한 협상을 할 수 있다.

② 제1항에 따른 협상을 수행할 때 필요하다고 인정되면 관세를 양허할 수 있다. 다만, 특정 국가와 협상할 때에는 기본 관세율의 100분의 50의 범위를 초과하여 관세를 양허할 수 없다.

③ 제2항에 따른 관세를 부과하여야 하는 대상 물품, 세율 및 적용기간 등은 대통령령으로 정한다.

제10관 편익관세

제74조(편익관세의 적용기준 등) ① 관세에 관한 조약에 따른 편익을 받지 아니하는 나라의 생산물로서 우리나라에 수입되는 물품에 대하여 이미 체결된 외국과의 조약에 따른 편익의 한도에서 관세에 관한 편익(이하 "편익관세"라 한다)을 부여할 수 있다.

② 편익관세를 부여할 수 있는 대상 국가, 대상 물품, 적용 세율, 적용방법, 그 밖에 필요한 사항은 대통령령으로 정한다.

제75조(편익관세의 적용 정지 등) 기획재정부장관은 다음 각 호의 어느 하나에 해당하는 경우에는 국가, 물품 및 기간을 지정하여 편익관세의 적용을 정지시킬 수 있다.

1. 편익관세의 적용으로 국민경제에 중대한 영향이 초래되거나 초래될 우려가 있는 경우
2. 그 밖에 편익관세의 적용을 정지시켜야 할 긴급한 사태가 있는 경우

제11관 일반특혜관세

제76조(일반특혜관세의 적용기준) ① 대통령령으로 정하는 개발도상국가(이하 이 조에서 "특혜대상국"이라 한다)를 원산지로 하는 물품 중 대통령령으로 정하는 물품(이하 이 조에서 "특혜대상물품"이라 한다)에 대하여는 기본세율보다

낮은 세율의 관세(이하 이 관에서 "일반특혜관세"라 한다)를 부과할 수 있다.

② 일반특혜관세를 부과할 때 해당 특혜대상물품의 수입이 국내 산업에 미치는 영향 등을 고려하여 그 물품에 적용되는 세율에 차등을 두거나 특혜대상물품의 수입수량 등을 한정할 수 있다.

③ 국제연합총회의 결의에 따른 최빈(最貧) 개발도상국 중 대통령령으로 정하는 국가를 원산지로 하는 물품에 대하여는 다른 특혜대상국보다 우대하여 일반특혜관세를 부과할 수 있다.

④ 특혜대상물품에 적용되는 세율 및 적용기간과 그 밖에 필요한 사항은 대통령령으로 정한다.

제77조(**일반특혜관세의 적용 정지 등**) ① 기획재정부장관은 특정한 특혜대상물품의 수입이 증가하여 이와 동종의 물품 또는 직접적인 경쟁관계에 있는 물품을 생산하는 국내 산업에 중대한 피해를 주거나 줄 우려가 있는 등 일반특혜관세를 부과하는 것이 적당하지 아니하다고 판단될 때에는 대통령령으로 정하는 바에 따라 해당 물품과 그 물품의 원산지인 국가를 지정하여 일반특혜관세의 적용을 정지할 수 있다.

② 기획재정부장관은 특정한 특혜대상국의 소득수준, 우리나라의 총수입액 중 특정한 특혜대상국으로부터의 수입액이 차지하는 비중, 특정한 특혜대상국의 특정한 특혜대상물품이 지니는 국제경쟁력의 정도, 그 밖의 사정을 고려하여 일반특혜관세를 부과하는 것이 적당하지 아니하다고 판단될 때에는 대통령령으로 정하는 바에 따라 해당 국가를 지정하거나 해당 국가 및 물품을 지정하여 일반특혜관세의 적용을 배제할 수 있다.

제12관 관세양허에 대한 조치 등

제78조(**양허의 철회 및 수정**) ① 정부는 외국에서의 가격 하락이나 그 밖에 예상하지 못하였던 사정의 변화 또는 조약상 의무의 이행으로 인하여 특정물품의 수입이 증가됨으로써 이와 동종의 물품 또는 직접 경쟁관계에 있는 물품을 생산하는 국내 생산자에게 중대한 피해를 가져오거나 가져올 우려가 있다고 인정되는 경우에는 다음 각 호의 구분에 따른 조치를 할 수 있다.

1. 조약에 따라 관세를 양허하고 있는 경우: 해당 조약에 따라 이루어진 특정물품에 대한 양허를 철회하거나 수정하여 이 법에 따른 세율이나 수정 후의 세율에 따라 관세를 부과하는 조치
2. 특정물품에 대하여 제1호의 조치를 하려고 하거나 그 조치를 한 경우: 해당 조약에 따른 협의에 따라 그 물품 외에 이미 양허한 물품의 관세율을 수정하거나 양허품목을 추가하여 새로 관세의 양허를 하고 수정 또는 양허한 후의 세율을 적용하는 조치

② 제1항제2호의 조치는 같은 항 제1호의 조치에 대한 보상으로서 필요한 범위에서만 할 수 있다.

③ 제1항에 따른 조치의 시기 및 내용과 그 밖에 필요한 사항은 대통령령으로 정한다.

제79조(대항조치) ① 정부는 외국이 특정물품에 관한 양허의 철회·수정 또는 그 밖의 조치를 하려고 하거나 그 조치를 한 경우 해당 조약에 따라 대항조치를 할 수 있다고 인정될 때에는 다음 각 호의 조치를 할 수 있다.

1. 특정물품에 대하여 이 법에 따른 관세 외에 그 물품의 과세가격 상당액의 범위에서 관세를 부과하는 조치
2. 특정물품에 대하여 관세의 양허를 하고 있는 경우에는 그 양허의 적용을 정지하고 이 법에 따른 세율의 범위에서 관세를 부과하는 조치

② 제1항 각 호의 조치는 외국의 조치에 대한 대항조치로서 필요한 범위에서만 할 수 있다.

③ 제1항에 따른 조치의 대상 국가, 시기, 내용, 그 밖에 필요한 사항은 대통령령으로 정한다.

제80조(양허 및 철회의 효력) ① 조약에 따라 우리나라가 양허한 품목에 대하여 그 양허를 철회한 경우에는 해당 조약에 따라 철회의 효력이 발생한 날부터 이 법에 따른 세율을 적용한다.

② 제1항에 따른 양허의 철회에 대한 보상으로 우리나라가 새로 양허한 품목에 대하여는 그 양허의 효력이 발생한 날부터 이 법에 따른 세율을 적용하지 아니한다.

제3절 세율의 적용 등

제81조(간이세율의 적용) ① 다음 각 호의 어느 하나에 해당하는 물품 중 대통령령으로 정하는 물품에 대하여는 다른 법령에도 불구하고 간이세율을 적용할 수 있다.

1. 여행자 또는 외국을 오가는 운송수단의 승무원이 휴대하여 수입하는 물품
2. 우편물. 다만, 수입신고를 하여야 하는 것은 제외한다.
3. 외국에서 선박 또는 항공기의 일부를 수리하거나 개체(改替)하기 위하여 사용된 물품
4. 탁송품 또는 별송품

② 제1항제3호에 따른 물품의 과세가격은 수리 또는 개체를 위하여 지급하는 외화가격으로 한다.

③ 간이세율은 수입물품(제1항제3호의 경우에는 해당 선박 또는 해당 항공기를 말한다)에 대한 관세, 임시수입부가세 및 내국세의 세율을 기초로 하여 대통령령으로 정한다.

④ 제1항제1호에 해당하는 물품으로서 그 총액이 대통령령으로 정하는 금액 이하인 물품에 대하여는 일반적으로 휴대하여 수입하는 물품의 관세, 임시수입부가세 및 내국세의 세율을 고려하여 제3항에 따른 세율을 단일한 세율로 할 수 있다.

제82조(합의에 따른 세율 적용) ① 일괄하여 수입신고가 된 물품으로서 물품별 세율이 다른 물품에 대하여는 신고인의 신청에 따라 그 세율 중 가장 높은 세율을 적용할 수 있다.

② 제1항을 적용할 때에는 제5장제2절(제119조부터 제132조까지)은 적용하지 아니한다.

제83조(용도세율의 적용) ① 별표 관세율표나 제50조제4항, 제65조, 제67조의2, 제68조, 제70조부터 제73조까지 및 제76조에 따른 대통령령 또는 기획재정부령으로 용도에 따라 세율을 다르게 정하는 물품을 세율이 낮은 용도에 사용하려는 자는 대통령령으로 정하는 바에 따라 세관장의 승인을 받아야 한다. 다

만, 물품의 성질과 형태가 그 용도 외의 다른 용도에 사용할 수 없는 경우에는 그러하지 아니하다.

② 제1항에 따라 낮은 세율(이하 "용도세율"이라 한다)이 적용된 물품은 그 수입신고의 수리일부터 3년의 범위에서 대통령령으로 정하는 기준에 따라 관세청장이 정하는 기간에는 해당 용도 외의 다른 용도에 사용하거나 양도할 수 없다. 다만, 다음 각 호의 어느 하나에 해당하는 경우에는 그러하지 아니하다.

1. 대통령령으로 정하는 바에 따라 미리 세관장의 승인을 받은 경우
2. 제1항 단서에 해당하는 경우

③ 제1항의 물품을 제2항에 따른 기간에 해당 용도 외의 다른 용도에 사용하거나 그 용도 외의 다른 용도에 사용하려는 자에게 양도한 경우에는 해당 물품을 특정용도 외에 사용한 자 또는 그 양도인으로부터 해당 물품을 특정용도에 사용할 것을 요건으로 하지 아니하는 세율에 따라 계산한 관세액과 해당 용도세율에 따라 계산한 관세액의 차액에 상당하는 관세를 즉시 징수하며, 양도인으로부터 해당 관세를 징수할 수 없을 때에는 그 양수인으로부터 즉시 징수한다. 다만, 재해나 그 밖의 부득이한 사유로 멸실되었거나 미리 세관장의 승인을 받아 폐기한 경우에는 그러하지 아니하다

제4절 품목분류

제84조(품목분류체계의 수정) 기획재정부장관은 「통일상품명 및 부호체계에 관한 국제협약」에 따른 관세협력이사회의 권고 또는 결정이나 새로운 상품의 개발 등으로 별표 관세율표 또는 제73조 및 제76조에 따라 대통령령으로 정한 품목분류를 변경할 필요가 있는 경우 그 세율이 변경되지 아니하는 경우에는 대통령령으로 정하는 바에 따라 새로 품목분류를 하거나 다시 품목분류를 할 수 있다.

제85조(품목분류의 적용기준 등) ① 기획재정부장관은 대통령령으로 정하는 바에 따라 품목분류를 적용하는 데에 필요한 기준을 정할 수 있다.

② 다음 각 호의 사항을 심의하기 위하여 관세청에 관세품목분류위원회(이하 이 조에서 "분류위원회"라 한다)를 둔다.

1. 제1항에 따른 품목분류 적용기준의 신설 또는 변경과 관련하여 관세청장이 기획재정부장관에게 요청할 사항
2. 제86조에 따른 특정물품에 적용될 품목분류의 사전심사 및 재심사
3. 제87조에 따른 특정물품에 적용될 품목분류의 변경 및 재심사
4. 그 밖에 품목분류에 관하여 관세청장이 분류위원회에 부치는 사항

③ 삭제

④ 분류위원회의 구성, 기능, 운영 등에 필요한 사항은 대통령령으로 정한다.

第86조(특정물품에 적용될 품목분류의 사전심사) ① 물품을 수출입하려는 자, 수출할 물품의 제조자 및 「관세사법」에 따른 관세사·관세법인 또는 통관취급법인(이하 "관세사등"이라 한다)은 제241조제1항에 따른 수출입신고를 하기 전에 대통령령으로 정하는 서류를 갖추어 관세청장에게 해당 물품에 적용될 별표 관세율표상의 품목분류를 미리 심사하여 줄 것을 신청할 수 있다.

② 제1항에 따른 신청을 받은 관세청장은 해당 물품에 적용될 품목분류를 심사하여 대통령령으로 정하는 기간 이내에 이를 신청인에게 통지하여야 한다. 다만, 제출자료의 미비 등으로 품목분류를 심사하기 곤란한 경우에는 그 뜻을 통지하여야 한다.

③ 제2항에 따라 통지를 받은 자는 통지받은 날부터 30일 이내에 대통령령으로 정하는 서류를 갖추어 관세청장에게 재심사를 신청할 수 있다. 이 경우 재심사의 기간 및 결과의 통지에 관하여는 제2항을 준용한다.

④ 관세청장은 제2항 본문에 따라 품목분류를 심사한 물품 및 제3항에 따른 재심사 결과 적용할 품목분류가 변경된 물품에 대하여는 해당 물품에 적용될 품목분류와 품명, 용도, 규격, 그 밖에 필요한 사항을 고시 또는 공표하여야 한다. 다만, 해당 물품에 적용될 품목분류를 고시 또는 공표하는 것이 적당하지 아니하다고 인정되는 물품에 대하여는 고시 또는 공표하지 아니할 수 있다.

⑤ 세관장은 제241조제1항에 따른 수출입신고가 된 물품이 제2항 본문 및 제3항에 따라 통지한 물품과 같을 때에는 그 통지 내용에 따라 품목분류를 적용하여야 한다.

⑥ 관세청장은 제2항 본문 및 제3항에 따라 품목분류를 심사 또는 재심사하기 위하여 해당 물품에 대한 구성재료의 물리적·화학적 분석이 필요한 경우에는 해당 품목분류를 심사 또는 재심사하여 줄 것을 신청한 자에게 기획재정

부령으로 정하는 수수료를 납부하게 할 수 있다.

⑦ 제2항 본문 및 제3항에 따라 통지받은 품목분류 사전심사 또는 재심사 결과의 유효기간은 3년으로 한다.

⑧ 품목분류 사전심사 및 재심사의 절차, 방법과 그 밖에 필요한 사항은 대통령령으로 정한다.

제87조(**특정물품에 적용되는 품목분류의 변경 및 적용**) ① 관세청장은 제86조에 따라 심사 또는 재심사한 품목분류를 변경하여야 할 필요가 있거나 그 밖에 관세청장이 직권으로 한 품목분류를 변경하여야 할 부득이한 사유가 생겼을 때에는 해당 물품에 적용할 품목분류를 변경할 수 있다.

② 관세청장은 제1항에 따라 품목분류를 변경하였을 때에는 그 내용을 고시하고, 제86조제2항 및 제3항에 따라 통지한 신청인에게는 그 내용을 통지하여야 한다.

③ 제2항에 따라 통지를 받은 자는 통지받은 날부터 30일 이내에 대통령령으로 정하는 서류를 갖추어 관세청장에게 재심사를 신청할 수 있다. 이 경우 재심사의 기간, 결과의 통지·고시, 품목분류의 적용 및 수수료 등에 관하여는 제86조제2항 및 같은 조 제4항부터 제6항까지를 준용한다.

④ 관세청장은 제1항 및 제3항에 따라 품목분류를 변경하였을 때에는 제2항 및 제3항 후단에 따른 고시일(이하 이 조에서 "변경고시일"이라 한다)부터 변경된 품목분류를 적용하여야 한다. 다만, 변경고시일부터 30일이 지나기 전에 우리나라에 수출하기 위하여 선적된 물품에 대하여 변경 전의 품목분류를 적용하는 것이 수입신고인에게 유리한 경우에는 변경 전의 품목분류를 적용할 수 있다.

⑤ 제4항 본문에도 불구하고 다음 각 호의 어느 하나에 해당하는 경우 수출입신고인에게 유리할 때에는 변경고시일 전에 수출입신고가 수리된 물품에 대하여도 변경된 품목분류를 적용할 수 있다. 다만, 관계 법령의 개정 또는 제84조에 따라 품목분류를 변경한 경우에는 그러하지 아니하다.

1. 제86조제1항·제3항 및 이 조 제3항에 따른 신청인에게 자료제출의 미비 등의 귀책사유가 없는 경우
2. 제86조제1항·제3항 및 이 조 제3항에 따른 신청인이 아닌 자가 관세청장이 결정하여 고시하거나 공표한 품목분류에 따라 수출입신고를 한 경우

제4장 감면·환급 및 분할납부 등

제1절 감면

제88조(외교관용 물품 등의 면세) ① 다음 각 호의 어느 하나에 해당하는 물품이 수입될 때에는 그 관세를 면제한다.

1. 우리나라에 있는 외국의 대사관·공사관 및 그 밖에 이에 준하는 기관의 업무용품
2. 우리나라에 주재하는 외국의 대사·공사 및 그 밖에 이에 준하는 사절과 그 가족이 사용하는 물품
3. 우리나라에 있는 외국의 영사관 및 그 밖에 이에 준하는 기관의 업무용품
4. 우리나라에 있는 외국의 대사관·공사관·영사관 및 그 밖에 이에 준하는 기관의 직원 중 대통령령으로 정하는 직원과 그 가족이 사용하는 물품
5. 정부와 체결한 사업계약을 수행하기 위하여 외국계약자가 계약조건에 따라 수입하는 업무용품
6. 국제기구 또는 외국 정부로부터 우리나라 정부에 파견된 고문관·기술단원 및 그 밖에 기획재정부령으로 정하는 자가 사용하는 물품

② 제1항에 따라 관세를 면제받은 물품 중 기획재정부령으로 정하는 물품은 수입신고 수리일부터 3년의 범위에서 대통령령으로 정하는 기준에 따라 관세청장이 정하는 기간에 제1항의 용도 외의 다른 용도로 사용하기 위하여 양수할 수 없다. 다만, 대통령령으로 정하는 바에 따라 미리 세관장의 승인을 받았을 때에는 그러하지 아니하다.

③ 제2항에 따라 기획재정부령으로 정하는 물품을 제2항에 따른 기간에 제1항에 따른 용도 외의 다른 용도로 사용하기 위하여 양수한 경우에는 그 양수자로부터 면제된 관세를 즉시 징수한다.

제89조(세율불균형물품의 면세) ① 세율불균형을 시정하기 위하여 「조세특례제한법」 제5조제1항에 따른 중소기업이 대통령령으로 정하는 바에 따라 세관장이 지정하는 공장에서 다음 각 호의 어느 하나에 해당하는 물품을 제조 또는 수리하기 위하여 사용하는 부분품과 원재료(수출한 후 외국에서 수리·가공되

어 수입되는 부분품과 원재료의 가공수리분을 포함한다) 중 기획재정부령으로 정하는 물품에 대하여는 그 관세를 면제할 수 있다.

1. 항공기(부분품을 포함한다)
2. 반도체 제조용 장비(부속기기를 포함한다)

② 삭제

③ 제1항에 따른 지정기간은 3년 이내로 하되, 지정받은 자의 신청에 의하여 연장할 수 있다.

④ 제1항에 따라 지정된 공장에 대하여는 제179조, 제180조제2항, 제182조 및 제187조를 준용한다.

제90조(학술연구용품의 감면세) ① 다음 각 호의 어느 하나에 해당하는 물품이 수입될 때에는 그 관세를 감면할 수 있다.

1. 국가기관, 지방자치단체 및 기획재정부령으로 정하는 기관에서 사용할 학술연구용품·교육용품 및 실험실습용품으로서 기획재정부령으로 정하는 물품
2. 학교, 공공의료기관, 공공직업훈련원, 박물관, 그 밖에 이에 준하는 기획재정부령으로 정하는 기관에서 학술연구용·교육용·훈련용·실험실습용 및 과학기술연구용으로 사용할 물품 중 기획재정부령으로 정하는 물품
3. 제2호의 기관에서 사용할 학술연구용품·교육용품·훈련용품·실험실습용품 및 과학기술연구용품으로서 외국으로부터 기증되는 물품. 다만, 기획재정부령으로 정하는 물품은 제외한다.
4. 기획재정부령으로 정하는 자가 산업기술의 연구개발에 사용하기 위하여 수입하는 물품으로서 기획재정부령으로 정하는 물품

② 제1항에 따라 관세를 감면하는 경우 그 감면율은 기획재정부령으로 정한다.

제91조(종교용품, 자선용품, 장애인용품 등의 면세) 다음 각 호의 어느 하나에 해당하는 물품이 수입될 때에는 그 관세를 면제한다.

1. 교회, 사원 등 종교단체의 예배용품과 식전용품(式典用品)으로서 외국으로부터 기증되는 물품. 다만, 기획재정부령으로 정하는 물품은 제외한다.
2. 자선 또는 구호의 목적으로 기증되는 물품 및 기획재정부령으로 정하는 자선시설·구호시설 또는 사회복지시설에 기증되는 물품으로서 해당 용도로 직접 사용하는 물품. 다만, 기획재정부령으로 정하는 물품은 제외한다.

3. 국제적십자사·외국적십자사 및 기획재정부령으로 정하는 국제기구가 국제평화봉사활동 또는 국제친선활동을 위하여 기증하는 물품
4. 시각장애인, 청각장애인, 언어장애인, 지체장애인, 만성신부전증환자, 희귀난치성질환자 등을 위한 용도로 특수하게 제작되거나 제조된 물품 중 기획재정부령으로 정하는 물품
5. 「장애인복지법」 제58조에 따른 장애인복지시설 및 장애인의 재활의료를 목적으로 국가·지방자치단체 또는 사회복지법인이 운영하는 재활 병원·의원에서 장애인을 진단하고 치료하기 위하여 사용하는 의료용구

제92조(정부용품 등의 면세) 다음 각 호의 어느 하나에 해당하는 물품이 수입될 때에는 그 관세를 면제할 수 있다.

1. 국가기관이나 지방자치단체에 기증된 물품으로서 공용으로 사용하는 물품. 다만, 기획재정부령으로 정하는 물품은 제외한다.
2. 정부가 외국으로부터 수입하는 군수품(정부의 위탁을 받아 정부 외의 자가 수입하는 경우를 포함한다) 및 국가원수의 경호용으로 사용하는 물품. 다만, 기획재정부령으로 정하는 물품은 제외한다.
3. 외국에 주둔하는 국군이나 재외공관으로부터 반환된 공용품
4. 미래창조과학부장관이 국가의 안전보장을 위하여 긴요하다고 인정하여 수입하는 비상통신용 물품 및 전파관리용 물품
5. 정부가 직접 수입하는 간행물, 음반, 녹음된 테이프, 녹화된 슬라이드, 촬영된 필름, 그 밖에 이와 유사한 물품 및 자료
6. 국가나 지방자치단체(이들이 설립하였거나 출연 또는 출자한 법인을 포함한다)가 환경오염(소음 및 진동을 포함한다)을 측정하거나 분석하기 위하여 수입하는 기계·기구 중 기획재정부령으로 정하는 물품
7. 상수도 수질을 측정하거나 이를 보전·향상하기 위하여 국가나 지방자치단체(이들이 설립하였거나 출연 또는 출자한 법인을 포함한다)가 수입하는 물품으로서 기획재정부령으로 정하는 물품
8. 국가정보원장 또는 그 위임을 받은 자가 국가의 안전보장 목적의 수행상 긴요하다고 인정하여 수입하는 물품

제93조(특정물품의 면세 등) 다음 각 호의 어느 하나에 해당하는 물품이 수입될 때에는 그 관세를 면제할 수 있다.

1. 동식물의 번식·양식 및 종자개량을 위한 물품 중 기획재정부령으로 정하는 물품
2. 박람회, 국제경기대회, 그 밖에 이에 준하는 행사 중 기획재정부령으로 정하는 행사에 사용하기 위하여 그 행사에 참가하는 자가 수입하는 물품 중 기획재정부령으로 정하는 물품
3. 핵사고 또는 방사능 긴급사태 시 그 복구지원과 구호를 목적으로 외국으로부터 기증되는 물품으로서 기획재정부령으로 정하는 물품
4. 우리나라 선박이 외국 정부의 허가를 받아 외국의 영해에서 채집하거나 포획한 수산물(이를 원료로 하여 우리나라 선박에서 제조하거나 가공한 것을 포함한다. 이하 이 조에서 같다)
5. 우리나라 선박이 외국의 선박과 협력하여 기획재정부령으로 정하는 방법으로 채집하거나 포획한 수산물로서 해양수산부장관이 추천하는 것
6. 해양수산부장관의 허가를 받은 자가 기획재정부령으로 정하는 요건에 적합하게 외국인과 합작하여 채집하거나 포획한 수산물 중 해양수산부장관이 기획재정부장관과 협의하여 추천하는 것
7. 우리나라 선박 등이 채집하거나 포획한 수산물과 제5호 및 제6호에 따른 수산물의 포장에 사용된 물품으로서 재사용이 불가능한 것 중 기획재정부령으로 정하는 물품
8. 「중소기업기본법」 제2조에 따른 중소기업이 해외구매자의 주문에 따라 제작한 기계·기구가 해당 구매자가 요구한 규격 및 성능에 일치하는지를 확인하기 위하여 하는 시험생산에 필요한 원재료로서 기획재정부령으로 정하는 요건에 적합한 물품
9. 우리나라를 방문하는 외국의 원수와 그 가족 및 수행원의 물품
10. 우리나라의 선박이나 그 밖의 운송수단이 조난으로 인하여 해체된 경우 그 해체재(解體材) 및 장비
11. 우리나라와 외국 간에 건설될 교량, 통신시설, 해저통로, 그 밖에 이에 준하는 시설의 건설 또는 수리에 필요한 물품
12. 우리나라 수출물품의 품질, 규격, 안전도 등이 수입국의 권한 있는 기관이

정하는 조건에 적합한 것임을 표시하는 수출물품에 부착하는 증표로서 기획재정부령으로 정하는 물품
13. 우리나라의 선박이나 항공기가 해외에서 사고로 발생한 피해를 복구하기 위하여 외국의 보험회사 또는 외국의 가해자의 부담으로 하는 수리 부분에 해당하는 물품
14. 우리나라의 선박이나 항공기가 매매계약상의 하자보수 보증기간 중에 외국에서 발생한 고장에 대하여 외국의 매도인의 부담으로 하는 수리 부분에 해당하는 물품
15. 국제올림픽·장애인올림픽·농아인올림픽 및 아시아운동경기·장애인아시아운동경기 종목에 해당하는 운동용구(부분품을 포함한다)로서 기획재정부령으로 정하는 물품
16. 국립묘지의 건설·유지 또는 장식을 위한 자재와 국립묘지에 안장되는 자의 관·유골함 및 장례용 물품
17. 피상속인이 사망하여 국내에 주소를 둔 자에게 상속되는 피상속인의 신변용품

제94조(소액물품 등의 면세) 다음 각 호의 어느 하나에 해당하는 물품이 수입될 때에는 그 관세를 면제할 수 있다.
1. 우리나라의 거주자에게 수여된 훈장·기장(紀章) 또는 이에 준하는 표창장 및 상패
2. 기록문서 또는 그 밖의 서류
3. 상용견품(商用見品) 또는 광고용품으로서 기획재정부령으로 정하는 물품
4. 우리나라 거주자가 받는 소액물품으로서 기획재정부령으로 정하는 물품

제95조(환경오염방지물품 등에 대한 감면세) ① 다음 각 호의 어느 하나에 해당하는 물품으로서 국내에서 제작하기 곤란한 물품이 수입될 때에는 그 관세를 감면할 수 있다.
1. 오염물질(소음 및 진동을 포함한다)의 배출 방지 또는 처리를 위하여 사용하는 기계·기구·시설·장비로서 기획재정부령으로 정하는 것
2. 폐기물 처리(재활용을 포함한다)를 위하여 사용하는 기계·기구로서 기획재정부령으로 정하는 것

3. 기계·전자기술 또는 정보처리기술을 응용한 공장 자동화 기계·기구·설비(그 구성기기를 포함한다) 및 그 핵심부분품으로서 기획재정부령으로 정하는 것

② 제1항에 따라 관세를 감면하는 경우 그 감면기간과 감면율은 기획재정부령으로 정한다.

제96조(여행자 휴대품 및 이사물품 등의 감면세) ① 다음 각 호의 어느 하나에 해당하는 물품이 수입될 때에는 그 관세를 면제할 수 있다.

1. 여행자의 휴대품 또는 별송품으로서 여행자의 입국 사유, 체재기간, 직업, 그 밖의 사정을 고려하여 기획재정부령으로 정하는 기준에 따라 세관장이 타당하다고 인정하는 물품
2. 우리나라로 거주를 이전하기 위하여 입국하는 자가 입국할 때 수입하는 이사물품으로서 거주 이전의 사유, 거주기간, 직업, 가족 수, 그 밖의 사정을 고려하여 기획재정부령으로 정하는 기준에 따라 세관장이 타당하다고 인정하는 물품
3. 외국무역선 또는 외국무역기의 승무원이 휴대하여 수입하는 물품으로서 항행일수, 체재기간, 그 밖의 사정을 고려하여 세관장이 타당하다고 인정하는 물품. 다만, 기획재정부령으로 정하는 물품은 제외한다.

② 여행자가 휴대품 또는 별송품(제1항제1호에 해당하는 물품은 제외한다)을 기획재정부령으로 정하는 방법으로 자진신고하는 경우에는 15만원을 넘지 아니하는 범위에서 해당 물품에 부과될 관세의 100분의 30에 상당하는 금액을 경감할 수 있다.

제97조(재수출면세) ① 수입신고 수리일부터 다음 각 호의 어느 하나의 기간에 다시 수출하는 물품에 대하여는 그 관세를 면제할 수 있다.

1. 기획재정부령으로 정하는 물품: 1년의 범위에서 대통령령으로 정하는 기준에 따라 세관장이 정하는 기간. 다만, 세관장은 부득이한 사유가 있다고 인정될 때에는 1년의 범위에서 그 기간을 연장할 수 있다.
2. 1년을 초과하여 수출하여야 할 부득이한 사유가 있는 물품으로서 기획재정부령으로 정하는 물품: 세관장이 정하는 기간

② 제1항에 따라 관세를 면제받은 물품은 같은 항의 기간에 같은 항에서 정한 용도 외의 다른 용도로 사용되거나 양도될 수 없다. 다만, 대통령령으로 정하는 바에 따라 미리 세관장의 승인을 받았을 때에는 그러하지 아니하다.

③ 다음 각 호의 어느 하나에 해당하는 경우에는 수출하지 아니한 자, 용도 외로 사용한 자 또는 양도를 한 자로부터 면제된 관세를 즉시 징수하며, 양도인으로부터 해당 관세를 징수할 수 없을 때에는 양수인으로부터 면제된 관세를 즉시 징수한다. 다만, 재해나 그 밖의 부득이한 사유로 멸실되었거나 미리 세관장의 승인을 받아 폐기하였을 때에는 그러하지 아니하다.

1. 제1항에 따라 관세를 면제받은 물품을 같은 항에 규정된 기간 내에 수출하지 아니한 경우
2. 제1항에서 정한 용도 외의 다른 용도로 사용하거나 해당 용도 외의 다른 용도로 사용하려는 자에게 양도한 경우

④ 세관장은 제1항에 따라 관세를 면제받은 물품 중 기획재정부령으로 정하는 물품이 같은 항에 규정된 기간 내에 수출되지 아니한 경우에는 500만원을 넘지 아니하는 범위에서 해당 물품에 부과될 관세의 100분의 20에 상당하는 금액을 가산세로 징수한다.

제98조(재수출감면세) ① 장기간에 걸쳐 사용할 수 있는 물품으로서 그 수입이 임대차계약에 의하거나 도급계약의 이행과 관련하여 국내에서 일시적으로 사용하기 위하여 수입하는 물품 중 기획재정부령으로 정하는 물품이 그 수입신고 수리일부터 2년(장기간의 사용이 부득이한 물품으로서 기획재정부령으로 정하는 것 중 수입하기 전에 세관장의 승인을 받은 것은 4년의 범위에서 대통령령으로 정하는 기준에 따라 세관장이 정하는 기간을 말한다) 이내에 재수출되는 것에 대하여는 다음 각 호의 구분에 따라 그 관세를 경감할 수 있다. 다만, 외국과 체결한 조약·협정 등에 따라 수입되는 것에 대하여는 상호 조건에 따라 그 관세를 면제한다.

1. 재수출기간이 6개월 이내인 경우: 해당 물품에 대한 관세액의 100분의 85
2. 재수출기간이 6개월 초과 1년 이내인 경우: 해당 물품에 대한 관세액의 100분의 70
3. 재수출기간이 1년 초과 2년 이내인 경우: 해당 물품에 대한 관세액의 100분의 55

4. 재수출기간이 2년 초과 3년 이내인 경우: 해당 물품에 대한 관세액의 100분의 40
5. 재수출기간이 3년 초과 4년 이내인 경우: 해당 물품에 대한 관세액의 100분의 30

② 제1항에 따라 관세를 감면한 물품에 대하여는 제97조제2항부터 제4항까지의 규정을 준용한다.

제99조(재수입면세) 다음 각 호의 어느 하나에 해당하는 물품이 수입될 때에는 그 관세를 면제할 수 있다.

1. 우리나라에서 수출(보세가공수출을 포함한다)된 물품으로서 해외에서 제조·가공·수리 또는 사용(장기간에 걸쳐 사용할 수 있는 물품으로서 임대차계약 또는 도급계약 등에 따라 해외에서 일시적으로 사용하기 위하여 수출된 물품 중 기획재정부령으로 정하는 물품이 사용된 경우와 박람회, 전시회, 품평회, 그 밖에 이에 준하는 행사에 출품 또는 사용된 경우는 제외한다)되지 아니하고 수출신고 수리일부터 2년 내에 다시 수입(이하 이 조에서 "재수입"이라 한다)되는 물품. 다만, 다음 각 목의 어느 하나에 해당하는 경우에는 관세를 면제하지 아니한다.
   가. 해당 물품 또는 원자재에 대하여 관세를 감면받은 경우
   나. 이 법 또는 「수출용원재료에 대한 관세 등 환급에 관한 특례법」에 따른 환급을 받은 경우
   다. 이 법 또는 「수출용 원재료에 대한 관세 등 환급에 관한 특례법」에 따른 환급을 받을 수 있는 자 외의 자가 해당 물품을 재수입하는 경우. 다만, 재수입하는 물품에 대하여 환급을 받을 수 있는 자가 환급받을 권리를 포기하였음을 증명하는 서류를 재수입하는 자가 세관장에게 제출하는 경우는 제외한다.
   라. 보세가공 또는 장치기간경과물품을 재수출조건으로 매각함에 따라 관세가 부과되지 아니한 경우
2. 수출물품의 용기로서 다시 수입하는 물품
3. 해외시험 및 연구를 목적으로 수출된 후 재수입되는 물품

제100조(손상감세) ① 수입신고한 물품이 수입신고가 수리되기 전에 변질되거

나 손상되었을 때에는 대통령령으로 정하는 바에 따라 그 관세를 경감할 수 있다.

② 이 법이나 그 밖의 법률 또는 조약·협정 등에 따라 관세를 감면받은 물품에 대하여 관세를 추징하는 경우 그 물품이 변질 또는 손상되거나 사용되어 그 가치가 떨어졌을 때에는 대통령령으로 정하는 바에 따라 그 관세를 경감할 수 있다.

제101조(해외임가공물품 등의 감세) ① 다음 각 호의 어느 하나에 해당하는 물품이 수입될 때에는 대통령령으로 정하는 바에 따라 그 관세를 경감할 수 있다.

1. 원재료 또는 부분품을 수출하여 기획재정부령으로 정하는 물품으로 제조하거나 가공한 물품
2. 가공 또는 수리할 목적으로 수출한 물품으로서 기획재정부령으로 정하는 기준에 적합한 물품

② 제1항의 물품이 다음 각 호의 어느 하나에 해당하는 경우에는 그 관세를 경감하지 아니한다.

1. 해당 물품 또는 원자재에 대하여 관세를 감면받은 경우. 다만, 제1항제2호의 경우는 제외한다.
2. 이 법 또는 「수출용원재료에 대한 관세 등 환급에 관한 특례법」에 따른 환급을 받은 경우
3. 보세가공 또는 장치기간경과물품을 재수출조건으로 매각함에 따라 관세가 부과되지 아니한 경우

제102조(관세감면물품의 사후관리) ① 제89조부터 제91조까지와 제93조 및 제95조에 따라 관세를 감면받은 물품은 수입신고 수리일부터 3년의 범위에서 대통령령으로 정하는 기준에 따라 관세청장이 정하는 기간에는 그 감면받은 용도 외의 다른 용도로 사용하거나 양도(임대를 포함한다. 이하 같다)할 수 없다. 다만, 기획재정부령으로 정하는 물품과 대통령령으로 정하는 바에 따라 미리 세관장의 승인을 받은 물품의 경우에는 그러하지 아니하다.

② 다음 각 호의 어느 하나에 해당하면 그 용도 외의 다른 용도로 사용한 자나 그 양도인(임대인을 포함한다. 이하 같다)으로부터 감면된 관세를 즉시 징

수하며, 양도인으로부터 해당 관세를 징수할 수 없을 때에는 양수인(임차인을 포함한다. 이하 같다)으로부터 감면된 관세를 징수한다. 다만, 재해나 그 밖의 부득이한 사유로 멸실되었거나 미리 세관장의 승인을 받아 폐기하였을 때에는 그러하지 아니하다.

1. 제1항에 따라 관세를 감면받은 물품을 제1항에 따른 기간에 감면받은 용도 외의 다른 용도로 사용한 경우
2. 제1항에 따라 관세를 감면받은 물품을 제1항에 따른 기간에 감면받은 용도 외의 다른 용도로 사용하려는 자에게 양도한 경우

제103조(관세감면물품의 용도 외 사용) ① 법령, 조약, 협정 등에 따라 관세를 감면받은 물품을 감면받은 용도 외의 다른 용도로 사용하거나 감면받은 용도 외의 다른 용도로 사용하려는 자에게 양도하는 경우(해당 물품을 다른 용도로 사용하는 자나 해당 물품을 다른 용도로 사용하기 위하여 양수하는 자가 그 물품을 다른 용도로 사용하기 위하여 수입하는 경우에는 그 물품에 대하여 법령 또는 조약, 협정 등에 따라 관세를 감면받을 수 있는 경우로 한정한다)에는 대통령령으로 정하는 바에 따라 제83조제3항, 제88조제3항, 제97조제3항, 제98조제2항, 제102조제2항 또는 제109조제2항에 따라 징수하여야 하는 관세를 감면할 수 있다. 다만, 이 법 외의 법령, 조약, 협정 등에 따라 그 감면된 관세를 징수할 때에는 그러하지 아니하다.

② 제98조제2항과 제102조제1항에도 불구하고 제90조, 제93조, 제95조 또는 제98조에 따라 관세를 감면받은 물품은 「대·중소기업 상생협력 촉진에 관한 법률」 제2조제4호에 따른 수탁·위탁거래의 관계에 있는 기업에 양도할 수 있으며, 이 경우 제98조제2항과 제102조제2항에 따라 징수할 관세를 감면할 수 있다. 다만, 이 법 외의 법령, 조약, 협정 등에 따라 그 감면된 관세를 징수할 때에는 그러하지 아니하다.

③ 제1항과 제2항에 따라 관세를 감면받은 경우 그 사후관리기간은 당초의 수입신고 수리일부터 계산한다.

제104조 삭제

제105조(시설대여업자에 대한 감면 등) ① 「여신전문금융업법」에 따른 시설대여업을 하는 자(이하 이 조에서 "시설대여업자"라 한다)가 이 법에 따라 관세가 감면되거나 분할납부되는 물품을 수입할 때에는 제19조에도 불구하고 대여시설 이용자를 납세의무자로 하여 수입신고를 할 수 있다. 이 경우 납세의무자는 대여시설 이용자가 된다.

② 제1항에 따라 관세를 감면받거나 분할납부를 승인받은 물품에 대하여 관세를 징수하는 경우 납세의무자인 대여시설 이용자로부터 관세를 징수할 수 없을 때에는 시설대여업자로부터 징수한다.

제2절 환급 및 분할납부 등

제106조(계약 내용과 다른 물품 등에 대한 관세 환급) ① 수입신고가 수리된 물품이 계약 내용과 다르고 수입신고 당시의 성질이나 형태가 변경되지 아니한 경우 해당 물품이 수입신고 수리일부터 1년 이내에 다음 각 호의 어느 하나에 해당하면 그 관세를 환급한다.

1. 외국으로부터 수입된 물품: 보세구역(제156조제1항에 따라 세관장의 허가를 받았을 때에는 그 허가받은 장소를 포함한다. 이하 이 조에서 같다)에 이를 반입하였다가 다시 수출하였을 것. 이 경우 수출은 수입신고 수리일부터 1년이 지난 후에도 할 수 있다.
2. 보세공장에서 생산된 물품: 보세공장에 이를 다시 반입하였을 것

② 제1항에 따른 수입물품으로서 세관장이 환급세액을 산출하는 데에 지장이 없다고 인정하여 승인한 경우에는 그 수입물품의 일부를 수출하였을 때에도 제1항에 따라 그 관세를 환급할 수 있다.

③ 제1항과 제2항에 따른 수입물품의 수출을 갈음하여 이를 폐기하는 것이 부득이하다고 인정하여 그 물품을 수입신고 수리일부터 1년 내에 보세구역에 반입하여 미리 세관장의 승인을 받아 폐기하였을 때에는 그 관세를 환급한다.

④ 수입신고가 수리된 물품이 수입신고 수리 후에도 지정보세구역에 계속 장치되어 있는 중에 재해로 멸실되거나 변질 또는 손상되어 그 가치가 떨어졌을 때에는 대통령령으로 정하는 바에 따라 그 관세의 전부 또는 일부를 환급할 수 있다.

⑤ 제1항부터 제4항까지의 규정을 적용할 때 해당 수입물품에 대한 관세의 납부기한이 종료되기 전이거나 징수유예 중 또는 분할납부기간이 끝나지 아니하여 해당 물품에 대한 관세가 징수되지 아니한 경우에는 세관장은 해당 관세의 부과를 취소할 수 있다.⑥ 제1항부터 제4항까지에서 규정한 관세의 환급에 관하여는 제46조와 제47조를 준용한다.

제107조(관세의 분할납부) ① 세관장은 천재지변이나 그 밖에 대통령령으로 정하는 사유로 이 법에 따른 신고, 신청, 청구, 그 밖의 서류의 제출, 통지, 납부 또는 징수를 정하여진 기한까지 할 수 없다고 인정될 때에는 1년을 넘지 아니하는 기간을 정하여 대통령령으로 정하는 바에 따라 관세를 분할하여 납부하게 할 수 있다.

② 다음 각 호의 어느 하나에 해당하는 물품이 수입될 때에는 세관장은 기획재정부령으로 정하는 바에 따라 5년을 넘지 아니하는 기간을 정하여 관세의 분할납부를 승인할 수 있다.

1. 시설기계류, 기초설비품, 건설용 재료 및 그 구조물과 공사용 장비로서 기획재정부장관이 고시하는 물품. 다만, 기획재정부령으로 정하는 업종에 소요되는 물품은 제외한다.
2. 정부나 지방자치단체가 수입하는 물품으로서 기획재정부령으로 정하는 물품
3. 학교나 직업훈련원에서 수입하는 물품과 비영리법인이 공익사업을 위하여 수입하는 물품으로서 기획재정부령으로 정하는 물품
4. 의료기관 등 기획재정부령으로 정하는 사회복지기관 및 사회복지시설에서 수입하는 물품으로서 기획재정부장관이 고시하는 물품
5. 기획재정부령으로 정하는 기업부설연구소, 산업기술연구조합 및 비영리법인인 연구기관, 그 밖에 이와 유사한 연구기관에서 수입하는 기술개발연구용품 및 실험실습용품으로서 기획재정부장관이 고시하는 물품
6. 기획재정부령으로 정하는 중소제조업체가 직접 사용하려고 수입하는 물품. 다만, 기획재정부령으로 정하는 기준에 적합한 물품이어야 한다.
7. 기획재정부령으로 정하는 기업부설 직업훈련원에서 직업훈련에 직접 사용하려고 수입하는 교육용품 및 실험실습용품 중 국내에서 제작하기가 곤란한 물품으로서 기획재정부장관이 고시하는 물품

③ 제2항에 따라 관세의 분할납부를 승인받은 자가 해당 물품의 용도를 변경하거나 그 물품을 양도하려는 경우에는 미리 세관장의 승인을 받아야 한다.

④ 관세의 분할납부를 승인받은 법인이 합병·분할·분할합병 또는 해산을 하거나 파산선고를 받은 경우 또는 관세의 분할납부를 승인받은 자가 파산선고를 받은 경우에는 제6항부터 제8항까지의 규정에 따라 그 관세를 납부하여야 하는 자는 지체 없이 그 사유를 세관장에게 신고하여야 한다.

⑤ 관세의 분할납부를 승인받은 물품을 동일한 용도로 사용하려는 자에게 양도한 경우에는 그 양수인이 관세를 납부하여야 하며, 해당 용도 외의 다른 용도로 사용하려는 자에게 양도한 경우에는 그 양도인이 관세를 납부하여야 한다. 이 경우 양도인으로부터 해당 관세를 징수할 수 없을 때에는 그 양수인으로부터 징수한다.

⑥ 관세의 분할납부를 승인받은 법인이 합병·분할 또는 분할합병된 경우에는 합병·분할 또는 분할합병 후에 존속하거나 합병·분할 또는 분할합병으로 설립된 법인이 연대하여 관세를 납부하여야 한다.

⑦ 관세의 분할납부를 승인받은 자가 파산선고를 받은 경우에는 그 파산관재인이 관세를 납부하여야 한다.

⑧ 관세의 분할납부를 승인받은 법인이 해산한 경우에는 그 청산인이 관세를 납부하여야 한다.

⑨ 다음 각 호의 어느 하나에 해당하는 경우에는 납부하지 아니한 관세의 전액을 즉시 징수한다.

1. 관세의 분할납부를 승인받은 물품을 제2항에서 정한 기간에 해당 용도 외의 다른 용도로 사용하거나 해당 용도 외의 다른 용도로 사용하려는 자에게 양도한 경우
2. 관세를 지정된 기한까지 납부하지 아니한 경우. 다만, 관세청장이 부득이한 사유가 있다고 인정하는 경우는 제외한다.
3. 파산선고를 받은 경우
4. 법인이 해산한 경우

제108조(담보 제공 및 사후관리) ① 세관장은 필요하다고 인정될 때에는 대통령령으로 정하는 범위에서 관세청장이 정하는 바에 따라 이 법이나 그 밖의 법령·조약·협정 등에 따라 관세를 감면받거나 분할납부를 승인받은 물품에

대하여 그 물품을 수입할 때에 감면받거나 분할납부하는 관세액(제97조제4항 및 제98조제2항에 따른 가산세는 제외한다)에 상당하는 담보를 제공하게 할 수 있다.

② 이 법이나 그 밖의 법률·조약·협정 등에 따라 용도세율을 적용받거나 관세의 감면 또는 분할납부를 승인받은 자는 대통령령으로 정하는 바에 따라 해당 조건의 이행 여부를 확인하는 데에 필요한 서류를 세관장에게 제출하여야 한다.

③ 관세청장은 제2항에 따른 조건의 이행 여부를 확인하기 위하여 필요할 때에는 대통령령으로 정하는 바에 따라 해당 물품의 사후관리에 관한 사항을 주무부장관에게 위탁할 수 있다.

④ 용도세율을 적용받거나 관세를 감면받은 물품을 세관장의 승인을 받아 수출한 경우에는 이 법을 적용할 때 용도 외의 사용으로 보지 아니하고 사후관리를 종결한다. 다만, 용도세율을 적용받거나 관세를 감면받은 물품을 가공하거나 수리할 목적으로 수출한 후 다시 수입하거나 해외시험 및 연구를 목적으로 수출한 후 다시 수입하여 제99조제3호 또는 제101조제1항제2호에 따른 감면을 받은 경우에는 사후관리를 계속한다.

제109조(**다른 법령 등에 따른 감면물품의 관세징수**) ① 이 법 외의 법령이나 조약·협정 등에 따라 관세가 감면된 물품을 그 수입신고 수리일부터 3년 내에 해당 법령이나 조약·협정 등에 규정된 용도 외의 다른 용도로 사용하거나 양도하려는 경우에는 세관장의 확인을 받아야 한다. 다만, 해당 법령이나 조약·협정 등에 다른 용도로 사용하거나 양도한 경우에 해당 관세의 징수를 면제하는 규정이 있을 때에는 그러하지 아니하다.② 제1항에 따라 세관장의 확인을 받아야 하는 물품에 대하여는 해당 용도 외의 다른 용도로 사용한 자 또는 그 양도를 한 자로부터 감면된 관세를 즉시 징수하여야 하며, 양도인으로부터 해당 관세를 징수할 수 없을 때에는 그 양수인으로부터 감면된 관세를 즉시 징수한다. 다만, 그 물품이 재해나 그 밖의 부득이한 사유로 멸실되었거나 미리 세관장의 승인을 받아 그 물품을 폐기하였을 때에는 예외로 한다.

제5장 납세자의 권리 및 불복절차

제1절 납세자의 권리

제110조(납세자권리헌장의 제정 및 교부) ① 관세청장은 제111조부터 제116조까지, 제116조의2 및 제117조에서 규정한 사항과 그 밖에 납세자의 권리보호에 관한 사항을 포함하는 납세자권리헌장(이하 이 조에서 "납세자권리헌장"이라 한다)을 제정하여 고시하여야 한다.

② 세관공무원은 다음 각 호의 어느 하나에 해당하는 경우에는 납세자권리헌장의 내용이 수록된 문서를 납세자에게 내주어야 한다.

1. 제270조에 따라 관세포탈, 부정감면 또는 부정환급(「수출용원재료에 대한 관세 등 환급에 관한 특례법」 제23조제1항에 따른 부정환급을 포함한다)에 대한 범칙사건을 조사하는 경우
2. 관세의 과세표준과 세액의 결정 또는 경정을 위하여 납세자를 방문 또는 서면으로 조사(제110조의2에 따른 통합조사를 포함한다. 이하 이 절에서 "관세조사"라 한다)하는 경우
3. 그 밖에 대통령령으로 정하는 경우

③ 세관공무원은 납세자를 긴급히 체포·압수·수색하는 경우 또는 현행범인 납세자가 도주할 우려가 있는 등 조사목적을 달성할 수 없다고 인정되는 경우에는 납세자권리헌장을 내주지 아니할 수 있다.

제110조의2(통합조사의 원칙) 세관공무원은 특정한 분야만을 조사할 필요가 있는 등 대통령령으로 정하는 경우를 제외하고는 신고납부세액과 이 법 및 다른 법령에서 정하는 수출입 관련 의무 이행과 관련하여 그 권한에 속하는 사항을 통합하여 조사하는 것을 원칙으로 한다.

제110조의3(관세조사 대상자 선정) ① 세관장은 다음 각 호의 어느 하나에 해당하는 경우에 정기적으로 신고의 적정성을 검증하기 위하여 대상을 선정(이하 "정기선정"이라 한다)하여 조사를 할 수 있다. 이 경우 세관장은 객관적 기준에 따라 공정하게 그 대상을 선정하여야 한다.

1. 관세청장이 수출입업자의 신고 내용에 대하여 정기적으로 성실도를 분석한 결과 불성실 혐의가 있다고 인정하는 경우
2. 최근 4년 이상 조사를 받지 아니한 납세자에 대하여 업종, 규모 등을 고려하여 대통령령으로 정하는 바에 따라 신고 내용이 적정한지를 검증할 필요가 있는 경우
3. 무작위추출방식으로 표본조사를 하려는 경우

② 세관장은 정기선정에 의한 조사 외에 다음 각 호의 어느 하나에 해당하는 경우에는 조사를 할 수 있다.

1. 납세자가 이 법에서 정하는 신고·신청, 과세가격결정자료의 제출 등의 납세협력의무를 이행하지 아니한 경우
2. 수출입업자에 대한 구체적인 탈세제보 등이 있는 경우
3. 신고내용에 탈세나 오류의 혐의를 인정할 만한 자료가 있는 경우

③ 세관장은 제39조제1항에 따라 부과고지를 하는 경우 과세표준과 세액을 결정하기 위한 조사를 할 수 있다.

④ 세관장은 최근 2년간 수출입신고 실적이 일정금액 이하인 경우 등 대통령령으로 정하는 요건을 충족하는 자에 대해서는 제1항에 따른 조사를 하지 아니할 수 있다. 다만, 객관적인 증거자료에 의하여 과소 신고한 것이 명백한 경우에는 그러하지 아니하다.

제111조(관세조사권 남용 금지) ① 세관공무원은 적정하고 공평한 과세를 실현하고 통관의 적법성을 보장하기 위하여 필요한 최소한의 범위에서 관세조사를 하여야 하며 다른 목적 등을 위하여 조사권을 남용하여서는 아니 된다.

② 세관공무원은 다음 각 호의 어느 하나에 해당하는 경우를 제외하고는 해당 사안에 대하여 이미 조사받은 자를 다시 조사할 수 없다.

1. 관세포탈 등의 혐의를 인정할 만한 명백한 자료가 있는 경우
2. 이미 조사받은 자의 거래상대방을 조사할 필요가 있는 경우
3. 이 법에 따른 이의신청·심사청구 또는 심판청구가 이유 있다고 인정되어 내려진 필요한 처분의 결정에 따라 조사하는 경우
4. 그 밖에 탈세혐의가 있는 자에 대한 일제조사 등 대통령령으로 정하는 경우

제112조(관세조사의 경우 조력을 받을 권리) 납세자는 제110조제2항 각 호의 어느 하나에 해당하여 세관공무원에게 조사를 받는 경우에 변호사, 관세사로 하여금 조사에 참여하게 하거나 의견을 진술하게 할 수 있다.

제113조(납세자의 성실성 추정 등) ① 세관공무원은 납세자가 이 법에 따른 신고 등의 의무를 이행하지 아니한 경우 또는 납세자에게 구체적인 관세포탈 등의 혐의가 있는 경우 등 대통령령으로 정하는 경우를 제외하고는 납세자가 성실하며 납세자가 제출한 신고서 등이 진실한 것으로 추정하여야 한다.

② 제1항은 세관공무원이 납세자가 제출한 신고서 등의 내용에 관하여 질문을 하거나 신고한 물품에 대하여 확인을 하는 행위 등 대통령령으로 정하는 행위를 하는 것을 제한하지 아니한다.

제114조(관세조사의 사전통지와 연기신청) ① 세관공무원은 제110조제2항 각 호의 어느 하나에 해당하는 조사를 하기 위하여 해당 장부, 서류, 전산처리장치 또는 그 밖의 물품 등을 조사하는 경우에는 조사를 받게 될 납세자(그 위임을 받은 자를 포함한다. 이하 이 조에서 같다)에게 조사 시작 7일 전에 조사 대상, 조사 사유, 그 밖에 대통령령으로 정하는 사항을 통지하여야 한다. 다만, 다음 각 호의 어느 하나에 해당하는 경우에는 그러하지 아니하다.

1. 범칙사건에 대하여 조사하는 경우
2. 사전에 통지하면 증거인멸 등으로 조사 목적을 달성할 수 없는 경우

② 제1항에 따른 통지를 받은 납세자가 천재지변이나 그 밖에 대통령령으로 정하는 사유로 조사를 받기가 곤란한 경우에는 대통령령으로 정하는 바에 따라 해당 세관장에게 조사를 연기하여 줄 것을 신청할 수 있다.

제115조(관세조사의 결과 통지) 세관공무원은 제110조제2항 각 호의 어느 하나에 해당하는 조사를 종료하였을 때에는 그 조사 결과를 서면으로 납세자에게 통지하여야 한다. 다만, 납세자가 폐업한 경우 등 대통령령으로 정하는 경우에는 그러하지 아니하다.

제116조(비밀유지) ① 세관공무원은 납세자가 이 법에서 정한 납세의무를 이행하기 위하여 제출한 자료나 관세의 부과·징수 또는 통관을 목적으로 업무상

취득한 자료 등(이하 "과세정보"라 한다)을 타인에게 제공하거나 누설하여서는 아니 되며, 사용 목적 외의 용도로 사용하여서도 아니 된다. 다만, 다음 각 호의 어느 하나에 해당하는 경우에는 그 사용 목적에 맞는 범위에서 납세자의 과세정보를 제공할 수 있다.

1. 국가기관이 관세에 관한 쟁송이나 관세범에 대한 소추(訴追)를 목적으로 과세정보를 요구하는 경우
2. 법원의 제출명령이나 법관이 발부한 영장에 따라 과세정보를 요구하는 경우
3. 세관공무원 상호간에 관세를 부과·징수, 통관 또는 질문·검사하는 데에 필요하여 과세정보를 요구하는 경우
4. 다른 법률에 따라 과세정보를 요구하는 경우

② 제1항제1호 및 제4호에 따라 과세정보의 제공을 요구하는 자는 문서로 해당 세관장에게 요구하여야 한다.

③ 세관공무원은 제1항 및 제2항에 위반되게 과세정보의 제공을 요구받으면 이를 거부하여야 한다.

④ 제1항에 따라 과세정보를 알게 된 자는 타인에게 제공하거나 누설하여서는 아니 되며, 그 목적 외의 용도로 사용하여서도 아니 된다.

⑤ 이 조에 따라 과세정보를 제공받아 알게 된 자 중 공무원이 아닌 자는 「형법」이나 그 밖의 법률에 따른 벌칙을 적용할 때 공무원으로 본다.

제116조의2(고액·상습체납자의 명단 공개) ① 제116조에도 불구하고 관세청장은 체납발생일부터 1년이 지난 관세 및 내국세등(이하 이 항에서 "체납관세등"이라 한다)이 5억원 이상인 체납자에 대하여는 그 인적사항과 체납액 등을 공개할 수 있다. 다만, 체납관세등에 대하여 이의신청·심사청구 등 불복청구가 진행 중이거나 체납액의 일정금액 이상을 납부한 경우 등 대통령령으로 정하는 사유에 해당하는 경우에는 그러하지 아니하다.

② 제1항과 제4항에 따른 체납자의 인적사항과 체납액 등에 대한 공개 여부를 심의하거나 재심의하기 위하여 관세청에 관세정보공개심의위원회(이하 이 조에서 "심의위원회"라 한다)를 둔다.

③ 관세청장은 심의위원회의 심의를 거친 공개대상예정자에게 체납자 명단 공개대상예정자임을 통지하여 소명할 기회를 주어야 한다.

④ 관세청장은 제3항에 따라 통지한 날부터 6개월이 지나면 심의위원회로 하여금 체납액의 납부이행 등을 고려하여 체납자의 명단 공개 여부를 재심의하게 한다.

⑤ 제1항에 따른 공개는 관보에 게재하거나 관세청장이 지정하는 정보통신망 또는 관할 세관의 게시판에 게시하는 방법으로 한다.

⑥ 제1항부터 제5항까지의 규정에 따른 체납자 명단 공개 및 심의위원회의 구성·운영 등에 필요한 사항은 대통령령으로 정한다.

제116조의3(납세증명서의 제출 및 발급) ① 납세자(미과세된 자를 포함한다. 이하 이 조에서 같다)는 다음 각 호의 어느 하나에 해당하는 경우에는 대통령령으로 정하는 바에 따라 납세증명서를 제출하여야 한다.

1. 국가, 지방자치단체 또는 대통령령으로 정하는 정부관리기관으로부터 대금을 지급받을 경우
2. 관세를 납부할 의무가 있는 외국인이 출국할 경우
3. 내국인이 외국으로 이주하거나 1년을 초과하여 외국에 체류할 목적으로 외교부장관에게 거주목적의 여권을 신청하는 경우

② 세관장은 납세자로부터 납세증명서의 발급신청을 받았을 때에는 그 사실을 확인하고 즉시 납세증명서를 발급하여야 한다.

제117조(정보의 제공) 세관공무원은 납세자가 납세자의 권리행사에 필요한 정보를 요구하면 신속하게 제공하여야 한다. 이 경우 세관공무원은 납세자가 요구한 정보와 관련되어 있어 관세청장이 정하는 바에 따라 납세자가 반드시 알아야 한다고 판단되는 그 밖의 정보도 함께 제공하여야 한다.

제118조(과세전적부심사) ① 세관장은 제38조의3제4항 또는 제39조제2항에 따라 납부세액이나 납부하여야 하는 세액에 미치지 못한 금액을 징수하려는 경우에는 미리 납세의무자에게 그 내용을 서면으로 통지하여야 한다. 다만, 다음 각 호의 어느 하나에 해당하는 경우에는 그러하지 아니하다.

1. 통지하려는 날부터 3개월 이내에 제21조에 따른 관세부과의 제척기간이 만료되는 경우
2. 제28조제2항에 따라 납세의무자가 확정가격을 신고한 경우

3. 제38조제2항 단서에 따라 수입신고 수리 전에 세액을 심사하는 경우로서 그 결과에 따라 부족세액을 징수하는 경우
4. 제97조제3항 또는 제102조제2항에 따라 감면된 관세를 징수하는 경우
5. 제270조에 따른 관세포탈죄로 고발되어 포탈세액을 징수하는 경우
6. 그 밖에 관세의 징수가 곤란하게 되는 등 사전통지가 적당하지 아니한 경우로서 대통령령으로 정하는 경우

② 납세의무자는 제1항에 따른 통지를 받았을 때에는 그 통지를 받은 날부터 30일 이내에 기획재정부령으로 정하는 세관장에게 통지 내용이 적법한지에 대한 심사(이하 이 조에서 "과세전적부심사"라 한다)를 청구할 수 있다. 다만, 법령에 대한 관세청장의 유권해석을 변경하여야 하거나 새로운 해석이 필요한 경우 등 대통령령으로 정하는 경우에는 관세청장에게 이를 청구할 수 있다.

③ 과세전적부심사를 청구받은 세관장이나 관세청장은 그 청구를 받은 날부터 30일 이내에 제124조에 따른 관세심사위원회의 심사를 거쳐 결정을 하고, 그 결과를 청구인에게 통지하여야 한다.

④ 과세전적부심사 청구에 대한 결정은 다음 각 호의 구분에 따른다.

1. 청구가 이유 없다고 인정되는 경우: 채택하지 아니한다는 결정
2. 청구가 이유 있다고 인정되는 경우: 채택한다는 결정. 다만, 청구의 일부가 이유 있다고 인정되는 경우에는 일부를 채택하는 결정을 할 수 있다.
3. 청구기간이 지났거나 보정기간 내에 보정하지 아니하는 경우: 심사하지 아니한다는 결정

⑤ 제1항 각 호 외의 부분 본문에 따른 통지를 받은 자는 과세전적부심사를 청구하지 아니하고 통지를 한 세관장에게 통지받은 내용의 전부 또는 일부에 대하여 조기에 경정해 줄 것을 신청할 수 있다. 이 경우 해당 세관장은 즉시 신청받은 대로 세액을 경정하여야 한다.

⑥ 과세전적부심사에 관하여는 제122조제2항, 제123조, 제126조 및 제130조를 준용한다.

⑦ 과세전적부심사에 관하여는 「행정심판법」 제15조, 제16조, 제20조부터 제22조까지, 제29조, 제39조 및 제40조를 준용한다. 이 경우 "위원회"는 "관세심사위원회"로 본다.

⑧ 과세전적부심사의 방법과 그 밖에 필요한 사항은 대통령령으로 정한다.

제2절 심사와 심판

제119조(불복의 신청) ① 이 법이나 그 밖의 관세에 관한 법률 또는 조약에 따른 처분으로서 위법한 처분 또는 부당한 처분을 받거나 필요한 처분을 받지 못하여 권리 또는 이익을 침해당한 자는 이 절에 따른 심사청구 또는 심판청구를 하여 그 처분을 취소 또는 변경하거나 그 밖에 필요한 처분을 하여 줄 것을 청구할 수 있다. 다만, 관세청장이 조사결정한 처분 또는 처리하였거나 처리하였어야 하는 처분인 경우를 제외하고는 그 처분에 대하여 심사청구 또는 심판청구에 앞서 이 절에 따른 이의신청을 할 수 있다.

② 다음 각 호의 처분은 제1항의 처분에 포함되지 아니한다.

1. 이 절에 따른 이의신청·심사청구 또는 심판청구에 대한 처분. 다만, 이의신청에 대한 처분에 대하여 심사청구 또는 심판청구를 하는 경우는 제외한다.
2. 이 법에 따른 통고처분
3. 「감사원법」에 따라 심사청구를 한 처분이나 그 심사청구에 대한 처분

③ 제2항제3호의 심사청구는 그 처분을 한 것을 안 날(처분의 통지를 받았을 때에는 그 통지를 받은 날을 말한다)부터 90일 이내에 하여야 한다.

④ 제2항제3호의 심사청구를 거친 처분에 대한 행정소송은 「행정소송법」 제18조제2항·제3항 및 같은 법 제20조에도 불구하고 그 심사청구에 대한 결정을 통지받은 날부터 90일 내에 처분청을 당사자로 하여 제기하여야 한다.

⑤ 제3항과 제4항의 기간은 불변기간으로 한다.

⑥ 수입물품에 부과하는 내국세등의 부과, 징수, 감면, 환급 등에 관한 세관장의 처분에 불복하는 자는 이 절에 따른 이의신청·심사청구 및 심판청구를 할 수 있다.

⑦ 이 법이나 그 밖의 관세에 관한 법률 또는 조약에 따른 처분으로 권리나 이익을 침해받게 되는 제2차 납세의무자 등 대통령령으로 정하는 이해관계인은 그 처분에 대하여 이 절에 따른 심사청구 또는 심판청구를 하여 그 처분의 취소 또는 변경이나 그 밖에 필요한 처분을 청구할 수 있다. 이 경우 제1항 단서, 제2항 및 제6항을 준용한다.

⑧ 동일한 처분에 대하여는 심사청구와 심판청구를 중복하여 제기할 수 없다.

제120조(「행정소송법」 등과의 관계) ① 제119조에 따른 처분에 대하여는 「행정심판법」을 적용하지 아니한다. 다만, 심사청구 또는 심판청구에 관하여는 「행정심판법」 제15조, 제16조, 제20조부터 제22조까지, 제29조, 제39조, 제40조, 제42조 및 제51조를 준용하며, 이 경우 "위원회"는 "관세심사위원회", "조세심판관회의" 또는 "조세심판관합동회의"로 본다.

② 제119조에 따른 위법한 처분에 대한 행정소송은 「행정소송법」 제18조제1항 본문, 제2항 및 제3항에도 불구하고 이 법에 따른 심사청구 또는 심판청구와 그에 대한 결정을 거치지 아니하면 제기할 수 없다.

③ 제2항에 따른 행정소송은 「행정소송법」 제20조에도 불구하고 심사청구나 심판청구에 따른 결정을 통지받은 날부터 90일 이내에 제기하여야 한다. 다만, 제128조제2항 본문 또는 제131조에 따른 결정기간 내에 결정을 통지받지 못한 경우에는 제2항에도 불구하고 결정을 통지받기 전이라도 그 결정기간이 지난 날부터 행정소송을 제기할 수 있다.

④ 제119조제2항제3호에 따른 심사청구를 거친 경우에는 이 법에 따른 심사청구나 심판청구를 거친 것으로 보고 제2항을 준용한다.

⑤ 제3항의 기간은 불변기간으로 한다.

제121조(심사청구기간) ① 심사청구는 해당 처분을 한 것을 안 날(처분하였다는 통지를 받았을 때에는 통지를 받은 날을 말한다)부터 90일 이내에 제기하여야 한다.

② 이의신청을 거친 후 심사청구를 하려는 경우에는 이의신청에 대한 결정을 통지받은 날부터 90일 이내에 하여야 한다. 다만, 제132조제4항 단서에 따른 결정기간 내에 결정을 통지받지 못한 경우에는 결정을 통지받기 전이라도 그 결정기간이 지난 날부터 심사청구를 할 수 있다.

③ 제1항과 제2항 본문의 기한 내에 우편으로 제출(「국세기본법」 제5조의2에서 정한 날을 기준으로 한다)한 심사청구서가 청구기간이 지나 세관장 또는 관세청장에게 도달한 경우에는 그 기간의 만료일에 청구된 것으로 본다.

④ 심사청구인이 제10조에서 규정하는 사유(신고, 신청, 청구, 그 밖의 서류의 제출 및 통지에 관한 기한 연장 사유로 한정한다)로 제1항에서 정한 기간 내에 심사청구를 할 수 없을 때에는 그 사유가 소멸한 날부터 14일 이내에 심사

청구를 할 수 있다. 이 경우 심사청구인은 그 기간 내에 심사청구를 할 수 없었던 사유, 그 사유가 발생한 날과 소멸한 날, 그 밖에 필요한 사항을 적은 문서를 함께 제출하여야 한다.

제122조(심사청구절차) ① 심사청구는 대통령령으로 정하는 바에 따라 불복하는 사유를 심사청구서에 적어 해당 처분을 하였거나 하였어야 하는 세관장을 거쳐 관세청장에게 하여야 한다.

② 제121조에 따른 심사청구기간을 계산할 때에는 제1항에 따라 해당 심사청구서가 세관장에게 제출된 때에 심사청구가 된 것으로 본다. 해당 심사청구서가 제1항에 따른 세관장 외의 세관장이나 관세청장에게 제출된 경우에도 또한 같다.

③ 제1항에 따라 해당 심사청구서를 제출받은 세관장은 이를 받은 날부터 7일 내에 그 심사청구서에 의견서를 첨부하여 관세청장에게 보내야 한다.

제123조(심사청구서의 보정) ① 관세청장은 심사청구의 내용이나 절차가 이 절에 적합하지 아니하지만 보정할 수 있다고 인정되는 경우에는 20일 이내의 기간을 정하여 해당 사항을 보정할 것을 요구할 수 있다. 다만, 보정할 사항이 경미한 경우에는 직권으로 보정할 수 있다.

② 제1항의 보정기간은 제121조에 따른 심사청구기간에 산입(算入)하지 아니한다.

제124조(관세심사위원회) ① 제118조에 따른 과세전적부심사, 제122조에 따른 심사청구 및 제132조에 따른 이의신청을 심의하기 위하여 세관 및 관세청에 각각 관세심사위원회를 둔다.

② 관세심사위원회의 조직과 운영, 심의사항 및 그 밖에 필요한 사항은 대통령령으로 정한다.

제125조(심사청구 등이 집행에 미치는 효력) 이의신청·심사청구 또는 심판청구는 법령에 특별한 규정이 있는 경우를 제외하고는 해당 처분의 집행에 효력을 미치지 아니한다. 다만, 해당 재결청이 필요하다고 인정할 때에는 그 처분의 집행을 중지하게 하거나 중지할 수 있다.

제126조(대리인) ① 이의신청인·심사청구인 또는 심판청구인은 변호사나 관세사를 대리인으로 선임할 수 있다.

② 대리인의 권한은 서면으로 증명하여야 한다.

③ 대리인은 본인을 위하여 청구에 관한 모든 행위를 할 수 있다. 다만, 청구의 취하는 특별한 위임을 받은 경우에만 할 수 있다.

④ 대리인을 해임하였을 때에는 그 뜻을 서면으로 해당 재결청에 신고하여야 한다.

제127조(결정절차) ① 제122조에 따른 심사청구가 있으면 관세청장은 관세심사위원회의 심의를 거쳐 이를 결정하여야 한다. 다만, 심사청구기간이 지난 후 심사청구가 제기된 경우 등 대통령령으로 정하는 사유에 해당하는 경우에는 그러하지 아니하다.

② 관세심사위원회의 회의는 공개하지 아니한다. 다만, 관세심사위원회의 위원장이 필요하다고 인정할 때에는 공개할 수 있다.

제128조(결정) ① 심사청구에 대한 결정은 다음 각 호의 구분에 따른다.

1. 심사청구가 제121조에 따른 기간이 지난 후 제기되었거나 심사청구를 제기한 후 제123조에 따른 보정기간 내에 필요한 보정을 하지 아니한 경우: 그 청구를 각하하는 결정
2. 심사청구가 이유 없다고 인정되는 경우: 그 청구를 기각하는 결정
3. 심사청구가 이유 있다고 인정되는 경우: 그 청구의 대상이 된 처분의 취소·경정 또는 필요한 처분의 결정

② 제1항에 따른 결정은 심사청구를 받은 날부터 90일 이내에 하여야 한다. 다만, 부득이한 사유가 있을 때에는 그러하지 아니하다.

③ 제1항에 따른 결정을 하였을 때에는 제2항의 결정기간 내에 그 이유를 적은 결정서를 심사청구인에게 통지하여야 한다.

④ 제123조에 따른 보정기간은 제2항에 따른 결정기간에 산입하지 아니한다.

제129조(불복방법의 통지) ① 이의신청·심사청구 또는 심판청구의 재결청은 결정서에 다음 각 호의 구분에 따른 사항을 함께 적어야 한다.

1. 이의신청인 경우: 결정서를 받은 날부터 90일 이내에 심사청구 또는 심판청구를 제기할 수 있다는 뜻
2. 심사청구 또는 심판청구인 경우: 결정서를 받은 날부터 90일 이내에 행정소송을 제기할 수 있다는 뜻

② 이의신청·심사청구 또는 심판청구의 재결청은 해당 신청 또는 청구에 대한 결정기간이 지날 때까지 결정을 하지 못한 경우에는 지체 없이 신청인이나 청구인에게 다음 각 호의 사항을 서면으로 통지하여야 한다.

1. 이의신청인 경우: 결정을 통지받기 전이라도 그 결정기간이 지난 날부터 심사청구 또는 심판청구를 제기할 수 있다는 뜻
2. 심사청구 또는 심판청구인 경우: 결정을 통지받기 전이라도 그 결정기간이 지난 날부터 행정소송을 제기할 수 있다는 뜻

제130조(서류의 열람 및 의견 진술) 이의신청인·심사청구인 또는 심판청구인은 그 청구와 관계되는 서류를 열람할 수 있으며 대통령령으로 정하는 바에 따라 해당 재결청에 의견을 진술할 수 있다.

제131조(심판청구) 제119조제1항에 따른 심판청구에 관하여는 「국세기본법」 제7장제3절을 준용한다. 이 경우 「국세기본법」 중 "세무서장"은 "세관장"으로, "국세청장"은 "관세청장"으로 본다.

제132조(이의신청) ① 이의신청은 대통령령으로 정하는 바에 따라 불복의 사유를 갖추어 해당 처분을 하였거나 하였어야 할 세관장에게 하여야 한다. 이 경우 제258조에 따른 결정사항 또는 제259조제1항에 따른 세액에 관한 이의신청은 해당 결정사항 또는 세액에 관한 통지를 직접 우송한 우체국의 장에게 이의신청서를 제출함으로써 할 수 있고, 우체국의 장이 이의신청서를 접수한 때에 세관장이 접수한 것으로 본다.

② 제1항에 따라 이의신청을 받은 세관장은 관세심사위원회의 심의를 거쳐 결정하여야 한다.

③ 삭제.

④ 이의신청에 관하여는 제121조, 제122조제2항, 제123조, 제127조 및 제128조를 준용한다. 다만, 제128조제2항 중 "90일"은 "30일"로 본다.

제6장 운송수단

제1절 개항

제133조(개항의 지정 등) ① 개항(開港)은 대통령령으로 지정한다.

② 제1항에 따른 개항의 시설기준 등에 관하여 필요한 사항은 대통령령으로 정한다.

제134조(개항 등에의 출입) ① 외국무역선이나 외국무역기는 개항에 한정하여 운항할 수 있다. 다만, 대통령령으로 정하는 바에 따라 개항이 아닌 지역에 대한 출입의 허가를 받은 경우에는 그러하지 아니하다.

② 외국무역선의 선장이나 외국무역기의 기장은 제1항 단서에 따른 허가를 받으려면 기획재정부령으로 정하는 바에 따라 허가수수료를 납부하여야 한다.

제2절 선박과 항공기

제1관 입출항절차

제135조(입항절차) ① 외국무역선이나 외국무역기가 개항(제134조제1항 단서에 따라 출입허가를 받은 지역을 포함한다. 이하 같다)에 입항하였을 때에는 선장이나 기장은 대통령령으로 정하는 사항이 적힌 선용품 또는 기용품의 목록, 여객명부, 승무원명부, 승무원 휴대품목록과 적하목록을 첨부하여 지체 없이 세관장에게 입항보고를 하여야 하며, 외국무역선은 선박국적증서와 최종 출발항의 출항면장(出港免狀)이나 이를 갈음할 서류를 제시하여야 한다. 다만, 세관장은 감시·단속에 지장이 없다고 인정될 때에는 선용품 또는 기용품의 목록이나 승무원 휴대품목록의 첨부를 생략하게 할 수 있다.

② 세관장은 신속한 입항 및 통관절차의 이행과 효율적인 감시·단속을 위하여 필요할 때에는 관세청장이 정하는 바에 따라 입항하는 해당 선박 또는 항공기가 소속된 선박회사 또는 항공사(그 업무를 대행하는 자를 포함한다. 이하 같다)로 하여금 제1항에 따른 여객명부·적하목록 등을 입항하기 전에 제출하게 할 수 있다.

제136조(출항절차) ① 외국무역선이나 외국무역기가 개항을 출항하려면 선장이나 기장은 출항하기 전에 세관장에게 출항허가를 받아야 한다.

② 선장이나 기장은 제1항에 따른 출항허가를 받으려면 그 개항에서 적재한 물품의 목록을 제출하여야 한다. 다만, 세관장이 출항절차를 신속하게 진행하기 위하여 필요하다고 인정하여 출항허가 후 7일의 범위에서 따로 기간을 정하는 경우에는 그 기간 내에 그 목록을 제출할 수 있다.

제137조(간이 입출항절차) ① 외국무역선이나 외국무역기가 개항에 입항하여 물품(선용품 또는 기용품과 승무원의 휴대품은 제외한다)을 하역하지 아니하고 입항한 때부터 24시간 이내에 출항하는 경우 세관장은 제135조에 따른 적하목록, 선용품 또는 기용품의 목록, 여객명부, 승무원명부, 승무원 휴대품목록 또는 제136조에 따른 적재물품의 목록의 제출을 생략하게 할 수 있다.

② 세관장은 외국무역선이나 외국무역기가 개항에 입항하여 제135조에 따른 절차를 마친 후 다시 우리나라의 다른 개항에 입항할 때에는 제1항을 준용하여 서류제출의 생략 등 간소한 절차로 입출항하게 할 수 있다.

제137조의2(승객예약자료의 요청) ① 세관장은 다음 각 호의 어느 하나에 해당하는 업무를 수행하기 위하여 필요한 경우 제135조에 따라 입항하거나 제136조에 따라 출항하는 선박 또는 항공기가 소속된 선박회사 또는 항공사가 운영하는 예약정보시스템의 승객예약자료(이하 이 조에서 "승객예약자료"라 한다)를 정보통신망을 통하여 열람하거나 기획재정부령으로 정하는 시한 내에 제출하여 줄 것을 선박회사 또는 항공사에 요청할 수 있다. 이 경우 해당 선박회사 또는 항공사는 이에 따라야 한다.

1. 제234조에 따른 수출입금지물품을 수출입한 자 또는 수출입하려는 자에 대한 검사업무
2. 제241조제1항·제2항을 위반한 자 또는 제241조제1항·제2항을 위반하여 다음 각 목의 어느 하나의 물품을 수출입하거나 반송하려는 자에 대한 검사업무
   가. 「마약류관리에 관한 법률」에 따른 마약류
   나. 「총포·도검·화약류 등 단속법」에 따른 총포·도검·화약류·분사기·전자충격기 및 석궁

② 세관장이 제1항에 따라 열람이나 제출을 요청할 수 있는 승객예약자료는 다음 각 호의 자료로 한정한다.

1. 국적, 성명, 생년월일, 여권번호 및 예약번호
2. 주소 및 전화번호
3. 예약 및 탑승수속 시점
4. 항공권 또는 승선표의 번호·발권일·발권도시 및 대금결제방법
5. 여행경로 및 여행사
6. 동반탑승자 및 좌석번호
7. 수하물 자료
8. 항공사 또는 선박회사의 회원으로 가입한 경우 그 회원번호 및 등급과 승객주문정보

③ 제1항에 따라 제공받은 승객예약자료를 열람할 수 있는 사람은 관세청장이 지정하는 세관공무원으로 한정한다.

④ 제3항에 따른 세관공무원은 직무상 알게 된 승객예약자료를 누설 또는 권한 없이 처리하거나 타인이 이용하도록 제공하는 등 부당한 목적을 위하여 사용하여서는 아니 된다.

⑤ 제1항에 따라 제공받은 승객예약자료의 열람방법, 보존기한 등에 관하여 필요한 사항은 대통령령으로 정한다.

제2관 재해나 그 밖의 부득이한 사유로 인한 면책 등

제138조(재해나 그 밖의 부득이한 사유로 인한 면책) ① 제134조부터 제137조까지 및 제140조부터 제143조까지의 규정은 재해나 그 밖의 부득이한 사유에 의한 경우에는 적용하지 아니한다.

② 제1항의 경우 선장이나 기장은 지체 없이 그 이유를 세관공무원이나 국가경찰공무원(세관공무원이 없는 경우로 한정한다)에게 신고하여야 한다.

③ 제2항에 따른 신고를 받은 국가경찰공무원은 지체 없이 그 내용을 세관공무원에게 통보하여야 한다.

④ 선장이나 기장은 재해나 그 밖의 부득이한 사유가 종료되었을 때에는 지체 없이 세관장에게 그 경과를 보고하여야 한다.

제139조(외국 기착의 보고) 재해나 그 밖의 부득이한 사유로 내항선이나 내항기가 외국에 기착(寄着)하고 우리나라로 되돌아왔을 때에는 선장이나 기장은 지체 없이 그 사실을 세관장에게 보고하여야 하며, 외국에서 적재한 물품이 있을 때에는 그 목록을 제출하여야 한다.

제3관 물품의 하역

제140조(물품의 하역) ① 외국무역선이나 외국무역기는 제135조에 따른 입항절차를 마친 후가 아니면 물품을 하역하거나 환적할 수 없다. 다만, 세관장의 허가를 받은 경우에는 그러하지 아니하다.

② 외국무역선이나 외국무역기에 물품을 하역하거나 환적하려면 세관장에게 신고하고 현장에서 세관공무원의 확인을 받아야 한다. 다만, 세관공무원이 확인할 필요가 없다고 인정하는 경우에는 그러하지 아니하다.

③ 세관장은 감시·단속을 위하여 필요할 때에는 제2항에 따라 물품을 하역하는 장소 및 통로(이하 "하역통로"라 한다)와 기간을 제한할 수 있다. 외국무역선이나 외국무역기에는 내국물품을 적재할 수 없으며, 내항선이나 내항기에는 외국물품을 적재할 수 없다. 다만, 세관장의 허가를 받았을 때에는 그러하지 아니하다.

제141조(외국물품의 일시양륙 등) 다음 각 호의 어느 하나에 해당하는 행위를 하려면 세관장에게 신고를 하고, 현장에서 세관공무원의 확인을 받아야 한다. 다만, 관세청장이 감시·단속에 지장이 없다고 인정하여 따로 정하는 경우에는 간소한 방법으로 신고 또는 확인하거나 이를 생략하게 할 수 있다.

1. 외국물품을 운송수단으로부터 일시적으로 육지에 내려놓으려는 경우
2. 해당 운송수단의 여객·승무원 또는 운전자가 아닌 자가 타려는 경우
3. 외국물품을 적재한 운송수단에서 다른 운송수단으로 물품을 환적 또는 복합환적하거나 사람을 이동시키는 경우

제142조(항외 하역) ① 외국무역선이 개항의 바깥에서 물품을 하역하거나 환적하려는 경우에는 선장은 세관장의 허가를 받아야 한다.

② 선장은 제1항에 따른 허가를 받으려면 기획재정부령으로 정하는 바에 따라 허가수수료를 납부하여야 한다.

제143조(선용품 및 기용품의 하역 등) ① 다음 각 호의 어느 하나에 해당하는 물품을 외국무역선 또는 외국무역기에 하역하거나 환적하려면 세관장의 허가를 받아야 하며, 하역 또는 환적허가의 내용대로 하역하거나 환적하여야 한다.

1. 선용품 또는 기용품
2. 외국무역선 또는 외국무역기 안에서 판매하는 물품

② 제1항 각 호의 어느 하나에 해당하는 물품이 외국으로부터 우리나라에 도착한 외국물품일 때에는 보세구역으로부터 외국무역선 또는 외국무역기에 적재하는 경우에만 그 외국물품을 그대로 적재할 수 있다.

③ 제1항 각 호에 따른 물품의 종류와 수량은 선박이나 항공기의 종류, 톤수 또는 무게, 항행일수 또는 운행일수, 여객과 승무원의 수 등을 고려하여 세관장이 타당하다고 인정하는 범위이어야 한다.

④ 제2항에 따른 외국물품인 선용품 또는 기용품과 외국무역선 또는 외국무역기 안에서 판매할 물품이 제1항에 따른 하역 또는 환적허가의 내용대로 운송수단에 적재되지 아니한 경우에는 해당 허가를 받은 자로부터 즉시 그 관세를 징수한다. 다만, 다음 각 호의 어느 하나에 해당하는 경우에는 그러하지 아니하다. <개정 2014.12.23.>

1. 세관장이 지정한 기간 내에 그 물품이 다시 보세구역에 반입된 경우
2. 재해나 그 밖의 부득이한 사유로 멸실된 경우
3. 미리 세관장의 승인을 받고 폐기한 경우

⑤ 제1항에 따라 허가를 받아야 하는 물품의 종류와 수량, 사용 또는 판매내역관리, 하역 또는 환적절차 등에 관하여 필요한 사항은 관세청장이 정하여 고시한다.

제4관 외국무역선의 내항선으로의 전환 등

제144조(외국무역선의 내항선으로의 전환 등) 외국무역선 또는 외국무역기를 내항선 또는 내항기로 전환하거나, 내항선 또는 내항기를 외국무역선 또는 외국무역기로 전환하려면 선장이나 기장은 세관장의 승인을 받아야 한다.

제145조(선장 등의 직무대행자) 선장이나 기장이 하여야 할 직무를 대행하는 자에게도 제134조제2항, 제135조제1항, 제136조, 제138조제2항·제4항, 제139조, 제142조 및 제144조를 적용한다.

제146조(그 밖의 선박 또는 항공기) ① 다음 각 호의 어느 하나에 해당하는 선박이나 항공기는 외국무역선이나 외국무역기에 관한 규정을 준용한다. 다만, 대통령령으로 정하는 선박 및 항공기에 대하여는 그러하지 아니하다.

1. 외국무역선 또는 외국무역기 외의 선박이나 항공기로서 외국에 운항하는 선박 또는 항공기
2. 외국을 왕래하는 여행자와 제241조제2항제1호의 물품을 전용으로 운송하기 위하여 국내에서만 운항하는 항공기(이하 "환승전용내항기"라 한다)

② 제1항에도 불구하고 환승전용내항기에 대해서는 제143조제2항은 적용하지 아니하며 효율적인 통관 및 감시·단속을 위하여 필요한 사항은 대통령령으로 따로 정할 수 있다.

제147조(국경하천을 운항하는 선박) 국경하천만을 운항하는 내국선박에 대하여는 외국무역선에 관한 규정을 적용하지 아니한다.

제3절 차량

제148조(관세통로) ① 국경을 출입하는 차량(이하 "국경출입차량"이라 한다)은 관세통로를 경유하여야 하며, 통관역이나 통관장에 정차하여야 한다.

② 제1항에 따른 관세통로는 육상국경(陸上國境)으로부터 통관역에 이르는 철도와 육상국경으로부터 통관장에 이르는 육로 또는 수로 중에서 세관장이 지정한다.

③ 통관역은 국외와 연결되고 국경에 근접한 철도역 중에서 관세청장이 지정한다.

④ 통관장은 관세통로에 접속한 장소 중에서 세관장이 지정한다.

제149조(국경출입차량의 도착절차) ① 국경출입차량이 통관역이나 통관장에 도착하면 통관역장이나 도로차량(선박·철도차량 또는 항공기가 아닌 운송수

단을 말한다. 이하 같다)의 운전자는 차량용품목록·여객명부·승무원명부 및 승무원 휴대품목록과 관세청장이 정하는 적하목록을 첨부하여 지체 없이 세관장에게 도착보고를 하여야 하며, 최종 출발지의 출발허가서 또는 이를 갈음하는 서류를 제시하여야 한다. 다만, 세관장은 감시·단속에 지장이 없다고 인정될 때에는 차량용품목록이나 승무원 휴대품목록의 첨부를 생략하게 할 수 있다.

② 세관장은 신속한 입국 및 통관절차의 이행과 효율적인 감시·단속을 위하여 필요한 경우에는 관세청장이 정하는 바에 따라 도착하는 해당 차량이 소속된 회사(그 업무를 대행하는 자를 포함한다. 이하 같다)로 하여금 제1항에 따른 여객명부·적하목록 등을 도착하기 전에 제출하게 할 수 있다.

③ 제1항에도 불구하고 대통령령으로 정하는 물품을 일정 기간에 일정량으로 나누어 반복적으로 운송하는 데에 사용되는 도로차량의 운전자는 제152조제2항에 따라 사증(査證)을 받는 것으로 도착보고를 대신할 수 있다. 다만, 최종 도착보고의 경우는 제외한다.

④ 제3항에 따라 사증을 받는 것으로 도착보고를 대신하는 도로차량의 운전자는 최종 도착보고를 할 때에 제1항에 따른 서류를 한꺼번에 제출하여야 한다.

제150조(국경출입차량의 출발절차) ① 국경출입차량이 통관역이나 통관장을 출발하려면 통관역장이나 도로차량의 운전자는 출발하기 전에 세관장에게 출발보고를 하고 출발허가를 받아야 한다.

② 통관역장이나 도로차량의 운전자는 제1항에 따른 허가를 받으려면 그 통관역 또는 통관장에서 적재한 물품의 목록을 제출하여야 한다.

③ 제1항에도 불구하고 대통령령으로 정하는 물품을 일정 기간에 일정량으로 나누어 반복적으로 운송하는 데에 사용되는 도로차량의 운전자는 제152조제2항에 따라 사증을 받는 것으로 출발보고 및 출발허가를 대신할 수 있다. 다만, 최초 출발보고와 최초 출발허가의 경우는 제외한다.

④ 제3항에 따른 도로차량을 운행하려는 자는 기획재정부령으로 정하는 바에 따라 미리 세관장에게 신고하여야 한다.

제151조(물품의 하역 등) ① 통관역이나 통관장에서 외국물품을 차량에 하역하려는 자는 세관장에게 신고를 하고, 현장에서 세관공무원의 확인을 받아야 한

다. 다만, 세관공무원이 확인할 필요가 없다고 인정할 때에는 그러하지 아니하다.
② 차량용품과 국경출입차량 안에서 판매할 물품을 해당 차량에 하역하거나 환적하는 경우에는 제143조를 준용한다.

제151조의2(국경출입차량의 국내운행차량으로의 전환 등) 국경출입차량을 국내에서만 운행하는 차량(이하 "국내운행차량"이라 한다)으로 전환하거나 국내운행차량을 국경출입차량으로 전환하려는 경우에는 통관역장 또는 도로차량의 운전자는 세관장의 승인을 받아야 한다. 다만, 기획재정부령으로 정하는 차량의 경우에는 그러하지 아니하다.

제151조의3(통관역장 등의 직무대행자) 통관역장이나 도로차량의 운전자가 하여야 할 직무를 대행하는 자에게도 제149조제1항, 제150조, 제151조의2 및 제152조를 적용한다.

제152조(도로차량의 국경출입) ① 국경을 출입하려는 도로차량의 운전자는 해당 도로차량이 국경을 출입할 수 있음을 증명하는 서류를 세관장으로부터 발급받아야 한다.
② 국경을 출입하는 도로차량의 운전자는 출입할 때마다 제1항에 따른 서류를 세관공무원에게 제시하고 사증을 받아야 한다. 이 경우 전자적인 방법으로 서류의 제시 및 사증 발급을 대신할 수 있다.
③ 제2항에 따른 사증을 받으려는 자는 기획재정부령으로 정하는 바에 따라 수수료를 납부하여야 한다. 다만, 기획재정부령으로 정하는 차량은 수수료를 면제한다.

제153조 삭제

제7장 보세구역

제1절 통칙

제154조(보세구역의 종류) 보세구역은 지정보세구역·특허보세구역 및 종합보세구역으로 구분하고, 지정보세구역은 지정장치장 및 세관검사장으로 구분하며, 특허보세구역은 보세창고·보세공장·보세전시장·보세건설장 및 보세판매장으로 구분한다.

제155조(물품의 장치) ① 외국물품과 제221조제1항에 따른 내국운송의 신고를 하려는 내국물품은 보세구역이 아닌 장소에 장치할 수 없다. 다만, 다음 각 호의 어느 하나에 해당하는 물품은 그러하지 아니하다.

1. 제241조제1항에 따른 수출신고가 수리된 물품
2. 크기 또는 무게의 과다나 그 밖의 사유로 보세구역에 장치하기 곤란하거나 부적당한 물품
3. 재해나 그 밖의 부득이한 사유로 임시로 장치한 물품
4. 검역물품
5. 압수물품
6. 우편물품

② 제1항제1호부터 제4호까지에 해당되는 물품에 대하여는 제157조, 제158조부터 제161조까지, 제163조, 제172조, 제177조, 제208조부터 제212조까지 및 제321조를 준용한다.

제156조(보세구역 외 장치의 허가) ① 제155조제1항제2호에 해당하는 물품을 보세구역이 아닌 장소에 장치하려는 자는 세관장의 허가를 받아야 한다.

② 세관장은 외국물품에 대하여 제1항의 허가를 하려는 때에는 그 물품의 관세에 상당하는 담보의 제공, 필요한 시설의 설치 등을 명할 수 있다.

③ 제1항에 따른 허가를 받으려는 자는 기획재정부령으로 정하는 금액과 방법 등에 따라 수수료를 납부하여야 한다.

제157조(물품의 반입·반출) ① 보세구역에 물품을 반입하거나 반출하려는 자는 대통령령으로 정하는 바에 따라 세관장에게 신고하여야 한다.
② 제1항에 따라 보세구역에 물품을 반입하거나 반출하려는 경우에는 세관장은 세관공무원을 참여시킬 수 있으며, 세관공무원은 해당 물품을 검사할 수 있다.
③ 세관장은 보세구역에 반입할 수 있는 물품의 종류를 제한할 수 있다.

제157조의2(수입신고수리물품의 반출) 관세청장이 정하는 보세구역에 반입되어 수입신고가 수리된 물품의 화주 또는 반입자는 제177조에도 불구하고 그 수입신고 수리일부터 15일 이내에 해당 물품을 보세구역으로부터 반출하여야 한다. 다만, 외국물품을 장치하는 데에 방해가 되지 아니하는 것으로 인정되어 세관장으로부터 해당 반출기간의 연장승인을 받았을 때에는 그러하지 아니하다.

제158조(보수작업) ① 보세구역에 장치된 물품은 그 현상을 유지하기 위하여 필요한 보수작업과 그 성질을 변하지 아니하게 하는 범위에서 포장을 바꾸거나 구분·분할·합병을 하거나 그 밖의 비슷한 보수작업을 할 수 있다. 이 경우 보세구역에서의 보수작업이 곤란하다고 세관장이 인정할 때에는 기간과 장소를 지정받아 보세구역 밖에서 보수작업을 할 수 있다.
② 제1항에 따른 보수작업을 하려는 자는 세관장의 승인을 받아야 한다.
③ 제1항에 따른 보수작업으로 외국물품에 부가된 내국물품은 외국물품으로 본다.
④ 외국물품은 수입될 물품의 보수작업의 재료로 사용할 수 없다.
⑤ 제1항 후단에 따라 보수작업을 하는 경우 해당 물품에 관한 반출검사 등에 관하여는 제187조제3항·제4항 및 제6항을 준용한다.

제159조(해체·절단 등의 작업) ① 보세구역에 장치된 물품에 대하여는 그 원형을 변경하거나 해체·절단 등의 작업을 할 수 있다.
② 제1항에 따른 작업을 하려는 자는 세관장의 허가를 받아야 한다.
③ 제1항에 따라 작업을 할 수 있는 물품의 종류는 관세청장이 정한다.

④ 세관장은 수입신고한 물품에 대하여 필요하다고 인정될 때에는 화주 또는 그 위임을 받은 자에게 제1항에 따른 작업을 명할 수 있다.

제160조(장치물품의 폐기) ① 부패·손상되거나 그 밖의 사유로 보세구역에 장치된 물품을 폐기하려는 자는 세관장의 승인을 받아야 한다.

② 보세구역에 장치된 외국물품이 멸실되거나 폐기되었을 때에는 그 운영인이나 보관인으로부터 즉시 그 관세를 징수한다. 다만, 재해나 그 밖의 부득이한 사유로 멸실된 때와 미리 세관장의 승인을 받아 폐기한 때에는 예외로 한다.

③ 제1항에 따른 승인을 받은 외국물품 중 폐기 후에 남아 있는 부분에 대하여는 폐기 후의 성질과 수량에 따라 관세를 부과한다.

④ 세관장은 제1항에도 불구하고 보세구역에 장치된 물품 중 다음 각 호의 어느 하나에 해당하는 것은 화주, 반입자, 화주 또는 반입자의 위임을 받은 자나 「국세기본법」 제38조부터 제41조까지의 규정에 따른 제2차 납세의무자(이하 "화주등"이라 한다)에게 이를 반송 또는 폐기할 것을 명하거나 화주등에게 통고한 후 폐기할 수 있다. 다만, 급박하여 통고할 여유가 없는 경우에는 폐기한 후 즉시 통고하여야 한다.

1. 사람의 생명이나 재산에 해를 끼칠 우려가 있는 물품
2. 부패하거나 변질된 물품
3. 유효기간이 지난 물품
4. 상품가치가 없어진 물품
5. 제1호부터 제4호까지에 준하는 물품으로서 관세청장이 정하는 물품

⑤ 제4항에 따른 통고를 할 때 화주등의 주소나 거소를 알 수 없거나 그 밖의 사유로 통고할 수 없는 경우에는 공고로써 이를 갈음할 수 있다.

⑥ 제1항과 제4항에 따라 세관장이 물품을 폐기하거나 화주등이 물품을 폐기 또는 반송한 경우 그 비용은 화주등이 부담한다.

제161조(견본품 반출) ① 보세구역에 장치된 외국물품의 전부 또는 일부를 견본품으로 반출하려는 자는 세관장의 허가를 받아야 한다.

② 세관공무원은 보세구역에 반입된 물품에 대하여 검사상 필요하면 그 물품의 일부를 견본품으로 채취할 수 있다.

③ 제2항에 따라 채취된 물품이 사용·소비된 경우에는 수입신고를 하여 관세를 납부하고 수리된 것으로 본다.

제162조(물품취급자에 대한 단속) 다음 각 호의 어느 하나에 해당하는 자는 물품 및 보세구역감시에 관한 세관장의 명령을 준수하고 세관공무원의 지휘를 받아야 한다.

1. 제155조제1항 각 호의 물품을 취급하는 자
2. 보세구역에 출입하는 자

제163조(세관공무원의 파견) 세관장은 보세구역에 세관공무원을 파견하여 세관사무의 일부를 처리하게 할 수 있다.

제164조(보세구역의 자율관리) ① 보세구역 중 물품의 관리 및 세관감시에 지장이 없다고 인정하여 관세청장이 정하는 바에 따라 세관장이 지정하는 보세구역(이하 "자율관리보세구역"이라 한다)에 장치한 물품은 제157조에 따른 세관공무원의 참여와 이 법에 따른 절차 중 관세청장이 정하는 절차를 생략한다.

② 보세구역의 화물관리인이나 운영인은 자율관리보세구역의 지정을 받으려면 세관장에게 지정을 신청하여야 한다.

③ 제2항에 따라 자율관리보세구역의 지정을 신청하려는 자는 해당 보세구역에 장치된 물품을 관리하는 사람(이하 "보세사"라 한다)을 채용하여야 한다.

④ 세관장은 제2항에 따른 지정신청을 받은 경우 해당 보세구역의 위치와 시설상태 등을 확인하여 제1항에 따른 자율관리보세구역으로 적합하다고 인정될 때에는 해당 보세구역을 자율관리보세구역으로 지정할 수 있다.

⑤ 제4항에 따라 자율관리보세구역의 지정을 받은 자는 물품의 반출입 상황을 장부에 기록하여야 한다.

⑥ 세관장은 자율관리보세구역의 지정을 받은 자가 이 법에 따른 의무를 위반하거나 세관감시에 지장이 있다고 인정되는 사유가 발생한 경우에는 제4항에 따른 지정을 취소할 수 있다.

제165조(보세사의 자격 등) ① 보세사는 제175조제1호부터 제7호까지의 어느 하나에 해당하지 아니하는 사람으로서 다음 각 호의 어느 하나에 해당하는 사

람이어야 한다. <개정 2013.1.1., 2014.1.1.>

1. 일반직공무원으로서 5년 이상 관세행정에 종사한 경력이 있는 사람
2. 보세화물의 관리업무에 관한 전형에 합격한 사람

② 제1항의 자격을 갖춘 사람이 보세사로 근무하려면 해당 보세구역을 관할하는 세관장에게 등록하여야 한다.

③ 세관장은 제2항의 등록을 한 사람이 다음 각 호의 어느 하나에 해당하는 경우에는 등록의 취소, 6개월 이내의 업무정지 또는 그 밖에 필요한 조치를 할 수 있다. 다만, 제1호 및 제2호에 해당하면 등록을 취소하여야 한다.

1. 제175조제1호부터 제7호까지의 어느 하나에 해당하게 된 경우
2. 사망한 경우
3. 이 법이나 이 법에 따른 명령을 위반한 경우

④ 보세사의 직무, 보세사의 전형 및 등록절차와 그 밖에 필요한 사항은 대통령령으로 정한다.

제165조의2(보세사의 명의대여 등의 금지) 보세사는 다른 사람에게 자신의 성명·상호를 사용하여 보세사 업무를 하게 하거나 그 자격증 또는 등록증을 빌려주어서는 아니 된다.

제2절 지정보세구역

제1관 통칙

제166조(지정보세구역의 지정) ① 세관장은 다음 각 호의 어느 하나에 해당하는 자가 소유하거나 관리하는 토지·건물 또는 그 밖의 시설(이하 이 관에서 "토지등"이라 한다)을 지정보세구역으로 지정할 수 있다.

1. 국가
2. 지방자치단체
3. 공항시설 또는 항만시설을 관리하는 법인

② 세관장은 해당 세관장이 관리하지 아니하는 토지등을 지정보세구역으로 지정하려면 해당 토지등의 소유자나 관리자의 동의를 받아야 한다. 이 경우 세관장은 임차료 등을 지급할 수 있다.

제167조(지정보세구역 지정의 취소) 세관장은 수출입물량이 감소하거나 그 밖의 사유로 지정보세구역의 전부 또는 일부를 보세구역으로 존속시킬 필요가 없어졌다고 인정될 때에는 그 지정을 취소하여야 한다.

제168조(지정보세구역의 처분) ① 지정보세구역의 지정을 받은 토지등의 소유자나 관리자는 다음 각 호의 어느 하나에 해당하는 행위를 하려면 미리 세관장과 협의하여야 한다. 다만, 해당 행위가 지정보세구역으로서의 사용에 지장을 주지 아니하거나 지정보세구역으로 지정된 토지등의 소유자가 국가 또는 지방자치단체인 경우에는 그러하지 아니하다.

1. 해당 토지등의 양도, 교환, 임대 또는 그 밖의 처분이나 그 용도의 변경
2. 해당 토지에 대한 공사나 해당 토지 안에 건물 또는 그 밖의 시설의 신축
3. 해당 건물 또는 그 밖의 시설의 개축·이전·철거나 그 밖의 공사

② 세관장은 제1항에 따른 협의에 대하여 정당한 이유 없이 이를 거부하여서는 아니 된다.

제2관 지정장치장

제169조(지정장치장) 지정장치장은 통관을 하려는 물품을 일시 장치하기 위한 장소로서 세관장이 지정하는 구역으로 한다.

제170조(장치기간) 지정장치장에 물품을 장치하는 기간은 6개월의 범위에서 관세청장이 정한다. 다만, 관세청장이 정하는 기준에 따라 세관장은 3개월의 범위에서 그 기간을 연장할 수 있다.

제171조 삭제

제172조(물품에 대한 보관책임) ① 지정장치장에 반입한 물품은 화주 또는 반입자가 그 보관의 책임을 진다.

② 세관장은 지정장치장의 질서유지와 화물의 안전관리를 위하여 필요하다고 인정할 때에는 화주를 갈음하여 보관의 책임을 지는 화물관리인을 지정할 수 있다. 다만, 세관장이 관리하는 시설이 아닌 경우에는 세관장은 해당 시설의

소유자나 관리자와 협의하여 화물관리인을 지정하여야 한다.

③ 지정장치장의 화물관리인은 화물관리에 필요한 비용(제323조에 따른 세관설비 사용료를 포함한다)을 화주로부터 징수할 수 있다. 다만, 그 요율에 대하여는 세관장의 승인을 받아야 한다.

④ 지정장치장의 화물관리인은 제3항에 따라 징수한 비용 중 세관설비 사용료에 해당하는 금액을 세관장에게 납부하여야 한다.

⑤ 세관장은 불가피한 사유로 화물관리인을 지정할 수 없을 때에는 화주를 대신하여 직접 화물관리를 할 수 있다. 이 경우 제3항에 따른 화물관리에 필요한 비용을 화주로부터 징수할 수 있다.

⑥ 제2항에 따른 화물관리인의 지정기준, 지정절차, 지정의 유효기간, 재지정 및 지정 취소 등에 필요한 사항은 대통령령으로 정한다.

제3관 세관검사장

제173조(세관검사장) ① 세관검사장은 통관하려는 물품을 검사하기 위한 장소로서 세관장이 지정하는 지역으로 한다.

② 세관장은 관세청장이 정하는 바에 따라 검사를 받을 물품의 전부 또는 일부를 세관검사장에 반입하여 검사할 수 있다.

③ 제2항에 따라 세관검사장에 반입되는 물품의 채취·운반 등에 필요한 비용은 화주가 부담한다.

제3절 특허보세구역

제1관 통칙

제174조(특허보세구역의 설치·운영에 관한 특허) ① 특허보세구역을 설치·운영하려는 자는 세관장의 특허를 받아야 한다. 기존의 특허를 갱신하려는 경우에도 또한 같다.

② 특허보세구역의 설치·운영에 관한 특허를 받으려는 자, 특허보세구역을 설치·운영하는 자, 이미 받은 특허를 갱신하려는 자는 기획재정부령으로 정하는 바에 따라 수수료를 납부하여야 한다.

③ 제1항에 따른 특허를 받을 수 있는 요건은 보세구역의 종류별로 대통령령으로 정하는 기준에 따라 관세청장이 정한다.

제175조(운영인의 결격사유) 다음 각 호의 어느 하나에 해당하는 자는 특허보세구역을 설치·운영할 수 없다.

1. 미성년자
2. 피성년후견인과 피한정후견인
3. 파산선고를 받고 복권되지 아니한 자
4. 이 법을 위반하여 징역형의 실형을 선고받고 그 집행이 끝나거나(집행이 끝난 것으로 보는 경우를 포함한다) 면제된 후 2년이 지나지 아니한 자
5. 이 법을 위반하여 징역형의 집행유예를 선고받고 그 유예기간 중에 있는 자
6. 제178조제2항에 따라 특허보세구역의 설치·운영에 관한 특허가 취소(이 조 제1호부터 제3호까지의 어느 하나에 해당하여 특허가 취소된 경우는 제외한다)된 후 2년이 지나지 아니한 자
7. 제269조부터 제271조까지, 제274조, 제275조의2 또는 제275조의3에 따라 벌금형 또는 통고처분을 받은 자로서 그 벌금형을 선고받거나 통고처분을 이행한 후 2년이 지나지 아니한 자. 다만, 제279조에 따라 처벌된 개인 또는 법인은 제외한다.
8. 제2호부터 제7호까지에 해당하는 자를 임원(해당 보세구역의 운영업무를 직접 담당하거나 이를 감독하는 자로 한정한다)으로 하는 법인

제176조(특허기간) ① 특허보세구역의 특허기간은 10년 이내로 한다.

② 제1항에도 불구하고 보세전시장과 보세건설장의 특허기간은 다음 각 호의 구분에 따른다. 다만, 세관장은 전시목적을 달성하거나 공사를 진척하기 위하여 부득이하다고 인정할 만한 사유가 있을 때에는 그 기간을 연장할 수 있다.

1. 보세전시장: 해당 박람회 등의 기간을 고려하여 세관장이 정하는 기간
2. 보세건설장: 해당 건설공사의 기간을 고려하여 세관장이 정하는 기간

제176조의2(특허보세구역의 특례) ① 세관장은 보세판매장 특허를 부여하는 경우에 「중소기업기본법」 제2조에 따른 중소기업 및 「중견기업 성장촉진 및 경

쟁력 강화에 관한 특별법」 제2조제1호에 따른 중견기업으로서 매출액, 자산총액 및 지분 소유나 출자 관계 등이 대통령령으로 정하는 기준에 맞는 기업 중 제174조제3항에 따른 특허를 받을 수 있는 요건을 갖춘 자에게 대통령령으로 정하는 일정 비율 이상의 특허를 부여하여야 하고, 「독점규제 및 공정거래에 관한 법률」 제14조제1항에 따른 상호출자제한기업집단에 속한 기업에 대해 대통령령으로 정하는 일정 비율 이상의 특허를 부여할 수 없다.

② 제1항에도 불구하고 기존 특허가 만료되었으나 제3항에 따른 신규 특허의 신청이 없는 등 대통령령으로 정하는 경우에는 제1항을 적용하지 아니한다.

③ 보세판매장의 특허는 대통령령으로 정하는 일정한 자격을 갖춘 자의 신청을 받아 대통령령으로 정하는 평가기준에 따라 심사하여 부여한다. 기존 특허가 만료되는 경우(제6항에 따라 갱신되는 경우는 제외한다)에도 또한 같다.

④ 보세판매장의 특허수수료는 제174조제2항에도 불구하고 기획재정부령으로 정하는 바에 따라 다른 종류의 보세구역 특허수수료와 달리 정할 수 있다.

⑤ 보세판매장의 특허기간은 제176조제1항에도 불구하고 5년 이내로 한다.

⑥ 제1항에 따라 특허를 받은 중소기업 및 중견기업에 대해서는 대통령령으로 정하는 바에 따라 특허를 갱신할 수 있다.

⑦ 기획재정부장관은 매 회계연도 종료 후 3개월 이내에 보세판매장 별 매출액을 대통령령으로 정하는 바에 따라 국회 소관 상임위원회에 보고하여야 한다.

⑧ 기타 보세판매장 특허절차에 관한 사항은 대통령령으로 정한다.

제177조(장치기간) ① 특허보세구역에 물품을 장치하는 기간은 다음 각 호의 구분에 따른다.

1. 보세창고: 다음 각 목의 어느 하나에서 정하는 기간
   가. 외국물품(다목에 해당하는 물품은 제외한다): 1년의 범위에서 관세청장이 정하는 기간. 다만, 세관장이 필요하다고 인정하는 경우에는 1년의 범위에서 그 기간을 연장할 수 있다.
   나. 내국물품(다목에 해당하는 물품은 제외한다): 1년의 범위에서 관세청장이 정하는 기간
   다. 정부비축용물품, 정부와의 계약이행을 위하여 비축하는 방위산업용물품, 장기간 비축이 필요한 수출용원재료와 수출품보수용 물품으로서 세

관장이 인정하는 물품, 국제물류의 촉진을 위하여 관세청장이 정하는 물품: 비축에 필요한 기간

2. 그 밖의 특허보세구역: 해당 특허보세구역의 특허기간

② 세관장은 물품관리에 필요하다고 인정될 때에는 제1항제1호의 기간에도 운영인에게 그 물품의 반출을 명할 수 있다.

제177조의2(특허보세구역 운영인의 명의대여 금지) 특허보세구역의 운영인은 다른 사람에게 자신의 성명·상호를 사용하여 특허보세구역을 운영하게 해서는 아니 된다.

제178조(반입정지 등과 특허의 취소) ① 세관장은 특허보세구역의 운영인이 다음 각 호의 어느 하나에 해당하는 경우에는 관세청장이 정하는 바에 따라 6개월의 범위에서 해당 특허보세구역에의 물품반입 또는 보세건설·보세판매·보세전시 등(이하 이 조에서 "물품반입등"이라 한다)을 정지시킬 수 있다.

1. 장치물품에 대한 관세를 납부할 자금능력이 없다고 인정되는 경우
2. 본인이나 그 사용인이 이 법 또는 이 법에 따른 명령을 위반한 경우
3. 해당 시설의 미비 등으로 특허보세구역의 설치 목적을 달성하기 곤란하다고 인정되는 경우

② 세관장은 특허보세구역의 운영인이 다음 각 호의 어느 하나에 해당하는 경우에는 그 특허를 취소할 수 있다. 다만, 제1호, 제2호 및 제5호에 해당하는 경우에는 특허를 취소하여야 한다.

1. 거짓이나 그 밖의 부정한 방법으로 특허를 받은 경우
2. 제175조 각 호의 어느 하나에 해당하게 된 경우
3. 1년 이내에 3회 이상 물품반입등의 정지처분(제3항에 따른 과징금 부과처분을 포함한다)을 받은 경우
4. 1년 이상 물품의 반입실적이 없어서 세관장이 특허보세구역의 설치 목적을 달성하기 곤란하다고 인정하는 경우
5. 제177조의2를 위반하여 명의를 대여한 경우

③ 세관장은 제1항에 따른 물품반입등의 정지처분이 그 이용자에게 심한 불편을 주거나 공익을 해칠 우려가 있는 경우에는 특허보세구역의 운영인에게

물품반입등의 정지처분을 갈음하여 해당 특허보세구역 운영에 따른 매출액의 100분의 3 이하의 과징금을 부과할 수 있다. 이 경우 매출액 산정, 과징금의 금액, 과징금의 납부기한 등에 관하여 필요한 사항은 대통령령으로 정한다.

④ 제3항에 따른 과징금을 납부하여야 할 자가 납부기한까지 납부하지 아니한 경우 과징금의 징수에 관하여는 제26조를 준용한다.

제179조(특허의 효력상실 및 승계) ① 특허보세구역의 설치·운영에 관한 특허는 다음 각 호의 어느 하나에 해당하면 그 효력을 상실한다.

1. 운영인이 특허보세구역을 운영하지 아니하게 된 경우
2. 운영인이 해산하거나 사망한 경우
3. 특허기간이 만료한 경우
4. 특허가 취소된 경우

② 제1항제1호 및 제2호의 경우에는 운영인, 그 상속인, 청산법인 또는 합병·분할·분할합병 후 존속하거나 합병·분할·분할합병으로 설립된 법인(이하 "승계법인"이라 한다)은 지체 없이 세관장에게 그 사실을 보고하여야 한다.

③ 특허보세구역의 설치·운영에 관한 특허를 받은 자가 사망하거나 해산한 경우 상속인 또는 승계법인이 계속하여 그 특허보세구역을 운영하려면 피상속인 또는 피승계법인이 사망하거나 해산한 날부터 30일 이내에 제174조제3항에 따른 요건을 갖추어 대통령령으로 정하는 바에 따라 세관장에게 신고하여야 한다.

④ 상속인 또는 승계법인이 제3항에 따른 신고를 하였을 때에는 피상속인 또는 피승계법인이 사망하거나 해산한 날부터 신고를 한 날까지의 기간에 있어서 피상속인 또는 피승계법인의 특허보세구역의 설치·운영에 관한 특허는 상속인 또는 승계법인에 대한 특허로 본다.

⑤ 제175조 각 호의 어느 하나에 해당하는 자는 제3항에 따른 신고를 할 수 없다.

제180조(특허보세구역의 설치·운영에 관한 감독 등) ① 세관장은 특허보세구역의 운영인을 감독한다.

② 세관장은 특허보세구역의 운영인에게 그 설치·운영에 관한 보고를 명하거나 세관공무원에게 특허보세구역의 운영상황을 검사하게 할 수 있다.

③ 세관장은 특허보세구역의 운영에 필요한 시설·기계 및 기구의 설치를 명할 수 있다.

④ 제157조에 따라 특허보세구역에 반입된 물품이 해당 특허보세구역의 설치 목적에 합당하지 아니한 경우에는 세관장은 해당 물품을 다른 보세구역으로 반출할 것을 명할 수 있다.

제181조 삭제

제182조(특허의 효력상실 시 조치 등) ① 특허보세구역의 설치·운영에 관한 특허의 효력이 상실되었을 때에는 운영인이나 그 상속인은 해당 특허보세구역에 있는 외국물품을 지체 없이 다른 보세구역으로 반출하여야 한다.

② 특허보세구역의 설치·운영에 관한 특허의 효력이 상실되었을 때에는 해당 특허보세구역에 있는 외국물품의 종류와 수량 등을 고려하여 6개월의 범위에서 세관장이 지정하는 기간 동안 그 구역은 특허보세구역으로 보며, 운영인이나 그 상속인에 대하여는 해당 구역과 장치물품에 관하여 특허보세구역의 설치·운영에 관한 특허가 있는 것으로 본다.

제2관 보세창고

제183조(보세창고) ① 보세창고에는 외국물품이나 통관을 하려는 물품을 장치한다.

② 운영인은 미리 세관장에게 신고를 하고 제1항에 따른 물품의 장치에 방해되지 아니하는 범위에서 보세창고에 내국물품을 장치할 수 있다. 다만, 동일한 보세창고에 장치되어 있는 동안 수입신고가 수리된 물품은 신고 없이 계속하여 장치할 수 있다.

③ 운영인은 보세창고에 1년(제2항 단서에 따른 물품은 6개월) 이상 계속하여 제2항에서 규정한 내국물품만을 장치하려면 세관장의 승인을 받아야 한다.

④ 제3항에 따른 승인을 받은 보세창고에 내국물품만을 장치하는 기간에는 제161조와 제177조를 적용하지 아니한다.

제184조(장치기간이 지난 내국물품) ① 제183조제2항에 따른 내국물품으로서 장치기간이 지난 물품은 그 기간이 지난 후 10일 내에 그 운영인의 책임으로 반출하여야 한다.

② 제183조제3항에 따라 승인받은 내국물품도 그 승인기간이 지난 경우에는 제1항과 같다.

제3관 보세공장

제185조(보세공장) ① 보세공장에서는 외국물품을 원료 또는 재료로 하거나 외국물품과 내국물품을 원료 또는 재료로 하여 제조·가공하거나 그 밖에 이와 비슷한 작업을 할 수 있다.

② 보세공장에서는 세관장의 허가를 받지 아니하고는 내국물품만을 원료로 하거나 재료로 하여 제조·가공하거나 그 밖에 이와 비슷한 작업을 할 수 없다.

③ 보세공장 중 수입하는 물품을 제조·가공하는 것을 목적으로 하는 보세공장의 업종은 기획재정부령으로 정하는 바에 따라 제한할 수 있다.

④ 세관장은 수입통관 후 보세공장에서 사용하게 될 물품에 대하여는 보세공장에 직접 반입하여 수입신고를 하게 할 수 있다. 이 경우 제241조제3항을 준용한다.

제186조(사용신고 등) ① 운영인은 보세공장에 반입된 물품을 그 사용 전에 세관장에게 사용신고를 하여야 한다. 이 경우 세관공무원은 그 물품을 검사할 수 있다.

② 제1항에 따라 사용신고를 한 외국물품이 제226조에 따라 허가·승인·표시 또는 그 밖의 조건을 갖출 필요가 있는 것일 때에는 해당 조건을 갖춘 것임을 증명하여야 한다.

제187조(보세공장 외 작업 허가) ① 세관장은 가공무역이나 국내 산업의 진흥을 위하여 필요한 경우에는 대통령령으로 정하는 바에 따라 기간, 장소, 물품 등을 정하여 해당 보세공장 외에서 제185조제1항에 따른 작업을 허가할 수 있다.

② 삭제.

③ 제1항에 따른 허가를 한 경우 세관공무원은 해당 물품이 보세공장에서 반출될 때에 이를 검사할 수 있다.

④ 제1항에 따라 허가를 받아 지정된 장소(이하 "공장외작업장"이라 한다)에 반입된 외국물품은 지정된 기간이 만료될 때까지는 보세공장에 있는 것으로 본다.

⑤ 세관장은 제1항에 따라 허가를 받은 보세작업에 사용될 물품을 관세청장이 정하는 바에 따라 공장외작업장에 직접 반입하게 할 수 있다.

⑥ 제1항에 따라 지정된 기간이 지난 경우 해당 공장외작업장에 허가된 외국물품이나 그 제품이 있을 때에는 해당 물품의 허가를 받은 보세공장의 운영인으로부터 그 관세를 즉시 징수한다.

제188조(제품과세) 외국물품이나 외국물품과 내국물품을 원료로 하거나 재료로 하여 작업을 하는 경우 그로써 생긴 물품은 외국으로부터 우리나라에 도착한 물품으로 본다. 다만, 대통령령으로 정하는 바에 따라 세관장의 승인을 받고 외국물품과 내국물품을 혼용하는 경우에는 그로써 생긴 제품 중 해당 외국물품의 수량 또는 가격에 상응하는 것은 외국으로부터 우리나라에 도착한 물품으로 본다.

제189조(원료과세) ① 보세공장에서 제조된 물품을 수입하는 경우 제186조에 따른 사용신고 전에 미리 세관장에게 해당 물품의 원료인 외국물품에 대한 과세의 적용을 신청한 경우에는 제16조에도 불구하고 제186조에 따른 사용신고를 할 때의 그 원료의 성질 및 수량에 따라 관세를 부과한다.

② 세관장은 대통령령으로 정하는 기준에 해당하는 보세공장에 대하여는 1년의 범위에서 원료별, 제품별 또는 보세공장 전체에 대하여 제1항에 따른 신청을 하게 할 수 있다.

제4관 보세전시장

제190조(보세전시장) 보세전시장에서는 박람회, 전람회, 견본품 전시회 등의 운영을 위하여 외국물품을 장치·전시하거나 사용할 수 있다.

제5관 보세건설장

제191조(보세건설장) 보세건설장에서는 산업시설의 건설에 사용되는 외국물품인 기계류 설비품이나 공사용 장비를 장치·사용하여 해당 건설공사를 할 수 있다.

제192조(사용 전 수입신고) 운영인은 보세건설장에 외국물품을 반입하였을 때에는 사용 전에 해당 물품에 대하여 수입신고를 하고 세관공무원의 검사를 받아야 한다. 다만, 세관공무원이 검사가 필요 없다고 인정하는 경우에는 검사를 하지 아니할 수 있다.

제193조(반입물품의 장치 제한) 세관장은 보세건설장에 반입된 외국물품에 대하여 필요하다고 인정될 때에는 보세건설장 안에서 그 물품을 장치할 장소를 제한하거나 그 사용상황에 관하여 운영인으로 하여금 보고하게 할 수 있다.

제194조(보세건설물품의 가동 제한) 운영인은 보세건설장에서 건설된 시설을 제248조에 따른 수입신고가 수리되기 전에 가동하여서는 아니 된다.

제195조(보세건설장 외 작업 허가) ① 세관장은 보세작업상 필요하다고 인정될 때에는 대통령령으로 정하는 바에 따라 기간, 장소, 물품 등을 정하여 해당 보세건설장 외에서의 보세작업을 허가할 수 있다.

② 제1항에 따른 보세건설장 외에서의 보세작업 허가에 관하여는 제187조제3항부터 제6항까지의 규정을 준용한다.

제6관 보세판매장

제196조(보세판매장) ① 보세판매장에서는 외국으로 반출하거나 제88조제1항제1호부터 제4호까지에 따라 관세의 면제를 받을 수 있는 자가 사용하는 것을 조건으로 외국물품을 판매할 수 있다.

② 세관장은 보세판매장에서 판매할 수 있는 물품의 종류, 수량, 장치 장소 등을 제한할 수 있다.

③ 보세판매장에서 판매하는 물품의 반입, 반출, 인도, 관리에 필요한 사항은 대통령령으로 정한다.

제4절 종합보세구역

제197조(종합보세구역의 지정 등) ① 관세청장은 직권으로 또는 관계 중앙행정기관의 장이나 지방자치단체의 장, 그 밖에 종합보세구역을 운영하려는 자(이하 "지정요청자"라 한다)의 요청에 따라 무역진흥에의 기여 정도, 외국물품의 반입·반출 물량 등을 고려하여 일정한 지역을 종합보세구역으로 지정할 수 있다.

② 종합보세구역에서는 보세창고·보세공장·보세전시장·보세건설장 또는 보세판매장의 기능 중 둘 이상의 기능(이하 "종합보세기능"이라 한다)을 수행할 수 있다.

③ 종합보세구역의 지정요건, 지정절차 등에 관하여 필요한 사항은 대통령령으로 정한다.

제198조(종합보세사업장의 설치·운영에 관한 신고 등) ① 종합보세구역에서 종합보세기능을 수행하려는 자는 그 기능을 정하여 세관장에게 종합보세사업장의 설치·운영에 관한 신고를 하여야 한다.

② 제175조 각 호의 어느 하나에 해당하는 자는 제1항에 따른 종합보세사업장의 설치·운영에 관한 신고를 할 수 없다.

③ 종합보세사업장의 운영인은 그가 수행하는 종합보세기능을 변경하려면 세관장에게 이를 신고하여야 한다.

④ 제1항 및 제3항에 따른 신고의 절차 등에 관하여 필요한 사항은 대통령령으로 정한다.

제199조(종합보세구역에의 물품의 반입·반출 등) ① 종합보세구역에 물품을 반입하거나 반출하려는 자는 대통령령으로 정하는 바에 따라 세관장에게 신고하여야 한다.

② 종합보세구역에 반입·반출되는 물품이 내국물품인 경우에는 기획재정부령

으로 정하는 바에 따라 제1항에 따른 신고를 생략하거나 간소한 방법으로 반입·반출하게 할 수 있다.

제199조의2(종합보세구역의 판매물품에 대한 관세 등의 환급) ① 외국인 관광객 등 대통령령으로 정하는 자가 종합보세구역에서 구입한 물품을 국외로 반출하는 경우에는 해당 물품을 구입할 때 납부한 관세 및 내국세등을 환급받을 수 있다.

② 제1항에 따른 관세 및 내국세등의 환급 절차 및 방법 등에 관하여 필요한 사항은 대통령령으로 정한다.

제200조(반출입물품의 범위 등) ① 종합보세구역에서 소비하거나 사용되는 물품으로서 기획재정부령으로 정하는 물품은 수입통관 후 이를 소비하거나 사용하여야 한다.

② 종합보세구역에 반입한 물품의 장치기간은 제한하지 아니한다. 다만, 제197조제2항에 따른 보세창고의 기능을 수행하는 장소 중에서 관세청장이 수출입물품의 원활한 유통을 촉진하기 위하여 필요하다고 인정하여 지정한 장소에 반입되는 물품의 장치기간은 1년의 범위에서 관세청장이 정하는 기간으로 한다.

③ 세관장은 종합보세구역에 반입·반출되는 물품으로 인하여 국가안전, 공공질서, 국민보건 또는 환경보전 등에 지장이 초래되거나 종합보세구역의 지정목적에 부합되지 아니하는 물품이 반입·반출되고 있다고 인정될 때에는 해당 물품의 반입·반출을 제한할 수 있다.

제201조(운영인의 물품관리) ① 운영인은 종합보세구역에 반입된 물품을 종합보세기능별로 구분하여 관리하여야 한다.

② 세관장은 종합보세구역에 장치된 물품 중 제208조제1항 단서에 해당되는 물품은 같은 조에 따라 매각할 수 있다.

③ 운영인은 종합보세구역에 반입된 물품을 종합보세구역 안에서 이동·사용 또는 처분을 할 때에는 장부 또는 전산처리장치를 이용하여 그 기록을 유지하여야 한다. 이 경우 기획재정부령으로 정하는 물품은 미리 세관장에게 신고하여야 한다.

④ 제3항에 따른 기록의 방법과 절차 등에 관하여 필요한 사항은 관세청장이 정한다.

제202조(설비의 유지의무 등) ① 운영인은 대통령령으로 정하는 바에 따라 종합보세기능의 수행에 필요한 시설 및 장비 등을 유지하여야 한다.
② 종합보세구역에 장치된 물품에 대하여 보수작업을 하거나 종합보세구역 밖에서 보세작업을 하려는 자는 대통령령으로 정하는 바에 따라 세관장에게 신고하여야 한다.
③ 제2항에 따라 작업을 하는 경우의 반출검사 등에 관하여는 제187조를 준용한다.

제203조(종합보세구역에 대한 세관의 관리 등) ① 세관장은 관세채권의 확보, 감시·단속 등 종합보세구역을 효율적으로 운영하기 위하여 종합보세구역에 출입하는 인원과 차량 등의 출입을 통제하거나 휴대 또는 운송하는 물품을 검사할 수 있다.
② 세관장은 종합보세구역에 반입·반출되는 물품의 반입·반출 상황, 그 사용 또는 처분 내용 등을 확인하기 위하여 제201조제3항에 따른 장부나 전산처리장치를 이용한 기록을 검사 또는 조사할 수 있으며, 운영인으로 하여금 업무실적 등 필요한 사항을 보고하게 할 수 있다.
③ 관세청장은 종합보세구역 안에 있는 외국물품의 감시·단속에 필요하다고 인정될 때에는 종합보세구역의 지정요청자에게 보세화물의 불법유출, 분실, 도난방지 등을 위한 시설을 설치할 것을 요구할 수 있다. 이 경우 지정요청자는 특별한 사유가 없으면 이에 따라야 한다.

제204조(종합보세구역 지정의 취소 등) ① 관세청장은 종합보세구역에 반입·반출되는 물량이 감소하거나 그 밖에 대통령령으로 정하는 사유로 종합보세구역을 존속시킬 필요가 없다고 인정될 때에는 종합보세구역의 지정을 취소할 수 있다.
② 세관장은 종합보세사업장의 운영인이 다음 각 호의 어느 하나에 해당하는 경우에는 6개월의 범위에서 운영인의 종합보세기능의 수행을 중지시킬 수 있다.
1. 제175조 각 호의 어느 하나에 해당하게 된 경우

2. 운영인이 수행하는 종합보세기능과 관련하여 반입·반출되는 물량이 감소하거나 그 밖에 대통령령으로 정하는 사유가 발생한 경우

제205조(준용규정) 종합보세구역에 대하여는 제175조, 제177조제2항, 제178조제1항·제3항, 제180조제1항·제3항·제4항, 제182조, 제184조, 제185조제2항부터 제4항까지, 제186조, 제188조, 제189조, 제192조부터 제194조까지 및 제241조제2항을 준용한다.

제5절 유치 및 처분

제1관 유치 및 예치

제206조(유치 및 예치) ① 다음 각 호의 어느 하나에 해당하는 물품으로서 제226조에 따라 필요한 허가·승인·표시 또는 그 밖의 조건이 갖추어지지 아니한 것은 세관장이 이를 유치할 수 있다.

1. 여행자의 휴대품
2. 우리나라와 외국 간을 왕래하는 운송수단에 종사하는 승무원의 휴대품

② 제1항에 따라 유치한 물품은 해당 사유가 해소되었거나 반송하는 경우에만 유치를 해제한다.

③ 제1항 각 호의 어느 하나에 해당하는 물품으로서 수입할 의사가 없는 물품은 세관장에게 신고하여 일시 예치시킬 수 있다.

제207조(유치 및 예치 물품의 보관) ① 제206조에 따라 유치하거나 예치한 물품은 세관장이 관리하는 장소에 보관한다. 다만, 세관장이 필요하다고 인정할 때에는 그러하지 아니하다.

② 제206조에 따라 유치하거나 예치한 물품에 관하여는 제160조제4항부터 제6항까지, 제170조 및 제208조부터 제212조까지의 규정을 준용한다.

③ 세관장은 유치되거나 예치된 물품의 원활한 통관을 위하여 필요하다고 인정될 때에는 제2항에 따라 준용되는 제209조에도 불구하고 관세청장이 정하는 바에 따라 해당 물품을 유치하거나 예치할 때에 유치기간 또는 예치기간 내에 수출·수입 또는 반송하지 아니하면 매각한다는 뜻을 통고할 수 있다.

제2관 장치기간경과물품의 매각

제208조(매각대상 및 매각절차) ① 세관장은 보세구역에 반입한 외국물품의 장치기간이 지나면 그 사실을 공고한 후 해당 물품을 매각할 수 있다. 다만, 다음 각 호의 어느 하나에 해당하는 물품은 기간이 지나기 전이라도 공고한 후 매각할 수 있다.

1. 살아 있는 동식물
2. 부패하거나 부패할 우려가 있는 것
3. 창고나 다른 외국물품에 해를 끼칠 우려가 있는 것
4. 기간이 지나면 사용할 수 없게 되거나 상품가치가 현저히 떨어질 우려가 있는 것
5. 관세청장이 정하는 물품 중 화주가 요청하는 것

② 장치기간이 지난 물품이 제1항 각 호의 어느 하나에 해당하는 물품으로서 급박하여 공고할 여유가 없을 때에는 매각한 후 공고할 수 있다.

③ 매각된 물품의 질권자나 유치권자는 다른 법령에도 불구하고 그 물품을 매수인에게 인도하여야 한다.

④ 세관장은 제1항에 따른 매각을 할 때 다음 각 호의 어느 하나에 해당하는 경우에는 대통령령으로 정하는 기관(이하 이 절에서 "매각대행기관"이라 한다)에 이를 대행하게 할 수 있다.

1. 신속한 매각을 위하여 사이버몰(컴퓨터 등과 정보통신설비를 이용하여 재화 등을 거래할 수 있도록 설정된 가상의 영업장을 말한다) 등에서 전자문서를 통하여 매각하려는 경우
2. 매각에 전문지식이 필요한 경우
3. 그 밖에 특수한 사정이 있어 직접 매각하기에 적당하지 아니하다고 인정되는 경우

⑤ 제4항에 따라 매각대행기관이 매각을 대행하는 경우(제211조제6항에 따라 매각대금의 잔금처리를 대행하는 경우를 포함한다)에는 매각대행기관의 장을 세관장으로 본다.

⑥ 세관장은 제4항에 따라 매각대행기관이 매각을 대행하는 경우에는 매각대행에 따른 실비 등을 고려하여 기획재정부령으로 정하는 바에 따라 수수료를 지급할 수 있다.

⑦ 제4항에 따라 매각대행기관이 매각을 대행하는 경우 「형법」이나 그 밖의 법률에 따른 벌칙을 적용할 때에는 매각대행기관의 임직원을 세관공무원으로 본다.

⑧ 제4항에 따라 매각대행기관이 대행하는 매각에 필요한 사항은 대통령령으로 정한다.

제209조(통고) ① 세관장은 제208조제1항에 따라 장치기간경과물품을 매각하려면 그 화주등에게 통고일부터 1개월 내에 해당 물품을 수출·수입 또는 반송할 것을 통고하여야 한다.

② 화주등이 분명하지 아니하거나 그 소재가 분명하지 아니하여 제1항에 따른 통고를 할 수 없을 때에는 공고로 이를 갈음할 수 있다.

제210조(매각방법) ① 제208조에 따른 매각은 일반경쟁입찰·지명경쟁입찰·수의계약·경매 및 위탁판매의 방법으로 하여야 한다.

② 경쟁입찰의 방법으로 매각하려는 경우 매각되지 아니하였을 때에는 5일 이상의 간격을 두어 다시 입찰에 붙일 수 있으며 그 예정가격은 최초 예정가격의 100분의 10 이내의 금액을 입찰에 붙일 때마다 줄일 수 있다. 이 경우에 줄어들 예정가격 이상의 금액을 제시하는 응찰자가 있을 때에는 대통령령으로 정하는 바에 따라 그 응찰자가 제시하는 금액으로 수의계약을 할 수 있다.

③ 다음 각 호의 어느 하나에 해당하는 경우에는 경매나 수의계약으로 매각할 수 있다.

1. 제2항에 따라 2회 이상 경쟁입찰에 붙여도 매각되지 아니한 경우
2. 매각물품의 성질·형태·용도 등을 고려할 때 경쟁입찰의 방법으로 매각할 수 없는 경우

④ 제3항에 따른 방법으로도 매각되지 아니한 물품과 대통령령으로 정하는 물품은 위탁판매의 방법으로 매각할 수 있다.

⑤ 제1항부터 제4항까지에 따라 매각된 물품에 대한 과세가격은 제30조부터 제35조까지의 규정에도 불구하고 제2항에 따른 최초 예정가격을 기초로 하여 과세가격을 산출한다.

⑥ 매각할 물품의 예정가격의 산출방법과 위탁판매에 관한 사항은 대통령령으로 정하고, 경매절차에 관하여는 「국세징수법」을 준용한다.

⑦ 세관장은 제1항에 따라 매각할 때에는 매각 물건, 매각 수량, 매각 예정가격 등을 매각 시작 10일 전에 공고하여야 한다.

제211조(잔금처리) ① 세관장은 제210조에 따른 매각대금을 그 매각비용, 관세, 각종 세금의 순으로 충당하고, 잔금이 있을 때에는 이를 화주에게 교부한다.

② 제208조에 따라 매각하는 물품의 질권자나 유치권자는 해당 물품을 매각한 날부터 1개월 이내에 그 권리를 증명하는 서류를 세관장에게 제출하여야 한다.

③ 세관장은 제208조에 따라 매각된 물품의 질권자나 유치권자가 있을 때에는 그 잔금을 화주에게 교부하기 전에 그 질권이나 유치권에 의하여 담보된 채권의 금액을 질권자나 유치권자에게 교부한다.

④ 제3항에 따라 질권자나 유치권자에게 공매대금의 잔금을 교부하는 경우 그 잔금액이 질권이나 유치권에 의하여 담보된 채권액보다 적고 교부받을 권리자가 2인 이상인 경우에는 세관장은 「민법」이나 그 밖의 법령에 따라 배분할 순위와 금액을 정하여 배분하여야 한다.

⑤ 제1항에 따른 잔금의 교부는 관세청장이 정하는 바에 따라 일시 보류할 수 있다.

⑥ 제208조제4항에 따라 매각대행기관이 매각을 대행하는 경우에는 매각대행기관이 제1항부터 제5항까지의 규정에 따라 매각대금의 잔금처리를 대행할 수 있다.

제212조(국고귀속) ① 세관장은 제210조에 따른 방법으로도 매각되지 아니한 물품에 대하여는 그 물품의 화주등에게 장치 장소로부터 지체 없이 반출할 것을 통고하여야 한다.

② 제1항의 통고일부터 1개월 내에 해당 물품이 반출되지 아니하는 경우에는 소유권을 포기한 것으로 보고 이를 국고에 귀속시킬 수 있다.

제8장 운송

제1절 보세운송

제213조(보세운송의 신고) ① 외국물품은 다음 각 호의 장소 간에 한정하여 외국물품 그대로 운송할 수 있다. 다만, 제248조에 따라 수출신고가 수리된 물품은 해당 물품이 장치된 장소에서 다음 각 호의 장소로 운송할 수 있다.

1. 개항
2. 보세구역
3. 제156조에 따라 허가된 장소
4. 세관관서
5. 통관역
6. 통관장
7. 통관우체국

② 제1항에 따라 보세운송을 하려는 자는 관세청장이 정하는 바에 따라 세관장에게 보세운송의 신고를 하여야 한다. 다만, 물품의 감시 등을 위하여 필요하다고 인정하여 대통령령으로 정하는 경우에는 세관장의 승인을 받아야 한다.

③ 세관공무원은 감시·단속을 위하여 필요하다고 인정될 때에는 관세청장이 정하는 바에 따라 보세운송을 하려는 물품을 검사할 수 있다.

④ 수출신고가 수리된 물품은 관세청장이 따로 정하는 것을 제외하고는 보세운송절차를 생략한다.

⑤ 제2항과 제3항에 따른 보세운송의 신고·승인 및 검사에 대하여는 제247조와 제250조를 준용한다.

제214조(보세운송의 신고인) 제213조제2항에 따른 신고 또는 승인신청은 다음 각 호의 어느 하나에 해당하는 자의 명의로 하여야 한다.

1. 화주
2. 관세사등
3. 보세운송을 업(業)으로 하는 자(이하 "보세운송업자"라 한다)

제215조(보세운송 보고) 제213조제2항에 따라 보세운송의 신고를 하거나 승인을 받은 자는 해당 물품이 운송 목적지에 도착하였을 때에는 관세청장이 정하는 바에 따라 도착지의 세관장에게 보고하여야 한다.

제216조(보세운송통로) ① 세관장은 보세운송물품의 감시·단속을 위하여 필요하다고 인정될 때에는 관세청장이 정하는 바에 따라 운송통로를 제한할 수 있다.
② 보세운송은 관세청장이 정하는 기간 내에 끝내야 한다. 다만, 세관장은 재해나 그 밖의 부득이한 사유로 필요하다고 인정될 때에는 그 기간을 연장할 수 있다.

제217조(보세운송기간 경과 시의 징수) 제213조제2항에 따라 신고를 하거나 승인을 받아 보세운송하는 외국물품이 지정된 기간 내에 목적지에 도착하지 아니한 경우에는 즉시 그 관세를 징수한다. 다만, 해당 물품이 재해나 그 밖의 부득이한 사유로 망실되었거나 미리 세관장의 승인을 받아 그 물품을 폐기하였을 때에는 그러하지 아니하다.

제218조(보세운송의 담보) 세관장은 제213조에 따른 보세운송의 신고를 하거나 승인을 받으려는 물품에 대하여 관세의 담보를 제공하게 할 수 있다.

제219조(조난물품의 운송) ① 재해나 그 밖의 부득이한 사유로 선박 또는 항공기로부터 내려진 외국물품은 그 물품이 있는 장소로부터 제213조제1항 각 호의 장소로 운송될 수 있다.
② 제1항에 따라 외국물품을 운송하려는 자는 제213조제2항에 따른 승인을 받아야 한다. 다만, 긴급한 경우에는 세관공무원이나 국가경찰공무원(세관공무원이 없는 경우로 한정한다)에게 신고하여야 한다.
③ 제2항 단서에 따라 신고를 받은 국가경찰공무원은 지체 없이 그 내용을 세관공무원에게 통보하여야 한다.
④ 제1항에 따른 운송에 관하여는 제215조부터 제218조까지의 규정을 준용한다.

제220조(간이 보세운송) 세관장은 보세운송을 하려는 물품의 성질과 형태, 보세운송업자의 신용도 등을 고려하여 관세청장이 정하는 바에 따라 보세운송업자나 물품을 지정하여 다음 각 호의 조치를 할 수 있다.

1. 제213조제2항에 따른 신고절차의 간소화
2. 제213조제3항에 따른 검사의 생략
3. 제218조에 따른 담보 제공의 면제

제2절 내국운송

제221조(내국운송의 신고) ① 내국물품을 외국무역선이나 외국무역기로 운송하려는 자는 대통령령으로 정하는 바에 따라 세관장에게 내국운송의 신고를 하여야 한다.

② 제1항에 따른 내국운송에 관하여는 제215조, 제216조, 제246조, 제247조 및 제250조를 준용한다.

제3절 보세운송업자 등

제222조(보세운송업자등의 등록 및 보고) ① 다음 각 호의 어느 하나에 해당하는 자(이하 "보세운송업자등"이라 한다)는 대통령령으로 정하는 바에 따라 관세청장이나 세관장에게 등록하여야 한다. <개정 2011.7.25.>

1. 보세운송업자
2. 보세화물을 취급하려는 자로서 다른 법령에 따라 화물운송의 주선을 업으로 하는 자(이하 "화물운송주선업자"라 한다)
3. 외국무역선·외국무역기 또는 국경출입차량에 물품을 하역하는 것을 업으로 하는 자
4. 외국무역선·외국무역기 또는 국경출입차량에 다음 각 목의 어느 하나에 해당하는 물품 등을 공급하는 것을 업으로 하는 자
   가. 선용품
   나. 기용품
   다. 차량용품
   라. 선박·항공기 또는 철도차량 안에서 판매할 물품
   마. 용역
5. 개항 안에 있는 보세구역에서 물품이나 용역을 제공하는 것을 업으로 하는 자

6. 외국무역선·외국무역기 또는 국경출입차량을 이용하여 상업서류나 그 밖의 견본품 등을 송달하는 것을 업으로 하는 자

② 제1항에 따른 등록의 기준·절차 등에 관하여 필요한 사항은 대통령령으로 정한다.

③ 관세청장이나 세관장은 필요하다고 인정할 때는 보세운송업자등에게 그 영업에 관하여 보고를 하게 하거나 장부 또는 그 밖의 서류를 제출하도록 명할 수 있다.

④ 관세청장이나 세관장은 화물운송주선업자에게 제225조제2항에 따라 해당 업무에 관하여 보고하게 할 수 있다.

⑤ 제1항에 따른 등록의 유효기간은 3년으로 하되, 대통령령으로 정하는 바에 따라 갱신할 수 있다.

제223조(보세운송업자등의 등록요건) 보세운송업자등은 다음 각 호의 요건을 갖춘 자이어야 한다.

1. 제175조 각 호의 어느 하나에 해당하지 아니할 것
2. 「항만운송사업법」 등 관련 법령에 따른 면허·허가·지정 등을 받거나 등록을 하였을 것
3. 관세 및 국세의 체납이 없을 것
4. 보세운송업자등의 등록이 취소(제175조제1호부터 제3호까지의 어느 하나에 해당하여 등록이 취소된 경우는 제외한다)된 후 2년이 지났을 것

제223조의2(보세운송업자등의 명의대여 등의 금지) 보세운송업자등은 다른 사람에게 자신의 성명·상호를 사용하여 보세운송업자등의 업무를 하게 하거나 그 등록증을 빌려주어서는 아니 된다.

제224조(보세운송업자등의 행정제재) ① 세관장은 보세운송업자등이 다음 각 호의 어느 하나에 해당하는 경우에는 등록의 취소, 6개월의 범위에서의 업무정지 또는 그 밖에 필요한 조치를 할 수 있다. 다만, 제1호 및 제2호에 해당하는 경우에는 등록을 취소하여야 한다.

1. 거짓이나 그 밖의 부정한 방법으로 등록을 한 경우

2. 제175조 각 호의 어느 하나에 해당하는 경우
3. 「항만운송사업법」 등 관련 법령에 따라 면허·허가·지정·등록 등이 취소되거나 사업정지처분을 받은 경우
4. 보세운송업자등(그 임직원 및 사용인을 포함한다)이 보세운송업자등의 업무와 관련하여 이 법이나 이 법에 따른 명령을 위반한 경우

4의2. 제223조의2를 위반한 경우

5. 보세운송업자등(그 임직원 및 사용인을 포함한다)이 보세운송업자등의 업무와 관련하여 「조세범 처벌법」 제4조제4항에 따른 과태료를 부과받은 경우

② 세관장은 제1항에 따른 업무정지가 그 이용자에게 심한 불편을 주거나 공익을 해칠 우려가 있을 경우에는 보세운송업자등에게 업무정지처분을 갈음하여 해당 업무 유지에 따른 매출액의 100분의 3 이하의 과징금을 부과할 수 있다. 이 경우 매출액 산정, 과징금의 금액 및 과징금의 납부기한 등에 관하여 필요한 사항은 대통령령으로 정한다.

③ 제2항에 따른 과징금을 납부하여야 할 자가 납부기한까지 납부하지 아니한 경우 과징금의 징수에 관하여는 제26조를 준용한다.

제225조(보세화물 취급 선박회사 등의 신고 및 보고) ① 보세화물을 취급하는 선박회사 또는 항공사(그 업무를 대행하는 자를 포함한다. 이하 같다)는 대통령령으로 정하는 바에 따라 세관장에게 신고하여야 한다. 신고인의 주소 등 대통령령으로 정하는 중요한 사항을 변경한 때에도 또한 같다.

② 세관장은 통관의 신속을 기하고 보세화물의 관리절차를 간소화하기 위하여 필요하다고 인정할 때에는 대통령령으로 정하는 바에 따라 제1항에 따른 선박회사 또는 항공사로 하여금 해당 업무에 관하여 보고하게 할 수 있다.

③ 삭제

제9장 통관

제1절 통칙

제1관 통관요건

제226조(허가·승인 등의 증명 및 확인) ① 수출입을 할 때 법령에서 정하는 바에 따라 허가·승인·표시 또는 그 밖의 조건을 갖출 필요가 있는 물품은 세관장에게 그 허가·승인·표시 또는 그 밖의 조건을 갖춘 것임을 증명하여야 한다.

② 통관을 할 때 제1항의 구비조건에 대한 세관장의 확인이 필요한 수출입물품에 대하여는 다른 법령에도 불구하고 그 물품과 확인방법, 확인절차, 그 밖에 필요한 사항을 대통령령으로 정하는 바에 따라 미리 공고하여야 한다.

③ 제1항에 따른 증명에 관하여는 제245조제2항을 준용한다.

제227조(의무 이행의 요구) ① 세관장은 다른 법령에 따라 수입 후 특정한 용도로 사용하여야 하는 등의 의무가 부가되어 있는 물품에 대하여는 문서로써 해당 의무를 이행할 것을 요구할 수 있다.

② 제1항에 따라 의무의 이행을 요구받은 자는 대통령령으로 정하는 특별한 사유가 없으면 해당 물품에 대하여 부가된 의무를 이행하여야 한다.

제228조(통관표지) 세관장은 관세 보전을 위하여 필요하다고 인정할 때에는 대통령령으로 정하는 바에 따라 수입하는 물품에 통관표지를 첨부할 것을 명할 수 있다.

제2관 원산지의 확인 등

제229조(원산지 확인 기준) ① 이 법, 조약, 협정 등에 따른 관세의 부과·징수, 수출입물품의 통관, 제233조제3항의 확인요청에 따른 조사 등을 위하여 원산지를 확인할 때에는 다음 각 호의 어느 하나에 해당하는 나라를 원산지로 한다.

1. 해당 물품의 전부를 생산·가공·제조한 나라
2. 해당 물품이 2개국 이상에 걸쳐 생산·가공 또는 제조된 경우에는 그 물품의 본질적 특성을 부여하기에 충분한 정도의 실질적인 생산·가공·제조 과정이 최종적으로 수행된 나라

② 제1항 각 호를 적용할 물품의 범위, 구체적 확인 기준 등에 관하여 필요한 사항은 기획재정부령으로 정한다.

③ 제1항과 제2항에도 불구하고 조약·협정 등의 시행을 위하여 원산지 확인 기준 등을 따로 정할 필요가 있을 때에는 기획재정부령으로 원산지 확인 기준 등을 따로 정한다.

제230조(원산지 허위표시물품 등의 통관 제한) 세관장은 법령에 따라 원산지를 표시하여야 하는 물품이 다음 각 호의 어느 하나에 해당하는 경우에는 해당 물품의 통관을 허용하여서는 아니 된다. 다만, 그 위반사항이 경미한 경우에는 이를 보완·정정하도록 한 후 통관을 허용할 수 있다.

1. 원산지 표시가 법령에서 정하는 기준과 방법에 부합되지 아니하게 표시된 경우
2. 원산지 표시가 부정한 방법으로 사실과 다르게 표시된 경우
3. 원산지 표시가 되어 있지 아니한 경우

제230조의2(품질등 허위·오인 표시물품의 통관 제한) 세관장은 물품의 품질, 내용, 제조 방법, 용도, 수량(이하 이 조에서 "품질등"이라 한다)을 사실과 다르게 표시한 물품 또는 품질등을 오인(誤認)할 수 있도록 표시하거나 오인할 수 있는 표지를 부착한 물품으로서 「부정경쟁방지 및 영업비밀보호에 관한 법률」, 「식품위생법」, 「산업표준화법」 등 품질등의 표시에 관한 법령을 위반한 물품에 대하여는 통관을 허용하여서는 아니 된다.

제231조(환적물품 등에 대한 유치 등) ① 세관장은 제141조에 따라 일시적으로 육지에 내려지거나 다른 운송수단으로 환적 또는 복합환적되는 외국물품 중 원산지를 우리나라로 허위 표시한 물품은 유치할 수 있다. ② 제1항에 따라 유치하는 외국물품은 세관장이 관리하는 장소에 보관하여야 한다. 다만, 세관장이 필요하다고 인정할 때에는 그러하지 아니하다.

③ 세관장은 제1항에 따라 외국물품을 유치할 때에는 그 사실을 그 물품의 화주나 그 위임을 받은 자에게 통지하여야 한다.

④ 세관장은 제3항에 따른 통지를 할 때에는 이행기간을 정하여 원산지 표시의 수정 등 필요한 조치를 명할 수 있다. 이 경우 지정한 이행기간 내에 명령을 이행하지 아니하면 매각한다는 뜻을 함께 통지하여야 한다.

⑤ 세관장은 제4항 전단에 따른 명령이 이행된 경우에는 제1항에 따른 물품의 유치를 즉시 해제하여야 한다.

⑥ 세관장은 제4항 전단에 따른 명령이 이행되지 아니한 경우에는 이를 매각할 수 있다. 이 경우 매각 방법 및 절차에 관하여는 제160조제4항부터 제6항까지 및 제210조를 준용한다.

제232조(원산지증명서 등) ① 이 법, 조약, 협정 등에 따라 원산지 확인이 필요한 물품을 수입하는 자는 해당 물품의 원산지를 증명하는 서류(이하 "원산지증명서"라 한다)를 제출하여야 한다. 다만, 대통령령으로 정하는 물품의 경우에는 그러하지 아니하다.

② 세관장은 제1항에 따라 원산지 확인이 필요한 물품을 수입하는 자가 원산지증명서를 제출하지 아니하는 경우에는 이 법, 조약, 협정 등에 따른 관세율을 적용할 때 일반특혜관세·국제협력관세 또는 편익관세를 배제하는 등 관세의 편익을 적용하지 아니할 수 있다.

③ 세관장은 원산지 확인이 필요한 물품을 수입한 자로 하여금 제1항에 따라 제출받은 원산지증명서의 내용을 확인하기 위하여 필요한 자료(이하 "원산지증명서확인자료"라 한다)를 제출하게 할 수 있다. 이 경우 원산지 확인이 필요한 물품을 수입한 자가 정당한 사유 없이 원산지증명서확인자료를 제출하지 아니할 때에는 세관장은 수입신고 시 제출받은 원산지증명서의 내용을 인정하지 아니할 수 있다.

④ 세관장은 제3항에 따라 원산지증명서확인자료를 제출한 자가 정당한 사유를 제시하여 그 자료를 공개하지 아니할 것을 요청한 경우에는 그 제출인의 명시적 동의 없이는 해당 자료를 공개하여서는 아니 된다.

⑤ 제1항부터 제4항까지의 규정에도 불구하고 조약·협정 등의 시행을 위하여 원산지증명서 제출 등에 관한 사항을 따로 정할 필요가 있을 때에는 기획재정부령으로 정한다.

제232조의2(원산지증명서의 발급 등) ① 이 법, 조약, 협정 등에 따라 관세를 양허받을 수 있는 물품의 수출자가 원산지증명서의 발급을 요청하는 경우에는 세관장이나 그 밖에 원산지증명서를 발급할 권한이 있는 기관은 그 수출자에게 원산지증명서를 발급하여야 한다.

② 세관장은 제1항에 따라 발급된 원산지증명서의 내용을 확인하기 위하여 필요하다고 인정되는 경우에는 다음 각 호의 자로 하여금 원산지증명서확인자료(대통령령으로 정하는 자료로 한정한다)를 제출하게 할 수 있다. 이 경우 자료의 제출기간은 20일 이상으로서 기획재정부령으로 정하는 기간 이내로 한다.

1. 원산지증명서를 발급받은 자
2. 원산지증명서를 발급한 자
3. 그 밖에 대통령령으로 정하는 자

제233조(원산지증명서 등의 확인요청 및 조사) ① 세관장은 원산지증명서를 발급한 국가의 세관이나 그 밖에 발급권한이 있는 기관(이하 이 조에서 "외국세관등"이라 한다)에 제232조제1항 및 제3항에 따라 제출된 원산지증명서 및 원산지증명서확인자료의 진위 여부, 정확성 등의 확인을 요청할 수 있다. 이 경우 세관장의 확인요청은 해당 물품의 수입신고가 수리된 이후에 하여야 하며, 세관장은 확인을 요청한 사실 및 회신 내용과 그에 따른 결정 내용을 수입자에게 통보하여야 한다. <개정 2013.1.1., 2014.1.1.>

② 제1항에 따라 세관장이 확인을 요청한 사항에 대하여 조약 또는 협정에서 다르게 규정한 경우를 제외하고 다음 각 호의 어느 하나에 해당하는 경우에는 일반특혜관세·국제협력관세 또는 편익관세를 적용하지 아니할 수 있다. 이 경우 세관장은 제38조의3제4항 및 제39조제2항에 따라 납부하여야 할 세액 또는 납부하여야 할 세액과 납부한 세액의 차액을 부과·징수하여야 한다.

1. 외국세관등이 기획재정부령으로 정한 기간 이내에 그 결과를 회신하지 아니한 경우
2. 세관장에게 신고한 원산지가 실제 원산지와 다른 것으로 확인된 경우
3. 외국세관등의 회신내용에 제229조에 따른 원산지증명서 및 원산지증명서확인자료를 확인하는 데 필요한 정보가 포함되지 아니한 경우

③ 세관장은 제232조의2에 따라 원산지증명서가 발급된 물품을 수입하는 국가의 권한 있는 기관으로부터 원산지증명서 및 원산지증명서확인자료의 진위 여부, 정확성 등의 확인을 요청받은 경우 등 필요하다고 인정되는 경우에는 제232조의2제2항 각 호의 어느 하나에 해당하는 자를 대상으로 서면조사 또는 현지조사를 할 수 있다.
④ 제1항에 따른 확인요청 및 제3항에 따른 조사에 필요한 사항은 대통령령으로 정한다.
⑤ 제1항부터 제4항까지의 규정에도 불구하고 조약·협정 등의 시행을 위하여 원산지증명서 확인요청 및 조사 등에 관한 사항을 따로 정할 필요가 있을 때에는 기획재정부령으로 정한다.

제233조의2(수출입물품의 원산지정보 수집·분석) ① 관세청장은 이 법과 「자유무역협정의 이행을 위한 관세법의 특례에 관한 법률」 및 조약·협정 등에 따라 수출입물품의 원산지 확인·결정 또는 검증 등의 업무에 필요한 정보를 수집·분석할 수 있다.
② 관세청장은 제1항에 따른 정보를 효율적으로 수집·분석하기 위하여 필요한 경우 대통령령으로 정하는 업무의 일부를 대통령령으로 정하는 법인 또는 단체에 위탁할 수 있다. 이 경우 관세청장은 예산의 범위에서 위탁업무의 수행에 필요한 경비를 지원할 수 있다.
③ 제1항에 따른 수출입물품의 원산지정보 수집·분석을 위하여 필요한 사항은 대통령령으로 정한다.

제233조의3(원산지표시위반단속기관협의회) ① 이 법, 「농수산물의 원산지표시에 관한 법률」 및 「대외무역법」에 따른 원산지표시 위반 단속업무에 필요한 정보교류 등 대통령령으로 정하는 사항을 협의하기 위하여 관세청에 원산지표시위반단속기관협의회를 둔다.
② 제1항에 따른 원산지표시위반단속기관협의회의 구성·운영과 그 밖에 필요한 사항은 대통령령으로 정한다.

제3관 통관의 제한

제234조(수출입의 금지) 다음 각 호의 어느 하나에 해당하는 물품은 수출하거나 수입할 수 없다.

1. 헌법질서를 문란하게 하거나 공공의 안녕질서 또는 풍속을 해치는 서적·간행물·도화, 영화·음반·비디오물·조각물 또는 그 밖에 이에 준하는 물품
2. 정부의 기밀을 누설하거나 첩보활동에 사용되는 물품
3. 화폐·채권이나 그 밖의 유가증권의 위조품·변조품 또는 모조품

제235조(지식재산권 보호) ① 다음 각 호의 어느 하나에 해당하는 지식재산권을 침해하는 물품은 수출하거나 수입할 수 없다.

1. 「상표법」에 따라 설정등록된 상표권
2. 「저작권법」에 따른 저작권과 저작인접권(이하 "저작권등"이라 한다)
3. 「식물신품종 보호법」에 따라 설정등록된 품종보호권
4. 「농산물품질관리법」 또는 「수산물품질관리법」에 따라 등록되거나 조약·협정 등에 따라 보호대상으로 지정된 지리적 표시권 또는 지리적 표시(이하 "지리적 표시권등"이라 한다)
5. 「특허법」에 따라 설정등록된 특허권
6. 「디자인보호법」에 따라 설정등록된 디자인권

② 관세청장은 제1항 각 호에 따른 지식재산권을 침해하는 물품을 효율적으로 단속하기 위하여 필요한 경우에는 해당 지식재산권을 관계 법령에 따라 등록 또는 설정등록한 자 등으로 하여금 해당 지식재산권에 관한 사항을 신고하게 할 수 있다.

③ 세관장은 다음 각 호의 어느 하나에 해당하는 물품이 제2항에 따라 신고된 지식재산권을 침해하였다고 인정될 때에는 그 지식재산권을 신고한 자에게 해당 물품의 수출입, 환적, 복합환적, 보세구역 반입, 보세운송 또는 제141조 제1호에 따른 일시양륙의 신고(이하 이 조에서 "수출입신고등"이라 한다) 사실을 통보하여야 한다. 이 경우 통보를 받은 자는 세관장에게 담보를 제공하고 해당 물품의 통관 보류나 유치를 요청할 수 있다.

1. 수출입신고된 물품
2. 환적 또는 복합환적 신고된 물품

3. 보세구역에 반입신고된 물품
4. 보세운송신고된 물품
5. 제141조제1호에 따라 일시양륙이 신고된 물품

④ 제1항 각 호에 따른 지식재산권을 보호받으려는 자는 세관장에게 담보를 제공하고 해당 물품의 통관 보류나 유치를 요청할 수 있다.

⑤ 제3항 또는 제4항에 따른 요청을 받은 세관장은 특별한 사유가 없으면 해당 물품의 통관을 보류하거나 유치하여야 한다. 다만, 수출입신고등을 한 자가 담보를 제공하고 통관 또는 유치 해제를 요청하는 경우에는 다음 각 호의 물품을 제외하고는 해당 물품의 통관을 허용하거나 유치를 해제할 수 있다.

1. 위조하거나 유사한 상표를 부착하여 제1항제1호에 따른 상표권을 침해하는 물품
2. 불법복제된 물품으로서 저작권등을 침해하는 물품
3. 같거나 유사한 품종명칭을 사용하여 제1항제3호에 따른 품종보호권을 침해하는 물품
4. 위조하거나 유사한 지리적 표시를 사용하여 지리적 표시권등을 침해하는 물품
5. 특허로 설정등록된 발명을 사용하여 제1항제5호에 따른 특허권을 침해하는 물품
6. 같거나 유사한 디자인을 사용하여 제1항제6호에 따른 디자인권을 침해하는 물품

⑥ 제2항부터 제5항까지의 규정에 따른 지식재산권에 관한 신고, 담보 제공, 통관의 보류·허용 및 유치·유치해제 등에 필요한 사항은 대통령령으로 정한다.

⑦ 세관장은 제3항 각 호에 따른 물품이 제1항 각 호의 어느 하나에 해당하는 지식재산권을 침해하였음이 명백한 경우에는 대통령령으로 정하는 바에 따라 직권으로 해당 물품의 통관을 보류하거나 해당 물품을 유치할 수 있다. 이 경우 세관장은 해당 물품의 수출입신고등을 한 자에게 그 사실을 즉시 통보하여야 한다.

제236조(통관물품 및 통관절차의 제한) 관세청장이나 세관장은 감시에 필요하다고 인정될 때에는 통관역·통관장 또는 특정한 세관에서 통관할 수 있는 물품을 제한할 수 있다.

제237조(통관의 보류) 세관장은 다음 각 호의 어느 하나에 해당하는 경우에는 해당 물품의 통관을 보류할 수 있다.

1. 제241조 또는 제244조에 따른 수출·수입 또는 반송에 관한 신고서의 기재사항에 보완이 필요한 경우
2. 제245조에 따른 제출서류 등이 갖추어지지 아니하여 보완이 필요한 경우
3. 이 법에 따른 의무사항을 위반하거나 국민보건 등을 해칠 우려가 있는 경우
4. 그 밖에 이 법에 따라 필요한 사항을 확인할 필요가 있다고 인정하여 관세청장이 정하는 경우

제238조(보세구역 반입명령) ① 관세청장이나 세관장은 다음 각 호의 어느 하나에 해당하는 물품으로서 이 법에 따른 의무사항을 위반하거나 국민보건 등을 해칠 우려가 있는 물품은 대통령령으로 정하는 바에 따라 이를 보세구역으로 반입할 것을 명할 수 있다.

1. 수출신고가 수리되어 외국으로 반출되기 전에 있는 물품
2. 수입신고가 수리되어 반출된 물품

② 제1항에 따른 반입명령을 받은 자는 해당 물품을 지정받은 보세구역으로 반입하여야 한다.

제4관 통관의 예외 적용

제239조(수입으로 보지 아니하는 소비 또는 사용) 외국물품의 소비나 사용이 다음 각 호의 어느 하나에 해당하는 경우에는 이를 수입으로 보지 아니한다.

1. 선용품·기용품 또는 차량용품을 운송수단 안에서 그 용도에 따라 소비하거나 사용하는 경우
2. 선용품·기용품 또는 차량용품을 관세청장이 정하는 지정보세구역에서 「출입국관리법」에 따라 출국심사를 마치거나 우리나라에 입국하지 아니하고 우리나라를 경유하여 제3국으로 출발하려는 자에게 제공하여 그 용도에 따라 소비하거나 사용하는 경우
3. 여행자가 휴대품을 운송수단 또는 관세통로에서 소비하거나 사용하는 경우
4. 이 법에서 인정하는 바에 따라 소비하거나 사용하는 경우

제240조(수출입의 의제) ① 다음 각 호의 어느 하나에 해당하는 외국물품은 이 법에 따라 적법하게 수입된 것으로 보고 관세 등을 따로 징수하지 아니한다.

1. 체신관서가 수취인에게 내준 우편물
2. 이 법에 따라 매각된 물품
3. 이 법에 따라 몰수된 물품
4. 제269조, 제272조, 제273조 또는 제274조제1항제1호에 해당하여 이 법에 따른 통고처분으로 납부된 물품
5. 법령에 따라 국고에 귀속된 물품
6. 제282조제3항에 따라 몰수를 갈음하여 추징된 물품

② 체신관서가 외국으로 발송한 우편물은 이 법에 따라 적법하게 수출되거나 반송된 것으로 본다.

제5관 통관 후 유통이력 관리

제240조의2(통관 후 유통이력 신고) ① 외국물품을 수입하는 자와 수입물품을 국내에서 거래하는 자(소비자에 대한 판매를 주된 영업으로 하는 사업자는 제외한다)는 사회안전 또는 국민보건을 해칠 우려가 현저한 물품 등으로서 관세청장이 지정하는 물품(이하 "유통이력 신고물품"이라 한다)에 대한 유통단계별 거래명세(이하 "유통이력"이라 한다)를 관세청장에게 신고하여야 한다.

② 제1항에 따라 유통이력 신고의 의무가 있는 자(이하 "유통이력 신고의무자"라 한다)는 유통이력을 장부에 기록(전자적 기록방식을 포함한다)하고, 그 자료를 거래일부터 1년간 보관하여야 한다.

③ 관세청장은 유통이력 신고물품을 지정할 때 미리 관계 행정기관의 장과 협의하여야 한다.

④ 관세청장은 유통이력 신고물품의 지정, 신고의무 존속기한 및 신고대상 범위 설정 등을 할 때 수입물품을 내국물품에 비하여 부당하게 차별하여서는 아니 되며, 이를 이행하는 유통이력 신고의무자의 부담이 최소화되도록 하여야 한다.

⑤ 유통이력 신고물품별 신고의무 존속기한, 유통이력의 범위, 신고절차, 그 밖에 유통이력 신고에 필요한 사항은 관세청장이 정한다.

제240조의3(유통이력 조사) ① 관세청장은 제240조의2를 시행하기 위하여 필요하다고 인정할 때에는 세관공무원으로 하여금 유통이력 신고의무자의 사업장에 출입하여 영업 관계의 장부나 서류를 열람하여 조사하게 할 수 있다.

② 유통이력 신고의무자는 정당한 사유 없이 제1항에 따른 조사를 거부·방해 또는 기피하여서는 아니 된다.

③ 제1항에 따라 조사를 하는 세관공무원은 신분을 확인할 수 있는 증표를 지니고 이를 관계인에게 보여 주어야 한다.

제6관 통관절차 등의 국제협력

제240조의4(무역원활화 기본계획의 수립 및 시행) ① 기획재정부장관은 「세계무역기구 설립을 위한 마라케쉬협정」에 따라 이 법 및 관련법에서 정한 통관 등 수출입 절차의 원활화 및 이와 관련된 국제협력의 원활화(이하 "무역원활화"라 한다)를 촉진하기 위하여 다음 각 호의 사항이 포함된 무역원활화 기본계획(이하 "기본계획"이라 한다)을 수립·시행하여야 한다.

1. 무역원활화 정책의 기본 방향에 관한 사항
2. 무역원활화 기반 시설의 구축과 운영에 관한 사항
3. 무역원활화의 환경조성에 관한 사항
4. 무역원활화와 관련된 국제협력에 관한 사항
5. 무역원활화와 관련된 통계자료의 수집·분석 및 활용방안에 관한 사항
6. 무역원활화 촉진을 위한 재원 확보 및 배분에 관한 사항
7. 그 밖에 무역원활화를 촉진하기 위하여 필요한 사항

② 기획재정부장관은 기본계획을 시행하기 위하여 대통령령으로 정하는 바에 따라 무역원활화에 관한 업무를 수행하는 기관 또는 단체에 필요한 지원을 할 수 있다.

제240조의5(상호주의에 따른 통관절차 간소화) 국제무역 및 교류를 증진하고 국가 간의 협력을 촉진하기 위하여 우리나라에 대하여 통관절차의 편익을 제공하는 국가에서 수입되는 물품에 대하여는 상호 조건에 따라 대통령령으로 정하는 바에 따라 간이한 통관절차를 적용할 수 있다.

제240조의6(국가 간 세관정보의 상호 교환 등) ① 관세청장은 물품의 신속한 통관과 이 법을 위반한 물품의 반입을 방지하기 위하여 세계관세기구에서 정하는 수출입 신고항목 및 화물식별번호를 발급하거나 사용하게 할 수 있다.

② 관세청장은 세계관세기구에서 정하는 수출입 신고항목 및 화물식별번호 정보를 다른 국가와 상호 조건에 따라 교환할 수 있다.

③ 관세청장은 관세의 부과와 징수, 과세 불복에 대한 심리 및 형사소추를 위하여 수출입신고자료 등 대통령령으로 정하는 사항을 대한민국 정부가 다른 국가와 관세행정에 관한 협력 및 상호지원에 관하여 체결한 협정과 국제기구와 체결한 국제협약에 따라 다른 법률에 저촉되지 아니하는 범위에서 다른 국가와 교환할 수 있다.

④ 제3항에도 불구하고 관세청장은 상호주의 원칙에 따라 상대국에 수출입신고자료 등을 제공하는 것을 제한할 수 있다.

⑤ 관세청장은 제3항에 따라 다른 국가와 수출입신고자료 등을 교환하는 경우 대통령령으로 정하는 바에 따라 이를 신고인 또는 그 대리인에게 통지하여야 한다.

제2절 수출·수입 및 반송

제1관 신고

제241조(수출·수입 또는 반송의 신고) ① 물품을 수출·수입 또는 반송하려면 해당 물품의 품명·규격·수량 및 가격과 그 밖에 대통령령으로 정하는 사항을 세관장에게 신고하여야 한다.

② 다음 각 호의 어느 하나에 해당하는 물품은 대통령령으로 정하는 바에 따라 제1항에 따른 신고를 생략하게 하거나 관세청장이 정하는 간소한 방법으로 신고하게 할 수 있다. <개정 2014.12.23.>

1. 휴대품·탁송품 또는 별송품
2. 우편물
3. 제91조부터 제94조까지, 제96조제1항 및 제97조제1항에 따라 관세가 면제되는 물품

4. 국제운송을 위한 컨테이너(별표 관세율표 중 기본세율이 무세인 것으로 한정한다)

③ 수입하거나 반송하려는 물품을 지정장치장 또는 보세창고에 반입하거나 보세구역이 아닌 장소에 장치한 자는 그 반입일 또는 장치일부터 30일 이내(제243조제1항에 해당하는 물품은 관세청장이 정하는 바에 따라 반송신고를 할 수 있는 날부터 30일 이내)에 제1항에 따른 신고를 하여야 한다.

④ 세관장은 대통령령으로 정하는 물품을 수입하거나 반송하는 자가 제3항에 따른 기간 내에 수입 또는 반송의 신고를 하지 아니한 경우에는 해당 물품 과세가격의 100분의 2에 상당하는 금액의 범위에서 대통령령으로 정하는 금액을 가산세로 징수한다.

⑤ 세관장은 다음 각 호의 어느 하나에 해당하는 경우에는 해당 물품에 대하여 납부할 세액(관세 및 내국세를 포함한다)의 100분의 20(제1호의 경우에는 100분의 40으로 하되, 반복적으로 자진신고를 하지 아니하는 경우 등 대통령령으로 정하는 사유에 해당하는 경우에는 100분의 60)에 상당하는 금액을 가산세로 징수한다.

1. 여행자나 승무원이 제2항제1호에 해당하는 휴대품(제96조제1항제1호 및 제3호에 해당하는 물품은 제외한다)을 신고하지 아니하여 과세하는 경우
2. 우리나라로 거주를 이전하기 위하여 입국하는 자가 입국할 때에 수입하는 이사물품(제96조제1항제2호에 해당하는 물품은 제외한다)을 신고하지 아니하여 과세하는 경우

⑥ 제3항에도 불구하고 전기·유류 등 대통령령으로 정하는 물품을 그 물품의 특성으로 인하여 전선이나 배관 등 대통령령으로 정하는 시설 또는 장치 등을 이용하여 수출·수입 또는 반송하는 자는 1개월을 단위로 하여 해당 물품에 대한 제1항의 사항을 대통령령으로 정하는 바에 따라 다음 달 10일까지 신고하여야 한다. 이 경우 기간 내에 수출·수입 또는 반송의 신고를 하지 아니하는 경우의 가산세 징수에 관하여는 제4항을 준용한다.

제242조(수출·수입·반송 등의 신고인) 제241조, 제244조 또는 제253조에 따른 신고는 화주 또는 관세사 등의 명의로 하여야 한다. 다만, 수출신고의 경우에는 화주에게 해당 수출물품을 제조하여 공급한 자의 명의로 할 수 있다.

제243조(신고의 요건) ① 제206조제1항제1호의 물품 중 관세청장이 정하는 물품은 관세청장이 정하는 바에 따라 반송방법을 제한할 수 있다.

② 제241조제1항에 따른 수입의 신고는 해당 물품을 적재한 선박이나 항공기가 입항된 후에만 할 수 있다.

③ 제241조제1항에 따른 반송의 신고는 해당 물품이 이 법에 따른 장치 장소에 있는 경우에만 할 수 있다.

제244조(입항전수입신고) ① 수입하려는 물품의 신속한 통관이 필요할 때에는 제243조제2항에도 불구하고 대통령령으로 정하는 바에 따라 해당 물품을 적재한 선박이나 항공기가 입항하기 전에 수입신고를 할 수 있다. 이 경우 입항전수입신고가 된 물품은 우리나라에 도착한 것으로 본다.

② 세관장은 입항전수입신고를 한 물품에 대하여 제246조에 따른 물품검사의 실시를 결정하였을 때에는 수입신고를 한 자에게 이를 통보하여야 한다.

③ 제2항에 따라 검사대상으로 결정된 물품은 수입신고를 한 세관의 관할 보세구역(보세구역이 아닌 장소에 장치하는 경우 그 장소를 포함한다)에 반입되어야 한다. 다만, 세관장이 적재상태에서 검사가 가능하다고 인정하는 물품은 해당 물품을 적재한 선박이나 항공기에서 검사할 수 있다.

④ 제2항에 따라 검사대상으로 결정되지 아니한 물품은 입항 전에 그 수입신고를 수리할 수 있다.

⑤ 입항전수입신고가 수리되고 보세구역 등으로부터 반출되지 아니한 물품에 대하여는 해당 물품이 지정보세구역에 장치되었는지 여부에 관계없이 제106조제4항을 준용한다.

⑥ 입항전수입신고된 물품의 통관절차 등에 관하여 필요한 사항은 관세청장이 정한다.

제245조(신고 시의 제출서류) ① 제241조 또는 제244조에 따른 수출·수입 또는 반송의 신고를 하는 자는 과세가격결정자료 외에 대통령령으로 정하는 서류를 제출하여야 한다. <개정 2013.8.13.>

② 제1항에 따라 서류를 제출하여야 하는 자가 해당 서류를 관세사 등에게 제출하고, 관세사 등이 해당 서류를 확인한 후 제241조 또는 제244조에 따른 수

출·수입 또는 반송에 관한 신고를 할 때에는 해당 서류의 제출을 생략하게 하거나 해당 서류를 수입신고 수리 후에 제출하게 할 수 있다.

③ 제2항에 따라 서류의 제출을 생략하게 하거나 수입신고 수리 후에 서류를 제출하게 하는 경우 세관장이 필요하다고 인정하여 신고인에게 관세청장이 정하는 장부나 그 밖의 관계 자료의 제시 또는 제출을 요청하면 신고인은 이에 따라야 한다.

제2관 물품의 검사

제246조(물품의 검사) ① 세관공무원은 수출·수입 또는 반송하려는 물품에 대하여 검사를 할 수 있다.

② 관세청장은 검사의 효율을 거두기 위하여 검사대상, 검사범위, 검사방법 등에 관하여 필요한 기준을 정할 수 있다.

③ 화주는 수입신고를 하려는 물품에 대하여 수입신고 전에 관세청장이 정하는 바에 따라 확인을 할 수 있다.

제247조(검사 장소) ① 제186조제1항 또는 제246조에 따른 검사는 제155조제1항에 따라 장치할 수 있는 장소에서 한다. 다만, 수출하려는 물품은 해당 물품이 장치되어 있는 장소에서 검사한다.

② 제1항에도 불구하고 세관장은 효율적인 검사를 위하여 부득이하다고 인정될 때에는 관세청장이 정하는 바에 따라 해당 물품을 보세구역에 반입하게 한 후 검사할 수 있다.

③ 제1항에 따른 검사 장소가 지정장치장이나 세관검사장이 아닌 경우 신고인은 기획재정부령으로 정하는 바에 따라 수수료를 납부하여야 한다. 다만, 보세창고의 경우 신고인이 운영인과 다른 경우에는 수수료를 납부하지 아니한다.

제3관 신고의 처리

제248조(신고의 수리) ① 세관장은 제241조 또는 제244조에 따른 신고가 이 법에 따라 적합하게 이루어졌을 때에는 이를 지체 없이 수리하고 신고인에게 신

고필증을 발급하여야 한다. 다만, 제327조제2항에 따라 국가관세종합정보망의 전산처리설비를 이용하여 신고를 수리하는 경우에는 관세청장이 정하는 바에 따라 신고인이 직접 전산처리설비를 이용하여 신고필증을 발급받을 수 있다.

② 세관장은 관세를 납부하여야 하는 물품에 대하여는 제241조 또는 제244조에 따른 신고를 수리할 때에 다음 각 호의 어느 하나에 해당하는 자에게 관세에 상당하는 담보의 제공을 요구할 수 있다.

1. 이 법 또는 「수출용원재료에 대한 관세 등 환급에 관한 특례법」 제23조를 위반하여 징역형의 실형을 선고받고 그 집행이 끝나거나(집행이 끝난 것으로 보는 경우를 포함한다) 면제된 후 2년이 지나지 아니한 자
2. 이 법 또는 「수출용원재료에 대한 관세 등 환급에 관한 특례법」 제23조를 위반하여 징역형의 집행유예를 선고받고 그 유예기간 중에 있는 자
3. 제269조부터 제271조까지, 제274조, 제275조의2, 제275조의3 또는 「수출용원재료에 대한 관세 등 환급에 관한 특례법」 제23조에 따라 벌금형 또는 통고처분을 받은 자로서 그 벌금형을 선고받거나 통고처분을 이행한 후 2년이 지나지 아니한 자
4. 제241조 또는 제244조에 따른 수입신고일을 기준으로 최근 2년간 관세 등 조세를 체납한 사실이 있는 자
5. 수입실적, 수입물품의 관세율 등을 고려하여 대통령령으로 정하는 관세채권의 확보가 곤란한 경우에 해당하는 자

③ 제1항에 따른 신고수리 전에는 운송수단, 관세통로, 하역통로 또는 이 법에 따른 장치 장소로부터 신고된 물품을 반출하여서는 아니 된다.

제249조(신고사항의 보완) 세관장은 다음 각 호의 어느 하나에 해당하는 경우에는 제241조 또는 제244조에 따른 신고가 수리되기 전까지 갖추어지지 아니한 사항을 보완하게 할 수 있다. 다만, 해당 사항이 경미하고 신고수리 후에 보완이 가능하다고 인정되는 경우에는 관세청장이 정하는 바에 따라 신고수리 후 이를 보완하게 할 수 있다.

1. 제241조 또는 제244조에 따른 수출·수입 또는 반송에 관한 신고서의 기재사항이 갖추어지지 아니한 경우
2. 제245조에 따른 제출서류가 갖추어지지 아니한 경우

제250조(신고의 취하 및 각하) ① 신고는 정당한 이유가 있는 경우에만 세관장의 승인을 받아 취하할 수 있다. 다만, 수입 및 반송의 신고는 운송수단, 관세통로, 하역통로 또는 이 법에 규정된 장치 장소에서 물품을 반출한 후에는 취하할 수 없다.

② 수출·수입 또는 반송의 신고를 수리한 후 제1항에 따라 신고의 취하를 승인한 때에는 신고수리의 효력이 상실된다.

③ 세관장은 제241조 및 제244조의 신고가 그 요건을 갖추지 못하였거나 부정한 방법으로 신고되었을 때에는 해당 수출·수입 또는 반송의 신고를 각하할 수 있다.

제251조(수출신고수리물품의 적재 등) ① 수출신고가 수리된 물품은 수출신고가 수리된 날부터 30일 이내에 운송수단에 적재하여야 한다. 다만, 기획재정부령으로 정하는 바에 따라 1년의 범위에서 적재기간의 연장승인을 받은 것은 그러하지 아니하다.

② 세관장은 제1항에 따른 기간 내에 적재되지 아니한 물품에 대하여는 대통령령으로 정하는 바에 따라 수출신고의 수리를 취소할 수 있다.

제4관 통관절차의 특례

제252조(수입신고수리전 반출) 수입신고를 한 물품을 제248조에 따른 세관장의 수리 전에 해당 물품이 장치된 장소로부터 반출하려는 자는 납부하여야 할 관세에 상당하는 담보를 제공하고 세관장의 승인을 받아야 한다. 다만, 정부 또는 지방자치단체가 수입하거나 담보를 제공하지 아니하여도 관세의 납부에 지장이 없다고 인정하여 대통령령으로 정하는 물품에 대하여는 담보의 제공을 생략할 수 있다.

제253조(수입신고전의 물품 반출) ① 수입하려는 물품을 수입신고 전에 운송수단, 관세통로, 하역통로 또는 이 법에 따른 장치 장소로부터 즉시 반출하려는 자는 대통령령으로 정하는 바에 따라 세관장에게 즉시반출신고를 하여야 한다. 이 경우 세관장은 납부하여야 하는 관세에 상당하는 담보를 제공하게 할 수 있다.

② 제1항에 따른 즉시반출을 할 수 있는 자 또는 물품은 대통령령으로 정하는 바에 따라 세관장이 지정한다.

③ 제1항에 따른 즉시반출신고를 하고 반출을 하는 자는 즉시반출신고를 한 날부터 10일 이내에 제241조에 따른 수입신고를 하여야 한다.

④ 세관장은 제1항에 따라 반출을 한 자가 제3항에 따른 기간 내에 수입신고를 하지 아니하는 경우에는 관세를 부과·징수한다. 이 경우 해당 물품에 대한 관세의 100분의 20에 상당하는 금액을 가산세로 징수하고, 제2항에 따른 지정을 취소할 수 있다.

제254조(전자상거래물품 등의 특별통관) 관세청장은 전자문서로 거래되는 수출입물품에 대하여 대통령령으로 정하는 바에 따라 수출입신고·물품검사 등 통관에 필요한 사항을 따로 정할 수 있다.

제254조의2(탁송품의 특별통관) ① 제241조제2항제1호의 탁송품으로서 기획재정부령으로 정하는 금액 이하의 물품은 운송업자(제222조제1항제6호에 따라 관세청장 또는 세관장에게 등록한 자를 말한다. 이하 “탁송품 운송업자”라 한다)가 다음 각 호에 해당하는 사항이 적힌 목록(이하 “통관목록”이라 한다)을 세관장에게 제출함으로써 제241조제1항에 따른 수입신고를 생략할 수 있다.

1. 물품의 송하인 및 수하인의 성명, 주소, 국가
2. 물품의 품명, 수량, 중량 및 가격
3. 탁송품의 통관목록에 관한 것으로 기획재정부령으로 정하는 사항

② 탁송품 운송업자는 통관목록을 사실과 다르게 제출하여서는 아니 된다.

③ 탁송품 운송업자는 제1항에 따라 제출한 통관목록에 적힌 수하인의 주소지가 아닌 곳에 탁송품을 배송하거나 배송하게 한 경우(「우편법」 제31조 단서에 해당하는 경우는 제외한다)에는 배송한 날이 속하는 달의 다음달 15일까지 실제 배송한 주소지를 세관장에게 제출하여야 한다.

④ 세관장은 탁송품 운송업자가 제2항 또는 제3항을 위반하거나 이 법에 따라 통관이 제한되는 물품을 국내에 반입하는 경우에는 제1항에 따른 통관절차의 적용을 배제할 수 있다.

⑤ 관세청장 또는 세관장은 탁송품에 대하여 세관공무원으로 하여금 검사하

게 하여야 하며, 탁송품의 통관목록의 제출시한, 실제 배송지의 제출, 물품의 검사 등에 필요한 사항은 관세청장이 정하여 고시한다.

⑥ 세관장은 관세청장이 정하는 절차에 따라 별도로 정한 지정장치장에서 탁송품을 통관하여야 한다. 다만, 세관장은 탁송품에 대한 감시·단속에 지장이 없다고 인정하는 경우 탁송품을 해당 탁송품 운송업자가 운영하는 보세창고 또는 시설(「자유무역지역의 지정 및 운영에 관한 법률」 제11조에 따라 입주허가를 받아 입주한 업체가 해당 자유무역지역에서 운영하는 시설에 한정한다)에서 통관할 수 있다.

⑦ 제6항 단서에 따라 탁송품 운송업자가 운영하는 보세창고 또는 시설에서 통관하는 경우 그에 필요한 탁송품 검사설비 기준, 설비이용 절차, 설비이용 유효기간 등에 관하여 필요한 사항은 대통령령으로 정한다.

제255조 삭제

제255조의2(수출입 안전관리 우수 공인업체 등) ① 관세청장은 수출입물품의 제조·운송·보관 또는 통관 등 무역과 관련된 자가 시설, 서류 관리, 직원 교육 등에서 이 법 또는 「자유무역협정의 이행을 위한 관세법의 특례에 관한 법률」 등 수출입에 관련된 법령에 따른 의무 또는 절차와 재무 건전성 등 대통령령으로 정하는 안전관리 기준을 충족하는 경우 수출입 안전관리 우수업체로 공인할 수 있다.

② 관세청장은 제1항에 따라 수출입 안전관리 우수업체로 공인받으려고 심사를 요청한 자에 대하여 대통령령으로 정하는 절차에 따라 심사하여야 한다. 이 경우 관세청장은 대통령령으로 정하는 기관이나 단체에 안전관리 기준 충족 여부를 심사하게 할 수 있다.

③ 제1항에 따라 수출입 안전관리 우수업체로 공인된 업체(이하 이 조에서 "수출입 안전관리 우수 공인업체"라 한다)에 대하여는 관세청장이 정하는 바에 따라 통관절차상의 혜택을 제공할 수 있다.

④ 관세청장은 다른 국가의 수출입 안전관리 우수 공인업체에 대하여 상호 조건에 따라 제3항에 따른 통관절차상의 혜택을 제공할 수 있다.

⑤ 관세청장은 수출입 안전관리 우수 공인업체가 다음 각 호의 어느 하나에

해당하는 경우에는 공인을 취소할 수 있다.

1. 제1항에 따른 안전관리 기준을 충족하지 못하게 되는 경우
2. 제2항에 따른 공인 심사요청을 거짓으로 한 경우

⑥ 관세청장은 「중소기업기본법」 제2조에 따른 중소기업 중 수출입물품의 제조·운송·보관 또는 통관 등 무역과 관련된 기업을 대상으로 수출입 안전관리 우수업체로 공인을 받거나 유지하는 데에 필요한 상담·교육 등의 지원사업을 할 수 있다.

⑦ 관세청장은 수출입 안전관리 우수 공인업체로 공인받기 위한 신청 여부에 관계없이 수출입물품의 제조·운송·보관 또는 통관 등 무역과 관련된 자를 대상으로 제1항에 따른 안전관리 기준을 준수하는 정도를 대통령령으로 정하는 절차에 따라 측정·평가하고, 그 결과를 대통령령으로 정하는 바에 따라 해당 업체의 지원 및 관리 등에 활용할 수 있다.

제255조의3 삭제

제3절 우편물

제256조(통관우체국) ① 수출·수입 또는 반송하려는 우편물(서신은 제외한다. 이하 같다)은 통관우체국을 경유하여야 한다.

② 통관우체국은 체신관서 중에서 관세청장이 지정한다.

제257조(우편물의 검사) 통관우체국의 장이 제256조제1항의 우편물을 접수하였을 때에는 세관장에게 우편물목록을 제출하고 해당 우편물에 대한 검사를 받아야 한다. 다만, 관세청장이 정하는 우편물은 검사를 생략할 수 있다.

제258조(우편물통관에 대한 결정) ① 통관우체국의 장은 세관장이 우편물에 대하여 수출·수입 또는304 반송을 할 수 없다고 결정하였을 때에는 그 우편물을 발송하거나 수취인에게 내줄 수 없다.

② 우편물이 「대외무역법」 제11조에 따른 수출입의 승인을 받은 것이거나 그 밖에 대통령령으로 정하는 기준에 해당하는 것일 때에는 해당 우편물의 수취인이나 발송인은 제241조에 따른 신고를 하여야 한다.

제259조(세관장의 통지) ① 세관장은 제258조에 따른 결정을 한 경우에는 그

결정사항을, 관세를 징수하려는 경우에는 그 세액을 통관우체국의 장에게 통지하여야 한다.

② 제1항의 통지를 받은 통관우체국의 장은 우편물의 수취인이나 발송인에게 그 결정사항을 통지하여야 한다.

제260조(우편물의 납세절차) ① 제259조제2항에 따른 통지를 받은 자는 대통령령으로 정하는 바에 따라 해당 관세를 수입인지 또는 금전으로 납부하여야 한다.

② 체신관서는 관세를 징수하여야 하는 우편물은 관세를 징수하기 전에 수취인에게 내줄 수 없다.

제261조(우편물의 반송) 우편물에 대한 관세의 납세의무는 해당 우편물이 반송되면 소멸한다.

제10장 세관공무원의 자료 제출 요청 등

제1절 세관장 등의 과세자료 요청 등

제262조(운송수단의 출발 중지 등) 관세청장이나 세관장은 이 법 또는 이 법에 따른 명령을 집행하기 위하여 필요하다고 인정될 때에는 운송수단의 출발을 중지시키거나 그 진행을 정지시킬 수 있다.

제263조(서류의 제출 또는 보고 등의 명령) 관세청장이나 세관장은 이 법(「수출용원재료에 대한 관세 등 환급에 관한 특례법」을 포함한다. 이하 이 조에서 같다) 또는 이 법에 따른 명령을 집행하기 위하여 필요하다고 인정될 때에는 물품·운송수단 또는 장치 장소에 관한 서류의 제출·보고 또는 그 밖에 필요한 사항을 명하거나, 세관공무원으로 하여금 수출입자·판매자 또는 그 밖의 관계자에 대하여 관계 자료를 조사하게 할 수 있다.

제264조(과세자료의 요청) 관세청장은 국가기관 및 지방자치단체 등 관계 기관

등에 대하여 관세의 부과·징수 및 통관에 관계되는 자료 또는 통계를 요청할 수 있다.

제264조의2(과세자료제출기관의 범위) 제264조에 따른 과세자료를 제출하여야 하는 기관 등(이하 "과세자료제출기관"이라 한다)은 다음 각 호와 같다.

1. 「국가재정법」 제6조에 따른 중앙관서(중앙관서의 업무를 위임받거나 위탁받은 기관을 포함한다. 이하 같다)와 그 하급행정기관 및 보조기관
2. 지방자치단체(지방자치단체의 업무를 위임받거나 위탁받은 기관과 지방자치단체조합을 포함한다. 이하 같다)
3. 공공기관, 정부의 출연·보조를 받는 기관이나 단체, 「지방공기업법」에 따른 지방공사·지방공단 및 지방자치단체의 출연·보조를 받는 기관이나 단체
4. 「민법」 외의 다른 법률에 따라 설립되거나 국가 또는 지방자치단체의 지원을 받는 기관이나 단체로서 그 업무에 관하여 제1호나 제2호에 따른 기관으로부터 감독 또는 감사·검사를 받는 기관이나 단체, 그 밖에 공익 목적으로 설립된 기관이나 단체 중 대통령령으로 정하는 기관이나 단체
5. 「여신전문금융업법」에 따른 신용카드업자와 여신전문금융업협회

제264조의3(과세자료의 범위) ① 과세자료제출기관이 제출하여야 하는 과세자료는 다음 각 호의 어느 하나에 해당하는 자료로서 관세의 부과·징수와 통관에 직접적으로 필요한 자료로 한다.

1. 수입하는 물품에 대하여 관세 또는 내국세등을 감면받거나 낮은 세율을 적용받을 수 있도록 허가, 승인, 추천 등을 한 경우 그에 관한 자료
2. 과세자료제출기관이 법률에 따라 신고·제출받거나 작성하여 보유하고 있는 자료(각종 보조금·보험급여·보험금 등의 지급 현황에 관한 자료를 포함한다) 중 제27조, 제38조, 제241조에 따른 신고내용의 확인 또는 제96조에 따른 관세 감면 여부의 확인을 위하여 필요한 자료
3. 제226조에 따라 허가·승인·표시 또는 그 밖의 조건을 증명할 필요가 있는 물품에 대하여 과세자료제출기관이 허가 등을 갖추었음을 확인하여 준 경우 그에 관한 자료
4. 이 법에 따라 체납된 관세 등의 징수를 위하여 필요한 자료
5. 제264조의2제1호에 따른 중앙관서 중 중앙행정기관 외의 기관이 보유하고

있는 자료로서 관세청장이 관세의 부과·징수와 통관에 필요한 최소한의 범위에서 해당 기관의 장과 미리 협의하여 정하는 자료

6. 거주자의 「여신전문금융업법」에 따른 신용카드등의 대외지급(물품구매 내역에 한한다) 및 외국에서의 외국통화 인출 실적

② 제1항에 따른 과세자료의 구체적인 범위는 과세자료제출기관별로 대통령령으로 정한다.

제264조의4(과세자료의 제출방법) ① 과세자료제출기관의 장은 분기별로 분기 만료일이 속하는 달의 다음 달 말일까지 대통령령으로 정하는 바에 따라 관세청장 또는 세관장에게 과세자료를 제출하여야 한다. 다만, 과세자료의 발생빈도와 활용시기 등을 고려하여 대통령령으로 정하는 바에 따라 그 과세자료의 제출시기를 달리 정할 수 있다.

② 제1항에 따라 과세자료제출기관의 장이 과세자료를 제출하는 경우에는 그 기관이 접수하거나 작성한 자료의 목록을 함께 제출하여야 한다.

③ 제2항에 따라 과세자료의 목록을 제출받은 관세청장 또는 세관장은 이를 확인한 후 제출받은 과세자료에 누락이 있거나 보완이 필요한 경우 그 과세자료를 제출한 기관에 대하여 추가하거나 보완하여 제출할 것을 요청할 수 있다.

④ 과세자료의 제출서식 등 제출방법에 관하여 그 밖에 필요한 사항은 기획재정부령으로 정한다.

제264조의5(과세자료의 수집에 관한 협조) ① 관세청장 또는 세관장으로부터 제264조의3에 따른 과세자료의 제출을 요청받은 기관 등의 장은 다른 법령에 특별한 제한이 있는 경우 등 정당한 사유가 없으면 이에 협조하여야 한다.

② 관세청장 또는 세관장은 제264조의3에 따른 자료 외의 자료로서 관세의 부과·징수 및 통관을 위하여 필요한 경우에는 해당 자료를 보유하고 있는 과세자료제출기관의 장에게 그 자료의 수집에 협조하여 줄 것을 요청할 수 있다.

제264조의6(과세자료의 관리 및 활용 등) ① 관세청장은 이 법에 따른 과세자료의 효율적인 관리와 활용을 위한 전산관리 체계를 구축하는 등 필요한 조치를 마련하여야 한다.

② 관세청장은 이 법에 따른 과세자료의 제출·관리 및 활용 상황을 수시로 점

검하여야 한다.

제264조의7(과세자료제출기관의 책임 등) ① 과세자료제출기관의 장은 그 소속 공무원이나 임직원이 이 법에 따른 과세자료의 제출 의무를 성실하게 이행하는지를 수시로 점검하여야 한다.

② 관세청장은 과세자료제출기관 또는 그 소속 공무원이나 임직원이 이 법에 따른 과세자료의 제출 의무를 이행하지 아니하는 경우 그 기관을 감독 또는 감사·검사하는 기관의 장에게 그 사실을 통보하여야 한다.

제264조의8(비밀유지의무) ① 관세청 및 세관 소속 공무원은 제264조, 제264조의2부터 제264조의5까지의 규정에 따라 제출받은 과세자료를 타인에게 제공 또는 누설하거나 목적 외의 용도로 사용하여서는 아니 된다. 다만, 제116조제1항 단서 및 같은 조 제2항에 따라 제공하는 경우에는 그러하지 아니하다.

② 관세청 및 세관 소속 공무원은 제1항을 위반하는 과세자료의 제공을 요구받으면 이를 거부하여야 한다.

③ 제1항 단서에 따라 과세자료를 제공받은 자는 이를 타인에게 제공 또는 누설하거나 목적 외의 용도로 사용하여서는 아니 된다.

제264조의9(과세자료 비밀유지의무 위반에 대한 처벌) ① 제264조의8제1항 또는 제3항을 위반하여 과세자료를 타인에게 제공 또는 누설하거나 목적 외의 용도로 사용한 자는 3년 이하의 징역 또는 1천만원 이하의 벌금에 처한다.

② 제1항에 따른 징역과 벌금은 병과할 수 있다.

제2절 세관공무원의 물품검사 등

제265조(물품 또는 운송수단 등에 대한 검사 등) 세관공무원은 이 법 또는 이 법에 따른 명령(대한민국이 체결한 조약 및 일반적으로 승인된 국제법규에 따른 의무를 포함한다)을 위반한 행위를 방지하기 위하여 필요하다고 인정될 때에는 물품, 운송수단, 장치 장소 및 관계 장부·서류를 검사 또는 봉쇄하거나 그 밖에 필요한 조치를 할 수 있다. <개정 2011.12.31.>

제266조(장부 또는 자료의 제출 등) ① 세관공무원은 이 법에 따른 직무를 집행하기 위하여 필요하다고 인정될 때에는 수출입업자·판매업자 또는 그 밖의 관계자에 대하여 질문하거나 문서화·전산화된 장부, 서류 등 관계 자료 또는 물품을 조사하거나, 그 제시 또는 제출을 요구할 수 있다.

② 상설영업장을 갖추고 외국에서 생산된 물품을 판매하는 자로서 기획재정부령으로 정하는 기준에 해당하는 자는 해당 물품에 관하여 「부가가치세법」 제32조 및 제35조에 따른 세금계산서나 수입 사실 등을 증명하는 자료를 영업장에 갖춰 두어야 한다.

③ 관세청장이나 세관장은 이 법 또는 이 법에 따른 명령을 집행하기 위하여 필요하다고 인정될 때에는 제2항에 따른 상설영업장의 판매자나 그 밖의 관계인으로 하여금 대통령령으로 정하는 바에 따라 영업에 관한 보고를 하게 할 수 있다.

제267조(총기의 휴대 및 사용) ① 관세청장이나 세관장은 직무를 집행하기 위하여 필요하다고 인정될 때에는 그 소속 공무원에게 총기를 휴대하게 할 수 있다.

② 세관공무원은 그 직무를 집행할 때 특히 자기나 다른 사람의 생명 또는 신체를 보호하고 공무집행에 대한 방해 또는 저항을 억제하기 위하여 필요한 상당한 이유가 있는 경우 그 사태에 응하여 부득이하다고 판단될 때에는 총기를 사용할 수 있다.

제267조의2(관계 기관의 장에 대한 원조 요구) ① 세관공무원은 해상에서 직무를 집행하기 위하여 필요하다고 인정될 때에는 다음 각 호의 어느 하나에 해당하는 자에게 협조를 요청할 수 있다.

1. 육군·해군·공군의 각 부대장
2. 국가경찰관서의 장
3. 해양경비안전관서의 장

② 제1항에 따라 협조 요청을 받은 자는 밀수 관련 혐의가 있는 선박에 대하여 추적감시 또는 진행정지명령을 하거나 세관공무원과 협조하여 해당 선박에 대하여 검문·검색을 할 수 있으며, 이에 따르지 아니하는 경우 강제로 그 선박을 정지시키거나 검문·검색을 할 수 있다.

제268조(명예세관원) ① 관세청장은 밀수감시단속 활동의 효율적인 수행을 위하여 필요한 경우에는 수출입 관련 분야의 민간종사자 등을 명예세관원으로 위촉하여 다음 각 호의 활동을 하게 할 수 있다.

1. 공항·항만에서의 밀수 감시
2. 정보 제공과 밀수 방지의 홍보

② 제1항에 따른 명예세관원의 자격요건, 임무, 그 밖에 필요한 사항은 기획재정부령으로 정한다.

제11장 벌칙

제268조의2(전자문서 위조·변조죄 등) ① 제327조의4제1항을 위반하여 국가관세종합정보망이나 전자문서중계사업자의 전산처리설비에 기록된 전자문서 등 관련 정보를 위조 또는 변조하거나 위조 또는 변조된 정보를 행사한 자는 1년 이상 10년 이하의 징역 또는 1억원 이하의 벌금에 처한다.

② 다음 각 호의 어느 하나에 해당하는 자는 5년 이하의 징역 또는 5천만원 이하의 벌금에 처한다.

1. 제327조의2제1항에 따른 지정을 받지 아니하고 국가관세종합정보망을 운영하거나 제327조의3제1항을 위반하여 관세청장의 지정을 받지 아니하고 전자문서중계업무를 행한 자
2. 제327조의4제2항을 위반하여 국가관세종합정보망 또는 전자문서중계사업자의 전산처리설비에 기록된 전자문서 등 관련 정보를 훼손하거나 그 비밀을 침해한 자
3. 제327조의4제3항을 위반하여 업무상 알게 된 전자문서 등 관련 정보에 관한 비밀을 누설하거나 도용한 국가관세종합정보망 운영사업자 또는 전자문서중계사업자의 임직원 또는 임직원이었던 사람

제269조(밀수출입죄) ① 제234조 각 호의 물품을 수출하거나 수입한 자는 7년 이하의 징역 또는 7천만원 이하의 벌금에 처한다.

② 다음 각 호의 어느 하나에 해당하는 자는 5년 이하의 징역 또는 관세액의 10배와 물품원가 중 높은 금액 이하에 상당하는 벌금에 처한다.

1. 제241조제1항·제2항 또는 제244조제1항에 따른 신고를 하지 아니하고 물품을 수입한 자. 다만, 제253조제1항에 따른 반출신고를 한 자는 제외한다.
2. 제241조제1항·제2항 또는 제244조제1항에 따른 신고를 하였으나 해당 수입물품과 다른 물품으로 신고하여 수입한 자

③ 다음 각 호의 어느 하나에 해당하는 자는 3년 이하의 징역 또는 물품원가 이하에 상당하는 벌금에 처한다.

1. 제241조제1항 및 제2항에 따른 신고를 하지 아니하고 물품을 수출하거나 반송한 자
2. 제241조제1항 및 제2항에 따른 신고를 하였으나 해당 수출물품 또는 반송물품과 다른 물품으로 신고하여 수출하거나 반송한 자

제270조(관세포탈죄 등) ① 제241조제1항·제2항 또는 제244조제1항에 따른 수입신고를 한 자 중 다음 각 호의 어느 하나에 해당하는 자는 3년 이하의 징역 또는 포탈한 관세액의 5배와 물품원가 중 높은 금액 이하에 상당하는 벌금에 처한다. 이 경우 제1호의 물품원가는 전체 물품 중 포탈한 세액의 전체 세액에 대한 비율에 해당하는 물품만의 원가로 한다.

1. 세액결정에 영향을 미치기 위하여 과세가격 또는 관세율 등을 거짓으로 신고하거나 신고하지 아니하고 수입한 자
2. 세액결정에 영향을 미치기 위하여 거짓으로 서류를 갖추어 제86조제1항에 따른 사전심사를 신청한 자
3. 법령에 따라 수입이 제한된 사항을 회피할 목적으로 부분품으로 수입하거나 주요 특성을 갖춘 미완성·불완전한 물품이나 완제품을 부분품으로 분할하여 수입한 자

② 제241조제1항·제2항 또는 제244조제1항에 따른 수입신고를 한 자 중 법령에 따라 수입에 필요한 허가·승인·추천·증명 또는 그 밖의 조건을 갖추지 아니하거나 부정한 방법으로 갖추어 수입한 자는 3년 이하의 징역 또는 3천만원 이하의 벌금에 처한다.

③ 제241조제1항 및 제2항에 따른 수출신고를 한 자 중 법령에 따라 수출에 필요한 허가·승인·추천·증명 또는 그 밖의 조건을 갖추지 아니하거나 부정한 방법으로 갖추어 수출한 자는 1년 이하의 징역 또는 2천만원 이하의 벌금에 처한다.

④ 부정한 방법으로 관세를 감면받거나 관세를 감면받은 물품에 대한 관세의 징수를 면탈한 자는 3년 이하의 징역에 처하거나, 감면받거나 면탈한 관세액의 5배 이하에 상당하는 벌금에 처한다.

⑤ 부정한 방법으로 관세를 환급받은 자는 3년 이하의 징역 또는 환급받은 세액의 5배 이하에 상당하는 벌금에 처한다. 이 경우 세관장은 부정한 방법으로 환급받은 세액을 즉시 징수한다.

제270조의2(가격조작죄) 다음 각 호의 신청 또는 신고를 할 때 부당하게 재물이나 재산상 이득을 취득하거나 제3자로 하여금 이를 취득하게 할 목적으로 물품의 가격을 조작하여 신청 또는 신고한 자는 2년 이하의 징역 또는 물품원가와 5천만원 중 높은 금액 이하의 벌금에 처한다.

1. 제38조의2제1항·제2항에 따른 보정신청
2. 제38조의3제1항에 따른 수정신고
3. 제241조제1항·제2항에 따른 신고
4. 제244조제1항에 따른 신고

제271조(미수범 등) ① 그 정황을 알면서 제269조 및 제270조에 따른 행위를 교사하거나 방조한 자는 정범(正犯)에 준하여 처벌한다.

② 제268조의2, 제269조 및 제270조의 미수범은 본죄에 준하여 처벌한다.

③ 제268조의2, 제269조 및 제270조의 죄를 범할 목적으로 그 예비를 한 자는 본죄의 2분의 1을 감경하여 처벌한다.

제272조(밀수 전용 운반기구의 몰수) 제269조의 죄에 전용(專用)되는 선박·자동차나 그 밖의 운반기구는 그 소유자가 범죄에 사용된다는 정황을 알고 있고, 다음 각 호의 어느 하나에 해당하는 경우에는 몰수한다.

1. 범죄물품을 적재하거나 적재하려고 한 경우
2. 검거를 기피하기 위하여 권한 있는 공무원의 정지명령을 받고도 정지하지 아니하거나 적재된 범죄물품을 해상에서 투기·파괴 또는 훼손한 경우
3. 범죄물품을 해상에서 인수 또는 취득하거나 인수 또는 취득하려고 한 경우
4. 범죄물품을 운반한 경우

제273조(범죄에 사용된 물품의 몰수 등) ① 제269조에 사용하기 위하여 특수한 가공을 한 물품은 누구의 소유이든지 몰수하거나 그 효용을 소멸시킨다.

② 제269조에 해당되는 물품이 다른 물품 중에 포함되어 있는 경우 그 물품이 범인의 소유일 때에는 그 다른 물품도 몰수할 수 있다.

제274조(밀수품의 취득죄 등) ① 다음 각 호의 어느 하나에 해당되는 물품을 취득·양도·운반·보관 또는 알선하거나 감정한 자는 3년 이하의 징역 또는 물품원가 이하에 상당하는 벌금에 처한다.

1. 제269조에 해당되는 물품
2. 제270조제1항제3호, 같은 조 제2항 및 제3항에 해당되는 물품

② 제1항에 규정된 죄의 미수범은 본죄에 준하여 처벌한다.

③ 제1항에 규정된 죄를 범할 목적으로 그 예비를 한 자는 본죄의 2분의 1을 감경하여 처벌한다.

제275조(징역과 벌금의 병과) 제269조부터 제271조까지 및 제274조의 죄를 범한 자는 정상(情狀)에 따라 징역과 벌금을 병과할 수 있다.

제275조의2(체납처분면탈죄 등) ① 납세의무자 또는 납세의무자의 재산을 점유하는 자가 체납처분의 집행을 면탈할 목적 또는 면탈하게 할 목적으로 그 재산을 은닉·탈루하거나 거짓 계약을 하였을 때에는 3년 이하의 징역 또는 3천만원 이하의 벌금에 처한다.

② 제303조제2항에 따른 압수물건의 보관자 또는 「국세징수법」 제38조에 따른 압류물건의 보관자가 그 보관한 물건을 은닉·탈루, 손괴 또는 소비하였을 때에도 3년 이하의 징역 또는 3천만원 이하의 벌금에 처한다.

③ 제1항과 제2항의 사정을 알고도 이를 방조하거나 거짓 계약을 승낙한 자는 2년 이하의 징역 또는 2천만원 이하의 벌금에 처한다.

제275조의3(타인에 대한 명의대여죄) 관세(세관장이 징수하는 내국세등을 포함한다)의 회피 또는 강제집행의 면탈을 목적으로 타인에게 자신의 명의를 사용하여 제38조에 따른 납세신고를 할 것을 허락한 자는 1년 이하의 징역 또는 1천만원 이하의 벌금에 처한다.

제276조(허위신고죄 등) ① 삭제

② 다음 각 호의 어느 하나에 해당하는 자는 물품원가 또는 2천만원 중 높은 금액 이하의 벌금에 처한다.

1. 제198조제1항에 따른 종합보세사업장의 설치·운영에 관한 신고를 하지 아니하고 종합보세기능을 수행한 자
2. 제204조제2항에 따른 세관장의 중지조치를 위반하여 종합보세기능을 수행한 자
3. 제238조에 따른 보세구역 반입명령에 대하여 반입대상 물품의 전부 또는 일부를 반입하지 아니한 자
4. 제241조제1항·제2항 또는 제244조제1항에 따른 신고를 할 때 제241조제1항에 따른 사항을 신고하지 아니하거나 허위신고를 한 자

4의2. 제38조의2제1항 및 제2항, 제38조의3제1항에 따른 보정신청 또는 수정신고를 할 때 제241조제1항에 따른 사항을 허위로 신청하거나 신고한 자

5. 제248조제3항을 위반한 자

③ 다음 각 호의 어느 하나에 해당되는 자는 2천만원 이하의 벌금에 처한다. 다만, 과실로 제2호, 제3호 또는 제4호에 해당하게 된 경우에는 300만원 이하의 벌금에 처한다.

1. 부정한 방법으로 적하목록을 작성하였거나 제출한 자
2. 제12조(제277조제5항제2호에 해당하는 경우는 제외한다), 제98조제2항, 제109조제1항(제277조제4항제3호에 해당하는 경우는 제외한다), 제134조제1항, 제136조제2항, 제148조제1항, 제149조, 제222조제1항(제146조제1항에서 준용하는 경우를 포함한다) 또는 제225조제1항 전단을 위반한 자
3. 제83조제2항, 제88조제2항, 제97조제2항 및 제102조제1항을 위반한 자. 다만, 제277조제4항제3호에 해당하는 자는 제외한다.

3의2. 제174조제1항에 따른 특허보세구역의 설치·운영에 관한 특허를 받지 아니하고 특허보세구역을 운영한 자

4. 제227조에 따른 세관장의 의무 이행 요구를 이행하지 아니한 자
5. 제38조제3항 후단에 따른 자율심사 결과를 거짓으로 작성하여 제출한 자
6. 제178조제2항제1호·제5호 및 제224조제1항제1호에 해당하는 자

④ 다음 각 호의 어느 하나에 해당하는 자는 1천만원 이하의 벌금에 처한다.

다만, 과실로 제2호부터 제4호까지의 규정에 해당하게 된 경우에는 200만원 이하의 벌금에 처한다.

1. 세관공무원의 질문에 대하여 거짓의 진술을 하거나 그 직무의 집행을 거부 또는 기피한 자
2. 제135조제1항(제146조제1항에서 준용하는 경우를 포함한다)에 따른 입항보고를 거짓으로 하거나 제136조제1항(제146조제1항에서 준용하는 경우를 포함한다)에 따른 출항허가를 거짓으로 받은 자
3. 제135조제1항(제146조제1항에서 준용하는 경우를 포함하며 제277조제4항제4호에 해당하는 자는 제외한다), 제136조제1항(제146조제1항에서 준용하는 경우를 포함한다), 제137조의2제1항 각 호 외의 부분 후단(제277조제4항제4호에 해당하는 자는 제외한다), 제140조제1항·제2항·제4항(제146조제1항에서 준용하는 경우를 포함한다), 제141조제1호·제3호(제146조제1항에서 준용하는 경우를 포함한다), 제142조제1항(제146조제1항에서 준용하는 경우를 포함한다), 제144조(제146조제1항에서 준용하는 경우를 포함한다), 제150조, 제151조 또는 제213조제2항을 위반한 자
4. 제135조제2항(제146조제1항에서 준용하는 경우를 포함하며 제277조제4항제4호에 해당하는 자는 제외한다), 제200조제3항, 제203조제1항 또는 제262조에 따른 관세청장 또는 세관장의 조치를 위반하거나 검사를 거부·방해 또는 기피한 자
5. 부정한 방법으로 제248조제1항 단서에 따른 신고필증을 발급받은 자
6. 제263조를 위반하여 서류의 제출·보고 또는 그 밖에 필요한 사항에 관한 명령을 이행하지 아니하거나 거짓의 보고를 한 자
7. 제265조에 따른 세관장 또는 세관공무원의 조치를 거부 또는 방해한 자
8. 제266조제1항에 따른 세관공무원의 장부 또는 자료의 제시요구 또는 제출요구를 거부한 자

⑤ 제165조제2항을 위반한 자는 500만원 이하의 벌금에 처한다.

제276조 제2항제2호 환승전용내항기에 관한 규정

제277조(과태료) ① 제37조의4제1항에 따라 자료제출을 요구받은 특수관계에 있는 자가 제10조에서 정하는 정당한 사유 없이 제37조의4제2항에서 정한 기

한까지 자료를 제출하지 아니하거나 거짓의 자료를 제출하는 경우에는 1억원 이하의 과태료를 부과한다. 이 경우 제276조는 적용되지 아니한다.

② 다음 각 호의 어느 하나에 해당하는 자에게는 1천만원 이하의 과태료를 부과한다.

1. 제139조(제146조제1항에서 준용하는 경우를 포함한다), 제143조제1항(제146조제1항에서 준용하는 경우를 포함한다), 제152조제1항, 제155조제1항, 제156조제1항, 제159조제2항, 제160조제1항, 제161조제1항, 제186조제1항(제205조에서 준용하는 경우를 포함한다), 제192조(제205조에서 준용하는 경우를 포함한다), 제200조제1항, 제201조제1항·제3항, 제219조제2항 또는 제266조제2항을 위반한 자
2. 제187조제1항(제89조제4항에서 준용하는 경우를 포함한다) 또는 제195조제1항에 따른 허가를 받지 아니하거나 제202조제2항에 따른 신고를 하지 아니하고 보세공장·보세건설장·종합보세구역 또는 지정공장 외의 장소에서 작업을 한 자

③ 다음 각 호의 어느 하나에 해당하는 자에게는 500만원 이하의 과태료를 부과한다.

1. 제240조의2제1항을 위반하여 유통이력을 신고하지 아니하거나 거짓으로 신고한 자
2. 제240조의2제2항을 위반하여 장부기록 자료를 보관하지 아니한 자

④ 다음 각 호의 어느 하나에 해당하는 자에게는 200만원 이하의 과태료를 부과한다.

1. 특허보세구역의 특허사항을 위반한 운영인
2. 제38조제3항, 제83조제1항, 제107조제3항, 제140조제3항, 제157조제1항, 제158조제2항·제4항, 제172조제3항, 제194조(제205조에서 준용하는 경우를 포함한다), 제198조제3항, 제199조제1항, 제202조제1항, 제214조, 제215조(제219조제4항 및 제221조제2항에서 준용하는 경우를 포함한다), 제216조제2항(제219조제4항 및 제221조제2항에서 준용하는 경우를 포함한다), 제221조제1항, 제222조제3항, 제225조제1항 후단 또는 제251조제1항을 위반한 자
3. 제83조제2항, 제88조제2항, 제97조제2항, 제102조제1항 및 제109조제1항을

위반한 자 중 해당 물품을 직접 수입한 경우 관세를 감면받을 수 있고 수입자와 동일한 용도에 사용하려는 자에게 양도한 자
4. 제135조제1항·제2항 또는 제137조의2제1항 각 호 외의 부분 후단을 위반한 자 중 과실로 여객명부 또는 승객예약자료를 제출하지 아니한 자
5. 제159조제4항, 제180조제3항(제205조에서 준용하는 경우를 포함한다), 제196조제2항, 제216조제1항(제219조제4항 및 제221조제2항에서 준용하는 경우를 포함한다), 제222조제4항, 제225조제2항, 제228조 또는 제266조제3항에 따른 관세청장 또는 세관장의 조치를 위반한 자
6. 제321조제2항제2호를 위반하여 운송수단에서 물품을 취급한 자

⑤ 다음 각 호의 어느 하나에 해당하는 자에게는 100만원 이하의 과태료를 부과한다.

1. 적재물품과 일치하지 아니하는 적하목록을 작성하였거나 제출한 자. 다만, 다음 각목의 어느 하나에 해당하는 자가 투입 및 봉인한 것이어서 적하목록을 제출한 자가 해당 적재물품의 내용을 확인하는 것이 불가능한 경우에는 해당 적하목록을 제출한 자는 제외한다.
   가. 제276조제3항제1호에 해당하는 자
   나. 적재물품을 수출한 자
   다. 다른 선박회사·항공사 및 화물운송주선업자
2. 제12조를 위반하여 신고필증을 보관하지 아니한 자
3. 제28조제2항에 따른 신고를 하지 아니한 자
4. 제107조제4항, 제108조제2항, 제138조제2항·제4항, 제141조제2호, 제157조의2, 제162조, 제179조제2항, 제182조제1항(제205조에서 준용하는 경우를 포함한다), 제183조제2항·제3항, 제184조(제205조에서 준용하는 경우를 포함한다), 제185조제2항(제205조에서 준용하는 경우를 포함한다), 제245조제3항 또는 제254조의2제2항 및 제3항을 위반한 자
5. 제160조제4항(제207조제2항에서 준용하는 경우를 포함한다)에 따른 세관장의 명령을 이행하지 아니한 자
6. 제177조제2항(제205조에서 준용하는 경우를 포함한다), 제180조제4항(제205조에서 준용하는 경우를 포함한다) 또는 제249조에 따른 세관장의 명령이나 보완조치를 이행하지 아니한 자

7. 제180조제1항(제205조에서 준용하는 경우를 포함한다)·제2항(제89조제4항에서 준용하는 경우를 포함한다), 제193조(제205조에서 준용하는 경우를 포함한다) 또는 제203조제2항에 따른 세관장의 감독·검사·보고지시 등에 응하지 아니한 자

⑥ 제1항부터 제5항까지의 규정에 따른 과태료는 세관장이 부과·징수한다.

제278조(「형법」 적용의 일부 배제) 이 법에 따른 벌칙에 위반되는 행위를 한 자에게는 「형법」 제38조제1항제2호 중 벌금경합에 관한 제한가중규정을 적용하지 아니한다.

제279조(양벌 규정) ① 법인의 대표자나 법인 또는 개인의 대리인, 사용인, 그 밖의 종업원이 그 법인 또는 개인의 업무에 관하여 제11장에서 규정한 벌칙(제277조의 과태료는 제외한다)에 해당하는 위반행위를 하면 그 행위자를 벌하는 외에 그 법인 또는 개인에게도 해당 조문의 벌금형을 과(科)한다. 다만, 법인 또는 개인이 그 위반행위를 방지하기 위하여 해당 업무에 관하여 상당한 주의와 감독을 게을리 하지 아니한 경우에는 그러하지 아니하다.

② 제1항에서 개인은 다음 각 호의 어느 하나에 해당하는 사람으로 한정한다.

1. 특허보세구역 또는 종합보세사업장의 운영인
2. 수출(「수출용원재료에 대한 관세 등 환급에 관한 특례법」 제4조에 따른 수출등을 포함한다)·수입 또는 운송을 업으로 하는 사람
3. 관세사
4. 개항 안에서 물품 및 용역의 공급을 업으로 하는 사람
5. 제327조의2제1항에 따른 국가관세종합정보망 운영사업자 및 제327조의3제3항에 따른 전자문서중계사업자

제280조 삭제

제281조 삭제

제282조(몰수·추징) ① 제269조제1항의 경우에는 그 물품을 몰수한다.

② 제269조제2항·제3항 또는 제274조제1항제1호의 경우에는 범인이 소유하거나 점유하는 그 물품을 몰수한다. 다만, 제269조제2항의 경우로서 다음 각 호의 어느 하나에 해당하는 물품은 몰수하지 아니할 수 있다.

1. 제154조의 보세구역에 제157조에 따라 신고를 한 후 반입한 외국물품
2. 제156조에 따라 세관장의 허가를 받아 보세구역이 아닌 장소에 장치한 외국물품

③ 제1항과 제2항에 따라 몰수할 물품의 전부 또는 일부를 몰수할 수 없을 때에는 그 몰수할 수 없는 물품의 범칙 당시의 국내도매가격에 상당한 금액을 범인으로부터 추징한다. 다만, 제274조제1항제1호 중 제269조제2항의 물품을 감정한 자는 제외한다.

④ 제279조의 개인 및 법인은 제1항부터 제3항까지의 규정을 적용할 때에는 이를 범인으로 본다.

제12장 조사와 처분

제1절 통칙

제283조(관세범) ① 이 법에서 "관세범"이란 이 법 또는 이 법에 따른 명령을 위반하는 행위로서 이 법에 따라 형사처벌되거나 통고처분되는 것을 말한다.

② 관세범에 관한 조사·처분은 세관공무원이 한다.

제284조(공소의 요건) ① 관세범에 관한 사건에 대하여는 관세청장이나 세관장의 고발이 없으면 검사는 공소를 제기할 수 없다.

② 다른 기관이 관세범에 관한 사건을 발견하거나 피의자를 체포하였을 때에는 즉시 관세청이나 세관에 인계하여야 한다.

제285조(관세범에 관한 서류) 관세범에 관한 서류에는 연월일을 적고 서명날인하여야 한다.

제286조(조사처분에 관한 서류) ① 관세범의 조사와 처분에 관한 서류에는 장마다 간인(間印)하여야 한다.

② 문자를 추가하거나 삭제할 때와 난의 바깥에 기입할 때에는 날인(捺印)하여야 한다.
③ 문자를 삭제할 때에는 그 문자 자체를 그대로 두고 그 글자수를 적어야 한다.

제287조(조서의 서명) ① 관세범에 관한 서류에 서명날인하는 경우 본인이 서명할 수 없을 때에는 다른 사람에게 대서하게 하고 도장을 찍어야 한다. 이 경우 도장을 지니지 아니하였을 때에는 손도장을 찍어야 한다.
② 다른 사람에게 대서하게 한 경우에는 대서자가 그 사유를 적고 서명날인하여야 한다.

제288조(서류의 송달) 관세범에 관한 서류는 인편이나 등기우편으로 송달한다.

제289조(서류송달 시의 수령증) 관세범에 관한 서류를 송달하였을 때에는 수령증을 받아야 한다.

제2절 조사

제290조(관세범의 조사) 세관공무원은 관세범이 있다고 인정할 때에는 범인, 범죄사실 및 증거를 조사하여야 한다.

제291조(조사) 세관공무원은 관세범 조사에 필요하다고 인정할 때에는 피의자·증인 또는 참고인을 조사할 수 있다.

제292조(조서 작성) ① 세관공무원이 피의자·증인 또는 참고인을 조사하였을 때에는 조서를 작성하여야 한다.
② 조서는 세관공무원이 진술자에게 읽어 주거나 열람하게 하여 기재 사실에 서로 다른 점이 있는지 물어보아야 한다.
③ 진술자가 조서 내용의 증감 변경을 청구한 경우에는 그 진술을 조서에 적어야 한다.
④ 조서에는 연월일과 장소를 적고 다음 각 호의 사람이 함께 서명날인하여야 한다.

1. 조사를 한 사람
2. 진술자
3. 참여자

제293조(조서의 대용) ① 현행범인에 대한 조사로서 긴급히 처리할 필요가 있을 때에는 그 주요 내용을 적은 서면으로 조서를 대신할 수 있다.

② 제1항에 따른 서면에는 연월일시와 장소를 적고 조사를 한 사람과 피의자가 이에 서명날인하여야 한다.

제294조(출석 요구) ① 세관공무원이 관세범 조사에 필요하다고 인정할 때에는 피의자·증인 또는 참고인의 출석을 요구할 수 있다.

② 세관공무원이 관세범 조사에 필요하다고 인정할 때에는 지정한 장소에 피의자·증인 또는 참고인의 출석이나 동행을 명할 수 있다.

③ 피의자·증인 또는 참고인에게 출석 요구를 할 때에는 출석요구서를 발급하여야 한다.

제295조(사법경찰권) 세관공무원은 관세범에 관하여 「사법경찰관리의 직무를 수행할 자와 그 직무범위에 관한 법률」에서 정하는 바에 따라 사법경찰관리의 직무를 수행한다.

제296조(수색·압수영장) ① 이 법에 따라 수색·압수를 할 때에는 관할 지방법원 판사의 영장을 받아야 한다. 다만, 긴급한 경우에는 사후에 영장을 발급받아야 한다.

② 소유자·점유자 또는 보관자가 임의로 제출한 물품이나 남겨 둔 물품은 영장 없이 압수할 수 있다.

제297조(현행범의 체포) 세관공무원이 관세범의 현행범인을 발견하였을 때에는 즉시 체포하여야 한다.

제298조(현행범의 인도) ① 관세범의 현행범인이 그 장소에 있을 때에는 누구든지 체포할 수 있다.

② 제1항에 따라 범인을 체포한 자는 지체 없이 세관공무원에게 범인을 인도하여야 한다.

제299조(압수물품의 국고귀속) ① 세관장은 제269조, 제270조제1항부터 제3항까지 및 제272조부터 제274조까지의 규정에 해당되어 압수된 물품에 대하여 그 압수일부터 6개월 이내에 해당 물품의 소유자 및 범인을 알 수 없는 경우에는 해당 물품을 유실물로 간주하여 유실물 공고를 하여야 한다.

② 제1항에 따른 공고일부터 1년이 지나도 소유자 및 범인을 알 수 없는 경우에는 해당 물품은 국고에 귀속된다.

제300조(검증수색) 세관공무원은 관세범 조사에 필요하다고 인정할 때에는 선박·차량·항공기·창고 또는 그 밖의 장소를 검증하거나 수색할 수 있다.

제301조(신변 수색 등) ① 세관공무원은 범죄사실을 증명하기에 충분한 물품을 피의자가 신변(身邊)에 은닉하였다고 인정될 때에는 이를 내보이도록 요구하고, 이에 따르지 아니하는 경우에는 신변을 수색할 수 있다.

② 여성의 신변을 수색할 때에는 성년의 여성을 참여시켜야 한다.

제302조(참여) ① 세관공무원이 수색을 할 때에는 다음 각 호의 어느 하나에 해당하는 사람을 참여시켜야 한다. 다만, 이들이 모두 부재중일 때에는 공무원을 참여시켜야 한다.

1. 선박·차량·항공기·창고 또는 그 밖의 장소의 소지인·관리인
2. 동거하는 친척이나 고용된 사람
3. 이웃에 거주하는 사람

② 제1항제2호 및 제3호에 따른 사람은 성년자이어야 한다.

제303조(압수와 보관) ① 세관공무원은 관세범 조사에 의하여 발견한 물품이 범죄의 사실을 증명하기에 충분하거나 몰수하여야 하는 것으로 인정될 때에는 이를 압수할 수 있다.

② 압수물품은 편의에 따라 소지자나 시·군·읍·면사무소에 보관시킬 수 있다.

③ 관세청장이나 세관장은 압수물품이 다음 각 호의 어느 하나에 해당하는 경우에는 피의자나 관계인에게 통고한 후 매각하여 그 대금을 보관하거나 공탁할 수 있다. 다만, 통고할 여유가 없을 때에는 매각한 후 통고하여야 한다.
1. 부패 또는 손상되거나 그 밖에 사용할 수 있는 기간이 지날 우려가 있는 경우
2. 보관하기가 극히 불편하다고 인정되는 경우
3. 처분이 지연되면 상품가치가 크게 떨어질 우려가 있는 경우
4. 피의자나 관계인이 매각을 요청하는 경우

④ 제3항에 따른 통고 및 매각에 관하여는 제160조제5항 및 제326조를 준용한다.

제304조(압수물품의 폐기) ① 관세청장이나 세관장은 압수물품 중 다음 각 호의 어느 하나에 해당하는 것은 피의자나 관계인에게 통고한 후 폐기할 수 있다. 다만, 통고할 여유가 없을 때에는 폐기한 후 즉시 통고하여야 한다.
1. 사람의 생명이나 재산을 해칠 우려가 있는 것
2. 부패하거나 변질된 것
3. 유효기간이 지난 것
4. 상품가치가 없어진 것

② 제1항에 따른 통고에 관하여는 제160조제5항을 준용한다.

제305조(압수조서 등의 작성) ① 검증·수색 또는 압수를 하였을 때에는 조서를 작성하여야 한다.

② 제1항에 따른 검증·수색 또는 압수조서에 관하여는 제292조제2항 및 제3항을 준용한다.

③ 현행범인에 대한 수색이나 압수로서 긴급한 경우의 조서작성에 관하여는 제293조를 준용한다.

제306조(야간집행의 제한) ① 해 진 후부터 해 뜨기 전까지는 검증·수색 또는 압수를 할 수 없다. 다만, 현행범인 경우에는 그러하지 아니하다.

② 이미 시작한 검증·수색 또는 압수는 제1항에도 불구하고 계속할 수 있다.

제307조(조사 중 출입금지) 세관공무원은 피의자·증인 또는 참고인에 대한 조사·검증·수색 또는 압수 중에는 누구를 막론하고 그 장소에의 출입을 금할 수 있다.

제308조(신분 증명) ① 세관공무원은 조사·검증·수색 또는 압수를 할 때에는 제복을 착용하거나 그 신분을 증명할 증표를 지니고 그 처분을 받을 자가 요구하면 이를 보여 주어야 한다.

② 제1항에 따른 세관공무원이 제복을 착용하지 아니한 경우로서 그 신분을 증명하는 증표제시 요구에 응하지 아니하는 경우에는 처분을 받을 자는 그 처분을 거부할 수 있다.

제309조(경찰관의 원조) 세관공무원은 조사·검증·수색 또는 압수를 할 때 필요하다고 인정하는 경우에는 국가경찰공무원의 원조를 요구할 수 있다.

제310조(조사 결과의 보고) ① 세관공무원은 조사를 종료하였을 때에는 관세청장이나 세관장에게 서면으로 그 결과를 보고하여야 한다.

② 세관공무원은 제1항에 따른 보고를 할 때에는 관계 서류를 함께 제출하여야 한다.

제3절 처분

제311조(통고처분) ① 관세청장이나 세관장은 관세범을 조사한 결과 범죄의 확증을 얻었을 때에는 그 이유를 구체적으로 밝히고 다음 각 호의 어느 하나에 해당하는 금액이나 물품을 납부할 것을 통고할 수 있다.

1. 벌금에 상당하는 금액
2. 몰수에 해당하는 물품
3. 추징금에 해당하는 금액

② 관세청장이나 세관장은 제1항에 따른 통고처분을 받는 자가 벌금이나 추징금에 상당한 금액을 예납(豫納)하려는 경우에는 이를 예납시킬 수 있다.

③ 제1항에 따른 통고가 있는 때에는 공소의 시효는 정지된다.

제312조(즉시 고발) 관세청장이나 세관장은 범죄의 정상이 징역형에 처해질 것으로 인정될 때에는 제311조제1항에도 불구하고 즉시 고발하여야 한다.

제313조(압수물품의 반환) ① 관세청장이나 세관장은 압수물품을 몰수하지 아니할 때에는 그 압수물품이나 그 물품의 환가대금(換價代金)을 반환하여야 한다.

② 제1항의 물품이나 그 환가대금을 반환받을 자의 주소 및 거소가 분명하지 아니하거나 그 밖의 사유로 반환할 수 없을 때에는 그 요지를 공고하여야 한다.

③ 제2항에 따라 공고를 한 날부터 6개월이 지날 때까지 반환의 청구가 없는 경우에는 그 물품이나 그 환가대금을 국고에 귀속시킬 수 있다.

④ 제1항의 물품에 대하여 관세가 미납된 경우에는 반환받을 자로부터 해당 관세를 징수한 후 그 물품이나 그 환가대금을 반환하여야 한다.

제314조(통고서의 작성) ① 통고처분을 할 때에는 통고서를 작성하여야 한다.

② 제1항에 따른 통고서에는 다음 각 호의 사항을 적고 처분을 한 자가 서명날인하여야 한다.

1. 처분을 받을 자의 성명, 나이, 성별, 직업 및 주소
2. 벌금에 상당한 금액, 몰수에 해당하는 물품 또는 추징금에 상당한 금액
3. 범죄사실
4. 적용 법조문
5. 이행 장소
6. 통고처분 연월일

제315조(통고서의 송달) 통고처분의 고지는 통고서를 송달하는 방법으로 하여야 한다.

제316조(통고의 불이행과 고발) 관세범인이 통고서의 송달을 받았을 때에는 그 날부터 15일 이내에 이를 이행하여야 하며, 이 기간 내에 이행하지 아니하였을 때에는 관세청장이나 세관장은 즉시 고발하여야 한다. 다만, 15일이 지난 후 고발이 되기 전에 관세범인이 통고처분을 이행한 경우에는 그러하지 아니하다.

제317조(일사부재리) 관세범인이 통고의 요지를 이행하였을 때에는 동일사건에 대하여 다시 처벌을 받지 아니한다.

제318조(무자력 고발) 관세청장이나 세관장은 다음 각 호의 어느 하나의 경우에는 제311조제1항에도 불구하고 즉시 고발하여야 한다.

1. 관세범인이 통고를 이행할 수 있는 자금능력이 없다고 인정되는 경우
2. 관세범인의 주소 및 거소가 분명하지 아니하거나 그 밖의 사유로 통고를 하기 곤란하다고 인정되는 경우

제319조(준용) 관세범에 관하여는 이 법에 특별한 규정이 있는 것을 제외하고는 「형사소송법」을 준용한다.

제13장 보칙

제320조(가산세의 세목) 이 법에 따른 가산세는 관세의 세목으로 한다.

제321조(세관의 업무시간·물품취급시간) ① 세관의 업무시간, 보세구역과 운송수단에 있어서의 물품의 취급시간은 대통령령으로 정하는 바에 따른다.② 다음 각 호의 어느 하나에 해당하는 자는 대통령령으로 정하는 바에 따라 세관장에게 미리 통보하여야 한다.

1. 세관의 업무시간이 아닌 때에 통관절차·보세운송절차 또는 입출항절차를 밟으려는 자
2. 운송수단의 물품취급시간이 아닌 때에 물품을 취급하려는 자

③ 제2항에 따라 사전통보를 한 자는 기획재정부령으로 정하는 바에 따라 수수료를 납부하여야 한다.

제322조(통계 및 증명서의 작성 및 교부) ① 관세청장은 다음 각 호의 사항에 관한 통계를 작성하고 그 열람이나 교부를 신청하는 자가 있으면 이를 열람하게 하거나 교부하여야 한다.

1. 수출하거나 수입한 화물에 관한 사항

2. 입항하거나 출항한 외국무역선 및 외국무역기에 관한 사항
3. 그 밖에 외국무역과 관련하여 관세청장이 필요하다고 인정하는 사항

② 관세청장은 제1항에 따라 통계를 집계하고 대통령령으로 정하는 바에 따라 정기적으로 그 내용을 공표할 수 있다.

③ 제1항에 따른 통계 외 통관 관련 세부 통계자료를 열람하거나 교부받으려는 자는 사용 용도 및 내용을 구체적으로 밝혀 관세청장에게 신청할 수 있다. 이 경우 관세청장은 대통령령으로 정하는 경우를 제외하고는 이를 열람하게 하거나 교부하여야 한다.

④ 관세청장은 제1항에 따른 통계 및 제3항에 따른 통계자료를 전산처리가 가능한 전달매체에 기록하여 교부하거나 전산처리설비를 이용하여 교부할 수 있다. 이 경우 교부할 수 있는 통계의 범위와 그 절차는 관세청장이 정한다.

⑤ 관세청장은 제1항에 따른 통계, 제3항에 따른 통계자료 및 제4항에 따른 통계의 작성 및 교부 업무를 대행할 자(이하 이 조에서 "대행기관"이라 한다)를 지정하여 그 업무를 대행하게 할 수 있다. 이 경우 관세청장은 통계작성을 위한 기초자료를 대행기관에 제공하여야 한다.

⑥ 세관사무에 관한 증명서와 제1항에 따른 통계, 제3항에 따른 통계자료 및 제4항에 따른 통계를 교부받으려는 자는 기획재정부령으로 정하는 바에 따라 관세청장에게 수수료를 납부하여야 한다. 다만, 제5항에 따라 대행기관이 업무를 대행하는 경우에는 대행기관이 정하는 수수료를 해당 대행기관에 납부하여야 한다.

⑦ 대행기관은 제6항 단서에 따라 수수료를 정할 때에는 기획재정부령으로 정하는 바에 따라 관세청장의 승인을 받아야 한다. 승인을 받은 사항을 변경하려는 경우에도 또한 같다.

⑧ 제6항 단서에 따라 대행기관이 수수료를 징수한 경우 그 수입은 해당 대행기관의 수입으로 한다.

⑨ 제6항에 따른 증명서 중 수출·수입 또는 반송에 관한 증명서는 해당 물품의 수출·수입 또는 반송 신고의 수리일부터 5년 내의 것에 관하여 발급한다.

제323조(세관설비의 사용) 물품장치나 통관을 위한 세관설비를 사용하려는 자는 기획재정부령으로 정하는 사용료를 납부하여야 한다.

제324조(포상) ① 관세청장은 다음 각 호의 어느 하나에 해당하는 사람에게는 대통령령으로 정하는 바에 따라 포상할 수 있다.

1. 제269조부터 제271조까지, 제274조, 제275조의2 및 제275조의3에 해당되는 관세범을 세관이나 그 밖의 수사기관에 통보하거나 체포한 자로서 공로가 있는 사람
2. 제269조부터 제274조까지의 규정에 해당되는 범죄물품을 압수한 사람으로서 공로가 있는 사람
3. 이 법이나 다른 법률에 따라 세관장이 관세 및 내국세 등을 추가 징수하는 데에 공로가 있는 사람
4. 관세행정의 개선이나 발전에 특별히 공로가 있는 사람

② 관세청장은 체납자의 은닉재산을 신고한 사람에게 대통령령으로 정하는 바에 따라 10억원의 범위에서 포상금을 지급할 수 있다. 다만, 은닉재산의 신고를 통하여 징수된 금액이 대통령령으로 정하는 금액 미만인 경우 또는 공무원이 그 직무와 관련하여 은닉재산을 신고한 경우에는 포상금을 지급하지 아니한다.

③ 제2항에서 "은닉재산"이란 체납자가 은닉한 현금·예금·주식이나 그 밖에 재산적 가치가 있는 유형·무형의 재산을 말한다. 다만, 다음 각 호의 어느 하나에 해당하는 재산은 제외한다.

1. 「국세징수법」 제30조에 따른 사해행위 취소소송의 대상이 되어 있는 재산
2. 세관공무원이 은닉 사실을 알고 조사를 시작하거나 체납처분 절차를 진행하기 시작한 재산
3. 그 밖에 체납자의 은닉재산을 신고받을 필요가 없다고 인정되는 재산으로서 대통령령으로 정하는 것

④ 제2항에 따른 은닉재산의 신고는 신고자의 성명과 주소를 적고 서명하거나 날인한 문서로 하여야 한다.

제325조(편의 제공) 이 법에 따라 물품의 운송·장치 또는 그 밖의 취급을 하는 자는 세관공무원의 직무집행에 대하여 편의를 제공하여야 한다.

제326조(몰수품 등의 처분) ① 세관장은 이 법에 따라 몰수되거나 국고에 귀속된 물품(이하 "몰수품등"이라 한다)을 공매 또는 그 밖의 방법으로 처분할 수 있다.

② 몰수품등의 공매에 관하여는 제210조를 준용한다. 다만, 관세청장이 정하는 물품은 경쟁입찰에 의하지 아니하고 수의계약이나 위탁판매의 방법으로 매각할 수 있다.

③ 세관장은 관세청장이 정하는 기준에 해당하는 몰수품등을 처분하려면 관세청장의 지시를 받아야 한다.

④ 세관장은 몰수품등에 대하여 대통령령으로 정하는 금액의 범위에서 몰수 또는 국고귀속 전에 발생한 보관료 및 관리비를 지급할 수 있다.

⑤ 세관장은 몰수품등의 매각대금에서 매각에 든 비용과 제4항에 따른 보관료 및 관리비를 직접 지급할 수 있다.

⑥ 세관장은 제1항에도 불구하고 몰수품등이 농산물인 경우로서 국내시장의 수급조절과 가격안정을 도모하기 위하여 농림축산식품부장관이 요청할 때에는 대통령령으로 정하는 바에 따라 몰수품등을 농림축산식품부장관에게 이관할 수 있다.

제327조(국가관세종합정보망의 구축 및 운영) ① 관세청장은 전자통관의 편의를 증진하고, 외국세관과의 세관정보 교환을 통하여 수출입의 원활화와 교역안전을 도모하기 위하여 전산처리설비와 데이터베이스에 관한 국가관세종합정보망(이하 "국가관세종합정보망"이라 한다)을 구축·운영할 수 있다.

② 세관장은 관세청장이 정하는 바에 따라 국가관세종합정보망의 전산처리설비를 이용하여 이 법에 따른 신고·신청·보고·납부 등과 법령에 따른 허가·승인 또는 그 밖의 조건을 갖출 필요가 있는 물품의 증명 및 확인신청 등(이하 "전자신고등"이라 한다)을 하게 할 수 있다.

③ 세관장은 관세청장이 정하는 바에 따라 국가관세종합정보망의 전산처리설비를 이용하여 전자신고등의 승인·허가·수리 등에 대한 교부·통지·통고 등(이하 "전자송달"이라 한다)을 할 수 있다.

④ 전자신고등을 할 때에는 관세청장이 정하는 바에 따라 관계 서류를 국가관세종합정보망의 전산처리설비를 이용하여 제출하게 하거나, 그 제출을 생략하게 하거나 간소한 방법으로 하게 할 수 있다.

⑤ 제2항에 따라 이행된 전자신고등은 관세청장이 정하는 국가관세종합정보망의 전산처리설비에 저장된 때에 세관에 접수된 것으로 보고, 전자송달은 송달받을 자가 지정한 컴퓨터에 입력된 때(관세청장이 정하는 국가관세종합정

보망의 전산처리설비에 저장하는 경우에는 저장된 때)에 그 송달을 받아야 할 자에게 도달된 것으로 본다.

⑥ 전자송달은 대통령령으로 정하는 바에 따라 송달을 받아야 할 자가 신청하는 경우에만 한다.

⑦ 제6항에도 불구하고 국가관세종합정보망의 전산처리설비의 장애로 전자송달이 불가능한 경우, 그 밖에 대통령령으로 정하는 사유가 있는 경우에는 교부·인편 또는 우편의 방법으로 송달할 수 있다.

⑧ 제6항에 따라 전자송달할 수 있는 대상의 구체적 범위·송달방법 등에 관하여 필요한 사항은 대통령령으로 정한다.

제327조의2(국가관세종합정보망 운영사업자의 지정 등) ① 관세청장은 국가관세종합정보망을 효율적으로 운영하기 위하여 대통령령으로 정하는 기준과 절차에 따라 국가관세종합정보망의 전부 또는 일부를 운영하는 자(이하 "국가관세종합정보망 운영사업자"라 한다)를 지정할 수 있다.

② 다음 각 호의 어느 하나에 해당하는 자는 제1항에 따른 지정을 받을 수 없다.

1. 제175조제2호부터 제5호까지의 어느 하나에 해당하는 자
2. 제4항에 따라 지정이 취소된 날부터 2년이 지나지 아니한 자
3. 제1호 또는 제2호에 해당하는 사람이 임원으로 재직하는 법인

③ 관세청장은 국가관세종합정보망을 효율적으로 운영하기 위하여 필요한 경우 국가관세종합정보망 운영사업자에게 그 운영에 필요한 재원을 지원할 수 있다.

④ 관세청장은 제1항에 따라 지정을 받은 국가관세종합정보망 운영사업자가 다음 각 호의 어느 하나에 해당하는 경우에는 그 지정을 취소하거나 1년 이내의 기간을 정하여 국가관세종합정보망 운영사업의 전부 또는 일부의 정지를 명할 수 있다. 다만, 제1호 및 제2호에 해당하는 경우에는 그 지정을 취소하여야 한다.

1. 제2항 각 호의 어느 하나에 해당한 경우
2. 거짓이나 그 밖의 부정한 방법으로 제1항에 따른 지정을 받은 경우
3. 제1항에 따른 기준에 미달하게 된 경우
4. 제7항에 따른 관세청장의 지도·감독을 위반한 경우
5. 제327조의4제3항을 위반하여 업무상 알게 된 전자문서상의 비밀과 관련 정보에 관한 비밀을 누설하거나 도용한 경우

⑤ 관세청장은 제4항에 따른 업무정지가 그 이용자에게 심한 불편을 주거나 공익을 해칠 우려가 있는 경우에는 업무정지처분을 갈음하여 1억원 이하의 과징금을 부과할 수 있다. 이 경우 과징금을 부과하는 위반행위의 종류와 위반 정도 등에 따른 과징금의 금액 등에 관하여 필요한 사항은 대통령령으로 정한다.

⑥ 제5항에 따른 과징금을 납부하여야 할 자가 납부기한까지 이를 납부하지 아니한 경우에는 제26조를 준용한다.

⑦ 관세청장은 국가관세종합정보망 운영사업에 관하여 국가관세종합정보망 운영사업자를 지도·감독하여야 한다.

제327조의3(전자문서중계사업자의 지정 등) ① 「전기통신사업법」 제2조제8호에 따른 전기통신사업자로서 전자신고등 및 전자송달을 중계하는 업무(이하 "전자문서중계업무"라 한다)를 수행하려는 자는 대통령령으로 정하는 기준과 절차에 따라 관세청장의 지정을 받아야 한다.

② 다음 각 호의 어느 하나에 해당하는 자는 제1항에 따른 지정을 받을 수 없다.

1. 제175조제2호부터 제5호까지의 어느 하나에 해당하는 자
2. 제3항에 따라 지정이 취소된 날부터 2년이 지나지 아니한 자
3. 제1호 또는 제2호에 해당하는 자를 임원으로 하는 법인

③ 관세청장은 제1항에 따라 지정을 받은 자(이하 "전자문서중계사업자"라 한다)가 다음 각 호의 어느 하나에 해당하는 경우에는 그 지정을 취소하거나 1년 이내의 기간을 정하여 전자문서중계업무의 전부 또는 일부의 정지를 명할 수 있다. 다만, 제1호 및 제2호에 해당하는 경우에는 그 지정을 취소하여야 한다.

1. 제2항 각 호의 어느 하나에 해당한 경우
2. 거짓이나 그 밖의 부정한 방법으로 제1항에 따른 지정을 받은 경우
3. 제1항에 따른 기준을 충족하지 못하게 된 경우
4. 제7항에 따른 관세청장의 지도·감독을 위반한 경우
5. 제327조의4제3항을 위반하여 업무상 알게 된 전자문서상의 비밀과 관련 정보에 관한 비밀을 누설하거나 도용한 경우

④ 관세청장은 제3항에 따른 업무정지가 그 이용자에게 심한 불편을 주거나 그 밖에 공익을 해칠 우려가 있는 경우에는 업무정지처분을 갈음하여 1억원

이하의 과징금을 부과할 수 있다. 이 경우 과징금을 부과하는 위반행위의 종류와 위반 정도 등에 따른 과징금의 금액 등에 관하여 필요한 사항은 대통령령으로 정한다.

⑤ 제4항에 따른 과징금을 납부하여야 할 자가 납부기한까지 이를 납부하지 아니한 경우에는 제26조를 준용한다.

⑥ 전자문서중계사업자는 전자문서중계업무를 제공받는 자에게 기획재정부령으로 정하는 바에 따라 수수료 등 필요한 요금을 부과할 수 있다.

⑦ 관세청장은 전자문서중계사업에 관하여 전자문서중계사업자를 지도·감독하여야 한다.

제327조의4(전자문서 등 관련 정보에 관한 보안) ① 누구든지 국가관세종합정보망 또는 전자문서중계사업자의 전산처리설비에 기록된 전자문서 등 관련 정보를 위조 또는 변조하거나 위조 또는 변조된 정보를 행사하여서는 아니 된다.

② 누구든지 국가관세종합정보망 또는 전자문서중계사업자의 전산처리설비에 기록된 전자문서 등 관련 정보를 훼손하거나 그 비밀을 침해하여서는 아니 된다.

③ 국가관세종합정보망 운영사업자 또는 전자문서중계사업자의 임직원이거나, 임직원이었던 자는 업무상 알게 된 전자문서상의 비밀과 관련 정보에 관한 비밀을 누설하거나 도용하여서는 아니 된다.

④ 국가관세종합정보망 운영사업자 또는 전자문서중계사업자의 임직원은 「형법」이나 그 밖의 법률에 따른 벌칙을 적용할 때에는 공무원으로 본다.

제327조의5(전자문서의 표준) 관세청장은 제255조의3에 따른 국가 간 세관정보의 원활한 상호 교환을 위하여 세계관세기구 등 국제기구에서 정하는 사항을 고려하여 전자신고등 및 전자송달에 관한 전자문서의 표준을 정할 수 있다.

제328조(청문) 세관장은 다음 각 호의 어느 하나에 해당하는 처분을 하려면 청문을 하여야 한다. <개정 2011.12.31., 2014.12.23.>

1. 제164조제6항에 따른 자율관리보세구역 지정의 취소
2. 제165조제3항에 따른 보세사 등록의 취소 및 업무정지
3. 제167조에 따른 지정보세구역 지정의 취소
4. 제172조제6항에 따른 화물관리인 지정의 취소

5. 제178조제1항 및 제2항에 따른 물품반입등의 정지 및 운영인 특허의 취소
6. 제204조제1항에 따른 종합보세구역 지정의 취소
7. 제204조제2항에 따른 종합보세기능의 수행 중지
8. 제224조제1항에 따른 보세운송업자등의 등록 취소 및 업무정지
9. 제255조의2제5항에 따른 수출입 안전관리 우수업체 공인의 취소
10. 제327조의2제4항 및 제327조의3제3항에 따른 국가관세종합정보망 운영사업자 및 전자문서중계사업자 지정의 취소 및 사업·업무의 전부 또는 일부의 정지

제329조(권한의 위임 및 위탁 등) ① 이 법에 따른 관세청장이나 세관장의 권한은 대통령령으로 정하는 바에 그 권한의 일부를 세관장이나 그 밖의 소속기관의 장에게 위임할 수 있다.

② 세관장은 대통령령으로 정하는 바에 따라 제257조부터 제259조까지의 규정에 따른 권한을 체신관서의 장에게 위탁할 수 있다.

③ 세관장은 대통령령으로 정하는 바에 따라 제157조, 제158조제2항, 제159조제2항, 제165조제2항, 제209조, 제213조제2항(보세운송신고의 접수만 해당한다)·제3항, 제215조, 제222조제1항제1호, 및 제246조제1항에 따른 권한을 다음 각 호의 자에게 위탁할 수 있다.

1. 통관질서의 유지와 수출입화물의 효율적인 관리를 위하여 설립된 비영리법인
2. 화물관리인
3. 운영인
4. 제222조에 따라 등록한 보세운송업자

④ 관세청장은 대통령령으로 정하는 바에 따라 제235조제2항에 따른 지식재산권의 신고에 관한 업무의 일부(신고서의 접수 및 보완 요구만 해당한다)를 지식재산권 보호업무와 관련된 단체에 위탁할 수 있다. 이 경우 관세청장은 예산의 범위에서 위탁업무의 수행에 필요한 경비를 지원할 수 있다.

⑤ 제2항부터 제4항까지의 규정에 따라 권한 또는 업무를 위탁받아 행사하는 자(임직원과 사용인을 포함한다)는 「형법」 제129조부터 제132조까지의 규정을 적용할 때에는 공무원으로 본다.

부 칙

생략

찾 아 보 기

ㅈ

ㅊ

ㅋ

ㅌ

저자 약력

강 흥 중

- 건국대학교 졸업(상학사)
- 건국대학교 대학원 석사과정 수료(상학석사)
- 건국대학교 대학원 박사과정 수료(경제학박사)

〈직책 및 경력사항〉

현)건국대학교 부설 관세무역연구소장
현)한국무역교육학회장
현)한국무역교육인증원 원장
현)대한상사중재원 중재인
현)한국무역학회 부회장
현)한국관세학회 고문
(주)서조무역 기획실장 역임
(주)소망무역 대표이사 역임
한국관세학회 회장 역임

〈저서〉

무역거래관습론, 무역영어, 국제통상관계법, 국제무역규칙, 무역학개론, 무역대금결제론 등

관세학개론

초　판 1쇄 인쇄 —— 2016년 12월 5일
초　판 1쇄 발행 —— 2016년 12월 10일
지은이 —— 강 흥 중
펴낸이 —— 전 두 표
펴낸곳 —— 도서출판 두남
서울시 강동구 성내로6길 34-16 두남빌딩
신 고 : 제25100-1988-9호
TEL : 02) 478-2065~7, 2311
FAX : 02) 478-2068
E-mail : dunam1@unitel.co.kr
http://www.dunam.co.kr

정가 24,000원

ISBN 978-89-6414-715-3　93320